의료관광상품론

본 과제(결과물)는 교육과학기술부의 재원으로 한국연구재단의 지원을 받아 수행된 광역경제권 선도산업 인재양성사업의 연구 결과입니다.

의료관광상품론

고태규 · 이황 · 김길래

小花

머리말

최근에 국내외적으로 의료관광(medical tourism)이란 상품이 수요자(의료관광객)와 공급자(의료관광산업) 사이에 상당한 인기를 끌고 있다. 따라서 일부 국가도 정부 차원에서 이 산업을 국가 전략산업의 하나로 집중 육성하고 있다. 한국 정부도 의료관광산업(정부는 '글로벌헬스케어서비스global health care services'라는 표현을 사용한다)을 17개 신성장 동력산업의 하나로 지정하여 적극 지원하고 있다.

최근의 의료관광 현상은 과거의 유형과는 상당히 다르다. 2000년대 이전에는 개발도상국의 부유층이 선진국의 첨단 의료서비스를 받기 위해 미국이나 유럽의 병원을 방문하는 것이 일반적이었다. 선진국의 고품질 의료서비스를 받기 위해, 또는 자국에서 서비스를 받을 수 없는 임상과목을 찾아서 선진국을 방문했던 것이다. 그러나 지금은 선진국의 환자들이 의료서비스를 받기 위해 해외(주로 개발도상국)로 나가고 있다.

이와 같은 현상은 의료관광객발생지(medical tourists generating regions: MTGR)의 밀어내는 요인(push factors)과 의료관광목적지(medical tourists destination regions: MTDR)의 끌어당기는 요인(pull factors)이 서로 복합적으로 작용하여 상승작용을 일으키고 있는 것으로 파악되고 있다.

의료관광객발생지에서의 밀어내는 요인은 주로 다음과 같은 이유로 나타나고 있다. 고비용 의료수가를 지불할 능력이 없는 경우(비용추구형 의료관광객), 성형, 불임, 성전환수술이나 치과진료 등 자국에서 보험이 적용되지 않거나 보장률이 낮은 경우(보험형 의료관광객), 긴 대기시간을 원하지 않는 경우(구조적 모순형 의료관광객), 줄기세포복제처럼 자국에서 법적으로 치료가 허용되지 않거나 불가능한 경우(타의형 의료관광객), 성형이나 성전환수술처럼 사생활보호를 원하는 경우(사생활보호형 의료관광객), 수술/치료를 레저/휴가와 연계하는 경우(레저/휴가형 의료관광객) 해외 병원을 찾는 경향이 있다. 또한 국제화로 해외여행이 편리해지고 접근성이 용이해지고, 정보화시대의 영향으로 환자들이 해외 병원이나 의사에 대한 관련 정보를 습득하기가 쉬워지고, 웰빙 등 라이프스타일을 리모델링하려는 환자의 증가가 또한 의료관광 활성화의 원인이 되고 있다. 정치적 사건이 의료관광객 증가에 영향을 미치기도 한다. 2001년 9.11테러로 인해 미국 입국이 어려워진 중동 부호들이 대거 동남아로 발길을 돌림으로써 싱가포르나 태국의 의료관광산업이 활성화되는 계기가 되었다. 일시적인 환율의 변화가 의료관광객을 변화시키는 요인이 되기도 한다.

이런 현상과 함께 의료관광목적지에서의 끌어당기는 요인이 함께 작용한다. 저렴한 의료수가를 기반으로 하는 가격경쟁력, 국제 의료서비스수준의 평준화, 신흥 의료관광 선진국이 보유한 첨단 의료장비, JCI(Joint Commission International) 등 국제인증병원의 증가, 선진국과 개발도상국 병원 간의 국제적인 네트워크 형성, 가격 대비 고품질서비스 제공, 제도정비나 자금 및 해외마케팅 지원, 의료관광상품 등 관광업계의 새로운 고부가가치 관광상품 개발, 분야별로 의료관광을 선도하는 전문병원의 등장, 과잉 의료자원의 활용, 환율의 변화, 의료관광 관련 이해단체들의 출현 그리고 교육기관의 등장 등이 의료관광산업을 활성화시키는 원인이 되고 있다.

이처럼 의료관광산업이 활성화되고 있는 상황에서 가장 시급하게 필요한 사항 중의 하나가 관련 전문인력의 양성이다. 그와 더불어 이런 인재를 교육시킬 수 있는 교재가 필요하다. 『의료관광상품론』은 이런 배경에서 집필이 시작되었다. 여러 가지 어려운 상황에서 필자들은 내용이 알찬 교재를 만들기 위해 최선을 다했다. 사실 다섯 달 만에 500페이지에 달하는 교재를 만드는 데에는 많은 무리가 따른다. 그래서 이 책은 많은 오류나 수정보완사항을 내포하고 있을 것으로 예상된다. 독자들께서 지적해 주시면 최선을 다해서 수정보완할 것을 약속드린다.

마지막으로 이 책을 출간하는 데 많은 사람들의 지원과 격려를 받았다. 우선 이 교재를 집필할 수 있는 연구비와 행정지원을 해 주신 한림대 의료관광인재양성센터 팀장이신 윤현숙 교수님, 센터의 유송영 부장님과 이경재 선생님, 의학용어 교정을 봐주신 의학대학 허성오 교수님, 의료관광에 대해 많은 자문을 해 주신 의학대학 안무업 교수님과 경영학부 이견직, 유명순 교수님, 그 밖의 다른 많은 교수님들, 그리고 아버지의 병상을 지키면서도 원고정리를 도와준 이효정 님, 방학 동안에도 학교에 나와 자료를 수집해 준 안서희, 정해우, 김기완 학우, 일부 원고의 번역작업을 도와준 고지하 님, 고산하 님, 타이핑 작업을 도와준 임명래 님 등 모든 분에게 깊은 감사를 드린다.

2010년 4월 20일 저자 일동

차례

I. 의료관광상품의 개념

1. 의료관광의 개념

최근 세계 각국에서 의료관광산업이 부가가치가 높은 경제행위의 하나로 급부상하면서 의료관광(medical tourism)의 개념에 대한 논쟁이 뜨겁게 달아오르고 있다. Smith와 Puczko(2009)가 지적한 것처럼, 의료관광에 대한 개념은 다른 분야와 마찬가지로 각 국가에서의 역사적 발전 배경에 따라 다르다. 유럽과 미주 대륙, 중국과 인도 그리고 동남아시아와 중동 국가에서 바라보는 관점이 서로 차이가 있다. 예를 들면 스파 상품에 대한 관점도 북미와 유럽이 상당히 다르다. 유럽은 치유의 특성을 강조하는 데 반해, 북미는 레크리에이션의 기능을 강조하는 경향이 있다.

또한 의료관광과 이해관계가 있는 이해당사자들(stake holders)의 관점에 따라 차이가 난다. 그 이유는 모든 이해당사자들이 의료관광과 관련된 시설 및 서비스를 제공하거나 또는 받는 과정에서 자신의 이해관계와 연결해서 의료관광을 보기 때문이다. 의료관광과 관련된 이해당사자들은 크게 4가지로 분류할 수 있다. 의료관광의 소비자인 고객(환자), 의료관광서비스 공급자인 의료관광업계, 관련 정책을 담당하는 정부(중앙정부 또는 지방정부) 그리고 현지 주민을 주요 이해당사자라고 할 수 있다. 이와 같은 분류는 Geolder와 Ritchie, McIntosh(2008)가 관광(tourism)의 개념을 정리할 때 이용했던 방법을 응용한 것이다.

1) 고객의 관점

의료관광의 소비자인 고객(주로 환자)과 동반자는 의료관광을 다음과 같이 생각한다. 첫째, 고객들은 의료서비스를 받으면서 휴양 및 관광 레저, 문화활동을 즐기는 여행을 의료관광이라고 생각한다. 이 경우 의료서비스 소비가 주요 여행목적이 되며, 관광활동은 부차적인 목적이 된다. 둘째, 고객들은 의료서비스를 받기 위해 해외로 나가거나 장거리를 이동하는 여행 자체를 의료관광이라고 생각한다. 일부 고객들은 의료관광서비스를 받기 위해 국내에서 이동하기도 하지만, 대부분의 경우에는 해외로 나가는 행위를 의료관광이라고 한다. 고객들이 주로 구매하는 의료관광상품은 중증수술(심장질환, 장기이식, 척추수술 등), 경증수술(치과, 안과, 출산 등), 미용 · 성형수술, 건강검진, 대체의학, 웰빙상품(휴양, 스파, 마사지 등) 등이다.

2) 업계의 관점

의료관광과 관련된 업계는 많지만 이 책에서는 가장 이해관계가 많은 관광업계와 의료업계만 다루기로 한다.

(1) 관광업계의 관점

관광업계에서는 의료관광을 다양한 관광상품의 하나로 간주한다. 즉, 스포츠관광이나 컨벤션관광, 쇼핑관광, 종교관광, 문화관광, 예술관광 등과 같은 개념으로 보는 것이다. 관광업계는 과거의 대량 관광(mass tourism)

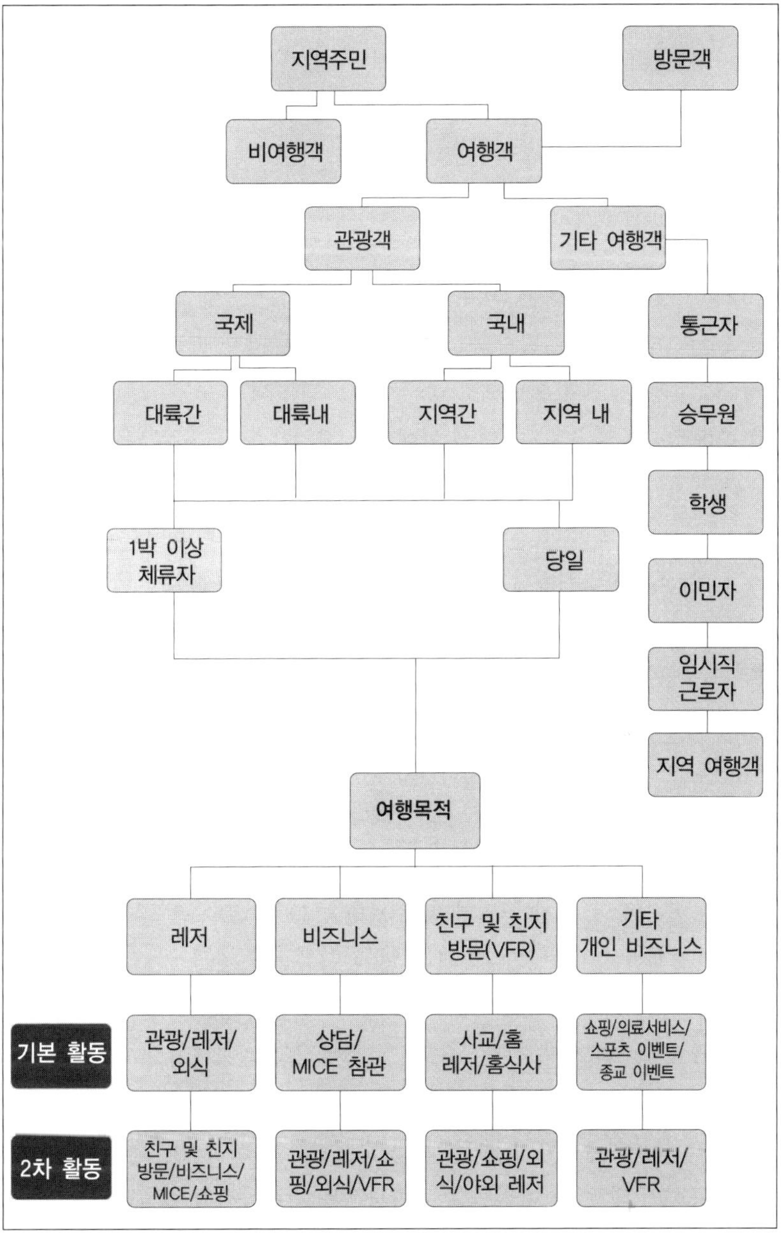

자료: McIntosh & Ritchie(2008: 11)

[그림 Ⅰ-1] 관광객의 분류

상품인 단체관광(package tours)에서 점차 고부가가치의 새로운 관광상품을 개발하려고 노력하고 있다. 위에서 열거한 스포츠관광이나 컨벤션관광, 쇼핑관광, 종교관광, 문화관광, 예술관광 등이 이런 상품에 속한다. 물론 의료관광도 부가가치가 높기 때문에 최근 각국에서 정부 차원에서 적극 투자 육성하고 있는 것이다.

관광업계가 의료관광을 관광자원으로 간주하는 이유는 의료관광을 위해 다른 나라를 방문하는 (비관광객으로 분류되는 여행자travelers를 제외한) 모든 여행자들은 관광객(tourists)으로 분류되기 때문이다([그림 I-1] 참조). [그림 I-1]에서 살펴보면 통근자, 승무원, 학생(보통 1년 이상 유학생), 이민자, 임시 근로자, 현지 여행자를 제외한 모든 방문객은 관광객으로 분류된다.

국제관광기구(United Nations World Tourism Organization: UNWTO)의 기준에 의하면, 위에서 열거한 방문객을 제외한 여행객은 모두 관광객으로 분류된다. 따라서 의료서비스를 받기 위해 해외를 방문하는 환자는 당연히 관광객의 한 유형으로 분류된다. 이 표에 따르면 4번째 유형인 개인업무관광객(personal business tourists)에 속한다. 이런 여행자는 특별관심관광객(special interest tourists)이라고도 한다(Hall, 1992). 이와 같은 기준 때문에 현실적으로 각국 정부는 의료관광객을 국제관광기구에 관광객으로 보고하고 유엔에서 공식 통계로 인정한다.

국제관광기구의 통계에 의하면(UNWTO, 2009) 2008년도 국제 관광객 9억 2천 2백만 명 중 51%가 레저 및 휴가목적의 관광객이고, 비즈니스 및 직업 관련 관광객이 15%를 차지한다. 친인척 방문(Visiting Friends and Relatives: VFR)과 건강, 종교, 기타 목적의 관광객이 27%에 해당하며, 7%는 목적이 불분명한 관광객들이다. [그림 I-2]에서 보는 것처럼, 국제관광기구는 의료관광(또는 건강관광)에 관한 통계를 아직은 별도로 집계·발표하지 않는다. 따라서 의료관광객은 건강목적의 관광객이 포함된 27% 안에 포함되어 있다.

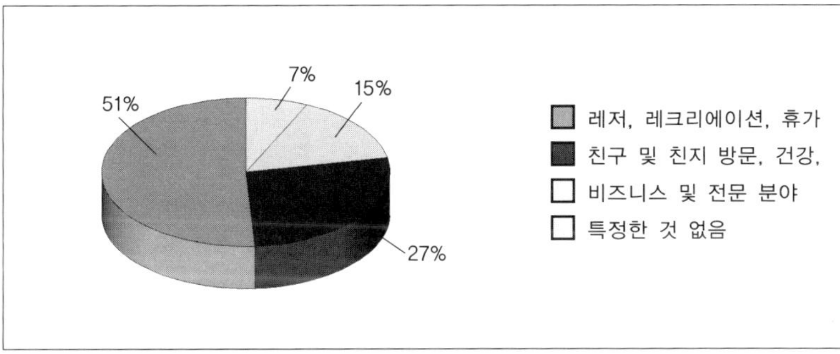

자료: UNWTO(2009: 3)

[그림 I-2] 방문목적별 국제 관광객 비율(2008년, 9억 2천 2백만 명)

관광업계는 또 다른 이유에서 의료관광을 관광자원으로 간주한다. 의료서비스와 관광 레저를 동시에 즐기는 여행자는 당연히 관광객으로 분류할 수 있다. 문제는 여행자가 의료서비스만 받고 관광레저활동을 전혀 하지 않는 경우이다. 예를 들면 미국에 있는 심장병 환자가 서울에 있는 세브란스병원에서 심장이식수술(회복 · 요양 포함)을 받고 바로 돌아가는 경우가 이에 해당한다. 이 환자는 대수술을 받아야 하는 중환자에 속하기 때문에 수술 후 관광레저활동을 즐길 수 있는 여력이 없어 회복 · 요양만 하고 돌아갈 가능성이 높다. 관광업계의 관점에서는 이런 환자도 관광객으로 분류된다. 이 환자는 한국을 방문하고 귀국할 때 이미 다양한 관광서비스를 이용하기 때문이다. 다시 말하면 환자가 다른 나라로 여행(travel)을 하게 되면 당사자는 대개 의식하지 못하지만 관광시스템(tourism system)이 자동으로 작동하게 된다. 미국(관광객 유발지tourist generating region)을 출발해서 한국(관광목적지tourist destination region)으로 이동할 때 관광산업의 중요한 서비스 요소인 여객기(교통산업)를 이용한다(이하 [그림 I-3] 참조). 관광목적지에 도착해서는 또 다른 관광산업이 제공하는 다양한 서비스 요소(호텔, 식당, 현지 교통, 의료관광에이전시 또는 여행사 등)를 이용하게 된다. 따라서 본인의 의사와 관계없이(본인 또는 의료업계가 '관광객'이 아닌 '환자'라고 주장한다 할지라도) 관광업계는 이 여행자를 관광객, 즉 의료관광객으로 분류한다.

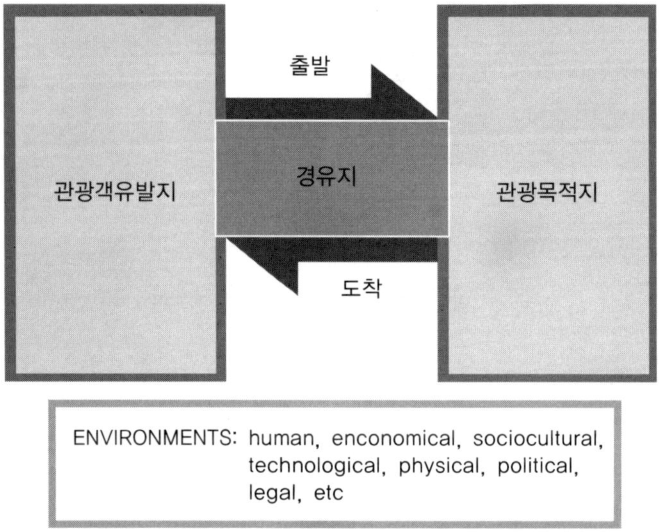

자료: Leiper(1995: 25)

[그림 I-3] 관광시스템

관광업계는 또 다른 이유에서 의료관광을 관광자원으로 간주한다. 의료시설을 관광자원으로 이용할 수 있기 때문이다. 병원은 분명히 의료시설이고 의료산업에 속한다. 올림픽스타디움이나 월드컵경기장은 스포츠시설이고 스포츠산업에 속한다. 전시컨벤션센터는 컨벤션전시시설이고 MICE(meetings, incentive tours, convention and exhibition/ events)산업에 속한다. 성당이나 교회 또는 모스크는 종교시설이고 종교산업에 속한다. 박물관이나 미술관, 음악당 등은 문화예술산업에 속한다. 그러나 이 모든 시설들은 관광자원의 역할과 기능을 할 수 있다. 결과적으로 관광산업은 다른 산업에 속하는 시설이나 관련 서비스를 관광자원으로 얼마든지 활용할 수 있는 것이다. 따라서 의료산업에 속하는 세브란스병원도 문화예술산업에 속하는 시드니 오페라하우스처럼 얼마든지 관광자원으로서의 기능과 역할을 할 수 있는 것이다.

또한 관광업계는 의료관광이 관광산업에 고용과 소득을 창출하여 관광산업 발전에 기여할 것으로 기대한다. 앞에서도 언급했듯이 각국 정부는 지속적으로 보다 부가가치가 높은 관광상품을 개발하려고 노력하고 있다. 그러나 의료관광이 어느 정도의 고용과 소득을 창출하여 최종적으로 어느 정도의 경제효과를 가져올지에 대한 연구는 아직 미약한 현실이다.

관광과 의료관광의 관계에 대해서 Connell(2006: 1098)은 비교적 분명하게 다음과 같이 개념 정리를 하고 있다.

> 관광(tourism)이란 행위가 여행(travel) 및 다른 문화를 경험하는 행위를 의미한다면, 모든 의료관광(medical tourism)은 관광의 범주에 포함된다(일반적으로 관광이 성립하려면 현지에서 1박 이상을 체류하는 여행객 travelers과 여행행위 그리고 관광산업이 있어야 한다. 그러니까 관광은 여행보다 넓고 관광객은 여행객보다 넓은 개념이다-필자 주). 일반적으로 의료관광객들은 치료를 마치고 집으로 돌아가기 위해서는 여행을 할 수 있을 만큼 회복하고 건강해져야 하기 때문에 (즉, 여행객travelers이 되어야 하기 때문에-필자 주) 궁극적으로는 관광객(tourists)이 되는 것이다(위에서 '관광'은 '여행'을 포함한다고 정의했으므로 '여행객'은 자연스럽게 '관광객'이 되는 것이다-필자 주). 관광은 환자뿐 아니라 그들의 친척까지도 포함할 수 있지만, 대부분의 환자들은 만일 자신들이 원한다면 일반적인 관광서비스를 경험할 수 있다. 상당히 많은 환자들은 관광목적지를 선택할 때 치과진료와 같은 고비용-저위험성(high-cost and low-risk) 의료관광은 이차적인 여행목적을 고려하는 경향이 있다. 결과적으로 '관광(tourism)'이라는 단어는 단지 '의료(medical)'에 붙이는 의미 없는 수식어가 아니다. 왜냐하면 치료를 받으러 여행하는 대부분의 방문객과 동반자들은 조금이라도 관광을 경험하기 때문이다. 더구나 동시에 관광산업의 기간시설들(예: 항공사, 여행사, 호텔, 택시, 쇼핑센터, 레스토랑, 카페 등)은 새로운 틈새상품인 의료관광으로부터 상당한 경제적 혜택을 받고 있다. 환자 중 상당수가 장기적인 회복·요양을 필요로 하기 때문에 특히 호텔 분야가 얻는 경제적 혜택은 상당하다. 그와 같은 혜택은 현재 계량

화하기 어렵지만, 2003년에 태국이 의료관광으로 벌어들인 외화는 16억 달러로 추측된다.

(2) 의료업계의 관점

의료업계는 의료관광을 고부가가치의 새로운 의료(건강)상품으로 인식한다. 따라서 환자가 의료서비스를 받으러 해외를 여행하는 행위에 대해 '관광'이란 용어를 사용하는 것에 대한 거부감이 크다. 대신 글로벌헬스케어서비스(global healthcare service)를 선호한다. 그런 이유로 위에서 언급한 세브란스병원을 찾는 미국 고객을 의료업계에서는 '관광객'으로 보지 않고 '환자'로 본다. 동일한 고객을 놓고 업계의 이해관계에 따라 보는 관점이 다른 것이다. 그러나 최근에는 대체적으로 '의료관광'으로 통합되는 경향이 있다. 중앙정부, 학계, 관광업계, 의료업계, 지방정부, 언론 등이 의료관광이라는 용어를 자연스럽게 사용하고 있다.

의료업계는 의료관광이 의료산업에 고용과 소득을 창출하여 의료산업 발전에 기여할 것으로 기대하고 있다. 김강립(2008)의 자료에 의하면, 다른 산업보다 부가가치유발계수가 높다(의료서비스산업 -0.867 : 전체 산업 -0.741). 고용창출효과도 높아 진료 수입 10억 원당 19.6명의 일자리를 창출한다. 외국인 환자 1인 평균진료비(374만 원)가 국내 환자(99만 원)보다 훨씬 높다. 외국인 환자 1인 유치 시 경제효과는 약 700만 원으로 예측되고 있다. 산출근거는 다음과 같다.

○ 진료수입: 374만 원

○ 총 유발효과: 656만 원(생산유발효과: 1.75)

○ 동반자 수입: 42만 원

○ 총 경제효과: 698만 원

3) 정부의 관점

우리나라의 정부(중앙정부와 지방정부)는 의료관광을 의료서비스 수출을 통한 외화 획득으로 국부를 증대시킬 수 있는 유용한 수단으로 보고 있다. 또한 조세수입(국세 및 지방세)을 창출하여 재정 확충에 기여하고, 고용과 소득을 창출하여 경제를 활성화시킬 목적으로 다양한 투자와 육성책을 지원하고 있다. 최근에 강원도에 광역경제권 선도산업으로 의료관광과 의료융합을 지정하고, 대구와 오송에 첨단 의료시설 클러스터단지를 지정한 정책이 대표적인 사례이다.

그러나 정부 부처 간 이해관계의 차이로 사용하는 용어부터 통일이 안 되어 혼선을 빚고 있는 현실이다. 예를 들면 지식경제부나 교육과학기술부, 문화체육관광부는 '의료관광'이란 용어를 사용하는 반면(예: 지부-광역경제권선도산업 육성방안 "의료관광부문", 교육부-의료관광 거점대학 육성방안, 한국관광공사-의료관광마케팅조사), 의료관광의 주무 부서라고 할 수 있는 보건복지부와 보건산업진흥원은 '글로벌헬스투어', '글로벌헬스서비스'라는 용어를 선호하고 있다. 그래서 기회가 있을 때마다 각종 심포지엄 등 회의를 통해서 '관광'이란 용어를 사용해서는 안 된다고 강조한다. 그러나 이런 견해는 위에서 언급한 관광시스템에 대한 이해가 부족한 데서 비롯되는 현상으로 볼 수 있다. 다시 말하면 관광서비스가 제공되지 않고서는 해외에 있는 환자가 한국에 들어와서 의료서비스를 받을 수 없고, 해외에서 들어오는 모든 환자는 본인들의 여행목적과 관계없이 국제적으로 (유엔에서 공식적으로) 관광객으로 분류된다는 현실을 간과하기 때문에 일어나는 현상이라고 할 수 있다.

2. 의료관광의 범위

Smith와 Puczko(2009: 7)는 다양한 형태의 건강관광(health tourism)의 범위(spectrum)를 [그림 I-4]를 통하여 이해하기 쉽게 제시하고 있다. 위 그림은 의료관광과 웰니스관광이 건강관광의 하위 개념이라는 사실을 전제로 수술의 정도와 웰니스의 정도에 따라 건강관광의 유형을 다섯 개 그룹으로 나누고, 해당 그룹에 속하는 건강관광 상품군을 제시하고 있다. 또한 그림 하단에는 해당 고객에게 필요한 시설을 제시하고 있다. 구분하기가 애매모호한 부분도 있지만 다양한 형태의 의료관광과 웰니스관광의 상품을 도식화했다는 점에서 위 저자의 연구는 의미가 있다고 본다.

저자들은 그림 오른쪽으로 갈수록 수술의 강도가 높은 의료관광상품을 배치하고, 왼쪽으로 갈수록 웰니스 차원의 의료관광상품을 배치했다. 의료관광상품을 다시 수술 의료관광상품(surgical medical tourism), 테라피 의료관광상품(therapeutic medical tourism), 의료 웰니스관광상품(medical wellness tourism)으로 세분하고, 웰니스관광상품을 다시 의료 웰니스관광상품(medical wellness tourism)과 여가형 웰니스상품, 기치료(holistic) 웰니스상품으로 구분했다는 점에서 의미가 있다.

이 저자들의 분류에 따라 의료관광상품을 분류하면 다음과 같다.

- 수술 의료관광: 성형수술, 치과치료, 기타 수술
- 테라피 의료관광: 병과 관련된 재활치료, 치료 및 회복, 해수요법(thalasso therapy), 식이요법 및 해독요법
- 의료 웰니스관광: 치료레크리에이션, 라이프스타일 관련 재활치료, 직업웰니스(occupational wellness), 해수요법, 식이요법 및 해독요법
- 여가 웰니스관광: 미용시술, 스포츠와 피트니스, 전신마사지(pampering)
- 기치료 웰니스관광: 영혼치료, 요가 및 명상, 뉴에이지

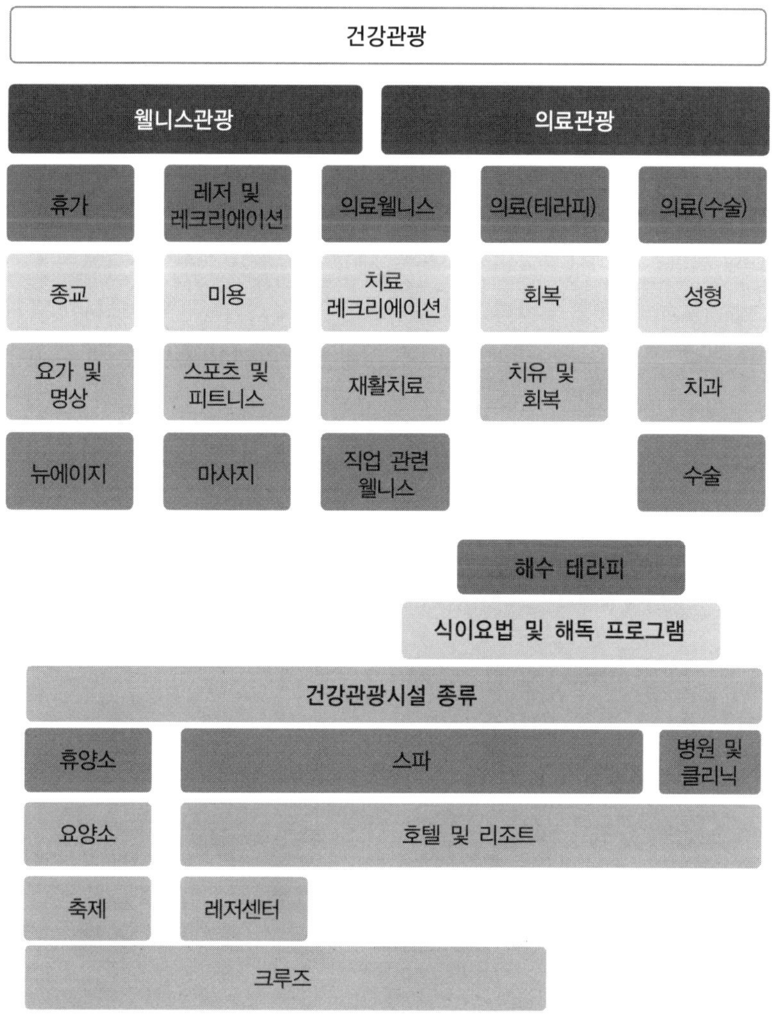

자료: Smith와 Puczko(2009: 7)

[그림 I–4] 건강관광의 범위

3. 의료관광상품의 개념

의료관광상품이란 의료관광객의 욕구나 필요를 충족시키기 위하여 관련 업계가 생산·제공하는 일체의 유무형 재화와 서비스라고 정의할 수 있다. 일반적으로 상품이라 하면 유형의 재화를 의미하나, 의료관광을 포함한 서비스 분야에서는 소비자에게 제공하는 무형의 서비스까지도 상품으로 본다. 그러나 일반적으로 서비스산업에서는 유무형의 모든 상품과 서비스를 포함하여 서비스라고 부르는 경향이 있다(Morrison, 2002). Cormany(2008)가 제시하는 4가지 의료관광 관련 서비스, 즉 의료시설과 관련 서비스, 숙박 및 식음료 관련 서비스, 관광시설과 관련 서비스 그리고 의료관광 관련 제도 및 문화요인을 서로 결합하여 고객에게 제공하는 종합서비스를 의료관광상품이라고 정의할 수 있다.

4. 의료관광상품의 특성

의료관광상품도 서비스상품에 속하기 때문에 서비스상품이 제조상품과 구분되는 일반적인 특성을 지니고 있다. Morrison(2002: 32-38)에 의하면, 서비스상품은 다음과 같이 6가지의 특성을 지닌다. 의료관광상품도 서비스상품의 특성이 강하기 때문에 다음과 같은 특성을 보일 것으로 사료된다.

1) 비시험성/불가촉성(intangible nature of services)

일반 제조상품은 구매하기 전에 얼마든지 그 성능이나 디자인을 평가해 보고 감상할 수 있다. 만일 어떤 고객이 전자상가에 간다면 물건을 들고 흔들어 보고, 전원을 켜서 성능을 테스트해 보고, 다른 제품과 한 자리에서 비교해 볼 수 있다. 그러나 의료관광상품은 고객이 구매하기 전에는 그와 같이 테스트해 보거나 평가할 수 없다. 그 품질이나 성능은 만지거나 느낄 수 없어서 그걸 파악하기 위해서는 그 상품을 구매해서 직접 경험해 보아야 한다. 그래서 고객들은 그 품질이나 성능을 파악하기 위해서는 다른 사람의 경험에 의존해야 한다. 이것을 구전에 의한 정보(word of mouth information) 취득이라고 하며 의료관광상품의 마케팅에서 매우 중요한 요소가 된다. 고객들은 상품 구매 시 의료관광에이전시처럼 관련 분야에 많은 경험과 정보를 가지고 있는 전문가들에게도 의존하는 경향이 있다.

2) 다양성(variability)

제조상품은 생산되고, 조립되고, 저장되어 판매장소로 이동된다. 제조과정은 정확하고 종합적으로 통제된다. 검사관이나 로봇이 그 생산량과 품질을 정확히 체크할 수 있다. 노동자들은 공장에서 장비와 교육훈련을 통해서 항상 일정한 생산량과 품질을 유지할 수 있다. 반면에 서비스상품의 품질은 그 서비스를 제공하는 데 사람이 개입하기 때문에 그 서비스가 모두 정확히 같을 수도 없고, 또 똑같은 서비스를 제공하기가 쉽지도 않다. 그래서 서비스상품은 서비스수준의 다양성을 숙명처럼 내포하고 있다. 표준화된 서비스란 모든 서비스상품 공급자들의 희망사항일 뿐이며, 현실적으로 가능하지도 않다. 환자에게 척추수술을 제공하는 한 병원의 의료진이 모든 환자에게 똑같은 수준의 의료서비스와 치료효과를 제공할 수는 없는 것이다. 척추수술 환자가 100명이면 그 100명이 느끼는 수술만족도는 모두 다를 것이다.

3) 소멸성(perishability)

제조상품은 미래에 판매하기 위해 창고나 매장에 저장할 수 있다. 그러나 서비스상품은 그렇게 저장할 수 없다. 컴퓨터나 텔레비전 같은 제품은 매장만 문을 열면 며칠 후나, 몇 주 후, 몇 달 후 또는 몇 년 후에라도 얼마든지 구입할 수 있다. 그러나 서비스상품은 소멸성을 내포하고 있다. 서비스상품은 수도꼭지에서 막히지 않고 흐르는 수돗물과 같다. 판매되지 않은 서비스상품은 하수구로 흘러 들어가는 물과 같다. 시간이 저장될 수 없는 것과 같은 이치다. 현재 판매되지 않은 호텔 객실이나 비행기 좌석, 컨벤션전시센터의 회의공간이나 전시공간은 영원히 판매되지 못한다. 서비스상품, 정확하게는 그 서비스상품을 소비하는 시간은 저장될 수 없다.

하루 10명을 시술할 수 있는 성형외과에서 어느 특정한 날에 5명밖에 시술하지 않았다면, 그 병원 입장에서 나머지 5명은 영원히 채울 수 없는 것이다. 그 다음날 전날 시술하지 못한 5명을 더해서 15명을 시술할 수는 없는 것이다. 척추수술이나 심장병수술 등을 전문으로 하는 병원도 마찬가지다. 객실이 1,000개인 호텔이 오늘 500개의 객실을 판매했다면, 오늘 팔리지 않은 500개의 객실을 내일 팔 수 없는 이치와 같다. 다시 말하면 내일 1,500개의 객실을 팔 수 없다는 뜻이다. 아무리 많이 팔아도 내일 1,000개의 객실밖에 판매하지 못하기 때문이다. 이처럼 의료관광상품도 다른 서비스상품과 똑같은 소멸성이라는 특성을 지니고 있다.

4) 동시성 · 비분리성(inseparability)

제조상품은 공장에서 생산이 되면 창고나 도소매점으로 이동해서 최종적으로 소비자에게 전달된다. 그래서 마케팅매니저들은 제품의 가장 효과적인 이동을 위해 유통전략을 수립해야 한다. 그러나 서비스산업에는 이와 같은 물리적인 유통채널이 존재하지 않는다. 실제로 서비스산업에서 고객들은 상품을 소비하기 위해서는 해당 서비스업체(service factory)를 직접 방문해야 한다. 집에 배달해 주는 피자나 음식 같은 예외도 있긴 하다.

의료관광산업에도 다양한 중개자들이 있다. 의료관광에이전시, 여행사, 코디네이터, 마케터, 보험회사 등이 그 예이다. 그러나 상품들이 중개자를 통해서 생산자로부터 소비자에게 물리적인 형태로 전달되지는 않는다. 의료관광상품은 다른 서비스상품처럼 구매해서 소비하기 전에는 테스트해 보거나 경험해 볼 수 없기(intangible) 때문이다. 예를 들면 미국 환자가 서울에 있는 우리들병원에서 척추수술을 받으려면 우리들병원을 직접 방문해야 한다. 일본에 있는 산모가 청심국제병원에서 출산을 하려면 그 병원을 직접 방문해야 한다. 이처럼 의료관광상품은 생산과 소비가 동시에 일어나는 전형적인 서비스상품이다.

5) 가격결정의 복잡성(cost determination)

제조상품은 고정비용과 변동비용을 이용하여 가격을 정확하게 산출할 수 있다. 제조상품은 일정한 물리적 형체로 존재한다. 서비스상품은 다양하고 유형으로 존재하는 것이 아니다. 어떤 고객들은 똑같은 서비스상품에 대해 다른 고객보다 더 높은 수준의 서비스를 요구할 수도 있고, 또 어떤 경우에는 고객이 원하는 서비스의 본질이 정확하게 규정되어 있지도 않다. 제조상품 생산량은 철저하게 기획하고 예상할 수 있지만, 서비스상품은 그렇게 생산량을 정확하게 통제할 수가 없다. 예를 들면 2010년 한 해 동안 세브란스병원에서 몇 명의 해외 환자를 진료할지는 아무도 모른다. 이런 이유로 의료관광상품은 가격결정이 어렵고 복잡하다. 제조상품처럼 원가계산과 생산량(진료 환자 수) 결정이 간단하지 않기 때문이다. 의료관광객을 유치하는 나라마다 상품가격이 큰 차이가 나는 것도 바로 이런 요인이 한 가지 이유가 된다.

Ⅱ. 의료관광상품 공급자

의료관광상품을 소비자에게 제공하는 공급자는 다양하다. Cormany (2008)는 의료관광상품 공급자를 다음과 같은 유형으로 분류한다.

1. 병원모델(Hospital Service Model)

병원에서 치료나 건강진단을 받고, 병원이나 호텔 또는 리조트에서 회복을 위한 휴식을 취하는 형태로 가장 일반적인 모델이다. 사례로는 태국의 범룽랏병원(Bumrungrad International Hospital), 싱가포르의 래플즈병원(Raffles Hospital Group), 인도의 아폴로병원(Apollo Hospital Group) 등이 대표적이다.

사례분석: 범룽랏병원

동남아시아의 선두적인 의료기관

범룽랏 인터내셔널병원은 방콕시의 중심부에 위치한 태국 내 최우수 종합병원이다. 1980년에 설립, 현재 30개의 특화센터, 1,000명이 넘는 의사와 800여 명의 간호사, 554개의 병상 규모로서 최첨단 진단, 치료장비를 갖추고, 입원환자는 물론 외래환자들에게도 모든 필요한 검진이 본원 내에서 이루어질 수 있는 원-스톱 의료센터이다.

아시아 최초로 국제인증을 받은 범룽랏 인터내셔널병원은 미국을 비롯하여 연간 전 세계 500,000여 명의 외국인 환자들이 의료서비스를 받고 있으며, 외국인 의료지원센터에서는 이들 외국인 환자들이 필요로 하는 광범위한 서비스를 함께 제공하고 있다. 영어는 원내 공통으로 사용하고 있으며, 아랍어, 방글라데시어, 캄보디아어, 불어, 독일어, 한국어, 중국어, 베트남어, 일본어 등의 통역서비스로 외국 환자들의 언어에서 오는 불편함을 해소하고 있다.

국제종합병원으로서의 차별화

이 병원에 도착하는 순간부터 환자들은 타 병원에서는 전혀 느낄 수 없는 특수한 분위기를 감지할 수 있게 된다. 특급호텔의 로비를 연상시키는 우아한

병원 로비, 친절한 국제고객봉사센터, 메자닌 층에 위치한 자그마한 부티크들과 음식점 및 제과점 그리고 그 안쪽에 자리 잡고 있는 각종 진료실을 둘러볼 수 있다. 그런 후 상층에 위치한 검진시설 및 입원실 사이사이에 마련된 응접코너를 거쳐 옥상 정원을 거닐어 보면, 구석구석 환자들에게 도움이 될 수 있도록 다방면에 신경을 써서 병원이라기보다는, 특급호텔과 같은 편안함을 느낄 수 있다.

국제적 의료수준

국제병원평가위원회(JCI)가 2002년 공인한 아시아 최초의 병원이며, 2005년과 2008년 아시아에서 처음으로 재공인을 받은 병원이다. 이 병원은 모든 전문 의학 분야에 1,000여 명의 의사를 보유하고 있으며 아시아의 인근 여러 나라들로부터 위급환자의 치료를 위탁받고 있다. 의료진의 대부분은 해외에서 임상경험을 거쳤음은 물론 국제심사이사회에서 발급한 자격증을 소지하고 있다. 모든 의사들은 최고 수준의 의료지식과 전문의로서의 자격심사를 받는다. 이와 같은 전문지식 분야 외에도 여기 의사진은 17개국 이상의 다국어 소통이 가능하다. 이들의 치료 분야와 진료일정을 구체적으로 알고 싶으면 영어로 준비된 의사 찾기 부분 FIND-A-DOCTOR을 검색해 보면 가능하다. 또한 직접 의사와 예약을 할 수 있다.

외국인 환자를 위한 서비스

국제의료봉사센터에서는 25여 명의 의사와 간호사들이 모든 외국인 환자들의 편의를 위해 통역 서비스를 포함한 비자업무, 공항 픽업, 진료기록, 보험처리 등 광범위한 서비스를 제공하고 있으며, 다국적 언어를 구사하는 직원들이 외국인 환자들의 외래환자 등록수속이나 입원수속을 도와주고 있다. 또한 이 병원을 방문한 외국 환자들이 최대한의 만족감을 얻을 수 있도록 축적된 의료서비스의 경험을 살려 최선의 노력을 하고 있으며, 고객만족도 조사에서 미국 병원들이 받은 67%의 만족도를 상회한 87%의 만족도 결과를 얻고 있다. 아울러 외국 환자와 그 가족들이 편안하게 치료를 받을 수 있는 경쟁력 있는 가격의 별관 숙소가 병원과 인접하게 위치하고 있으며, 태국에 머무르는 동안 필요한 모든 서비스를 대행할 여행사, 심부름센터가 병원 구내에 있다.

의료비의 만족도

범룽랏병원은 진료서비스를 저렴하게 제공하는 데 있어 선두적인 역할을 하고 있다. 통상적으로 이 병원 의료비는 미국이나 유럽의 사립병원과 비교하면 50~70% 저렴하다. 이 병원은 대부분의 제3자 진료비 부담을 인정하며 60여 종 해외 의료보험 및 응급조치기관들과 협력하고 있다. 또한 의료비, 의사 진료비 및 입원실 비용이 기본으로 포함된, 비용면으로 유리한 다양한 의료패키지들이 있다. 범룽랏병원은 고객들에게 보다 투명하고 신뢰감 있는 진료를 위해 45가지 분야별 진료에 따른 예상 비용을 산출할 수 있는 Realcost 서비스를 제공하고 있다. 범룽랏병원에 오는 환자들은 진료를 위해 몇 주일 혹은 몇 달씩 기다릴 필요가 없다. 최신 전산화된 스케줄시스템과 분야별 진료가 하나로 통합되어 운영되는 이곳에서 환자들은 자신이 원하는 모든 진료를 신속히 받을 수 있다.

외래환자 진료서비스

새로 오픈한 범룽랏 인터내셔널 클리닉 빌딩은 최신 의료설비와 아름답고 독특한 분위기와 편리함을 갖추고 있으며, 일일 외래 수용인원 6,000명을 진료할 수 있는 동남아시아에서 가장 큰 사립병원 중의 하나이다. 이 병원은 250개의 진료실과 30개의 전문진료센터가 있으며, 모든 분야의 의료서비스나 치과진료서비스를 제공하고 있다.

외래환자센터

· 안과센터
· 레이저 시력교정센터
· 일반내과센터
· 정형외과센터
· 성형외과센터
· 재활센터
· 피부과센터
· 피부레이저센터
· 수면장애센터
· 일반외과센터
· 여성전문센터

진단을 위한 제반 설비

범룽랏병원은 국제적으로 공인받은 임상실험실, 영상센터 그리고 신속하고 정확한 진단 및 치료를 위한 첨단 치료기술로 운영되는 최신 진단센터를 아래와 같이 운영하고 있다.

· 심장 카테터 실험실
· 혈관 심장과
· 혈관 방사선치료술
· 자기공명영상(MRI), 단층촬영기(CT) 및 Lithotripsy
· 핵물리치료기
· 방사선치료실(Linear Accelerator)
· 화학요법
· PACS radiology
· 64-slice 단층촬영기(CT)
· Surgical navigation system
· PET/CT scanner
· Hyperbaric Oxygen therapy

입원환자 시설

범룽랏병원은 입원환자의 예산에 맞출 수 있는 최상의 편의시설이 준비되어 있다. 기본적으로 모든 입원실에는 케이블 TV, 에어컨 시설, 컴퓨터화된 호출기, 전동침대와 욕실이 설치되어 있다. 이 병원의 VIP 입원실은 특급호텔의 시설을 연상시키는 실내에 쾌적한 환경을 제공한다. 일반 입원실과 특실에도 냉장고, 전자레인지 및 식탁이 준비되어 있다. 또한 무선인터넷 시설이 완비되어 있으며 노트북 대여도 가능하다.

· 입원실: 554실
  - 500실의 진료실, 수술실, 산부인과실, 소아실
  - 4인용 입원실
  - 2인용 입원실
  - 독실: 225실
  - 특실: 57실
  - VIP 스위트: 21실
  - 로열 스위트: 2실
· 성인 중환자실: 26실
· 심장 진료실: 14실
· 소아 중환자실: 9실
· 신생아 중환자실: 5실

입국 편의 제공 및 숙소 소개

이 병원은 방콕 시내의 상업지구 중심부에 위치하고 있으며, 여러 특급호텔과 쇼핑센터는 물론 지상철(BTS) 및 고속도로에 인접해 있다.

공항에서의 픽업-공항 리무진 서비스

이 병원에서는 수완푸름 국제공항에서 픽업 및 리무진 서비스를 제공한다. 공항 내에 유일하게 리셉션 데스크를 운영하고 있으며, 방문객들의 제반 필요사항들을 도와주고 있다. 범룽랏 인터내셔널 데스크는 입국게이트 C에 위치하고 있다.

- Bumrungrad Hospitality Residence

본관과 인접해 있으며 2층의 지상 보도로 직접 연결되는 Bumrungrad Hospitality Residence는 외국인 환자들과 그들의 가족들에게 매우 편리하면서도 경제적인 주거를 제공하고 있다. 총 74개 객실(2room형, 스튜디오 아파트형)로 이루어진 BH 별관은 환자들이 호텔에서 받을 수 있는 각종의 서비스를 제공하고 있다. 방 청소와 세탁서비스는 물론 24시간 관리 및 여행안내 서비스와 환전서비스의 편의를 받을 수 있다. 장기입원환자들을 위해 월간 계약도 가능하다.

- Bumrungrad Hospitality Suites

수영장과 피트니스 시설이 완비된 51실의 고급 서비스 아파트형 호텔이며 병원에 도보로 가능한 수쿰빗 소이 3가에 인접해 있다. 고객의 편의를 위해 일별, 주간별, 월별로 예약 가능하다.

인접 호텔
범룽랏병원 인근에는 국제 수준의 특급호텔들이 다양하게 있다. 보다 상세한 내용을 원하면 호텔을 직접 방문하거나 관련 호텔의 웹사이트를 방문하면 된다.

식사와 음료를 위한 구내시설

외국 환자 식사서비스
다양한 외국인 환자들의 입맛에 맞도록 이 병원에서는 환자들의 취향에 따라 선택할 수 있는 서양식, 중국식, 일본식, 힌두식, 태국식 등 광범위한 메뉴를 최고의 주방장들이 제공하고 있다. 이 외에도 원내에 있는 여러 식당에서의 룸서비스 배달도 가능하다.

병원 내 식당

범룽랏병원에서 환자들은 식사문제로 고민할 필요가 없다. 모든 사람들을 위한 다양한 음식이 항상 준비되어 있기 때문이다. 스타벅스, 맥도날드, 오봉빵 제과점, 스시 바를 갖춘 일본 식당, 태국 카페테리아가 메인 빌딩에 입점해 있다. 아울러 외래클리닉 빌딩의 스카이 로비 층에 위치하고 있는 The Mezz에는 New Orleans, Lebanese, 타이, 베트남 이탈리아 그리고 일본 음식점이 있다.

BH 해외사무소

범룽랏병원은 외국 환자들의 예약, 예상 치료비 산정 및 후송업무 등을 지원하기 위하여 다음과 같은 국가에 해외사무소를 운영하고 있다.

Angola	Germany	Nepal	Sudan
Australia	Hong Kong	Nigeria	Taiwan
Bangladesh	Korea	Oman	Ukraine
Cambodia	Kuwait	Portugal	Vietnam
China	Mongolia	Seychelles	W. Hemisphere
Ethiopia	Myanmar	Sri Lanka	Yemen

자료: http://www.bumrungrad.com

2. 메디-리조트모델(Medi-Resort Service Model)

의료시설을 갖춘 리조트에서 치료와 회복을 위한 휴식을 동시에 취하는 형태로 말레이시아 콸라룸푸르에 있는 Palace of the Golden Horses, 태국의 Chiva-som Spa Resort가 대표적이다.

사례분석: 치바솜 스파리조트(Chiva-som Spa Resort)

치바솜 리조트는 방콕에서 남쪽으로 185킬로미터 떨어진 방콕만에 있는 후아힌시에 자리 잡고 있다. 뛰어난 경관을 자랑하는 치바솜 리조트는 '인생의 천국(THE HEAVEN OF LIFE)'을 브랜드로 내세우고 있다. 치바솜은 7에이커의 열대 정원에 자리 잡고 있으며, 동서양이 조화를 이룬 고급 숙박시설과 함께 고요함을 내세우는 해변가에 자리 잡은 헬스 전문 리조트이다. 58개의 객실은 사생활을 보호해 주고, 태국만(the Gulf of Thailand)의 장관을 감상할 수 있도록 배치되어 있다. 지난 10년 동안 치바솜 리조트는 영국의 the Conde Nast Traveller(UK) Reader's Travel Awards에 계속해서 상위 3위 안에 들어간 유일한 세계적인 헬스리조트이다. 2006년도에는 Travel + Leisure Reader's Travel Awards에 의해 세계 최고의 스파리조트로 선정되기도 했다.

고객의 웰빙과 활력 회복에 중점을 두는 치바솜은 고객이 휴식을 취하고, 원기를 회복하고, 인생을 재설계할 수 있도록 도와주는 다양한 피트니스와 스파, 기치료시설과 서비스를 제공한다. 치바솜은 고객의 마음과 육체 그리고 정신의 조화로운 건강을 제공하기 위해 동양의 전통치료법과 서양의 최신 기술을 결합한 서비스를 제공한다. 모든 서비스는 개인에 따라 프로그램이 다르고, 처방도 다르며, 체중조절과 스트레스 해소부터 피부관리와 노화방지 프로그램까지 휴식과 미용, 건강관리에 관한 약 150개의 프로그램을 운용하고 있다. 특히 치바솜은 간단한 건강진단을 할 수 있는 의료진과 의료장비를 갖추고 있으며, 이와 같은 헬스리조트에서 필요한 요가지도사, 수치료사, 기치료사, 마사지사 등 전문 치료사들을 양성하는 아카데미도 운영하고 있다. 시설과 서비스에 관한 자세한 사항은 홈페이지 참조(www.chivasom.com).

자료: http://www.chivasom.com

3. 공항모델(Fly-in & Airport Service Model)

비행기를 타고 와서 바로 공항 안에 있는 병원에서 치료를 받는 형태로 독일 뮌헨공항에 있는 병원 시설이 대표적이다. 환자들이 공항에서 내려서 장거리를 이동하지 않고 바로 진료를 받을 수 있다는 점에서 유리하고, 대규모 시설을 갖추고 대량의 환자를 유치할 수 없는 것은 단점이다.

사례분석: 뮌헨공항클리닉(Munich Airport Clinic)

뮌헨국제공항이 의료관광의 중심지가 되고 있다. 외국에서 뮌헨공항에 입국한 환자는 공항에서 검진과 진료를 받고 대부분 당일로 자국으로 돌아간다. 이 병원은 2개의 수술실과 13개의 병실을 갖추고 있다. 환자 개인별로 만들어진 패키지상품은 건강검진, 입원수술 또는 외래수술(inpatient or outpatient surgery), 호텔, 장기치료를 위한 제휴 병원으로의 이송, 환자와 가족을 위한 관광을 포함하고 있다. 이 병원은 공항에서 환자를 유치해서 입국 절차를 밟기도 한다. 전문진료과목으로는 정형외과(orthopedics, hand surgery), 성형수술(plastic surgery), 내분비계수술(endocrine surgery), 최소침습술(minimally invasive surgery for various conditions), 안과(ophthalmics), 이비인후과(ear-nose-throat medicine), 비뇨기과(urology), 부인과(gynecology), 소화기과(gastroenterology), 심장수술(treatment of cardiovascular conditions) 등이 있다. 이 병원은 MRA장비도 갖추고 있다.

자료: http://europeforvisitors.com/munich/airport/muenchen-airport-center-medical-facilities.htm

4. 크루즈모델(Cruise Ship Model)

크루즈선 안에서 치료와 회복을 동시에 취하는 의료관광의 형태로 Renaissances Cruises가 대표적이다. 이 모델은 환자가 크루즈선에 승선하여 수술부터 요양까지 일괄적으로 진료를 받는 경우도 있고, 육지에 있는 병원에서 수술을 받은 후에 크루즈선에 승선하여 회복이나 요양을 마치는 경우가 있다. 미국 존스홉킨스병원 등 일부 병원들은 크루즈선과 제휴하여 이와 같은 의료관광상품을 판매하고 있다.

사례분석: 소설 *Universal Coverage* 속의 크루즈 의료관광

이 소설에 나오는 크루즈 의료관광은 허구이다. 그러나 의료비용을 절감하기 위한 대안으로 작가는 소설을 통해서 크루즈 의료관광을 그 대안으로 제시하고 있다. 작가 Daniel Putowski가 쓴 소설 *Universal Coverage*는 미국의 의료 제도가 부패하고, 영리만 밝히고, 오래 기다려야 하고, 비효율적이라는 전제로 서술되었다. 그 소설에서 주인공 Bob Smith는 죽어가는 아들을 구할 수 있는 방법은 오직 Salvare라는 의료관광 크루즈선밖에 없다고 믿고 있다. Salvare호는 공해상에 정박하고 있기 때문에 그 어떤 국가의 의료시스템에 의해 규제나 통제를 받지 않아도 되기 때문이다. Salvare호는 돈을 지불하는 환자는 누구라도 의료서비스를 제공하는 무면허 크루즈선이다. Salvare호는 12만 톤의 국제여객선으로 뉴저지항을 출항해서, 모든 환자에게 개인 병실을 제공하고, 요리사가 조리한 식사를 제공하며, 야간 엔터테인먼트도 즐길 수 있다. 이 배는 그 의료수준은 확신하지 못하지만 의사와 간호사를 완벽하게 갖추고 있다. 이 배는 또한 심장개폐수술이나 화학요법(chemotherapy)까지도 할인가격으로 진료할 수 있는 완벽한 병원이자 요양센터가 되기도 한다. 이 소설은 현재 미국 의료시장에 만연하고 있는 병원들의 탐욕과 오랜 대기시간, 소송을 해결하기 위한 대안으로 이 크루즈 의료관광을 제시하고 있다. 이 소설은 비록 허구이기는 하지만 각국의 의료시장에서 안고 있는 여러 가지 문제를 해결하기 위한 대안을 제시하고 있다는 점에서 의료관광시장에 던지는 의미가 있다고 하겠다.

자료: http://ducknetweb.blogspot.com/2009/12/cruise-ship-for-medical-tourism.html

5. 드라이브인-아웃모델(Drive-in & out Model)

자동차를 타고 국경을 넘어 인접 국가의 국경 부근에 있는 도시에서 치과 등의 비교적 간단한 진료를 받거나 의약품을 구매하여 자국으로 돌아가는 의료관광모델이다. 관광이나 숙박서비스를 제공하지 않고 의료서비스만 제공하는 경우도 있다. 미국과 멕시코 국경의 Los Algodones, Mexicali, Tijuana, 헝가리의 Sopron(김석중, 2009) 등이 이에 해당한다.

사례분석: Los Algodones, Mexico

Los Algodones[이 도시 이름은 목화(the cotton)라는 뜻이다]는 미국 Arizona주 Yuma에서 16킬로미터 서쪽에 자리 잡은 인구 4,000여 명의 작은 멕시코 도시로 미국과 국경을 접하고 있다. 과거에 조용한 농촌 도시였던 이곳은 최근에는 세계에서 가장 빨리 성장하고 있는 치과 도시 및 관광 도시로 성장하고 있다. 이 도시는 멕시코는 물론 세계에서도 단위 면적당 치과클리닉 수가 많은 도시로 이름 높다. 지난 10여 년 동안 치과클리닉 수가 10여 개 미만에서 350여 개로 증가했으며, 치과클리닉은 국경으로부터 도보로 10분 거리에 위치하고 있다. 이와 같은 치과클리닉의 증가는 낮은 치료비와 높은 치료효과 등이 복합적으로 작용한 현상이다. Algodones에서 치과진료비는 미국에 비해 60~70% 정도 저렴하며, 휴가철에는 하루 평균 33,000명의 외국 관광객이 이 도시로 찾아온다. 이 도시의 치과 의사들은 기술이 좋아서 많은 외국인(주로 미국인)이 구전효과로 이 도시를 찾고 있다.

자료: http://www.dentistsofalgodones.com

6. 항공-병원복합형(Airline-Hospital Joint Model)

건강진단장비를 갖춘 비행기를 타고 가는 도중에 건강진단을 받고, 그 진단 결과를 여행목적지에 환자가 도착하기 전에 해당 병원 의사에게 전달하는 형태로 에미리트항공사(Emirates Airlines)가 대표적이다. 그러나 이 항공진료시스템은 일부 노선에서만 서비스가 제공된다.

Ⅲ. 의료관광상품 수요자

1. 의료관광상품 수요자의 욕구와 필요

의료관광상품 수요자인 의료관광객(medical tourists)은 크게 6가지 유형으로 분류할 수 있다. 큰 수술을 필요로 하는 의료관광객, 작은 수술을 필요로 하는 의료관광객, 성형수술을 필요로 하는 의료관광객, 건강진단을 필요로 하는 의료관광객, 대체의술을 필요로 하는 의료관광객, 웰빙서비스를 필요로 하는 의료관광객으로 나눌 수 있다(Cormany, 2008).

위에서 언급한 의료관광객이 원하는 관련 정보나 서비스는 비즈니스 여행자나 휴가 여행자가 필요로 하는 것과는 크게 다르다(Gasparoni, 2007). 성공적인 의료관광을 위해서는 의료장비가 잘 갖추어진 시설에서 우수한 의사에게 시술을 받아야 한다. 그러나 해외에서 시술을 받는다는 것은 자기 동네에서 시술을 받는 것과는 크게 다르고, 처음에는 상당히 당황할 수 있다. 그러나 정확한 정보를 습득하고 계획을 잘 세운다면 의료관광은 상당한 비용을 절약할 수 있고, 고객의 생명을 연장해 주고 인생이 바뀌는 경험을 맛보게 해 준다. Healthbase Team(이하 2008: 48-49 참조)

은 성공적인 의료관광을 위해서 의료관광객들은 다음과 같은 6가지 센스를 갖추어야 한다고 언급하고 있다.

1) 정보습득에 대한 자세(The Research Sense)

- 어떤 나라가 나의 수술에 가장 적합한가?
- 해당 국가를 선택할 때 어떤 요소를 고려할 것인가? 비용, 이동거리, 전문성, 인증 등.
- 시술 후 귀국해서 어떤 케어서비스가 필요한가?
- 절감된 비용이 의료관광을 위해 희생한 기회비용(시간, 거리, 기타 자원 등)을 상쇄할 만한 가치가 있는가?
- 과거에 이런 의료관광을 경험한 사람들의 평판은 어떤가?
- 의료관광을 위한 여행 시점은 언제가 적당한가?
- 직장에서 의료관광을 위한 휴가를 낼 수 있는가?
- 보험이 있다면, 의료관광비용을 커버할 수 있는가?

이와 같은 사항이 고객들이 자신에게 물어봐야 할 질문들이고, 여기에 대한 대답을 부지런히 찾아보는 자세가 필요하다. 이론적으로 의료관광은 보통 비상 상황이 아닌 경우에 이루어지지만, 실제로 자신의 상황에서도 그런지 고려해 보아야 한다. 의료관광은 여러 가지 혜택을 가져다주지만, 그게 나에게도 적용되는지 숙고해 보아야 한다. 의료관광을 보다 효율적이고 성공적으로 마치기 위해서는 이와 같은 모든 상황을 시간을 두고 연구하는 자세가 필요하다.

2) 문서준비에 대한 자세(The Documentation Sense)

고객이 의료관광을 위한 여행을 출발하기 전에 다양한 관련 문서들을 준비해야 한다. 의료 진료카드, 여행서류, 재정 관련 서류, 기타 개인서류 등. 환자의 수술 종류와 부위에 따른 사진이 필요할 수도 있다. X-Rays, MRIs, MRIs 소견서, 치과 임플란트를 위한 panoramic X-Rays 등이다. 이런 사진들은 디지털로 해외에 있는 담당 의사에게 보내야 한다.

또한 고객과 동반자의 여권과 입국 비자(필요할 경우)를 준비해야 한다. 현금과 여행자수표, 신용카드, 마이너스통장 등으로 충분한 비용을 준비해야 한다. 또한 가족과 친구, 대사관, 영사관, 병원, 호텔, 국내 담당 의사, 거래 은행과 신용카드사 해외지원센터 등에 관한 모든 정보를 항상 몸에 지니고 있어야 한다.

3) 회복기에 대한 자세(The Recuperation Sense)

자국에서의 이동거리와 관계없이 적절한 회복기를 가지는 것은 성공적인 의료관광에 중요한 요소이다. 그래서 여행일정에서 충분한 회복시간을 할애하는 것이 중요하다. 환자는 치료를 모두 마칠 때까지 병원에 머무르거나 어떤 경우에는 가까운 호텔이나 리조트에서 휴식을 취하도록 처방을 받는다. 그러나 어떤 경우에는 치료경과에 따라서 여행목적지에서 계획했던 기간보다 더 길거나 짧게 머무를 수도 있다. 그래서 이런 체류기간의 변동 상황에도 미리 대비해야 한다.

4) 관광에 대한 자세(The Tourism Sense)

여행목적지에서 수술 후 관광활동의 여부나 만일 하게 될 경우 그 정도는 수술 종류와 경과에 따라 좌우된다. 태양이나 모래, 서핑은 성형수술 환자에게는 해가 될지 모르지만, 정형외과나 심장병수술 환자에게 가벼운 경치 구경은 허용될지도 모른다. 수술 전후에 관광활동을 원할 경우에는 활동을 개시하기 전에 마취나 약물효과에 대해 담당 의사와 반드시 상담을 해야 한다. 의료관광은 관광서비스 경험보다 의료서비스 경험이 더 우선적이고 중요하다는 사실을 항상 명심해야 한다. 의료관광객에게 의료서비스는 필수사항이고, 관광서비스는 제반 조건이나 상황이 허락될 때 할 수 있는 선택사항이다.

5) 수술 후 처치에 대한 자세(The Follow-up Care Sense)

의료관광을 위한 해외여행에 대한 모든 정보를 국내 담당 의사에게 항상 알려주어야 한다. 수술 전에 담당 의사의 의사소견서가 필요하고, 귀국해서는 봉합을 제거하거나 드레싱을 교환하거나 재활치료를 하거나 사후검진을 할 때 그의 도움이 필요하기 때문이다. 그래서 귀국하기 전에 여행목적지에서 받은 수술에 관한 모든 기록과 사진을 해당 병원에서 받아서 지참해야 사후처치나 요양과정이 쉬울 수 있다.

6) 준비사항에 대한 자세(The Logistics Sense)

의료관광을 위한 해외여행에는 수많은 준비사항들이 있다. 해외 병원과 클리닉에 대한 조사, 해당 병원과 의사에게 제출해야 할 환자 정보, 해외 병원에 대한 예약, 담당 의사와의 화상회의나 이메일 또는 전화, 병원과 가격협상, 건강기록 전송, 자신과 동반자의 여권과 비자 준비, 항공권과 호텔 예약, 공항에서의 현지 교통과 에스코트 예약, 현지관광 예약, 가족에게 수술경과 알리기 등은 의료관광객이 성공적인 의료관광을 위해 해외여행 전이나 도중 또는 수술 후에 준비해야 할 사항의 일부에 불과하다. 그래서 이와 같이 다양하고 복잡한 서류와 절차를 대신 준비해 주고 대행해 주는 전문 중개자인 의료관광에이전시(medical tourism agency 또는 facilitator)가 있다. 이런 중개자를 이용하면 고객은 다른 일에는 신경을 쓰지 않고 자신의 건강에만 관심을 집중할 수 있기 때문에 보다 더 효율적이고 성공적으로 의료관광을 마칠 수 있다. 이런 중개자는 수수료만 지불하면 언제라도 이용이 가능하다.

위에서 언급한 것처럼 사려 깊은 조사와 계획이 즐겁고 안전하고 건강하고 성공적인 의료관광의 가능성을 높여 주는 핵심요소들이다. 고객들은 의료관광의 혜택을 맛보기 위해서는 이와 같은 가이드라인을 최선을 다해서 준비하고 준수해야 한다.

사례분석: 성형외과 '북적'…카지노도 '덩실'

강남을 찾은 외국인 관광객 무엇을 하나

강남은 지금 외국인들로 넘쳐난다. 태국 · 일본 · 미국 · 대만 등 국적도 제각각이다. 방한 목적도 성형 · 비즈니스 · 유학 등 다양하다. 이에 따라 강남의 풍경이 점차 달라지고 있는 모습이다. 강남의 성형외과들은 외국인 관광객을 유치하기 위해 리무진 차량을 제공하는 등 서비스를 강화하고 있다. 강남구청 또한 의료관광을 활성화하며 강남 시티투어버스 이용 횟수를 늘리는 등 분주한 모습이다.

강남 성형외과 찾는 외국인, 월 500명

장면 1. 지난 2월 22일 오후 서울 강남구 논현동 B성형외과 로비. 상담을 받으러 온 외국인들이 차를 마시며 차례를 기다리고 있었다. 이 병원에 마련된 외국인 환자 전용 방에는 중국 · 싱가포르 · 태국 등 각국에서 성형수술을 받으러 온 사람들이 앉아 있었다.

쌍꺼풀수술이 잘돼 기분이 좋은지 계속 거울을 보며 미소를 머금고 있는 중국인도 눈에 띄었다. 그는 "이 병원이 잘 하기로 소문이 나 친구들과 함께 왔다"며 "고국으로 돌아가 부모님께 자랑하고 싶다"고 말했다.

장면 2. 지난 2월 24일 오전 9시. 강남 코엑스 인근에는 태국 · 대만 · 일본 · 중국인 관광객 등이 북적댔다. 강남 투어를 하기 위해서다. 20~50대까지 연령도 다양했다. 3개월 정도 연수를 목적으로 한국을 찾은 태국인은 "3시간 반 동안 한국 주요 장소들을 모두 체험할 수 있는 점이 마음에 들어 신청했다"며 "은마종합상가 · 김치박물관 · 압구정 로데오거리 등을 직접 볼 수 있어 기대된다"고 말했다.

강남구청에 따르면 강남구를 방문하는 외국인 관광객들이 해마다 증가하고 있다. 특히 강남 성형외과를 찾는 외국인 환자는 한 달 평균 400~500명에 이른다. 진료비와 숙박비 · 쇼핑비 등을 합하면 환자 한 사람이 많게는

1,000만 원까지 쓰는 것으로 파악되고 있다.

성형을 위해 강남을 찾는 외국인들이 한 달에 평균 400~500명에 이른다. 강남구의 의료관광 전반에 대한 실태조사를 실시한 결과에 따르면 외국인 환자 수는 2008년 대비 25.6% 증가했다. 2009년 11월 말까지 외국인 환자 수는 5만 7,361명으로 2008년 4만 5,671명에 비해 1만 1,690명이 늘었다.

특히 2009년에는 피부과 · 성형외과 등 환자 수가 대폭 늘어났다. 국가별로는 일본 · 중국 환자가 2008년에 비해 2배 이상 증가했으며 선호하는 진료과목은 중국이 성형, 일본이 한방 · 피부진료인 것으로 나타났다.

D성형외과 원장은 "성형외과는 세계적으로 경쟁력 있는 진료과목이다. 일본이나 중국, 동남아에서 강남구는 성형수술로 명성이 높다"며 '성형수술을 위해 강남을 찾는 외국인들이 점점 늘어날 것'이라고 예상했다.

그는 "성형 관광을 전문으로 주선하는 여행사들도 증가하고 있을 정도로 한류 스타를 닮으려는 성형수술 환자들이 많다"며 "의료관광이 지역경제에도 도움을 주면서 차세대 성장산업으로 주목받고 있을 뿐만 아니라 국내 병원들의 해외마케팅도 점점 활발해지고 있어 외국인 의료관광객은 지속적으로 늘어나게 될 것으로 보인다"고 말했다.

외국인들을 대상으로 서울을 소개해 주는 강남 투어도 활기를 띠고 있다. 2008년 9월 서비스를 론칭한 후 외국인 수요자가 꾸준히 증가하면서 매주 2회 정기 운행되던 투어버스도 최근 주 3회로 확대 운영하고 있다.

강남구청에 따르면 2009년 1월까지 310명에 불과했지만 1년이 지난 2010년 1월에는 2,738명이 참가했다. 코스로는 청담동 갤러리 · 압구정 로데오거리 · 코엑스 · 김치박물관 · 선정릉 · 봉은사 · 도산공원(도산안창호기념관) · 양재천 · 은마종합상가 · 코리아나화장박물관 · 국기원 등이다.

그중 특히 서울 강남의 금싸라기 땅 대치역 사거리에 있는 은마종합상가는 "없어서는 안 되는" 명물로 외국인들의 관심을 끌고 있다. 33㎡(구 10평) 남짓한 가게가 다닥다닥 붙어 있어 복도는 한 줄로 걷거나 두 사람이 어깨를 겨우 부딪치지 않고 다닐 정도로 비좁고, 럭셔리한 음식은 찾아보기 힘든 곳이지만 외국인들의 평은 좋다.

관리사무소 직원은 "이곳에서는 상인과 손님이 서로 언니 · 동생이라고 부를 정도로 끈끈한 정이 있다"며 "맛도 좋지만 외국인들은 무엇보다 이러한 모습을 보고 반한다"고 말했다.

강남 중심부에 있는 카지노도 호황을 누리고 있다. 외국인 전용 카지노 세븐럭에 따르면 지난해 자동차 2만 대, 일반 공산품 40억 달러어치를 팔 때와 같은 부가가치를 창출했다. 이에 따라 세븐럭은 올해 매출목표를 지난해보다 25% 증가한 5,000억 원으로, 입장객 목표를 125만 명으로 정했다. 이를 통해 정부가 올해 세운 외국인 관광객 850만 명 유치, 관광수입 95억 달러 목표에도 적극 기여한다는 계획이다.

세븐럭을 운영하는 (주)그랜드코리아레저(GKL)의 권오남 사장은 "지난해 11월 주식시장 상장을 계기로 세븐럭을 세계 수준의 명품 카지노로 만들기 위해 박차를 가하고 있다"고 강조했다.

'MICE' 목적 외국인들로 북적

강남을 찾는 외국인 관광객들이 이처럼 증가한 원인은 무엇일까. 2010년 '한국 방문의 해'를 맞아 각종 행사가 열리는 게 가장 큰 이유다. 올해부터 2012년까지 3년간의 대장정을 시작한 '한국 방문의 해'는 2008년부터 일본 · 중국 등 동북아를 비롯해 동남아 관광객 등을 대상으로 야심차게 준비해 온 대형 프로젝트다.

단순히 한국을 홍보하는 데 그치지 않고 여행목적지로서 한국의 다양한 매력을 세계에 알리고 이를 실제 관광 수요 창출로 이끌어 내려는 노력이 각계에서 화려하게 펼쳐지고 있다.

특히 강남은 코엑스 · 서울무역전시컨벤션센터(SETEC) 등 대형 전시컨벤션 시설과 특급호텔 · 공연장 · 패션 쇼핑 등이 많아 MICE(Meeting, Incentive, Conventions, Exhibitions) 산업의 최적지다. 이 때문에 국제회의나 전시회 등에 참가하기 위한 외국인들이 강남을 대거 방문하고 있는 것이다.

강남구청 관계자는 "국제회의나 박람회 등 참가자들이 하루나 이틀 정도 해당 국가를 관광하는 것이 관례이기 때문에 어느 정도 강남에서 머무르다 간다"며 "짧은 시간 내에 주요 명소들을 돌아볼 수 있는 강남 투어버스가 주목을 받고 있다"고 말했다.

아울러 "코엑스컨벤션센터 · 30여 개의 특급 호텔 · 스파 · 명품로드숍 · 화랑거리 등의 최고급 관광 명소들과 선정릉 · 봉은사 · 김치박물관 · 화장박물관 등 문화 예술 명소들을 고루 갖춘 강남은 세계 여느 도시 못지않은 도시 인프라를 갖추고 있다"며 "볼거리가 많아 일부러 강남을 찾고 있는 관광객들도 더러 있다"고 말했다.

지난해 5월 외국인 환자유치를 허용하는 개정 의료법이 통과된 것도 원인이다. 의료법 개정 전에는 에이전시(agency) 활동이 활발하지 않아 홍보가 제대로 이뤄지지 않았지만 개정 후에는 적극적으로 펼칠 수 있게 됐다.

특히 강남구는 의료법이 개정되기 전부터 여행과 의료서비스를 겸한 의료관광을 준비해 그 움직임이 더욱 두드러지게 나타난 것이다. 기초자치단체 처음으로 지난해 3월 의료관광팀을 신설한 뒤 강남구의료관광통역지원단 발족, 일본 로드쇼 개최, 다국어(영 · 일 · 중) 의료관광 전용 홈페이지 구축, 강남구의료관광협의회 구성, 의료관광엑스포 참가 등 의료관광 인프라 구축에 적극 힘써 왔다. 그 결과 해외 의료 환자 6만여 명을 유치하는 가시적 성과를 거둘 수 있었다. 현재 강남구 의료기관 중 의료관광협의회에 속해 있는 기관은 181개다.

식을 줄 모르는 한류 열풍도 한몫 한다. 한국 유명 스타와 비슷한 외모를 선호하는 외국인들이 여전히 많다. 중국은 김희선, 베트남은 김태희를 선호한다는 게 의료업계의 귀띔이다. 성형외과 · 피부과 · 한방 등 의료기관들의 질적 수준이 향상되고 있는 것도 이유다.

D성형외과 원장은 "자국의 병원을 찾는 것보다 비용이 저렴하고, 의료의 질적 수준이 높기 때문에 많은 외국인들이 강남 성형외과를 찾고 있다"며 '지난해 말 중국 여성 댄스 가수 왕룽이 강남에서 성형수술을 하고 귀국하는 과정에서 여권 사진과 실물이 달라 중국 공안 당국의 조사를 받은 적도 있었다. 이는 강남 성형외과의 우수성을 나타내 주는 방증'이라고 말했다.

올 하반기에 개최될 G20 서울 정상회의의 개최 장소로 강남 코엑스가 유력한 것도 강남이 주목받고 있는 원인이다. 강남구청 관계자는 "G20 정상회의 개최를 앞두고 강남구는 도시환경 조성, 축제 분위기 조성 등 3개 분야 30개 사업을 발굴하고 추진하기로 했다"며 '이를 통해 강남구를 글로벌 스탠더드(Global Standard)에 걸맞은 국제도시로 한 단계 업그레이드시킬 계획'이라고 말했다.

앞으로 강남구청은 의료관광 활성화를 위해 의료 코디네이터 양성교육을 실시하며 의료관광 마스터플랜업무를 체계적으로 추진할 계획이다. 또 올해 10월 개최될 세계보건기구(WHO) 제4차 건강도시연맹(AFHC) 때 방문하는 외국인들을 대상으로 스킨케어 등을 체험할 수 있는 코스를 개발, 호텔 행사장 등에서 홍보할 계획이다.

이와 함께 다가오는 5월에는 중국 서울시 홍보관을 통해 의료관광을 적극적으로 알리며 러시아 · 중국 등지에서 해외 설명회도 추진할 계획이다.

또한 G20 정상회의에 포커스를 맞춰 강남 시티투어버스를 운영할 계획이다. 이용 횟수를 현재보다 늘리고 안내지도를 3개 국어에서 7개 국어로 확대할 방침이다. 강남 시티투어버스를 이용하는 여행사도 1개에서 2개로 늘린다. 현재는 코스모진 여행사만 진행하고 있다. 이에 따라 이용객들의 요구사항들을 더욱 넓게 수용할 수 있을 것으로 보인다.

강남구청 관계자는 '외국인들이 많이 이용하는 많은 강남 시티투어버스 코스를 더욱 확대하고 태권도(국기원), 다도 및 발우공양(봉은사), 김치 담그기(음식점) 등 체험 코스를 마련해 외국인들에게 다양한 한국 문화체험 기회를 제공할 것'이라며 '이와 함께 영어 · 프랑스어 · 일본어 · 중국어 등 다국어로 제작된 문화지도를 새로 제작해 호텔 및 코엑스 주변 음식점 등에 비치할 계획'이리고 말했다.

이어 '강남은 과거 명동과 고궁 외에 새로운 관광 명소 개발이 절실한 관광업계의 현 과제에 발맞춰 전통과 현재, 과거와 미래가 혼재한 서울의 다양한 면모를 찾아볼 수 있는 관광 명소로 더욱 발전하게 될 것'이라고 말했다.

인터뷰: 글로벌 성형외과 조성필 원장

'경쟁력 있는 기술 · 서비스가 생존의 조건'

인근의 호텔 쇼핑몰 등도 덩달아 호황을 누릴 정도로 강남 성형외과를 찾는 외국인 관광객들이 늘어나고 있다. 중국인들이 많이 방문한다는 글로벌 성형외과 조성필 원장을 만나 현황과 이유, 전망 등에 대해 얘기를 들어보았다. 그는 "외국인들 방문객이 기하급수적으로 증가하지는 않지만 꾸준히 늘어나고 있는 것을 피부로 느낄 수 있다"며 '경쟁력을 갖추기 위한 성형외과의 움직임이 앞으로 더욱 두드러질 것'이라고 말했다.

외국인들이 우리나라 성형외과를 선호하는 이유는 무엇입니까.

테크닉이 우수한 게 가장 큰 이유입니다. 까다로운 우리나라 환자들의 요구 사항들을 모두 충족시켜 주기 위해서는 의술이 개발되지 않을 수 없죠. 또한 성형외과 의사들이 점점 증가해 경쟁력을 갖추지 않으면 도태되기 쉬워 저마다 기술력을 갖추려 노력하고 있죠.

이러한 이유 때문에 기술력이 가파르게 향상된 것입니다. 한류 열풍도 외국인들의 발걸음을 재촉하고 있습니다. 실제 우리 병원을 찾아오는 대부분의 중국 사람들은 탤런트 김희선, 이영애처럼 해달라고 요구합니다.

경쟁력을 갖추기 위해 어떠한 준비를 하고 있는지요.

타국에서 온 외국인들은 무엇보다 편안하게 시술을 받다 가기를 원합니다. 멀리 온 것만큼 친절하게 서비스를 받고 싶어 하죠. 이에 따라 우리 병원에는 중국어 의사소통이 가능한 코디를 두고 있습니다. 또 홈페이지도 중국 환자들이 편안히 볼 수 있도록 중국어로도 꾸며 놓았습니다.

이뿐만 아니라 VIP 환자들이 편히 쉴 수 있도록 병실도 좋은 곳으로 안내해 주며 공항에서 픽업해 오기도 합니다. 이 밖에 우리 병원은 외국인 관광객 유치를 위해 중국 현지 미용 병원들과의 양해각서(MOU)를 추진, 외국 환자들의 수술 후 사후관리까지 신경을 쓰고 있습니다.

점진적인 외국인 환자유치와 함께 중국 · 대만 · 홍콩을 비롯한 아시아 전역에 글로벌 성형외과 네트워크를 만드는 것이 목표입니다. 이에 따라 다양한 서비스를 제공하기 위해 철저하게 준비하고 있습니다. 타국에서도 모국처럼 편안히 수술을 받고 갈 수 있도록 앞으로도 최선을 다할 것입니다.

향후 전망에 대해 말씀해 주십시오.

성형을 하기 위해 우리나라를 방문하는 외국인들은 앞으로도 꾸준히 증가할 것으로 보입니다. 이와 함께 경쟁력을 갖춘 성형외과 의사들이 해외에 진출하는 경우도 많아질 전망입니다. 이에 따라 수술기술이 더욱 업그레이드되고 서비스의 질적 수준 또한 향상될 것으로 예상됩니다.

자료: 김선명(2010)

2. 의료관광상품에 대한 고객경험 관리

병원들이 고객에 대한 서비스에서 의미 있는 성공을 하려면 고객에게 특별한 서비스를 경험하게 해 주어야 한다(이하 Piper & Hason, 2009: 54-57 참조). 대개 병원들은 최고의 진료서비스(healthcare)를 제공한다고 생각하지만, 종합평가에서 환자들은 완전하다고 생각하지 않을 수 있다. 대부분의 경우 보조적인 서비스를 소홀히 하고 있기 때문이다. 단순히 환자를 안정시켜 주고, 불편함이 없게 해 주는 그런 서비스를 일부 병원들은 간과하거나 우선순위에서 진료 다음으로 미루는 경우가 많다.

의료서비스에 대한 환자의 전체 경험(total patient experience)을 결정하는 8가지 요소(생각: thinking, 고려: considering, 조사: research, 결정: decision, 결합: assembling, 구매: purchase, 경험: experience, 사후만족: after glow) 중에서 환자가 실제로 받는 진료나 치료과정이 가장 중요하다. 환자는 8가지 요소 모두를 주관하고, 8가지 요소는 환자의 전체 경험을 결정하는 데 영향을 미친다. 고객에 대한 서비스수준을 향상시킬 기회를 간과함으로써 병원들은 경쟁에서 뒤떨어지고 환자를 유치하는 데 실패하게 된다.

병원들은 환자를 위한 서비스와 경험 그리고 전반적인 진료를 제공하는 방법에 대해 고정관념을 벗어날 필요가 있다. 환자가 병원에서 경험하는 모든 서비스에 대한 느낌이 긍정적이고, 그 느낌이 특별해야 한다는 점이 매우 중요하다. 이 점이 환자 입장에서도 매우 중요하다. 자국을 떠나 해외에 있는 병원을 방문하고 다시 돌아가는 여행은 환자에게는 상당히 스트레스를 받는 일이다. 이런 스트레스는 해외로 여행하는 의료관광은 어렵다고 생각하는 잠재고객들에게는 결정타가 된다. 자국에서 다른 지방으로 여행도 해 보지 않은 사람들이 치료를 위해서 홀로 해외로 여행을 가겠는가? 치료나 진료과정에 대한 경험과 비진료적인 경험(환대나 안정감 등)은 각 서비스 포인트마다 환자가 특별한 경험을 하고 있다고 느끼게 해 주는 최고의 경험(complete patient experience)으로 평가되어야 한다.

병원들은 환자들이 자기 병원을 선택하는 데 누가 결정권자인지 항상 파악하고 있어야 한다. 어떤 환자의 경우에는 배우자나 가족들이 해외 병원을 선택하는 데 환자와 동등한 (그 이상은 아니더라도) 영향력을 행사한다. 이들은 성공적인 수술과 안전, 편안함을 추구하고, 스트레스나 혼란, 판단 착오를 최소화하기 위해 노력한다. 그들은 전체적인 환자의 경험이 성공하길 바라며, 이런 성공은 가족이나 후원자 모두에게도 중요하다. 이웃이나 동료, 친구, 친척들은 환자의 건강에 관심이 많고, 미래 언젠가는 해당 병원의 고객이 될 수 있는데, 그것은 환자의 전체적인 경험에 달려 있다. 입소문(word of mouth)은 환자유치에 큰 영향을 미친다. 딜로이트보고서(Deloitte Center for Health Solutions, 2008)에 의하면, 의료관광객들에 대한 마케팅에서 입소문은 고객들이 정보 탐색과정에 고려하는 3가지 중의 하나인 것으로 나타났다.

병원에서 환자의 경험이 얼마나 중요한지를 보여 주는 또 다른 사례를 미국의 유명한 병원들에서 볼 수 있다. 미국 병원들이 환자의 완전한 진료 경험의 중요성을 깨달아 가고 있다. 전통적인 환자 진료방식은 오로지 치료에만 중점을 두었고, 모든 보조 제품이나 서비스는 수많은 아웃소싱에 의해 공급해 왔다. 이와 같은 전통방식은 제대로 관리하기가 매우 어렵고, 환자의 경험에 부정적으로 영향을 미칠 가능성이 매우 높다. 오늘날 병원들은 장기적이고 수익이 나는 고객 관계 수립의 중요성을 깨닫고 있다. 이런 목표를 완수하기 위해서 병원들은 자체에서 제공하는 제품이나 서비스, 기타 물품을 환자에게 제공하고 있다. 이런 방식은 환자의 만족도를 높이는 데도 도움이 되고, 병원의 전반적인 성공에도 중요한 구실을 하는 요인을 제공한다.

1) 환자에게 특별한 서비스를 제공하는 방법

환자에게 특별한 서비스를 제공하여 의료관광시장에서 시장점유율을 높이기 위해서는 다음과 같은 전략이 필요하다(이하 Piper & Hason, 2009: 54-57 참조)

(1) 환자에게 정직한 서비스를 제공하라

환자가 원하는 서비스를 파악하고 있는가? 표적시장 환자에게 당신 병원이 제공하는 서비스의 강점은 무엇인가? 서비스가 개선될 여지가 있는가? 현재 당신 병원이 갖고 있는 기회는 무엇인가? 당신 병원은 지속발전(sustainable development)과 시장지배(market dominance)에 대한 장기계획을 갖고 있는가?

(2) 전문평가회사에 의뢰하여 의료관광객 유치전략에 대한 공정한 평가를 해라

만일 당신 병원이 국제 수준의 환자서비스를 제공하는 데 어떤 위치에 자리매김하고 있는지 확신이 없을 경우에는 그 방법을 터득하라. 전문평가회사가 의료관광시장에서 당신 병원이 차지하고 있는 위치를 파악해주고 시장점유 기회를 극대화하는 방법을 알려줄 것이다.

(3) 환자서비스실천계획(patient experience action plan)을 개발하라

당신 병원에서 국제 수준의 고객서비스를 연구하고 실천할 고객서비스계획(custom plan)을 개발하라. 전문평가회사와 고객서비스회사가 그 고객서비스계획을 개발할 수 있고, 그 목표를 완수할 과정을 권고해 줄 것이다.

(4) 환자서비스계획을 실천해라

당신 병원의 모든 강점을 실현하고 모든 기회를 강조한 계획을 개발하게 되면, 그 계획을 실천하라.

(5) 환자서비스계획을 지속적으로 실천하고 개선하라

전문평가회사로부터 지속적으로 공정한 피드백을 받고, 고객 서비스 실천계획을 주기적으로 업데이트할 계획을 세워라. 주요 서비스를 항상 새롭게 하여 새로운 환자나 재방문 환자가 당신 병원으로부터 국제적인 서비스를 받는 혜택을 누리도록 해라.

2) 국제적 수준의 고객서비스

국제 수준의 고객서비스를 제공하는 것이 왜 그렇게 중요한가? 당신 병원이 그 서비스를 제공하지 못하면, 경쟁 병원이 그 서비스를 제공할 것이다. 국제 수준의 고객서비스는 당신 병원이 의료관광이라는 새로운 사업 영역에 참여할 수 있게 만들어 주고, 이익을 극대화해 주고, 경쟁자로부터 차별화해 주고, 고객과의 관계를 지속시켜 줄 것이다. 결국 환자들은 안전과 편안함을 보장해 주고, 자신들의 필요와 요구를 충족시켜 주는 완전한 서비스를 제공하는 병원을 선택할 것이다. 모든 고객서비스에 투자하는 것은 의료관광산업에서 당신 병원을 선두주자로 만들어 주고, 가장 중요한 것은 고객 사이에서 가장 좋은 병원으로 인지될 것이다.

Ⅳ. 의료관광상품 중개자 –의료관광에이전시

의료관광산업이 활성화되려면 의료관광시장에서 공급자와 수요자(의료관광객)를 연결해 주는 중개자의 역할이 중요하다. 중개자는 수수료를 받고 의료관광 공급자의 다양한 서비스를 소비자인 환자들에게 소개하여 연결시켜 주는 역할을 한다. 의료관광에이전시, 여행사, 보험회사, 협회, 정부기관 등이 이에 해당한다. 특히 의료관광상품을 기획 및 개발하여 마케팅 프로모션을 통해서 고객에게 판매하는 에이전시의 역할은 매우 중요하다. 이 책에서는 의료관광에이전시만 다룬다.

1. 의료관광에이전시의 개념

의료관광에이전시는 해외에서 의료서비스를 받기를 원하는 고객을 위해 전문적인 관련 서비스를 제공하는 대리자를 말한다(이하 Woodman, 2008: 99-114 참조). 의료관광에이전시는 다음과 같은 다양한 이름으로 불린다. medical(health) travel(tourism) agents, medical travel planners, medical travel facilitators, medical travel brokers, medical travel expediters. 의료관광에이전시는 그 역할이 매우 다양하다. 어떤 회사는 큰 회사에 소속되어 있고, 어떤 회사는 가족끼리 경영을 하고, 어떤 회사는 치료를 받는 특정 국가에서 상주하면서 성형수술이나 정형외과수술만 전문적으로 취급하고, 어떤 회사는 다양한 국가에서 다양한 의료서비스를 제공한다. 현재 대부분의 의료관광에이전시는 자본이 영세하고 종업원 수가 적은 소규모로 운영되고 있다. 미국 등 선진국에서는 의료관광에이전시 사업이 어느 정도 성숙되어 있지만, 국내에서는 극소수의 회사가 이제 태동하고 있는 단계이다. 〈표 IV-1〉은 국제적으로 활동하고 있는 의료관광에이전시를 소개하고 있다.

〈표 IV-1〉 국제 의료관광에이전시 현황

치료 목적지	에이전시	소재 국가	서비스 분야, 특성
브라질	MedNetBrazil Concierge	미국	브라질아메리칸, 성형수술
	Cosmetic Vacations	미국	성형수술
파나마	Angels Wonders Panama	파나마	
코스타리카	Medical Tourism of Costa Rica	코스타리카	성형수술, 임플란트
	Medical Tourism International	미국	Medical Tourism of Costa Rica
	Patient Hospital	미국	
체코	Beauty in Prague	체코	유럽 국가 대상, Business Week 미국인 증가
헝가리	Dental Value	미국	헝가리 정착 독일 의사, 치과
	Hungary Dental Travel	영국	
	Posh Journeys	미국	
인도	IndoUSHealth	미국	인도미국인
	MedRetreat	미국	
	Plant Hospital	미국	
	Taj Medical Group	영국	인도미국인
	Health Tourism Bangaloe	인도	Bangaloe
	Medtours	캐나다	Mumbai

말레이시아	Gourgeous Gateways	호주	성형수술
	Malaysia Healthcare	말레이시아	
멕시코	Global Choice Healthcare	미국	멕시코 특화, 가장 규모가 큰 회사
	Plant Hospital	미국	
	Plastic Surgeons Mexico	미국	
	Surgical Care International	미국	
싱가포르	Global Choice Healthcare	미국	
	Plant Hospital	미국	
남아공화국	Surgeon and Safari	남아공화국	
	Surgical Attraction	남아공화국	
태국	Cosmetic Surgery Travel	미국	
	International Medical Resources	미국	
	MedRetreat	미국	
필리핀	Health & Leisure	필리핀	
터키	BYZAlliance Medical Travel & Medical Consulting	터키	
이스라엘	Global Health Israel	이스라엘	
뉴질랜드	MedTral New Zealand	뉴질랜드	
오스트리아	Premium Health Solution	오스트리아	
과테말라	SPA-MED-HOLIDAY	과테말라	
베트남	Vung Tau Tourist Sanatorium Medicoast	베트남	
이탈리아	Global Health Travel Casandra Italia	호주	
한국	Docs Medical Korea (사례분석 참조)	한국	러시아, 베트남 특화

자료: Medical Tourism Association(2010: 65), 서병로 외(2009: 72)에서 재편집

2. 의료관광에이전시를 이용하는 이유

고객들이 해외에서 의료관광상품을 구매할 때 의료관광에이전시를 이용하는 이유는 다음과 같다(이하 Woodman, 2008: 101-102 참조).

1) 편리성

어떤 환자는 해외에서 필요한 모든 의료서비스를 혼자서 해결하는 사람도 있다. 이런 사람은 인터넷 등을 통해서 의료관광 관련 유명 국가, 인증병원, 의사의 수준, 환자 경험담에 관한 정보를 찾거나, 항공사, 호텔, 공항 픽업과 환송, 관광 등 모든 프로그램을 스스로 해결해야 한다. 그러나 환자가 다른 사람들처럼 직장생활이 바쁘거나 일상생활에 시간을 많이 빼앗긴다면 그렇게 복잡한 일을 해결할 수 없을 것이다. 특히 해외여행의 복잡한 절차에 익숙하지 않은 환자라면 더욱 힘든 일이 될 것이다. 에이전시가 이 모든 업무를 도와주면 환자는 다른 일에 시간을 사용할 수 있고, 자신의 건강에 더 신경을 쓸 수 있을 것이다.

2) 풍부한 경험

의료관광에이전시가 면허를 갖고 있는 의사는 아니지만, 의료관광목적지의 병원과 의사들과 오랜 비즈니스 및 인간관계를 유지하고 있다. 에이전시는 환자들에게 어떤 특별한 증상이나 치료방법에 대해 자문을 할 수 없고, 많은 에이전시는 어떤 특정 의사보다 다른 의사가 더 우수하다고 추천하지 못할 것이다. 그러나 모든 에이전시는 그들이 선호하는 병원이나 클리닉, 전문 의사, 일반 의사에 관한 리스트를 갖고 있고, 환자의 요구에 맞는 의료서비스 공급자의 리스트를 환자에게 제공할 수 있을 것이다. 결국 에이전시의 명성은 환자에게 지속적으로 성공적인 수술과 높은 고객만족도를 제공하느냐의 여부에 달려 있다. 이런 기준을 충족시키지 못하는 에이전시는 시장에서 사라질 것이다.

3) 비용절감

의료관광에이전시는 소매가격보다 낮은 가격을 고객들에게 제공하기 위해서 병원이나 클리닉, 의사, 호텔 또는 항공사 등 의료서비스 공급자들과 협상을 한다. 그래서 병원이나 호텔, 현지 교통회사, 여행사 등으로부터 환자 개인이 협상하는 가격보다 더 낮은 가격으로 서비스를 제공할 수 있다.

4) 협조성

의료관광을 위한 기획 단계에서나 혹은 현지에 가서나 의료관광객은 낯선 땅에 있는 이방인이다. 환자가 의사 면허를 소지하지 않은 이상 또는 비정상적으로 그와 같은 모험적인 상황을 즐기는 여행자가 아니라면, 의료서비스 공급자와 수요자 간에 일어나는 그 복잡한 상황을 해결하기 위해서는 에이전시의 도움을 받는 것이 유익하다. 좋은 에이전시는 환자나 가족 또는 친구와 함께 협조하면서 일을 처리하고, 환자의 치료목적과 예산, 라이프스타일 등을 함께 조합해서 가장 건강하고 안전한 치료를 받을 수 있도록 패키지상품을 기획한다.

3. 의료관광에이전시의 역할

모든 의료관광에이전시가 동일한 서비스를 제공하지는 않지만 고객에게 제공하는 일반적인 서비스가 있다. 출국 전에 제공하는 여행과 수술에 관한 기획과 예산 수립에 관한 서비스가 있고, 현지에서 제공하는 서비스 그리고 수술을 마친 후 귀국해서 제공하는 서비스로 크게 분류할 수 있다(이하 Woodman, 2008: 103 참조).

1) 기획 및 예산

에이전시는 환자가 해외에서 의료서비스를 받는 데 필요한 모든 일정과 예산 그리고 진료계획 등에 대해서 미리 기획하는 업무를 담당한다.

(1) 정보교환

의료관광을 위한 해외여행에 대한 계약을 맺으면 에이전시는 환자의 진료를 담당할 병원과 의사에 대한 정보를 보내기 시작한다. 병원의 인증이나 의사의 수준, 병원 간 제휴나 수술 건수, 협회 멤버십 그리고 지속적인 교육훈련 등에 관한 정보를 고객에게 알려주는 것이다.

(2) 의사 선택

에이전시의 가장 중요한 임무 중 하나는 환자에게 가장 좋은 병원과 의사를 소개해 주는 것이다. 우수한 에이전시는 수 년 동안 병원이나 의사 그리고 행정 직원들과의 경험을 갖고 있다. 그들은 오랫동안의 경험을 통해 나쁜 거래처를 버리고 수많은 공급자 중에서 우수한 거래처만 고객들에게 소개해 줄 준비가 되어 있다. 에이전시의 성공은 고객만족도에 달려 있기 때문에 에이전시들은 처음부터 의사와 환자의 좋은 관계를 만들기 위해 최선을 다한다.

(3) 진료 예약

환자가 의사를 선택하고 동의하면 에이전시는 건강상담과 테스트 그리고 진료에 관련된 예약을 하게 된다. 에이전시는 또한 환자의 의료서비스를 돕는 다른 서비스 공급자와도 예약을 하게 된다.

(4) 전화상담

환자가 몇 명의 지원자군으로 선택대상을 좁혀서 최종으로 한 명의 의사를 선택하면, 에이전시는 환자의 상태에 대해서 정보를 공유하고, 의료기록과 필요사항에 대해 검토하고, 진료경과에 대해 논의하기 위해 담당의사와 전화로 상담을 하게 된다. 이런 과정을 통해서 환자는 의사의 진료스타일에 대해 만족감의 정도를 파악할 수 있고, 둘 사이의 공감대의 정도를 평가하게 된다.

(5) 여행일정 조정

대부분의 에이전시는 최상의 비행일정을 잡고 최상의 요금을 적용받기 위해 제휴 항공사나 여행사와 미리 요금할인에 대해서 협상을 진행한다.

(6) 비자발급

에이전시들은 환자를 대신해서 적절한 가격으로 비자발급의 복잡한 과정을 대행하고(비자가 필요할 경우), 여권을 갱신하고, 여행자카드를 발급하고, 해당 대사관 출입을 대행한다.

(7) 숙박 예약

에이전시들은 환자의 예산 범위 내에서 병원 인근의 호텔에 예약을 하고, 현지 교통편을 조달한다. 추가 비용을 지불하면 현지에서의 일상생활 서비스(음식 배달, 문화예술 이벤트 입장표 예매, 세탁 등)까지도 대행해 줄 수 있다.

(8) 의료기록 전달

에이전시는 자국과 해외에서 환자 및 담당 의사와 협조하여 의료 기록을 전달하는 업무를 대행한다. 건강기록, 엑스레이, 진료 결과, 의사소견서 또는 다른 관련 서류 등을 이메일이나 항공 또는 선편으로 전송 또는 발송하기 편리하게 정리하는 업무도 담당한다.

2) 현지 서비스

에이전시는 환자가 의료서비스를 제공받는 현지(의료관광목적지)에서도 환자를 대신하여 다양한 관련 서비스를 제공한다. 관련 업무에 대한 계약을 맺어 현지 에이전시가 이 업무를 대행할 수도 있다.

(1) 현지 교통서비스

대부분의 에이전시는 현지에서 공항에서 호텔 또는 병원까지 환자를 직접 운송하거나 호텔 또는 병원이 교통서비스를 제공하도록 알선한다. 호텔과 병원 또는 다른 장소를 왕래하는 교통편이 필요할 때도 동일한 서비스를 제공한다.

(2) 커뮤니케이션 서비스

에이전시는 휴대폰이나 전화 또는 인터넷 등 환자가 필요로 하는 모든 커뮤니케이션 수단을 준비하는 업무도 대행한다.

(3) 상담서비스

대부분의 에이전시는 환자와 동행해서 의사와의 대면상담을 지원한다. 건강검진이나 혈액검사, 사진촬영 또는 다른 진료과정에 항상 동행한다. 또한 수술일정을 잡기 전에 의사가 묻는 모든 질문에 환자를 대신해서 대답한다.

(4) 치료 전 동행서비스

에이전시는 환자가 수술 때까지 잡혀 있는 의사와의 모든 면담에 동행하여 지원한다.

(5) 입원서비스

에이전시는 환자가 병원에 도착하면 입원에 필요한 모든 절차를 대행한다.

(6) 치료 후 동행서비스

진료 전과 마찬가지로 에이전시는 환자의 진료 후에도 의사와 잡혀 있는 모든 면담에 동행하여 지원한다.

(7) 퇴원서비스

환자가 귀국하기 전에 에이전시는 환자가 귀국 여행을 하기에 적절한 건강 상태에 있는지 점검하고, 퇴원 및 출국에 필요한 모든 서류를 준비하고 정리한다. 회복/요양 처방, 진료기록, 의사소견서, 사진자료, 처방전, 영수증, 여권, 항공권 등이 이에 해당한다.

(8) 레저서비스

환자가 의료서비스를 받기 전후에 관광 / 문화 / 예술 등 레저활동을 원하면 이와 관련된 서비스를 제공하는 업무도 대행한다. 동반 여행, 차량 임대, 호텔 예약, 식당 알선 그리고 다른 관련 서비스가 이에 해당한다.

3) 귀국 후 서비스

환자가 해외에서 의료서비스를 받고 귀국한 후에도 에이전시의 서비스는 계속 제공된다.

(1) 회복 · 요양과 사후서비스

환자가 귀국하면 에이전시는 복잡한 서비스 절차를 무난하게 처리한 점에 대해서 보람을 느낀다. 특히 해외에서 곤란한 상황이 발생했을 경우에는 더욱 그렇다. 또한 자국의 의사가 진료 기록을 요구하거나 환자가 진료기록이나 소견서 등을 분실했을 때 현지에서 도와줄 에이전시가 있으면 도움이 된다. 많은 의사들은 특히 전문의들은 자신의 진료에 대해 확신을 갖고 있다. 그러나 불행하게도 수술 부작용으로 다시 해외로 나가야 할 경우가 발생하면, 에이전시는 여행과 의사 예약 그리고 재수술에 관한 중개자 역할을 수행한다.

4) 패키지상품 판매

의료관광 패키지상품은 의료관광에이전시 숫자만큼이나 다양하게 존재한다. 대부분의 에이전시는 그 상품에 포함된 서비스 종류에 따라 다양한 패키지상품을 고객들에게 제공한다. 패키지상품에서 가장 큰 부분을 차지하는 것은 병원에서 청구하는 진료비용이다. 예를 들면, 한국을 방문하는 의료관광객을 취급하는 어떤 에이전시는 다음과 같은 무릎관절 대체 수술(knee replacement) 패키지를 만들어 판매할 수도 있다.

(1) 기본 패키지상품

-수술
-수술과 직접 관련된 진료
-병원 병실(2일)
-수술 전후 상담
-약값 + 수술 후 처치(post-operative services)
-체류기간 동안 지원팀 서비스

(2) 고급 패키지상품

-수술
-수술과 직접 관련된 진료
-병원 병실(7일)
-수술 전후 상담
-수술 후 검사와 테스트
-약값 + 수술 후 처치(post-operative services)
-호텔 숙박(5성급, 1인, 6박, 조식 포함)
-공항, 병원, 호텔 간 교통

－전화(국내 + 국제통화, 500분)

－체류기간 동안 지원팀 서비스

사례분석: 닥스메디컬코리아 – DMK

(주)닥스메디컬코리아(이하 DMK)는 2008년 8월 29일 인구 고령화와 세계의 글로벌화로 건강과 의료의 패러다임이 새롭게 바뀌는 시대를 맞아, 의료관광 및 헬스케어산업 분야에서 최고의 서비스를 제공하는 전문 기업이 되어 "건강한 인류 사회에 기여하자"는 경영철학을 가지고 설립되었다. 다른 에이전시와는 조금 다른 경영진의 경력을 보유하고 있다. 대표이사인 우봉식 이사 이하 전문 인력들은 모두 의사, 간호사 출신으로 경영뿐 아니라 모든 서비스 부분에 걸쳐 안전하고 신뢰성 있는 구조를 가지고 있다. 의료기관 진료 관련 업무를 직접 처리하고, 외국인 환자가 국내 체류 중 겪을 수 있는 불편사항을 최소화하며 응급 상황에 대응할 수 있는 강점이 있으며, 각과별 전문의, 관광 전문가들로 구성된 자문단을 통해 수준 높은 의료관광상품을 개발, 제공하며 의학 지식을 바탕으로 질 높은 서비스를 제공하여 외국인 환자 및 고객들로부터 높은 신뢰를 얻을 수 있다. 또한 국가별 의료시장조사를 통해 맞춤형 의료관광상품 개발과 마케팅 수행에 있어 큰 강점을 가지고 있다.

DMK는 2009년 6월에 국내 의료기관 및 해외 에이전시(러시아, 베트남, 캐나다)와 MOU를 체결했고, 2009년 9월 러시아 블라디보스토크에 지사를 설립했다. 해외 환자유치 선도 기업으로서 지자체와 우수 선도 기업의 컨소시엄에 대한 정부의 적극 지원으로 한발 더 의료관광시장에 도약하게 된 이 회사의 경영원칙은 'RECHarge'로서 의미는 법과 규정을 준수한다(Obey the Regulation), 신나는 조직문화를 만든다(Exiting company culture), 문화적 차이를 이해하고 포용한다(Understand & Embrace Culture Difference), 사람을 먼저 생각한다(Human first)라는 4가지 의미를 가지고 있다. 또한 세계 최고의 의료관광 전문 기업을 지향하며 더 많은 사람에게 더 좋은 헬스케어 제품을 공급한다는 비전 아래 경영하고 있다.

DMK는 고객에게 최상의 서비스를 제공하기 위해 많은 노력들을 하고 있는데 그것이 바로 업무표준화이다. 환자(고객)관리 표준업무매뉴얼 및 국제계약서, 국제결산서를 개발하여 투명한 업무처리 및 분쟁요소를 사전에 제거하고 효율적인 서비스시스템을 구축한다는 기대효과를 가질 수 있으며, 정례집담회 및 세미나 등의 교육 훈련으로 정기적인 피드백을 통한 서비스품질 향상 및 신상품을 개발할 수 있다는 결과를 끌어낼 수 있다. 또한 의학용어 및 서비스 교육으로 환자의 불편을 최소화하고, 분쟁요소를 사전에 제거하려는 노력들을 하고 있다.

주 특화 진료 분야는 Medical과 Healthcare로 나누어 살펴볼 수 있다. Medical 분야에서는 심장질환, 호흡기질환, 소화기질환, 암수술 및 항암치료, 인공관절 및 척추수술, 인공수정이고 Healthcare 분야에서는 성형, 스킨케어, 라식과 라섹수술(안과), 임플란트와 미백(치과), 건강검진 및 한방 진료가 이 부분이다.

DMK는 다수 언론매체에서 본사를 보도하고, 대표이사의 활발한 인터뷰 및 강연으로 최고의 인지도를 보유하고 있으며, 정부 관련 부처와 유기적 협력 체제를 유지하고 대표이사는 의료계 및 의료관광업계의 선두주자로서 폭넓은 활동으로 높은 신뢰도 및 인적 네트워크를 형성하고 있다. 국내 최고의 병원이라고 일컬어지는 총 18개 병원(종합병원 8개 병원과 전문병원 10개 병원)과 협력 네트워크를 갖추어 최고의 서비스를 만들어 내고 있다.

자료: 닥스메디컬코리아 홈페이지에서 재정리

V. 의료관광상품의 종류

의료관광상품은 의료서비스 공급자가 제공하는 서비스 유형이나 고객의 치료목적에 따라 다양하게 구분할 수 있다. Cormany(2008)는 의료서비스 공급자가 제공하는 서비스의 유형에 따라서 대수술상품(major surgery products), 소수술상품(minor surgery products), 성형수술상품(plastic surgery products), 건강진단상품(diagnostic products), 대체의학상품(alternative therapy treatment products), 라이프스타일 웰빙상품(lifestyle wellbing products)으로 나눈다. Smith와 Puczko(2009)는 고객의 치료목적에 따라 수술형 의료관광상품(surgical medical tourism), 치료형 의료관광상품(therapeutic medical tourism), 웰빙형 의료관광상품(wellness medical tourism), 레저형 의료관광상품(leisure/recreation medical tourism, 기치료 의료관광상품(holistic medical tourism)으로 구분한다. 하동현(2009)은 질병치료 관광상품, 미용성형의료 관광상품, 휴양의료 관광상품, 전통의료 관광상품으로 나눈다.

이와 같은 종류를 종합하면 의료관광상품은 다음과 같은 다섯 가지 유형으로 분류할 수 있다.

- 수술형 의료관광상품(Major / Minor Surgeries)
- 성형 의료관광상품(Plastic / Cosmetic Surgery)
- 웰빙형 의료관광상품(Wellbeing / Wellness Services)
- 대체의학 의료관광상품(Alternative Therapy Treatment)
- 건강진단 의료관광상품(Diagnostic Services)

1. 수술형 의료관광상품

특정 질병이 있는 환자들이 해당 질병의 수술과 치료에 우수한 의사와 병원을 찾아 전문 의료인의 치료와 회복서비스를 받고 귀국하거나 치료 전후 관광레저 문화활동을 할 수 있도록 구성한 관광상품을 말한다(이하 Marsek & Sharpe, 2009: 54-65 참조).

환자들이 해외에서 미용수술을 찾기 시작한 지는 십년이 넘었지만 질병치료를 위해 해외에 있는 병원을 찾기 시작한 것은 최근에 들어와서이다. Horowitz, Rosensweig & Jones(2007)에 의하면, 2007년도에 미국에서 해외로 나가는 의료관광객 수가 75만 명으로 추산되고 있다(이하 Marsek & Sharpe, 2009: 54-65 참조).

이런 사람들의 수가 증가한 것은 의료관광에 대한 인식이 높아진 결과에 따른 것이다. 자국 의료보험비의 상승 또한 해외에서 미용수술이 아닌 순수한 의료시술을 찾는 사람이 증가하는 데에 기여하고 있다. 환자의 인식 변화와 의료보험비가 끊임없이 높아지면서 해외 유명 병원에서 의료시술을 추구하는 추세는 계속될 것으로 보인다.

과거에는 해외에서 얼굴성형이나 가슴확대술을 받으러 나가는 사람들이 많았다. 하지만 최근 들어서는 점점 더 많은 환자들이 심장수술, 고관절수술, 척추수술 등을 위해 해외 국가들을 찾고 있다. 실제로 고도의 의술을 요구하는 모든 종류의 시술들이 자국에서 드는 비용보다 훨씬 저렴한 비용으로 해외에서 시행되고 있다. 자국에서 시행되는 대부분의 시술들은 해외에서도 시행되고 있다. Marsek과 Sharpe(2009)는 미국 의료관광시장을 중심으로 의료관광객들이 해외에서 찾는 의료시술 중 가장 인기 있는 다섯 가지 상품을 다음과 같이 소개한다.

- 정형외과수술(orthopedic surgery)
- 척추수술(spinal procedure)
- (제한적)심장수술(limited cardiac procedure)
- 부인과수술(gynecological surgery)
- 일반외과수술(general surgery)

1) 정형외과수술(Orthopedic Surgery)

의료관광객들은 다른 어떤 종류의 시술보다도 정형외과수술을 위해 해외 병원을 많이 찾는다. 미국에서 정형외과수술이 대개 80,000달러 또는 90,000달러나 되는 비용을 청구하는 현실을 감안할 때 이것은 당연한 일이다. 정형외과수술은 근육과 골격의 부상이나 이상 증상을 치료하기 위해 실행된다. 다음은 가장 일반적으로 추구되는 정형외과수술의 종류이다(이하 Marsek & Sharpe, 2009: 54-55 참조).

- 고관절교체(hip replacement)
- 무릎관절교체(knee replacement)
- 고관절리서피싱(hip resurfacing)

고관절이나 무릎관절교체는 통증, 뻑뻑함, 부기가 너무 심해서 움직임이 불편해질 때 최후의 수단으로 찾게 된다. 이런 증상들은 대개 관절염과 같은 퇴행성질환과 연관되어 있다.

(1) 고관절교체(hip replacement)

고관절을 교체함으로써 훼손된 뼈와 연골이 제거되고 인공적으로 만들어진 관절로 교체되어 환자들은 더 자유롭게, 통증 없이 움직일 수 있게 된다. 고관절의 두 부위가 제거되고 교체된다. 힙소켓(hip socket)과 힙볼(ball of the hip)이 그 두 부위이다. 환자의 필요에 따라 1회의 수술로 한쪽 고관절 또는 양쪽 고관절 모두를 교체할 수 있다.

(2) 무릎관절교체(knee replacement)

무릎관절교체는 슬개골, 정강이뼈, 허벅지뼈로부터 훼손된 뼈와 연골을 제거하고 인공적인 관절로 교체하는 것을 말한다. 다양한 무릎관절이 교체 가능한데, 그중 가장 최선의 선택은 환자의 활동량, 나이, 몸무게, 건강 상태 등 여러 가지 요소에 따라 달라진다.

(3) 고관절리서피싱(hip resurfacing)

고관절교체의 대안은 새로운 수술인 고관절리서피싱이다. 이 수술은 고관절교체와 비슷하지만 고관절 전체를 제거하지 않아도 된다는 장점이 있는 새로운 수술방법이다. 대신, 이 부위의 모양을 다시 만들어 환자가 더 쉽게 움직일 수 있도록 한다. 많은 미국인들이 해외에서 고관절리서피싱을 받으려 했던 까닭은 원래 식품의약국(Food and Drug Administration: FDA)이 2007년까지 이 수술을 미국 내에서 금지시킨 데에 있다. 지금은 이 수술이 미국 내에서 허용되고 있지만, 비싼 수술비용 때문에 아직 많은 의료관광객들이 해외에서 이 수술을 받기를 원한다.

2) 척추수술(spinal procedures)

만약 환자가 어떤 이유에서인가 일상생활을 불가능하게 만드는 허리 통증을 느낀다면, 척추수술을 받을지 한 번 고려해야 한다. 미국에서는 종종 척추수술의 비용이 10만 달러를 넘는다. 그렇기 때문에 많은 사람들이 더 낮은 비용으로 수술을 받기 위해 해외로 눈을 돌린다. 척추수술을 찾는 대부분의 의료관광객들은 척추관절 융합수술(spinal fusion)이나 척추 디스크 교체에 관심이 있다(이하 Marsek & Sharpe, 2009: 56-57 참조).

(1) 척추관절융합수술(Spinal Fusion)

다른 모든 치료가 실패했을 경우, 척추관절융합이 허리 아래쪽의 통증을 완화시켜 줄 수 있다. 이 수술은 두 개나 그 이상의 척추관절을 영구적으로 융합시킴으로써 통증을 유발하는 디스크의 움직임을 막아 준다. 이 수술과정에서 디스크 사이의 빈 공간들을 작은 뼈 조각들로 채운다. 이 뼈 조각은 골반과 같은 몸의 다른 부위에서 이식하거나 뼈 은행(bone bank)에서 가져오게 된다.

외과 의사들은 척추융합을 위해 다양한 수술기법을 사용할 수 있는데, 수술은 커다란 절개나 여러 개의 작은 절개를 필요로 할 수 있다. 척추융합은 보통 긴 회복기간을 필요로 하기 때문에 환자는 수술이 끝난 후 몇 주 동안 여행목적지에 머무르는 경우도 있다.

척추융합을 하면 몇 가지 부작용이 올 수 있다. 예를 들어 디스크들을 융합하는 것은 뻑뻑함이나 활동성의 제한을 가져올 수 있다. 또한 주변의 디스크들에 스트레스를 가해 결국 다른 디스크들에 문제를 가져올 수 있다.

(2) 척추디스크교체수술(spinal disc replacement)

척추디스크교체수술은 척추관절융합수술의 대안으로 고안되었으며 몇 가지 종류의 허리 아래쪽 통증을 고치는 데에 효과가 있다. 요추디스크교체, 인공디스크교체라고도 불리는 이 수술은 환자가 척추관절 사이의 쿠션이 닳는 퇴행성 디스크질환을 앓고 있다면 추천될 수 있다.

무릎이나 고관절교체와 비슷하게, 디스크교체는 디스크를 인공적 디스크로 임플란트 하는 것을 가리킨다. 금속이나 플라스틱으로 만들어진 인공디스크는 진짜 디스크가 움직이는 것과 똑같이 움직이도록 디자인된다. 디스크교체는 또한 주변의 디스크에 스트레스를 가하는 위험을 줄여 준다.

우리들병원 사례

우리들병원-척추질환치료의 모든 것(Spine Total Care System)을 제공하는 '종합전문병원', 최소침습수술의 세계적 선두주자인 척추디스크 전문병원

1. 비교를 거부하는 원조

지난 1982년 부산에서 출발한 우리들병원은 최신 의술과 뛰어난 의료진을 중심으로 척추 한 분야를 집중적으로 치료, 연구해 온 병원이다. 최소침습적 치료 원칙 아래, 우리들병원이 연구 개발한 다양한 척추치료법은 흉터가 크게 남지 않고 일상생활에 조기 복귀하고자 하는 환자들의 열망에 성공적으로 부응해 왔다.

우리들병원은 서울 김포공항, 서울 청담, 부산 온천, 부산 동래, 대구의 각 병원을 직영으로 운영하며, 첨단 디지털수술, 비수술치료 및 시술 후 재활시스템 등 최첨단 장비와 시설을 갖추고 있다. 중국 상해병원을 비롯해 터키, UAE, 스페인 등 해외로의 진출과 제주도 리조트 내 병원 개원을 앞두고 있다.

특히 서울 우리들병원은 중국 상하이와 일본 도쿄를 잇는 상세토 의료 벨트를 구축해 해외 환자들을 흡수하고 우리나라의 의술을 세계에 알리는 역할을 하고 있다. 그동안 척추 전문병원으로서 쌓아온 명성과 의술을 로봇 사이버나이프를 이용한 척추암치료와 컴퓨터 내비게이션을 이용한 관절치료에까지 이어가 신경 · 근골격계질환치료를 위한 국제적인 종합전문병원을 표방하고 있다.

가능하면 수술하지 않고 치료하려는 노력과 그에 걸맞은 시설을 갖추는, 가능하면 절개하지 않고 원래의 정상조직을 최대한 보전하는 최소침습수술 철학을 바탕으로 130여 명 전문의 등 1,200여 명의 직원이 합심하여 특정 질환만을 치료하는, '전문병원'을 넘어 척추질환치료의 모든 것(Spine Total Care System)을 제공하는 '종합전문병원'으로 자리 잡았다.

2. 최소침습수술의 세계적 선두주자, 척추수술 세계 1위

우리들병원은 세계 최초로 내시경 레이저를 이용한 디스크수술법을 개발해 주목받았다. 최소침습척추수술(Minimally Invasive Spinal Surgery: MISS)은 허리, 목, 등 디스크치료 분야에 있어 세계적으로 독자적인 업적을 쌓았다는 평가를 받고 있다.

2002년 국제 최소침습학회가 전 세계 척추 전문병원 19곳을 조사한 결과, 우리들병원이 수술 성적에서 공동 1위, 수술 건수에선 8,000여 건으로 최다

횟수를 기록한 것으로 나타났다. 이렇게 특정 의료 분야에서 세계적인 치료 성적을 낸 것은 서양의술 도입 1백년사에 매우 드문 일이다. 이들 수술법은 최소절개를 통해 회복이 빠르고 수혈이 필요 없는 데다 통증이 적고 흉터가 작게 남는다는 장점이 있다.

최소침습으로 치료하는 질환 중 가장 흔한 것은 요추 추간판 탈출증. 흔히 '허리디스크'라고 불리는 이 질환은 요추부 디스크의 수핵이 섬유테 밖으로 튀어 나와 신경과 척수를 누름으로써 허리와 다리에 통증이 발생하거나 심하면 다리를 절게 되는 질환이다.

예전의 허리디스크수술법은 전신마취 하에서 피부를 4cm가량 절개한 후 척추와 신경 구조물을 양 옆으로 당겨 공간을 확보한 뒤에야 집게 등 수술용 기구로 터지거나 흘러내린 디스크를 제거하는 방식이었다. 전신마취를 해야 하고 수술 시 절개도 크게 하기 때문에 정상 조직의 손상 등 위험성이 크고 입원 및 회복기간이 길 수밖에 없었다.

이에 반해 최소침습적 시술법은 피부를 0.6cm 정도만 절개하고 그 틈으로 내시경, 레이저 등 최신 기구를 삽입, 모니터에 나오는 화면을 보면서 레이저를 이용해 치료한다. 부분마취 하에서 수술 도중 의사와 환자가 대화를 나눌 수도 있다. 또한 수술 시 사용하는 레이저는 머리카락 정도로 매우 가늘어서 뼈와 신경 사이의 좁은 공간까지 침투할 수 있으며 지문 사이에 점을 찍을 수 있을 정도로 정밀하다. 따라서 기존 수술법처럼 근육을 절개하거나 척추관절을 자르는 일이 없기 때문에 시술시간과 회복기간이 혁신적으로 줄었다.

또한 컴퓨터 내비게이션 척추수술법, 현미경 레이저 허리 및 목디스크수술법, 복강경과 흉강경을 이용한 요추 뼈 및 골 융합술, 흉추디스크수술법 등 다양한 디스크수술법을 개발하고 그 연구 결과를 세계 학회에 발표한 결과 우리들병원은 최소침습수술의 선두주자로, 국내뿐만 아니라 세계에서도 명실상부한 자리매김을 하였다.

3. 보존적 치료법도 단연 선두

우리들병원은 척추디스크질환을 수술 없이 치료하는 신기술도 꾸준히 개발해 왔다.

새로운 통증치료술인 '컴퓨터영상유도법'은 최첨단 장비인 내비게이션을 장착한 다중 나선식 CT와 3차원 다중 영상촬영기를 이용해 치료하기 때문에, 안전하고 빠르며 정확하다. 정밀한 장비와 연결된 모니터로 눌린 신경근을 직접 보면서 해당 부위에만 선택적으로 약물 투여 및 신경 자극을 가함으로써 통증을 없앤다. 이 치료법 역시 우리나라에서 최초로 시술에 성공했다.

세계 최초로 도입한 '자기공명영상유도장치(X-MRI)'는 중재적 방사선시술장비(Interventional X-Ray)에 자기공명영상장치(MRI)를 결합시킨 시스템이다. 시술 전 MRI를 이용해 최적의 시술경로를 결정한 후 시행, 정확하게 디스크를 제거하고 성공률을 획기적으로 높였다. 또한 시술이 끝나기 전 시술의 완성을 확인하므로 남은 디스크로 인한 재수술 등의 합병증을 극소화하고 있다.

4. 정확한 진단 · 치료를 위한 환자전담진료팀제

우리들병원은 최첨단 장비에 대한 지속적인 투자와 5단계 엄격한 절차의 정확한 진단을 바탕으로 치료하기 때문에 수술적 · 비수술적 방법 모두 치료율과 회복기간을 획기적으로 개선했다.

99.9% 치료 성공률을 위해 4~6명의 척추 전문의가 한 명의 환자를 동시에 책임져 진료하는 환자전담진료팀제를 실시하고 있으며, 매주 금요일 아침 7시 각 지역 우리들병원을 네트워크로 연결해 실시간 영상 컨퍼런스를 진행하는 등 최신 의료 정보와 지식 공유에 힘쓰고 있다.

5. 끊임없는 임상 · 학술 연구 노력

정확히 진단하고 최상의 치료법을 찾아내기 위해서는 풍부한 임상경험이 필요하며, 학회 등을 통해 공식적으로 발표하는 논문은 임상경험을 체계적으로 정리하고 분석했음을 반증하는 자료이다.

우리들병원은 매년 17편 이상의 SCI급 논문을 비롯해 각종 세계 유수 학회와 권위 있는 학술지에 연구 논문을 발표하고 있다. 2008년 11월에는 척추 전문학술지 JCSC(*The Journal of Critical Spine Cases*)를 발간하는 업적을 이루었다. JCSC는 진단과 치료가 어려운 척추질환 사례를 모아 관련한 최신 의술 및 임상경험을 다루는 척추전문학술지로, 관련 분야 최고 병원인 시다스 시나이(Cedars Sinai), UCLA척추센터 등 국내외 의료기관 및 관련 단체에 배포된다.

6. 의료 선진국에 척추치료법 전파

우리들병원은 미국, 유럽 등 척추외과 전문의들에게 초청 강연과 세미나 활동을 통해 새로운 치료법을 전수하고 있다. 1993년부터 세계 60여 나라에서 온 650여 명의 척추외과 전문의에게 학회 및 연수 방문 프로그램을 통해 치료법을 전수하는 한편, 2003년부터는 외국인 의사들을 위한 1년 과정의 장기 교육을 실시하고 있다. 일본, 인도, 중국, 이집트, 이스라엘, 브라질 등 각국 의사들이 연수를 받고 돌아가 최신 척추수술법을 세계에 전파하고 있다. 아울러 미국, 프랑스와 같은 의료 선진국과 컨퍼런스, 라이브 서저리 등을 실시간으로 영상 중계하여 최신 척추수술법을 공유하고 있다.

이러한 노력의 결실로 우리들병원은 최소침습수술에 관한 국제훈련센터로 지정받아 국내에서도 관련 의료기술을 편리하게 연수받을 수 있다. 국제근골격레이저학회와 국제최소침습척추수술학회에서는 우리들병원을 내시경레이저디스크절제술 국제훈련센터로 지정, 아시아 및 남미 지역 등 의사들에게 연수 기회를 제공하고 있다.

의료 선진국인 일본에도 전문 의술을 전수함은 물론 관련 의료장비까지 수출했다. 우리들병원이 자체 개발한 척추치료법과 장비를 전수받아 일본의 이토 병원이 최소침습척추(MISS)센터를 개원, 최소침습척추수술 분야에 있어서 우리들병원 의료진이 세계 최고임을 입증하는 좋은 증거이다.

7. 국제 환자를 위한 차별화 서비스

우리들병원의 국제적인 명성으로 인해 세계 각국에서 척추질환을 치료받기 위해 많은 환자들이 내한하고 있다. 미국, 캐나다, 중국, 일본, 프랑스, 영국, 브라질 등에서 척추가 불편한 환자들이 내한하여 우리들병원에서 수술을 받고 만족해하며 고국으로 돌아갔다. 2009년 한 해 동안 세계 64개국 1,200여 명(실 환자 수)의 외국인 환자가 내원하였으며, 이 중 절반 이상이 우리들병원을 방문했던 외국인 의사와 환자에게서 추천을 받아 내원한 것으로 확인됐다.

외국인 환자들의 접근성을 높이고 보다 나은 의료서비스를 제공하기 위해 2006년 우리들국제환자센터(Wooridul International Patients Center)를 설립하고 영어, 일본어, 중국어, 불어 등 총 4개 국어를 지원하여 외국인 환자에게 다양한 상담 및 업무 대행서비스를 제공하고 있다.

8. 해외 언론도 우리들병원 집중 조명

우리들병원이 척추 의술을 전문화해 쌓아 온 세계적인 수준에 해외 언론도 주목하고 있다.

세계적인 영향력을 가진 미국의 '뉴욕타임스'는 2008년 11월 16일자 "한국, 의료관광으로 국부를 창출하다(South Korea Joins Lucrative Practice of Inviting Medical Tourists to Its Hospitals)"라는 제호의 기사를 통해 한국 의료관광의 우수성에 대해 소개하면서 우리들병원을 사례로 들었다.

또한 일본 경제계의 유력지 중 하나인 '니케이비즈니스'는 2009년 4월 16일자로 발간된 40주년 특집판을 통해 한국 의술의 경쟁력을 높게 평가하며 최첨단 의술과 장비를 갖춘 우리들병원을 집중 조명했다. 이 밖에 NHK 방송, 세븐힐스(일본 잡지) 등 각종 해외 언론이 앞 다퉈 우리들병원의 세계적 성장에 관심을 기울이고 있다.

자료: 우리들병원 홈페이지에서 재정리

3) 부분심장수술(limited cardiac procedures)

심장수술은 대개 의료시술 중 가장 비싼 수술에 속한다. 그렇기 때문에 많은 환자들이 수술을 위해 의료관광을 생각하게 된다. 혈관우회로술이나 심장판막교체술과 같은 큰 심장수술은 의료관광객들이 선택할 수 있는 옵션 중의 하나이기는 하지만 이 수술들은 보통 비상시에 시술되는 수술들이다. 이런 수술은 해외 의료관광을 준비하기에는 너무 시급하다. 그래서 대개 제한적 심장수술(혈관형성수술이나 동맥의 막힘을 뚫어 주는 주형삽입술-스텐트삽입술)이 의료관광객들에게 적합하다. 이 수술은 미리 계획할 수 있고 비상시의 수술들이 아니기 때문이다(이하 Marsek & Sharpe, 2009: 57-58 참조).

(1) 혈관성형수술(angioplasty)

혈관성형수술은 관상동맥벌룬성형수술(coronary ballon angioplasty) 또는 경피적 관상동맥시술(percutaneous coronary intervention: PCI)이라고 불리기도 하며, 심장으로 가는 혈액의 흐름을 개선시키는 큰 부담이 없는 수술이다. 동맥에 플러그가 쌓여 막힘이 생기면, 심장으로 가는 혈액의 흐름이 제한되며 이것은 가슴의 통증이나 결국 심장마비로 이어질 수 있다.

혈관형성수술은 작은 풍선을 동맥 속에 배치함으로써 동맥을 열어 주고 혈액이 더 많이 흐르도록 도와준다. 동맥을 계속 열린 상태로 유지하기 위해 '스텐트'라고 불리는 작은 그물 튜브가 배치되기도 한다.

혈관형성수술은 가슴을 절개하는 수술 절차가 없기 때문에 큰 부담이 없는 수술로 여겨진다. 대신 이 수술은 다리나 사타구니의 작은 절개를 통해 길고 가는 튜브를 주입시키는 카테타삽입술을 사용한다. 튜브는 동맥을 따라 막힌 부분에 닿을 때까지 밀어 넣어진다. 의사가 문제의 부위를 볼 수 있도록 엑스레이 염료가 주사된다.

(2) 심장진단수술(cardiac diagnostic procedures)

환자가 해외에 있는 동안 혈관촬영도나 CT 혈관촬영도 스캔을 받는다면 심장진단수술의 비용을 절감할 수 있다. 혈관촬영도는 관상동맥의 막힘이나 다른 혈액순환장애를 감지할 수 있는 진단수술이다. 이 수술은 혈관성형수술과 마찬가지로 카테터삽입술을 필요로 한다. 길고 가는 튜브가 다리나 팔을 통해 주입되고 문제를 발견하기 위해 엑스레이 염료가 사용된다.

CT 혈관촬영도 스캔은 움직이고 있는 심장과 동맥의 이미지를 전달해준다. 의사는 빠르고 고통 없이 관상동맥의 막힘을 감지할 수 있다. 엑스레이 염료가 팔에 있는 정맥주사(IV) 지점을 통해 주입될 수 있으며, 기계가 심장의 사진을 찍는 동안 환자는 숨을 참으라고 요구받을 수 있다.

4) 부인과수술(gynecological surgery)

의료관광객들이 자주 부인과수술을 찾는데, 자궁절제술을 특히 많이 찾는다. 그 밖에도 자국보다 몇 만 달러나 싸게 시술받을 수 있는 임신촉진수술이 인기를 얻고 있는 추세이다. 60만 명이 넘는 여성들이 매년 미국에서 자궁절제술을 받음으로써 가장 인기 있는 수술 중 하나가 되고 있다. 실제로 조사에 따르면, 미국 여성 세 명 중 한 명이 60세가 되기 전에 자궁절제술을 받는다고 한다. 자궁절제술이 그렇게 인기 있는 수술이기 때문에 많은 사람이 해외로 의료관광을 가고 있는 것이다. 환자의 필요에 따라 몇 가지 종류의 자궁절제술이 시술될 수 있다(이하 Marsek & Sharpe, 2009: 58-59 참조).

- 부분직 자궁절제술(partial hysterectomy): 자궁제거(removal of uterus)
- 완전자궁절제술(total hysterectomy): 자궁과 경부제거(removal of uterus and cervix).
- 확대자궁절제술(radical hysterectomy): 자궁, 경부, 질 윗부분, 주위

조직, 림프절제거(removal of uterus, cervix, upper portion of the vagina, surrounding tissue, and lymph nodes).

– 좌우양방난관 / 난소절제술(bilateral salpingo oophorectomy): 난소와 나팔관절제술이 자궁절제술에 추가적으로 시술될 수 있다(removal of the ovaries and fallopian tubes may be performed in addition to hysterectomy).

보통 더 확장된 시술을 할 경우 수술비용도 높아진다. 다양한 수술테크닉으로 자궁절제술을 받을 수 있다. 대부분의 수술은 오픈(open)수술로, 음모 라인 위에 평행한 절개를 가한다. 다른 옵션으로는 눈에 띄는 상처를 남기지 않는 질 부위 절개 또는 작은 절개만을 사용하는 복강경검사법이 있다. 이 모든 수술들이 보통 해외에서 시술 가능하다.

5) 일반외과적 수술(general surgery)

의료관광객들이 해외에서 상대적으로 용이하게 접근할 수 있는 일반수술은 다음과 같다(이하 Marsek & Sharpe, 2009: 59-60 참조).

– 혈관(vascular)
– 위장관(stomach and bowel)
– 신장과 비뇨기관(kidney and urinary)
– 귀, 코, 목(ear, nose, and throat)
– 눈(ophthalmology)

일반수술로 생각되는 시술들은 대게 거의 모든 의료관광목적지 국가들에서 시행된다. 일반수술 중에서 의료관광객에게 인기 있는 몇 가지 시술을 살펴보면 다음과 같다.

- 쓸개제거술(gallbladder removal)
- 헤르니아재건술(Hernia repair)
- 백내장수술(cataract surgery)
- 라식수술(LASIK surgery)
- 치질제거술(hemorrhoid removal)
- 내부레이저정맥수술(Endo laser vein surgery)

라식수술 하나만으로는 해외여행으로 많은 금액을 절약할 수 없지만, 만약 다른 시술이나 여행에 추가적으로 라식수술을 첨가하는 것이라면 그만한 가치가 있을 수 있다.

6) 기타 의료시술

해외에서 찾아오는 의료관광객을 위한 그 밖의 다양한 치료들이 전 세계 최고 수준의 병원에서 시술되고 있다(이하 Marsek & Sharpe, 2009: 60-64 참조).

(1) 비만수술(bariatrics surgery)

1천 5백만 명이 넘는 미국인이 병적으로 비만이며, 이런 추세는 좀처럼 감소할 기미가 보이지 않는다. 이런 현상 때문에 점점 더 많은 미국인들이 비만수술을 찾게 되는데, 비만수술은 음식 섭취를 제한하고 어떤 경우에는 더 적은 칼로리를 흡수하도록 소화기관을 바꿔 준다.

미국비만대사수술학회(The American Society for Metabolic & Bariatrics Surgery)는 2007년에 20만 명이 넘는 미국인들이 비만수술을 받았을 것이라고 추정한다. 이 숫자는 더 높아질 것으로 보인다. 비민수술에는 두 가지의 주요 종류가 있다.

- 루와이위우회술(Rou-en-Y gastric bypass): 위낭의 사이즈를 줄여 주며, 칼로리와 영양소의 흡수를 줄이기 위해 소장의 길이를 짧게 해 준다.

-근막하포트삽입법(Adjustable gastric banding): 먹는 음식의 양을 줄이기 위해 위낭 주위에 조정 가능한 밴드가 삽입된다.

외국에서 비만수술 전문의를 찾는 것은 정형외과의사나 심장수술 전문의사를 찾는 것보다 어려울 수 있다. 이것은 많은 여행지 국가들이 미국과 같은 비만에 관련된 문제들을 갖고 있지 않기 때문이다. 그래서 병원들과 의사들이 비만수술에 대한 경험이 그만큼 적을 수 있다. 그렇지만 미국인을 많이 상대하는 수많은 외국의 병원들은 그들의 비만수술 병실을 확장시키고 있다.

(2) **인공수정시술**(fertility treatment)

자연적 임신을 할 수 없는 부부들 중에 시험관수정(in vitro fertilization: IVF)으로 눈길을 돌리는 사람들이 있다. 시험관수정은 보통 이미 인공수정이나 수정촉진제와 같은 다른 인공수정치료에서 실패한 부부들의 최후 수단이다. 그러나 이 시술은 너무 비싸서(미국 내 평균은 12,400달러이지만 30,000달러까지 올라가기도 한다) 많은 부부들이 이 시술을 받을 여유가 없다.

시험관수정은 여러 단계를 거쳐야 하는 복잡한 방법이다. 여성은 보통 몇 주간의 수정촉진제라고 불리는 호르몬테라피를 받게 된다. 그런 다음 여성의 난자를 마취제나 약한 진정제를 사용하는 짧은 수술로 꺼내게 된다. 같은 날 남성은 정액 샘플을 제출하게 되고 이 정액은 실험실 안에서 난자와 만나게 된다. 태아가 생기게 되면 그것은 비교적 짧고 고통 없는 수술을 통해 여성의 자궁에 정착하게 된다. 몇 주 뒤 임신 테스트를 통해 시험관수정의 성공 여부가 가려지게 된다.

시험관수정은 여러 단계를 거치는, 몇 주에서 몇 달까지 시간이 걸릴 수 있는 수술이다. 환자는 그렇게 오랫동안 외국에 머무를 수 있는지 생각해 보아야 한다. 만약 그럴 수 없다면, 시험관수정을 위해 목적지로 몇 번에 걸친 해외여행을 해야 할 것이다.

(3) 종양(암)수술(Oncology)

만약 환자가 유방암 진단을 받아 수술이 필요하다면, 환자는 해외 옵션들을 체크해 볼 수 있다. 다음은 가능한 유방암수술방법들을 나열해 놓은 것이다:

- 유방종양절제술(lumpectomy)
- 유방절제술(mastectomy)
- 유방재생술(breast reconstruction)

유방종양절제술은 암 종양과 그 주위의 건강한 조직을 조금 제거하는 수술이다. 유방종양절제술로 가슴은 남아 있을 수 있지만 눈에 띄는 상처는 생기게 된다. 반면 유방절제술은 종양을 포함한 유방 전체를 도려내는 수술이다. 유방절제술은 완전유방절제술(total mastectomy)이라고 불리기도 한다. 어떤 수술이 환자에게 가장 적합한지는 여러 가지 요소에 따라 달라질 수 있다.

유방재생술은 의사가 유방절제술로 제거된 가슴의 모양을 되돌리는 수술이다. 환자는 유방재건을 위해 몇 가지 수술 옵션 중 하나를 선택할 수 있다. 예를 들면 보형이식을 할 것인지 자신의 조직을 사용해 수술을 할 것인지 결정할 수 있다.

보형물을 사용하는 재건은 두 번의 수술을 요구하며 그 두 번 사이에 의사와 몇 번 만나야 하는 절차가 기다리고 있다. 첫 번째 수술에서는 가슴 안에 조직확장기를 삽입한다. 그런 다음 2~4달간, 가슴의 피부를 늘리기 위해 액체를 조직확장기 안에 주입한다. 원하는 크기가 얻어진 후에 두 번째 수술을 하게 되는데, 이 수술로 조직확장기를 꺼내고 보형물을 집어넣게 된다.

다른 옵션으로는 자신의 조직을 사용한 재건이 있는데 이것은 환자 몸 중 다른 부위의 조직을 가슴으로 가져오는 것이다. 이런 수술은 다음과 같은 방법을 포함한다.

- 복부피판수술(TRAM flap): 복부의 피부, 지방, 근육이 가슴을 만들기 위해 이식된다.
- DIEP형 유방재건술(Free DIEP flap): 복부의 피부와 지방(근육은 사용되지 않는다)이 가슴으로 이식된다.
- 광배근피판 유경피판술(Latissimus Dorsi flap): 등의 피부와 근육이 가슴을 만들기 위해 이식된다.
- 둔근활용 유방재건술(Gluteal flap): 엉덩이의 피부, 지방, 근육을 활용하여 가슴을 만들기 위해 이식된다.

각각의 수술방법은 이점과 단점을 안고 있다. 수술에 대한 결정을 내리기 전에 환자는 각 수술에 대해 잘 이해하고 있어야 한다.

(4) 장기이식수술(transplants)

대부분의 나라에서 장기이식수술이 엄청나게 비싸다는 데는 의심의 여지가 없다. 그러나 해외에서 이식을 받는 것을 계획하는 것은 훨씬 더 복잡할 수가 있다. 장기 기증자와 장기 수취인 두 명의 여행자가 필요하기 때문이다.

(5) 줄기세포치료(stem cell treatments)

줄기세포치료는 큰 장래성이 있으며 차차 암이나 척추 부상을 성공적으로 치료하고 완치까지 가능하게 해 줄지 모른다. 골수이식과 같은 몇 가지 줄기세포치료들이 현재 미국 등 일부 국가에서 가능하다. 그러나 제대혈줄기세포(umbilical cord blood stem cells)를 사용하는 수술과 같은 여러 가지의 다른 치료들은 아직 실험 단계에 머무르고 있다. 이것은 그런 치료들이 의료보험의 혜택을 받지 못한다는 것을 의미한다. 또한 줄기세포치료는 굉장히 비쌀 수 있으며, 이런 이유들 때문에 해외에서 치료를 받는 것이 매력적일 수 있다. 논란의 소지가 많은 줄기세포치료들이 해외에서 시행될 수도 있지만, 대부분 명성이 높은 의료관광 공급자(병원)는 태아줄기세포를 이용한 치료를 피하고 있다.

(6) 성전환술(sex resignment)

남성에서 여성으로, 또 여성에서 남성으로 바꾸는 수술은 자국보다 훨씬 싸게 해외에서 시술할 수 있다. 태국이 이 수술로는 세계적으로 인기 있는 여행지로 주목받고 있다. 세계에서 가장 유명한 성전환수술 의사는 Dr. Preecha Tiewtranon이다. 그의 웹사이트에 따르면, 환자들은 적어도 1년 간 호르몬테라피를 받고, 전환하려고 하는 성으로 살아야 수술을 생각할 수 있게 된다. 정신과 의사나 임상심리학자의 허락 또한 반드시 선행되어야 할 조건이다.

(7) 약물중독치료(addiction treatments)

수많은 중독-회복센터(addiction-recovery centers)를 전 세계에서 찾을 수 있다. 중독치료는 보통 한 달이나 그 이상을 필요로 하기 때문에 환자는 해외에 오랜 시간을 머물러야 한다.

(8) 질병치료를 위한 의료관광으로 인기 있는 국가들

환자는 거의 모든 의료시술을 전 세계 병원들에서 받을 수 있다. 하지만 많은 의료관광객들이 큰 비용절감, 일류 병원들, 경험 많은 의사들 그리고 최첨단 수술테크닉을 위해 동남아시아를 찾고 있다(이하 Marsek & Sharpe, 2009: 64 참조).

예를 들어 인도는 심장수술, 관절교체수술 그리고 새로운 고관절리서피싱수술 등에서 그 숙련도와 혁신기술로 명성을 얻었다. 의료관광객들은 또한 싱가포르, 태국, 말레이시아로도 몰리고 있다. 그들은 이 국가들에서 자궁설제술로부터 척추수술에까지 이르는 모든 종류의 치료를 받고 있다. 앞에서 말한 바와 같이 성전환수술은 다른 어떤 나라보다 태국에서 많이 시술되고 있다. 앞으로 장래에는 두바이가 많은 종류의 의료시술의 국제적 허브로 떠오를 것으로 보인다.

(9) 의료관광객이 알아야 할 최소한의 주의사항

위에서 언급한 의료관광상품을 구매하기 위해 해외로 여행하는 환자들은 최소한 다음 사항들은 염두에 두어야 한다(Marsek & Sharpe, 2009: 65).

- 전 세계에서 모든 종류의 선진 의료시술들이 행해지고 있다. 자국에서 시행되는 수술이라면 해외에서도 시술되고 있을 가능성이 높다.
- 의료시술들은 넓고 다양한 수술기술로 시행된다.
- 어떤 종류의 의료시술들은 한 번 이상의 수술 절차를 밟는다.
- 기존의 질병치료에 적은 비용으로 건강검진을 추가하는 것이 환자의 의료관광 여행의 가치를 높여 줄 수 있다.

7) 치과치료(dental procedures)

자신의 미소를 더 빛나게 하고 싶다면, 치과 의료관광이 여러 가지 선택권을 준다. 10년 넘게 사람들은 감당할 수 있는 비용으로 치과치료를 받기 위해 해외로 향했다. 그래서 전 세계에서 수천 명의 자격 있는 치과전문의들이 국제 고객을 상대하기 시작했고 엄청난 수의 치과진료가 전 세계에서 시행되고 있다(이하 Marsek & Sharpe, 2009: 67-76 참조).

(1) 치아건강관리(dental work)

치과에 가는 것은 비쌀 수도 있다. 미국의 경우 1억 3천만 명이 넘는 어른과 아이들이 치과 보험이 없는 것으로 추정되는데, 이것은 모든 진단, 필링, 치아뿌리관수술이 모두 자비로 지불되어야 한다는 것을 의미한다. 만약 환자가 보험이 있다고 해도, 어떤 치료를 위해서는 지불해야 할 비용이 몇 천 달러나 될 수도 있다. 그래서 해외에서 치과치료를 받는 것이 이상적일 수 있다.

(2) 미용치과진료(cosmetic dentistry)

미용치과진료는 미국에서 급속히 발전하는 28억 달러 상당의 시장이다. 270만 명에 가까운 미국인들이 그들의 미소를 돋보이게 하기 위해 치과치료를 선택하고 있다. 그러나 미국에서는 치아를 진주 빛으로 만들려면 비싼 비용이 뒤따른다. 해외로 나감으로써 환자들은 치관, 베니어, 본딩 그리고 치아미백 등과 같은 서비스를 낮은 비용으로 받을 수 있다.

① 치관(crown)

치아 크라운은 깨지고, 상하고, 색깔이 변한 치아를 위한 치아 모양의 '뚜껑'이다. 치과 의사는 치아의 본을 떠서 치과 기공실로 보내고, 거기에서 환자의 크라운이 주문 제작된다. 치아 크라운은 여러 가지 재료를 사용해서 만들어진다.

－금속(metal)
－금속에 융합된 자기(porcelain fused to metal)
－합성수지(resin)
－세라믹 혹은 포셀린 의치(all-ceramic or all-porcelain)

각각의 재료들은 그것만의 장단점을 가지고 있다. 금속 크라운은 가장 오래 가지만 자연 치아의 색과 맞지 않는다. 금속과 융합된 자기나 전체 자기 크라운의 경우 색깔은 자연 치아와 맞출 수 있지만 주위의 치아들을 닳게 하는 경향이 있다. 합성수지 크라운은 시간이 경과함에 따라 닳거나 부러지기 쉽다.

환자의 크라운이 만들어지는 동안 환자는 깨지거나 상한 치아를 보호하기 위해 임시 크라운을 씌게 된다. 환자의 크라운이 준비되면 임시 크라운은 제거되고, 최종 크라운으로 교체될 것이다. 크라운은 평균 5년에서 15년간 유지되며 이후에는 교체해야 한다.

크라운은 두 단계의 절차가 필요하기 때문에 환자는 여행목적지로 두 번의 여행을 할 수도 있다. 환자는 여행의 총 비용을 계산할 때 이 점을 기억해야 할 것이다.

② 본딩(bonding)

환자에게 깨지거나 금이 가거나 부러진 치아가 있다면 본딩이 그 치아들의 모습을 더 낫게 바꿔줄 수 있다. 본딩은 또한 변색된 치아와 틈이 벌어진 치아를 치료해 준다. 또한 본딩은 크라운이나 다른 치료와 함께 시술할 수 있다.

본딩 과정에서 치아 에나멜과 비슷해 보이는 치과 재료가 치아의 표면에 붙여진다. 치과 의사는 그런 다음 깨진 틈이나 금 간 곳을 감추기 위해 이 재료를 다듬고 모양을 잡아 준다. 치과 의사는 본딩을 하기 위해 여러 가지 테크닉을 사용할 수 있다. 고급 테크닉일수록 가격은 더 비싸다. 본딩이 가지고 있는 한 가지 장점은 한 번의 치과 방문으로 이 치료가 끝날 수 있다는 것이다.

③ 베니어(veneer)

베니어란 자기로 만들어진, 진짜 치아와 같은 모습의 얇은 껍데기이다. 각각의 베니어들은 깨지고, 물들고, 금가고, 휘어진 치아를 감추기 위해 디자인된 것들이다. 베니어는 보통 자기나 합성수지로 만들어진다. 자기 베니어는 보통 10년에서 15년간 유지되는데, 이것은 5년에서 7년 동안 유지되는 합성수지 베니어보다 오래 간다. 이런 이유 때문에 자기 베니어가 가격이 훨씬 비싸다.

어떤 종류든 베니어를 입히기 전에 현재 치아의 윤곽을 먼저 잡아야 한다. 이 절차는 치아의 모양을 영구적으로 바꿔놓는다. 베니어가 씌워질 수 있도록 치아 모양을 잡는 데 절삭기(bur)라고 불리는 작은 기구가 사용된다.

환자의 치아가 준비되면, 치과 의사는 치아의 본을 뜰 것이다. 이 본은 치과 기공실로 보내져서 베니어가 가공되는 데 사용될 것이다. 치과 의사가 병원 내에 기공실을 갖추고 있을 수도 있다. 의사에 따라 베니어가 완성되는 시간이 다르다. 일단은 임시 베니어가 부착될 수 있다.

어떤 치과 의사들은 환자가 방문하고 있는 동안 그들의 사무실에서 베니어를 제작하는 신기술을 자랑할 수도 있다. 의사가 이 테크닉을 가지고 있다면 환자는 치과를 재방문할 필요가 없다.

④ 치아미백(whitening)

치아미백은 최근 가장 인기 있는 미용치과의술이다. 만약 색깔이 바랜 치아를 가지고 있다면, 미백이 미소를 밝게 만드는 이상적인 치료법일 수 있다. 미용 가게에서 산 제품으로 집에서 치아미백을 할 수도 있겠지만, 치과에 가서 이 치료를 받는 것이 효과도 더 빠르고 더 확실한 결과를 가져올 수 있다.

치과에서 이 시술을 할 경우, 미백용 젤을 치아에 바르고, 특수 광선으로 이 젤을 활성화시킨다. 환자의 입술과 잇몸을 이 젤로부터 보호하기 위해 입에 보호 장치가 착용된다.

치아미백만을 위해 해외로 여행을 가는 것은 금전적으로 큰 이익이 되지 않는다. 100달러나 혹은 그 이상의 비용을 절감할 수는 있겠지만, 해외여행을 위한 비행기 요금이나 호텔 숙박비를 커버할 수는 없다. 그러나 만약 환자가 다른 여행이나 치료와 함께 치과진료를 받는다면 그만한 가치가 있다.

(3) 치아임플란트와 브리지(dental implants and bridges)

이가 빠져 고민이라면 임플란트와 브리지가 해결책일 수 있다. 이 치과치료들은 다음과 같은 이유 때문에 빠진 이를 교체해 준다.

- 잇몸병(gum disease)
- 입에 당한 부상(injury to the mouth)
- 충치(tooth decay)

–자연적 마모(wear and tear)

–치아뿌리관쇠퇴(root canal failure)

미적으로도 보기에 안 좋지만, 빠진 치아는 입 안에 다른 문제들을 야기시킬 수 있다. 예를 들어 빠진 치아는 다른 치아들을 움직이게 하며 충치와 잇몸병의 위험을 높일 수 있다. 이것이 빠진 치아를 교체하도록 권하는 이유이다.

① 임플란트(implants)

치아임플란트란 빠진 이를 교체하기 위해 턱 뼈에 티타늄 나사를 박고 그 위를 크라운으로 덮는 것을 말한다. 이 방법은 빠진 이를 교체하는 데 있어서 가장 효과적이고 오래 가는 방법으로 인정받고 있다. 실제로 임플란트는 영구적인 해결책이다. 어떤 경우에는 임플란트가 브리지나 크라운과 함께 사용되기도 한다.

치아임플란트는 주로 두 단계로 이루어진다. 첫 번째 단계는 임플란트를 턱 뼈에 끼워 넣는 수술 절차이다. 이 절차에서는 빠진 치아 자리에 작은 구멍을 뚫고, 그 구멍에 임플란트를 심고 보호용 커버로 덮는다.

임플란트가 삽입된 후, 환자는 임플란트 뿌리가 턱뼈에 자리를 잡게 되는 골 결합과정(osseointegration) 동안 3~6개월을 기다려야 한다. 이 절차가 성공적으로 끝나면 두 번째 단계로 영구 크라운을 임플란트에 붙이게 된다.

의료관광객들에게 이 두 단계 시술은 두 번의 여행을 요구한다. 하지만 환자는 반드시 같은 나라로 두 번 여행할 필요가 없다. 만약 환자가 세상을 더 많이 둘러보고자 한다면 한 나라에서 임플란트를 박고, 다른 나라에서 크라운을 임플란트에 붙일 수도 있다.

② 브리지(bridges)

브리지는 빠진 치아를 교체하는 치과 장치이다. 보통 빠진 치아만을 교체하는 임플란트와는 달리, 브리지는 주변의 치아들까지 크라운으로 덮을 수 있다. 이 크라운은 빠진 치아를 대신하는 모조 치아에 연결된다. 모조 치아는 자기, 금, 합금 또는 이들의 조합으로 만들어진다. 다음과 같은 몇 가지 종류의 브리지가 있다.

- 전통적 브리지(conventional or traditional bridges): 빠진 치아 양 옆에 치아가 있을 경우 사용된다.
- 칸틸레버(Cantilever bridges): 빠진 치아 양 옆 중 한쪽에만 치아가 있을 경우 사용된다.
- 합성수지본드브리지(resin-bonded bridges): 금속 틀 안에 플라스틱 치아와 잇몸을 넣고 이것을 현존하는 치아에 붙인다.

치과 의사가 어떤 종류의 브리지가 환자에게 가장 적절한지 설명하겠지만, 보통 이것은 어떤 이가 빠졌는지에 따라 달라진다. 예를 들어 합성수지본드브리지는 앞니가 빠졌을 때 사용될 가능성이 많다.

다른 여러 가지 치과치료들과 마찬가지로 브리지를 삽입하는 것은 단계적으로 시술하는 치료이다. 환자의 첫 방문에서는 빠진 치아 옆의 치아들을 준비시킨다. 이 단계에서는 주로 절삭기를 사용해 부드럽게 이 치아들을 갈아 준다. 이 이웃 치아들이 준비가 되면 치아의 본을 뜨기 위해 찰흙 같은 재료가 사용된다. 치아 본은 브리지를 만들기 위해 치과 기공실로 보내진다. 그러는 동안 환자는 임시 브리지를 착용하게 된다.

이상적인 브리지를 맞추기 위해서는 치과를 여러 번 방문할 필요가 있다. 이 절차는 몇 주를 요구할 수 있으며, 이것은 환자가 여행지에 오랜 시간 동안 머물든지 몇 번에 걸쳐 여행을 해야 한다는 것을 뜻한다. 영구 브리지가 완성되면 환자는 두 번째로 치과를 방문해야 된다. 보통의 의료관광객에게는 두 번째 여행을 의미한다. 이번에는 임시 브리지가 제거되고 영구적인 것으로 교체된다.

(4) 뼈이식(bone grafts)

어떤 경우에는 치아임플란트를 위해 필요한 만큼의 턱뼈가 없을 수 있다. 이럴 때에는 임플란트를 하기 전에 뼈이식이 필요하다. 뼈이식은 보통 다음 중 한 가지 재료를 사용한다.

- 환자의 몸 다른 부위에서 떼어 낸 뼈(bone from another area of the patients body)
- 사체의 뼈(cadaver bon)
- 소의 뼈(bovine bone)
- 인조합성 뼈(synthetic bone)

환자의 몸에서 나온 뼈를 이식하는 방법은 가장 권장할 만한 테크닉이며 가장 높은 성공률을 자랑한다. 이런 방법의 뼈이식은 보통 다른 턱 부위에서 가져온 작은 뼈조각들을 사용하는 수술 절차를 필요로 한다. 이 방법은 모든 절개가 입 부분으로 제한될 수 있다. 뼈가 골반과 같은 몸의 다른 부위에서 떼어진다면 추가적인 절개가 필요하며 눈에 띄는 상처가 남게 된다.

뼈수술이 필요할 때는 임플란트를 완성할 때까지 걸리는 시간이 길어지게 되는데, 이것은 뼈이식 후 턱이 아무는 데 걸리는 시간이 4~6개월 필요하기 때문이다. 턱이 아물어야 임플란트가 삽입될 수 있고, 골 결합이 끝날 때까지 기다려야 최종적으로 크라운을 제자리에 붙일 수 있다. 이 말은 전체적인 과정이 끝날 때까지는 1년까지도 시간이 걸릴 수 있으며, 시술을 마치기 위해 3번까지 해외로 여행을 해야 할 수 있다는 뜻이다.

(5) 치아뿌리관수술(root canals)

치아뿌리관수술은 감염되거나 썩은 치아를 치료할 때 권장된다. 치아가 썩는 것은 치아 안의 조직이나 신경이 상하고 병들어서 치아 안에서 박테리아가 자라면서 감염을 불러올 때 생긴다. 과거에는 감염된 치아를 뽑았지만, 치아뿌리관수술을 사용하면 치아를 뽑지 않아도 된다.

치아뿌리관수술 중에 치과 의사는 치아에 구멍을 드릴로 뚫은 뒤 특수 기구를 사용해 치아 내면을 깨끗이 비운다. 치과 의사는 치수와 치아 안의 박테리아와 신경을 제거할 것이다.

다음 단계에서는 치아 내부를 특별한 치과 재료로 채우고 구멍을 필링으로 막는다. 이 단계는 치아뿌리관수술을 받은 당일이나 몇 주가 지난 후 검사일에 시술된다. 보통 이 치료는 환자가 다른 치료를 위해 해외 방문 중 추가적으로 시술된다.

(6) 발치(tooth extractions)

치과질환으로 해외 병원을 찾는 의료관광객은 여러 가지 이유로 발치가 필요할 수 있다.

- 부상(injury)
- 심하게 썩음(severe decay)
- 심한 감염(severe infection)
- 심한 잇몸병(severe gum disease)
- 여분의 치아가 다른 치아들의 성장을 방해할 때(extra teeth blocking others from coming in)
- 치아교정을 준비하면서(in preparation for orthodontic work)

사랑니는 주로 십대 후반이거나 이십대 초반일 때 나온다. 사랑니를 빼야 하는 이유는 다음과 같다.

- 충격을 받은 사랑니(impacted wisdom teeth): 턱이 너무 좁아서 치아가 잇몸을 뚫고 나오지 못할 때.
- 부분적으로 충격을 받은 사랑니(partially impacted wisdom teeth): 치아의 한 부분만이 잇몸을 뚫고 나올 때.

-비스듬히 형성된 사랑니(angled wisdom teeth): 치아가 비정상적인 각도로 자라날 때

발치는 주로 간단한 발치와 수술적 발치로 구분된다. 간단한 발치는 치아가 입 속에 보일 때 실행된다. 이 치료를 위해서는 치아가 쉽게 빠질 수 있을 때까지 집게로 치아를 잡아 흔든다. 이 기술을 사용할 경우에는 부분마취를 하기 때문에 시술 부위가 일시적으로 마비된다.

치아가 상처를 입었거나 입 안에서 쉽게 보이지 않을 경우에는 수술적 발치를 권장한다. 한 개의 치아를 수술로 발치할 경우에는 부분마취가 사용될 수 있다. 만약 여러 개의 치아를 수술로 제거해야 한다면 환자가 고통을 느끼지 않고 시술하는 동안 잠잘 수 있도록 전신마취를 하는 경우가 많다. 수술적 발치를 위해서는 치과 의사가 잇몸 조직을 절개하고 치아를 제거한다. 어떤 경우에는 발치를 쉽게 하기 위해 치아를 작은 조각으로 쪼갠 후에 절개한 부분을 봉합한다. 봉합한 실은 흡수가 가능해서 저절로 사라지거나 아니면 나중에 제거된다. 실을 제거하기 위해 다시 병원을 방문할 경우에는 의사가 미리 알려준다.

(7) 다른 치과치료들

환자는 클리닝, 필링, 엑스레이 등과 같은 흔한 치과서비스를 받으면서도 물론 비용을 절감할 수 있다. 이런 치료를 위해 해외로 나가는 것은 무의미할지 모르지만 다른 질병과 함께 치료하는 것은 전체 비용절감 차원에서 권장할 만하다.

모든 치과진료들이 의료관광객들에게 적합한 것은 아니다. 예를 들어 치아교정은 권할 만하지가 않다. 치아교정은 상당히 비싸서 해외에서 비용을 많이 절감할 수 있음에도 불구하고, 몇 년 간에 걸쳐 정기적으로 병원을 방문해야 하기 때문에 환자가 몇 주나 몇 달에 한 번씩 해외여행을 나가기는 어려울 것이다.

(8) 인기 있는 치과치료 행선지

멕시코, 코스타리카, 아르헨티나, 브라질, 말레이시아, 헝가리 등의 국가들이 치과치료로 특별히 유명하다. 다른 많은 국가들도 높은 품질의 다양한 치과서비스를 제공한다. 어떤 국가를 찾을 것인가는 개인적으로 여행하고 싶은 곳과 예산 등에 따라 결정된다(Marsek & Sharpe, 2009: 75).

(9) 의료관광객이 알아야 할 최소한의 주의사항

위에서 언급한 의료관광상품을 구매하기 위해 해외로 여행하는 환자들은 최소한 다음 사항들은 염두에 두어야 한다(Marsek & Sharpe, 2009: 76).

- 일부 치과치료는 다른 치료보다 의료관광객들에게 더 적합할 수 있다.
- 치과치료는 어떤 절차로 진행되는가.
- 어떤 치과치료는 단계적으로 진행되며 의료관광목적지(국가)로의 재방문이 필요하다.
- 미백과 같은 작은 치료를 추가하는 것이 비용절감면에서 더 유리할 수 있다.

2. 성형 의료관광상품

현재의 의료관광이라는 개념은 미국 등 일부 선진국 사람들이 이미 십여 년 전부터 보다 저렴한 성형수술을 받기 위해 해외로 여행하면서부터 생긴 개념이다. 오늘날까지 미용을 위한 성형수술은 사람들이 해외에서 찾는 시술들 중 단연코 가장 인기 있는 시술로 남아 있다(이하 Marsek & Sharpe, 2009: 39-51 참조).

1) 성형수술(Cosmetic Nips and Tucks)

지난 몇 10년간, 성형수술은 세계 각국에서 인기가 급상승했다. 미국 성형외과의사협회(American Society of Plastic Surgeons)에 따르면, 2006년에 미국에서 200백만 건에 가까운 성형수술이 시행되었다. 40만 건 이하였던 10년 전에 비하면 놀라운 증가 추세이다. 성형수술은 더 이상 부자들과 유명인들만의 전유물이 아니다. 나이와 소득에 관계없이 많은 사람들이 더 나은 외모를 위해 다양한 성형수술을 선택하고 있다(이하 Marsek & Sharpe, 2009: 40 참조).

성형시술은 보험이 적용되지 않기 때문에 모든 비용을 자신이 부담해야 한다. 이런 비용은 꽤 부담이 될 수가 있다. 일부 선진국에서는 흔한 시술들이 1만 달러, 2만 달러 혹은 더 많은 비용을 지출할 수도 있다. 부자들과 유명인들이 아닌 이상, 그러한 돈을 지불하는 것은 쉬운 일이 아니다. 그렇기 때문에 많은 사람들이 성형수술을 위해 해외로 나가는 것이다.

어떤 시술들은 의료관광에 별로 적합하지 않다. 예를 들어 일시적인 효과만 나타내는 시술을 찾는다면 의료관광은 적합하지 않다. 보톡스, 콜라겐, 레스틸랜 주사 등이 그런 경우이다. 이런 시술들은 반복적인 치료를 요구하기 때문에 의료관광은 권장할 만한 방법이 아니다.

만약 주된 목표가 일시적인 결과를 주는 시술이라면 의료관광이 적합하지 않지만, 큰 시술에 그런 작은 시술들을 조금 덧붙이는 정도라면 더 많은 효과를 얻을 수 있다. 어떤 환자가 브라질에 가슴확대술을 받으러 간다고 가정하자. 이때 그 환자가 보톡스 주사나 화학적 박피(chemical peel), 피부찰상법 혹은 레이저 제모를 같이 받는다면 환자는 더 많은 돈을 아낄 수 있게 된다.

(1) 얼굴성형수술(Facial Cosmetic Surgery)

지난 10년 이상 얼굴성형수술은 의료관광객들이 가장 많이 찾는 수술 중 하나로 자리매김하고 있다. 베이비 붐 시대의 많은 사람들이 주름이 도드라져 보이고 처지기 시작하는 시기를 맞이하면서, 이런 추세는 계속 이어질 것으로 보인다. 미국의 경우, 의료관광객들이 선호하는 상위 5위 안에 들어가는 얼굴성형수술은 다음과 같다(이하 Marsek & Sharpe, 2009: 40-44 참조).

- 안면미용성형(주름살절제 rhytidectomy)
- 눈꺼풀수술(eyelid surgery, 안검미용성형blepharoplasty)
- 코성형(nose reshaping)
- 이마부위미용성형(brow or forehead lift)
- 귀성형(ear surgery, otoplasty)

(2) 안면미용성형(안면거상술)

안면미용성형은 주로 목리프트와 함께 병행되며, 얼굴과 목을 더 젊게 보이게 만들어 젊음을 되찾아주는 기법이다. 자글자글한 주름살과 늘어짐을 최소화함으로써 얼굴리프트는 환자를 10년 이상 젊어 보이게 해 줄 수 있다. 얼굴리프트의 몇 가지 타입이 여러 가지 테크닉과 절개를 이용하여 시술될 수 있다.

- 표준안면미용성형(standard face lift): 이 수술은 얼굴의 아래 3분의 2부분과 목을 지칭한다.
- 눈 · 얼굴중앙부올림술(mid-face lift): 눈과 입 사이의 얼굴을 지칭한다.
- 얼굴하단부올림술(deep-plane face lift): 얼굴 중간 및 하단 부분의 심각한 늘어짐을 치료한다.
- 최소절개안면미용성형(mini face lift): 대체적으로 얼굴의 하단 부분을 지칭히며 목은 포함하지 않는다.
- 최소침습적안면미용성형(minimally invasive face lift): 이마, 눈 부분, 코 부분의 작은 처짐을 치료한다.

가장 흔하게 시술되는 안면미용성형은 표준안면미용성형이며 이는 피하 근건막체계 안면미용성형(SMAS)이라 불린다. SMAS는 피부 표피 아래의 근육층을 이르는 말이다. SMAS 얼굴리프트로 이 근육들을 조임으로써 오래 지속되는 결과를 만들 수 있다. 목 근육 또한 내면의 당김효과를 높이고 수술효과를 오래 지속하기 위해 조일 수 있다.

표준얼굴리프트를 위해서 절개는 관자놀이부터 귀 앞까지, 귀 아래까지 그리고 귀 뒤의 머리카락 라인까지 이어진다. 이 절개의 대부분은 머리카락 라인 안에 잘 숨겨지게 된다. 작은 절개가 턱 밑에 위치할 수도 있다.

표준얼굴리프트의 변형 중 하나는 얼굴하단부 안면미용성형이다. 이 시술법으로 더 심층에 놓여 있는 근육과 세포를 들어 올려 주고 위치를 바꿔 줌으로써 얼굴의 윤곽을 개선시킬 수 있다.

안면중앙부올림술, 최소절개안면성형('S-리프트'라고도 불린다) 그리고 최소침습적 안면미용성형('실안면거상술 thread lifts' 또는 '깃털안면거상술'이라고도 불린다)은 피부 아래 근육들을 조이지 않고 좀 더 세련되고 정리된 외모를 만들어 준다. 이 리프트들은 보통 적은 수의, 작은 크기의 절개를 요구하며 표준얼굴리프트에 비해 대개 수술효과가 오래가지 못한다.

다양한 타입의 얼굴리프트와 여러 가지의 가능한 수술방법들이 있다는 점을 고려할 때, 해외의 성형외과 의사들이 권장하는 방법을 환자가 잘 이해하는 것이 중요하다. 환자는 시술 전에 담당 성형외과 의사에게 자신의 얼굴 중 어떤 부위에 시술이 가해질 것이며, 어느 부위가 절개될 것인지, 또 어떤 테크닉을 사용할 것인지를 분명하게 물어보아야 한다.

(3) 눈꺼풀수술(Eyelid Surgery)

나이가 들면서 눈꺼풀이 늘어지거나 눈 아랫부분이 부어 보이는 현상이 생길 수 있다. 눈꺼풀수술로 위 꺼풀의 처짐이나 눈 아랫부분의 돌출 또는 움푹 들어가는 현상을 최소화할 수 있다. 환자의 필요에 따라 위 꺼풀이나 아래 꺼풀 또는 둘 다를 수술할 수 있다.

눈꺼풀수술로 더 젊은 얼굴을 연출하기 위해 피부, 지방, 혹은 근육을 없애거나 다른 장소로 옮길 수 있다. 위 꺼풀의 절개는 대부분 쌍꺼풀 속으로 잘 감춰지게 된다. 아래 꺼풀의 시술을 위해서는 꺼풀 안에나 피부를 가로지르는 절개를 할 수 있다. 눈꺼풀수술은 흔하게 얼굴리프트와 함께 병행되므로 환자는 의사에게 그런 복합적 시술에 대해 물어볼 수 있다.

(4) 코성형(Nose Reshaping)

만약에 코가 너무 크거나, 너무 작거나, 너무 넓거나, 너무 길거나, 아무튼 코가 마음에 들지 않으면 코성형을 고려할 수 있다. 코성형은 매부리 부위를 없애 주거나 휜 코를 곧게 해 주거나, 조여진 듯 보이는 코끝을 부드럽게 보이게 해 줄 수 있다.

코의 모양을 개선함과 동시에 이 수술은 숨 쉬는 것 또한 쉽게 해 줄 수 있다. 코성형을 하는 동안 의사는 환자가 좀 더 자유롭게 숨을 쉴 수 있도록 공기구멍 장애나 막힘을 바로잡아 줄 수 있다.

코성형방법으로는 두 가지가 있다. 열린 코성형은 코 안쪽 절개와 더불어 바깥쪽 비주 세포(콧구멍을 나누는 세포들)를 같이 절개하는 것을 말한다. 이 바깥쪽 절개는 작고 눈에 쉽게 띄지 않는 상처를 남긴다. 열린 코성형은 주로 시술이 복잡한 편일 때 사용된다.

닫힌 코성형을 할 때는 바깥쪽을 절개하지 않는다. 모든 절개가 코 내부에서 이루어지므로 눈에 보이는 상처가 남지 않는다. 코에 작은 변화만을 주기를 원한다면 닫힌 코성형을 권장한다.

(5) 이마미용성형술(Brow or Forehead Lift)

눈썹부위리프트는 이마리프드라고도 부르며, 눈에 띄는 노화의 징표인 이마 주름살이나 눈썹의 처짐을 치료한다. 눈썹부위리프트를 시술하기 위해서는 의사가 머리카락 라인 위나 속, 이마 중앙 또는 눈썹 바로 위 등에 절개를 하는 등 여러 가지 기술 중 하나를 고를 수 있다.

흔한 테크닉 중 하나는 내시경을 이용한 이마미용성형술이다. 이 시술법에서는 먼저 두피를 따라 작은 절개를 하고 카메라를 넣어 의사가 이마의 근육과 세포들을 볼 수 있게 한다. 그런 다음 이마의 피부나 눈썹을 들어 올리고 더 나은 장소에 고정한다.

눈썹부위리프트는 자주 얼굴리프트나 눈꺼풀수술과 함께 시술된다. 해외 의료관광에서 가장 큰 만족을 얻으려면, 이런 여러 가지의 시술을 함께 받는 것을 고려하는 것이 바람직하다.

(6) 귀성형(Ear Surgery)

귀성형은 주로 너무 바깥쪽으로 튀어 나온 귀를 고치거나, 너무 크거나 작은 귀를 변형하는 데 사용한다. 이러한 시술은 비교적 작은 기형적 귀 모양을 개선시키는 데도 도움을 준다. 귀를 머리 쪽으로 더 판판하게 눕게 하는 시술은 귀 뒤의 절개를 요구한다. 이 시술이 눈에 띄는 상처를 내기는 하지만, 시간이 지남에 따라 그런 상처들은 상당히 사라진다.

귀수술은 어린이나 어른 모두에게 시술할 수 있다. 다른 얼굴성형수술에 비해 인기도는 낮지만, 귀성형을 해외에서 시술하면 상당한 비용을 절감할 수 있다.

2) 체형수술(Body Contouring)

체형수술은 몸 윤곽을 가다듬고, 정돈하고, 돋보이게 만들어 줄 수 있다. 현재 미국에서 가장 널리 시술되고 있는 성형수술 다섯 가지 중 세 가지가 체형수술에 속한다는 점으로 미루어 볼 때, 많은 미국인들이 해외에서 체형수술을 받기 원하고 있다는 점은 매우 당연하다. 의료관광객들이 가장 선호하는 다섯 가지의 체형수술은 다음과 같다(이하 Marsek & Sharpe, 2009: 44-49 참조).

– 지방흡입술(liposuction, ipoplasty)
– 뱃살성형(tummy tuck, 복강형성술abdominoplasty)
– 가슴확대술(breast augmentation, 유방성형수술augmentation mammoplasty)
– 가슴리프트(breast lift, 유방고정술mastopexy)
– 허벅지리프트, 엉덩이리프트, 하체리프트(thigh lift, buttock lift, lower body lift), 벨트지방제거(belt lipectomy)

(1) 지방흡입술(Liposuction)

만약 아무리 굶어도, 아무리 열심히 운동을 해도, 사라지지 않는 두꺼운 지방을 가지고 있다면 지방흡입술이 그 해답일지도 모른다. 이 수술은 영구적으로 지방을 몸에서 없애 준다. 지방흡입술로 다루어질 수 있는 부위는 다음과 같다.

– 복부(abdomen)
– 복부 측면(flanks, love handles)
– 바깥쪽 허벅지(outer thighs)
– 안쪽 허벅지(inner thighs)
– 얼굴과 목(face and neck)
– 엉덩이(buttocks)
– 무릎(knees)
– 종아리와 발목(calves and ankles)
– 가슴(breasts)
– 등 위쪽(upper back)
– 등 아래쪽(lower back)
– 팔 위쪽(upper arms)

몇 가지의 이유로 인해 지방흡입술은 의료관광객들에게 가장 인기가 좋다. 작은 절개 부위와 비교적 짧은 회복기간 때문에 여행자들에게 매력적이다. 또한 지방흡입술은 흔히 다른 체형수술과 조합을 이루어 같이 시술할 수 있다. 예를 들어 만약 환자가 뱃살성형이나 허벅지리프트를 원한다면, 의사가 수술효과를 최대로 높이기 위해 지방흡입술도 함께 권할지 모른다.

여러 종류의 지방흡입술이 가능하다. 팽창지방흡입술은 지방세포들을 제거하기 위해 팽창액(tumescent fluids)을 사용하며, 지방흡입술의 표준으로 인식되고 있다. 초음파지방흡입술은 팽창액과 초음파가 지방의 더 쉬운 제거를 위해 함께 사용되며, 일부 환자에게 권장된다. 환자는 여행목적지에서 어떤 지방흡입술이 사용되는지 미리 알아보아야 한다.

지방흡입의 비용은 몇 개의 부위를 시술하는지에 따라 달라진다. 의사는 환자가 한 부위라고 생각하는 부위를 여러 부위로 나누어 따로 비용을 부과할 수 있다. 예를 들어 안쪽 허벅지와 바깥쪽 허벅지는 다른 두 부위로 생각될 수 있다. 이와 비슷하게, 복부와 복부 측면 또한 다른 부위로 비용이 계산될 수 있다. 의료관광객은 본인이 원하는 부위의 비용을 잘 이해해야 한다.

(2) 뱃살성형(Tummy Tuck)

임신, 상당한 몸무게의 감소 그리고 자연적으로 나이가 드는 과정은 사람의 복부를 축 늘어지게 해서 세월의 흔적을 남긴다. 뱃살성형은 영구적으로 늘어진 피부와 지방을 제거함으로써 불룩 튀어나온 뱃살을 평편하게 하고 복부 피하 근육들을 조여 주어 허리 윤곽을 재정리해 준다. 느슨하고 처진 피부의 양과 부위에 따라 다른 종류의 뱃살성형이 권장된다.

- 표준뱃살성형(standard tummy tuck)
- 확장뱃살성형(extended tummy tuck)
- 미니뱃살성형(mini tummy tuck)

표준뱃살성형은 한 엉덩이뼈에서 다른 엉덩이뼈로 연장되는 수평의 절개를 요구한다. 이 절개는 보통 음모 라인 바로 위에서 실행되므로 속옷이나 비키니 속에 숨겨질 수 있다. 필요 없는 피부와 지방이 제거되며 복부 근육이 조여지게 되어 더 부드럽고 뚜렷한 허리라인을 만들어 준다. 배꼽의 위치가 재조정될 수도 있다.

확장뱃살성형은 사실상 표준뱃살성형과 동일하지만, 절개가 엉덩이뼈를 지나가면서 이루어진다는 점에서 다르다. 확장뱃살성형은 필요 없는 피부가 복부의 측면에도 존재할 때 권장된다.

만약 늘어진 피부가 복부의 작은 부분에만 존재한다면, 미니뱃살성형을 할 수 있다. 이 시술은 더 짧은 평행 절개를 필요로 하며, 복부 근육을 조일 수도, 그렇지 않을 수도 있다. 미니뱃살성형은 작은 상처 때문에 매력적으로 보일 수 있으나 얻을 수 있는 효과는 제한적이다. 대개 소수의 사람들만이 이 뱃살성형방법으로부터 효과를 얻을 수 있다.

(3) 유방확대술(Breast Augmentation)

현재 유방확대술은 여성들에게 가장 인기 있는 성형수술이며 전 세계적으로 활발하게 시술되고 있다. 유방확대술은 식염수나 실리콘 젤을 유방 내부에 장착함으로써 유방의 크기를 증폭시켜 주고 꽉 찬 느낌을 살려 준다.

많은 여성들과 성형외과 의사들은 실리콘 젤이 식염수보다 자연스러운 모습과 감촉을 준다고 생각한다. 미국 밖에서 실리콘 젤이식은 오랫동안 가장 널리 사용된 이식방법으로 사용되었다. 그러나 미국 내에서는 대부분의 여성들이 식염수이식을 선택하였다. 실제로, 2005년에 미국미용성형수술협회(American Society for Aesthetic Plastic Surgery)가 실시한 조사에서 83% 이상의 미국 여성들이 식염수이식을 선택한 것으로 나타났다.

이런 식염수 보형물의 압도적인 인기는 수년간 식염수가 미국 여성들에게 유일한 선택권이었다는 점에서 기인한다. 1990년대에 실리콘 젤이식의 안전성 여부가 논란을 불러일으키면서 식약청(Food and Drug

Administration: FDA)은 실리콘 젤의 사용을 미국 내에서 금지시켰다. 2006년에서야 실리콘 젤이식의 안전성에 대한 많은 시험과 연구를 거듭한 끝에 FDA는 실리콘 젤의 사용을 인정해 주었다.

유방이식에는 여러 가지의 형태, 촉감 그리고 크기가 있다. 유방의 형태는 둥글거나 해부학적으로 자연스런 모양이 있는데, 후자는 눈물방울 모양 또는 윤곽이 잡힌 모양으로 불리기도 한다. 해부학적 이식은 아래쪽이 더 불룩한 여성의 자연스러운 가슴 곡선을 모방한 것이다. 보형물의 겉 표면은 부드럽거나 사포처럼 까칠까칠할 수 있다. 문제는 여행목적지에서 어떤 종류의 보형물을 사용하며 자신에게 맞는 보형물은 어떤 것인지를 잘 결정하는 것이다.

유방확대술을 위한 절개 부위는 다양하며 주로 의사가 선호하는 쪽으로 결정된다. 절개는 가슴 밑 주름, 젖꼭지 주위, 겨드랑이 또는 배꼽에 위치할 수 있다.

환자가 고려해 보아야 할 또 다른 하나는 가슴 속 보형물의 위치이다. 보형물은 부분적으로 흉부 근육 아래나 위 그리고 가슴 세포 아래에 놓일 수 있다. 거의 대부분의 미국 성형외과 의사들은 미적 이유와 지방 확대술에서 나올 수 있는 위험을 줄여 준다는 점 때문에 흉부 근육 밑에 보형물을 넣는 것을 권장한다.

환자가 알아야 할 점은 보형물 제조자들이 보형물을 평생 가는 제품이라고 생각하지 않는다는 것이다. 환자가 계획하지 않은 또 다른 수술을 언젠가는 필요로 하고, 보형물을 제거하거나 옮겨야 할 가능성이 높다.

(4) 유방미용성형(Breast Lift)

가슴이 처지기 시작하는 것은 임신이나 모유 수유가 원인인 경우가 많다. 자연적으로 나이를 먹는 것과 상당한 몸무게의 감소 또한 풍만했던 가슴을 작게 하고 늘어지게 만드는 이유이다. 가슴리프트는 처짐을 줄이고 젊고 생기 있는 가슴을 만들기 위해 고안되었다.

가슴리프트는 가슴에서 필요 없는 피부를 잘라내고, 가슴을 더 높이끌어올려 주며, 유두를 가슴 중앙으로 옮겨 준다. 여러 가지의 수술방법이 사용될 수 있고, 그 수술들은 모두 가슴에 눈에 띄는 상처를 남긴다.

- 앵커거상술[Anchor lift: 뒤집힌 T리프트(inverted T lift)라고 불리기도 한다]
- 수직거상술[Vertical lift, 롤리팝리프트(lollipop lift)라고 불리기도 한다]
- 도넛거상술(Donut lift, purse string lift라고 불리기도 한다)

앵커거상술은 가슴 세 곳에 절개를 한다. 유륜(areola, 乳輪) 주위의 원형 절개, 유륜으로부터 가슴 밑 주름까지의 수직 절개 그리고 그 주름을 따라 수평 절개를 하게 된다. 모든 가슴리프트 테크닉 중 앵커리프트는 가장 많은 피부를 잘라내며 처짐이 심할 때 추천된다.

수직거상술은 각 가슴마다 두 개의 절개만을 필요로 한다. 한 개는 유륜 주위로, 또 다른 한 개는 유륜으로부터 가슴 밑 주름까지 수직으로 이루어진다. 어떤 의사들은 이 기법을 '짧은 상처(short-scar)' 가슴리프트라고 부른다.

도넛거상술은 유륜 주위에만 절개를 가한다. 이 기법은 가슴의 처짐이 약하지 않는 한 효과가 크지 못하며 충분히 가슴을 들어 올리지 못한다.

보통 수술방법은 처짐의 정도에 따라 결정된다. 어떤 의사들은 상처부위를 제한하는 짧은 흉터기법만을 전문적으로 시술하기도 한다.

(5) 허벅지리프트/엉덩이리프트/하체리프트(Thigh Lift, Buttock Lift, Lower Body Lift)

만약 몸에 헐렁하고 처진 피부가 남는다면 그것은 상당한 체중의 감소, 임신 또는 노화의 결과일 것이다. 골반 부위, 허벅지 또는 엉덩이는 처짐이 가장 심각한 부위들이다. 불행하게도 다이어트나 운동만으로는 그 늘어진 피부들이 사라지지 않는다. 그럴 때에는 허벅지리프트, 엉덩이리프트, 하체리프트가 해답일 수 있다.

허벅지리프트는 다리의 모양을 예쁘게 하고, 엉덩이리프트는 엉덩이에 필요 없는 피부를 제거해 준다. 하체리프트라는 보다 새로운 시술은 허벅지와 엉덩이뿐 아니라 튀어나온 아랫배 또한 한 번의 시술로 해결해 줄 수 있다.

허벅지리프트는 바깥쪽 허벅지, 안쪽 허벅지 또는 그 둘 모두를 정돈할 수 있으며 절개는 사타구니나 안쪽 허벅지 또는 엉덩이 밑 주름 부분에 가해진다. 표준엉덩이리프트는 엉덩이 밑 주름이 있는 곳의 뼈에서 뼈로 통과하는 평행의 절개를 필요로 한다. 하체리프트는 몸통을 에워싸는 절개를 필요로 한다. 보통 의사들은 이 절개선이 속옷 또는 비키니 아랫도리 속으로 숨겨지도록 시술한다.

허벅지리프트, 엉덩이리프트 그리고 하체리프트는 그 인기도가 미국 내에서 급상승하고 있다. 실제로 미국성형외과의사협회(American Society of Plastic Surgeons)에 따르면, 하체리프트는 2000년부터 2006년 사이에 가장 빠르게 늘어난 성형수술이다. 이런 인기도의 급상승은 살을 빼기 위해 비만수술(bariatric surgery)을 받는 사람이 늘어난 것으로부터 많은 영향을 받았다. 비만성형은 보기 흉하게 늘어나는 피부를 없애 단기간에 체중을 감소시키는 효과가 있다.

이 기법들은 보통 눈에 띄는 상처를 남기는 절개를 필요로 한다. 그렇게 눈에 띄는 상처를 가지고 살 것인지 아닌지는 환자가 결정할 일이다.

(6) 성형수술을 위한 인기 있는 국가들

해외로 나가는 의료관광객에게 성형수술이 너무도 인기가 있기 때문에 성형수술은 거의 모든 여행목적지(국가)에서 시술된다. 그중에서도 가장 인기 있는 행선지로는 브라질, 코스타리카, 말레이시아, 싱가포르 그리고 태국이 있다. 이런 국가에서 의료관광객들은 수준 높은 시설과 일류 의사들을 만나고 수술 후에 훌륭한 요양을 받을 수 있을 것이다(이하 Marsek & Sharpe, 2009: 49-50 참조).

그렇다면 어떤 나라가 성형수술을 받기에 가장 좋을까? 불행히도, 정답은 없다. 환자에게 가장 맞는 나라는 환자가 정한 예산, 환자 개인적인 필요 그리고 환자가 어떤 여행을 더 선호하는지 등 여러 가지 요소에 따라 달라진다.

(7) 의료관광객이 알아야 할 최소한의 주의사항

위에서 언급한 의료관광상품을 구매하기 위해 해외로 여행하는 환자들은 최소한 다음 사항들은 염두에 두어야 한다(Marsek & Sharpe, 2009: 51).

- 의료관광객이 원하는 수술 종류
- 수술에는 여러 가지 다른 종류의 테크닉이 사용된다는 점
- 수술방법이 회복시간, 즉 여행지에 머무를 시간에 영향을 미친다는 점
- 부가되는 미용서비스나 시술들이 해외여행의 품질을 높일 수 있다는 점
- 어떤 시술들은 몇 번에 걸친 추가 여행을 필요로 한다는 점

3. 웰빙형 의료관광상품

웰빙형 의료관광상품은 의료관광객이 수술을 통한 질병치료보다는 자신의 라이프스타일을 리모델링하기 위해서 휴양이나 레저, 스포츠, 미용, 명상, 요가, 마사지, 각종 테라피(therapy) 등을 이용하여 기분전환이나 에너지 재충전에 더 관심을 갖는 의료관광 형태를 말한다. 이와 같은 의료관광상품은 주로 리조트나 스파, 뷰티숍에서 관련 서비스를 제공한다. 이런 상품은 대체로 시간적으로 또는 경제적으로 여유 있는 소비자들에게 선호되고 있다.

웰빙형 의료관광상품은 테라피치료부터 정신적이고 종교적인 상품까지 다양하다. 이렇게 다양한 유형 속에서 보다 세분화된 상품을 제시할 필요가 있다. 최근에 의료관광서비스의 다양성에 대한 고객의 요구가 많아지

고, 고객들의 상품 선택에 대한 안목이 높아지면서 의료관광서비스 공급자들은 보다 세련되고 품질이 우수한 상품을 제시해야 하는 것이다.

제1장에서 Smith & Puczko(2009: 7)가 〈표 I-4〉에서 제시한 건강관광 상품 중에서 웰빙형 의료관광상품에 해당하는 대표적인 상품을 몇 가지 소개한다.

1) 스파관광(Spa Tourism)

스파관광은 웰빙관광에서 가장 널리 알려진 상품이다. 국제스파협회(International Spa Association: ISPA, 2007)는 스파를 '정신, 육체, 영혼의 회복을 촉진하는 다양한 전문 서비스를 통해서 전체적인 건강을 증진시키는 장소'라고 정의한다. ISPA는 또한 스파 경험의 주요 요소들을 다음과 같이 정의한다(이하 Smith & Puczko, 2009: 85-88 참조).

- 안정(Relax, e.g. 스트레스 관리)
- 사색(Reflect, e.g. 명상)
- 활력회복(Revitalize, e.g. 에너지재충전)
- 기쁨(Rejoice, e.g. 오락과 행복감)

스파와 더 일반적인 형태의 웰빙관광상품[예: 기치료센터(holistic retreats)]을 구분하기는 어렵지만 그것은 스파 영역의 다양함을 분명히 보여 주기도 한다. 지금은 스파관광 안에 수많은 하위 분야들이 존재하며 '스파'라는 명칭만 써서 고객들이 그곳이 어떤 곳인지 알 것이라고 판단하는 것만으로는 충분하지 않다. 스파에 대한 국가별 인식은 매우 다양하다. 예를 들어 중부와 동부 유럽 사람들은 오래된 의료스파(medical spas)의 개념에 대해 잘 아는 반면에 미국이나 영국 사람들은 미용실과 비슷한 모습을 생각할 것이다.

지금의 스파는 매우 복잡하고 다채로운 본질을 갖고 있다. 이 본질은 이름과 그의 의미부터 시작된다. Bath, bano, bad, therme/terme, grotto, spa, kúpele, fürdő－이 모든 단어는 여러 언어로 온천수를 자원으로 하는 스파를 의미한다. 원어를 해석하면 '스파'라는 단어가 사용되긴 하지만 이 시설들은 진짜 스파가 아니다. 더 나아가 건강 중심의 서비스를 조금이라도 제공하는 기관은 스스로를 스파라고 불러서 개념이 더 복잡해진다. 스파들이 어떤 서비스를 제공하거나 어떤 치료를 공급하느냐에 따라서 매우 달라지지만 그들은 하나의 공통점이 있다. 그것은 바로 건강과 웰빙을 향상시키려는 노력이다. 대부분의 스파는 물에 기반을 둔 치료를 행하고 있지만 광천수(mineral waters), 온천수(thermal waters), 약수(healing waters) 간의 차이점이 있다.

－광천수: 최소 500mg/ℓ 혹은 1,000mg/ℓ의 무기물을 함유하고 있다.
－온천수: 원천에서 최소 30℃ 혹은 32℃인 물(나라마다 다를 수 있다)
－약수: 물의 효능이 실제 증거를 바탕으로 입증되어야 한다.

국제스파협회(ISPA, 2007, Smith & Puczko, 2009: 86에서 재인용)는 이 산업의 '10가지 분야들(ten domains of SPA)'을 다음과 같이 제시하고 있다.

－물
－식품, 영양, 다이어트, 식단
－이동, 운동, 신체단련
－접촉, 마사지, 신체관리(bodywork)
－정신/육체/영혼
－미학, 피부관리, 자연 미용물질
－물리적인 공간, 기후, 생태계
－사회적/문화적 예술과 가치, 스파문화
－경영, 마케팅, 사업
－시간, 리듬, 주기(cycles)

모든 스파가 이런 요소들을 모두 갖추고 있는 것은 아니다. 스파라는 개념의 부활로 인해 스파를 분류하려는 여러 시도가 시작되었다. 스파의 현대적인 개념이 미국에서 정립되었기 때문에 가장 포괄적인 분류는 ISPA(2007, Smith & Puczko, 2009: 87에서 재인용)에서 나왔다.

- –Club spa: 매일 이용객에게 주로 신체단련서비스와 보통의 스파에서 받을 수 있는 서비스를 제공하는 시설
- –Day spa: 숙박시설 없이 미용, 신체단련, 건강 프로그램을 제공하는 시설. 서비스를 받는 시간은 한 시간에서 하루까지 다양
- –Spa hotel: 호텔 숙박시설과 육체적, 정신적인 균형을 보장하는 폭넓고 며칠에 걸친 프로그램을 제공하는 스파
- –Holistic spa: 고객의 사고방식에 긍정적인 변화를 주기 위해 대체의학과 식단을 제공하는 스파
- –Medical spa: 전통치료나 테라피치료, 건강보호치료와 다른 스파서비스를 제공하는 시설이나 병원
- –Bath spa: 수치료(hydrotherapy)를 통해 현지의 자연 무기물, 약수, 해수를 이용하도록 지어진 시설
- –Resort spa: 도시에서 떨어진 아름다운 자연 속에 지어진 시설. 고정요금으로 폭넓은 건강서비스를 고객에게 제공
- –Sport spa: 스파서비스와 특별 스포츠 프로그램을 제공하는 시설. 스포츠 프로그램에는 골프, 스키, 낚시, 마라톤 등이 포함
- –Structured spa: 고객들이 특정한 목표(예: 체중감량)를 달성하도록 엄격한 규정대로 운영되는 시설

ISPA는 스파에 관한 미국의 기준을 대표한다. 그들의 판단에 의하면 미국에서 가장 큰 스파 부문은 day spa이다. 그러나 유럽에서 '스파'는 매우 다른 뜻을 가지고 있다. 유럽스파협회(European Spa Association: ESPA, 2007, Smith & Puczko, 2009: 87에서 재인용)는 협회의 목적을 분

명히 규정하고 있다.

유럽스파협회의 목표는 유럽에 스파와 온천치료(balneology)를 홍보하고 광천수, 풍경, 기후를 이용한 자연치료법들을 가능한 한 많은 국민과 방문객들이 이용할 수 있게 지원하는 것이다.

이 목적은 자연치유자원(natural healing assets), 특히 약수(healing water)에 기반을 두고 있는데, 미국의 정의는 더 넓은 건강의 개념에 근거하고 있다. 유럽에 1,200개 이상의 스파가 존재하는데, 이 가운데 대부분이 의학적으로 효능을 인정받는 시설들이다. 유럽형 스파의 범위는 환자라고 불리는 고객들에게 물리적인 치료를 제공하는 것으로서 미국보다 더 좁은 범위이다. 예를 들어 중부와 동부 유럽의 오래된 의료스파에는 손님과 관광객들이 받는 치료를 감독하는 의사가 있다. 대부분의 방문객들은 그들의 주치의가 주는 처방전을 받아 오며, 경비는 휴가 지원비(holiday vouche)로 지원받는 경우가 있다. 많은 유럽 스파들은 운동 능력이나 순환기질환을 치료하는 목적으로 자연적인 약수를 사용한다. ESPA에 따르면 다음의 자원들은 치유력이 있는 것으로 판단된다(Smith & Puczko, 2009: 27).

- 치유의 목적으로 쓰이는 약수가 흐르는 샘
- 치유력 있는 가스
- 해변에 있는 스파시설, 건강 휴양지
- 스파시설과 건강 휴양지에 있는 진흙(peloids)
- 친환경/치유력 있는 기후
- 크나이프 테라피(Kneipp therapy)

미국과 다른 나라에서도 그렇듯이 기능성 휴양지 스파들이 점점 인기를 얻고 있다. 이들은 대부분 오락성을 지니거나 휴양 중심이며, 물을 이용하는 치료법과 운동이나 영양 프로그램을 추가하기도 한다. 직업 관련 건강 워크숍도 포함된다. 평화롭고 외진 곳에 위치하는 모험스파(adventure spas)가 미국 중부 지방과 남미에서 유행하고 있다. 이 스파들은 기존의 건강치료와 수영장을 제공하면서도 실외운동과 모험적인 활동에 서비스의 기반을 둔다.

사례분석: Bad Blumau

오스트리아의 Rogner Bad Blumau는 다양한 건강활동, 고급 상품과 관광 경험을 제공하는 기능성 휴양지 스파의 한 예이다. 오스트리아의 유명한 건축가 Hundertwasser의 독특한 디자인은 동화 같은 분위기를 연출한다. 이 스파에는 온천, 실외와 실내 온탕, 기포 목욕탕(jacuzzis), 사우나, 한증막, 다양한 종류의 마사지와 미용서비스가 있다. 또한 고객이 신청을 하면 의료나 영양상담을 받을 수 있고 다양한 종류의 운동도 있다. 그중에는 노르딕 워킹(Nordic walking), 달리기(spinning)와 스케이팅도 있고 태치(Tai Chi), 요가, 5Tibetans 그리고 8Treasures와 같은 영적인 활동도 있다.

호텔에는 회의실과 연회장이 있는데, 각국의 대표들은 무알콜 음료와 생과일/야채 주스를 먹고 에너지를 충전하며 휴식을 취할 수 있다. 비즈니스 관광의 영역과 어우러지면서 스트레스 관리법에 관한 세미나도 개최한다. 이것을 통해서 이 스파가 신체에 집중하는 겉모습과 달리 육체적 건강 그 이상의 효과를 제공하기 위해 노력하는 것을 알 수 있다. 실제로 많은 스파들이 높은 수준의 숙박시설을 같이 운영하면서 건강관광(health tourism) 사업만 했을 때와는 다른 종류의 고객을 유치할 수 있다. 기업에서 온 고객들은 종업원 관리법과 스트레스 관리법 또는 휴일에 할 수 있는 프로그램을 점점 많이 찾고 있다. 게다가 비즈니스 관광객이나 컨퍼런스 관광객들이 동반자와 같이 온다면 호텔에 부속된 스파를 선택할 확률이 높다. 이런 경우에는 고객들이 육체적 휴식을 중시함으로써 그들의 일차적인 방문 동기에 의문을 갖게 된다. 어떤 경우에는 이런 방문객들에게 웰빙적 기치료(holistic wellbeing)는 2차적인 동기가 될 수도 있다.

자료: Bad Blumau(2008, Smith & Puczko, 2009: 88에서 재인용)

사례분석: 곤지암 스파리조트

웰빙 프로그램

영양요법, 스트레스 관리, 운동요법을 통해 웰빙을 직접 체험해 볼 수 있는 웰빙 프로그램이다. 균형 잡힌 삶을 위한 웰니스를 직접 체험해 볼 수 있다. 국내 최고 전문가들에 의해 운영되는 시설과 프로그램을 통해 식이요법, 운동요법, 스트레스 관리 서비스를 제공함으로써 고객이 언제나 최상의 웰빙 상태를 유지할 수 있게 만들어 준다.

프로그램 안내

■ 시간별 프로그램
- One day: 상담을 통한 맞춤 프로그램
- Half day: 운동 프로그램 2가지 + 테라피 프로그램 2가지 + 사우나 + 스킨케어 + 건강식
- 3Hours: 운동 프로그램 1가지 + 테라피 프로그램 1가지 + 사우나 + 스킨케어 + 건강 간식

■ 기본 프로그램
- Consulation: 상담을 통해 내 몸에 맞는 프로그램 선정
- Spa cusine: 독소배출, 혈액순환에 유용한 건강 음식물 제공
- Borges library: 프로그램 전, 후 또는 도중 휴식을 위한 프로그램

■ 스파 프로그램
- Mind: 스트레스 완화에 탁월한 스누플랜테라피 프로그램
- Therapy: 스톤테라피, 라이트테라피 그룹으로 이루어지는 테라피 프로그램
- Fitness: 요가, 댄스 무브먼트, 필레테스 등 운동 테라피 프로그램
- Aqua: 아쿠아라나, 아쿠아 운동 등 수중 테라피 프로그램

패밀리 스파

온 가족이 함께하는 물의 공간, 정적인 감성 테라피 공간으로 구성된 패밀

리 스파를 경험해 볼 수 있다. 어트랙션 시설이 아닌 정적인 공간에서의 진정한 스파를 느낄 수 있다. 물의 공간, 감성적인 테라피의 공간이 이용자 편의에 맞게 구성되어 있다. 건강에 좋은 음식만을 선별한 스파 카페가 마련되어 있으며, 가족, 친구, 연인이 함께 이용할 수 있다.

후스파 팰리스

후스파 팰리스에서 왕후의 고귀한 아름다움이 시작된다. 한방 약재 100%, 오리엔탈 핸드 마사지 기술과 함께 중국 의학을 한국 풍토에 맞추어 재탄생시킨 개인 맞춤 관리로 품격 있는 자태와 청아한 피부를 되돌려준다.

– 프로그램 안내

Facial
水: 건조한 피부를 촉촉하게 하는 보습관리. 60분/80,000원
鋭: 손상된 피부를 진정시켜 주는 민감성 피부관리. 60분/80,000원
雪: 멜라닌 색소를 완화하여 기미, 잡티를 제거하는 미백관리. 60분/100,000원
供進: 후스파 팰리스만의 특별한 팩으로 피부를 집중 관리하는 스페셜 관리. 80분/150,000원
慈養: 집중적인 각질 관리와 고농축 앰플로 피부를 정화시키는 남성 피부관리. 60분/80,000원

Body
柔: 척추라인을 중심으로 관리하는 등 경락마사지. 40분/80,000원
安: 인체 내의 노폐물을 정화시켜 주는 발마사지. 30분/60,000원. 60분/100,000원
愛: 발마사지와 스페셜한 얼굴 관리로 긴장과 스트레스를 이완시키는 임산부 관리. 80분/120,000원
潤: 피부를 촉촉하게 함과 동시에 체내의 피로를 감소시키는 발마사지. 70분/120,000원
丞: 얼굴에 보습을 주고, 단전을 중심으로 관리하는 복부 릴렉싱 마사지. 70분/120,000원
孝: 얼굴, 등, 발 관리로 혈액순환을 촉진시켜 건강함을 선사하는 마사지. 100분/200,000원
시아추 관리: 전신경혈점을 지압하는 동양식 전통 지압 마사지. 50분/100,000원(여), 120,000원(남)
休: 오일을 이용한 전신 릴렉싱 마사지. 80분/200,000원

Package 淸: 전신의 집중적인 각질 관리와 등 근육을 이완시키는 마사지. 70분/120,000원

淨: 전신의 집중적인 각질 관리와 혈액순환, 노폐물을 정화시켜 주는 발마사지. 70분/120,000원

美: 수기와 화기의 신묘한 조화가 만든 촉촉한 물의 기운이 피부를 평온하게 이끄는 전신 패키지. 150분/300,000원

眞: 고대 황실의 비방으로 음양의 기운을 채워 피부를 탄력 있게 만들어 주는 프로그램. 180분. 400,000원

還: 기적의 환유고가 피부시간을 되돌려 명작 피부로 이끄는 프로그램. 210분/500,000원

자료: 곤지암 스파리조트 홈페이지

〈표 V-1〉 세계 각국의 유명 의료관광 온천

국가	온천 위치	개발 연도	물 온도 (℃)	물 성분	1일 용출량	분출 깊이	치유 효과	방문객 수 (연간)
Argentina	Federacion Thermal Spa	1997	41	중탄산나트륨 (sodium bicarbonate) 염화나트륨 (sodium chloride) TDS 698mg/l, pH 8.5	10.8million l/d	1,300m(bore)	소화기/호흡기계통 (digestive and respiratory systems), 만성 류머티즘 (chronic rheumatism), 척추관절(vertebral arthrosis), 운동기관(locomotive apparatus), 피부(skin), 이완(relaxation)	220,000 (2002)
Australia	Moree Artesian Bore Baths	1895	41.6	알칼리수 (Alkaline springs)	13.5million l/d	951m(old bore), 868m (new)	류머티즘, 관절, 좌골신경통 (sciatica), 통증완화/진정효과 (analgesic and sedative effects), 근육통증(muscular problems)	300,000
Australia	Peninsula Hot Springs	2005	38~43	유황(Sulphur spring) 중탄산나트륨 염화나트륨	4,752,000 l/d	637m(bore)	류머티즘, 관절, 신경계통 (nervous system), 정형외과/부인병(orthopaedic and gynaecologic disorders), 외상 후/수술 후 치유 (post-traumatic and pos-operative)	100,000 +

	Classfied as true hot and mineral spring			TDS3200ppm, pH6.8				
Austria	Baden (Aquae)	서기 50년	36~47	유황, 염화칼슘, 염화나트륨	1million l/d	3,000m(bore)	류머티즘, 부상, 신진대사장애 (metabolic disorders), 신경/심장/혈관질환(neurological, heart and cardio-vascular diseases)	N/A
Belgium	Spa	14세기	32	철분, 유황	N/A	N/A	류머티즘, 관절, 웰빙, 미용	N/A
Brazil	Caldas Novas	1722년	34~57	알칼리수	28.8million l/d	Artesian bores	아쿠아틱센터와 테라피센터 (혈압, 신장, 소화기, 류머티즘)	300,000 (카니발 기간) 100,000 (성수기)
Canada	Fairmont Hot Springs	1869년	32~39, varies by season	유황 TDS 559 ppm, pH 8.41	7.5million l/d	Cluster of springs 130m (bore)	신진대사, 림프선 해독 (detox of lymphatic system), 혈액순환 (blood circulation)	500,000
China	Huaqing	1050~771BC	43	석회수, 중탄산 나트륨, 유황, 나트륨	2.7million l/d	1,750~2,500m	피부병(dermatosis), 류머티즘, 관절, 근육통 (muscular pain), 이완	25,000 (1일 Golden Week 2007)

England	Thermae Bath Spa and Roman Baths(Aquae Sulis)	2006년 재오픈, 863BC 처음 발견	43~39	나트륨, 칼슘, 탄산, 유황	1,250,400 l/d	3natural geothermal springs	웰빙/헬스/치유센터	Thermae Bath Spa (150,000) Roman Baths 834,742 (2008)
France	Aix-les-Bains	120BC	43~45	유황	4million l/d	Natural geothermal spring	류머티즘, 신경통(neuralgia)	40,000(1921)
Germany	Bad Füssing	1938년	56	유황, 탄산, 나트륨, 카본, 수소, 플로라이드(fluoride)	2.4million l/d	1,000m(bore)	류머티즘	단순 방문객: 150만 명 체류 방문: 260,137명 (2007)
Germany	Aachen(Aquis Granum or Aquae Grannii)	100~39BC	45~75	나트륨, 유황, 탄산, 플로라이드, 수소, 카본	3,500,000 l/d	Artesian Springs	류머티즘, 재활(rehabilitation), 통풍(gout), 골다공증(osteoporosis)	Carolus Thermal Baths 384,500 (2007)
Greece	Edipsus (Aedipsos or Aidipsos) Thermae of Sulla Bath of Herakles	2세기경	78~86	유황 pH 6.65	N/A	Natural geothermal springs	관졸, 통풍, 류머티즘, 신경통, 좌골신경통, 재활, 수치료센터(hydro-therapy center)	N/A

Hungary	Budapest (Aquincum)	4000~2000BC	21~78	칼슘, 마그네슘, 수소, 카본, 유황, 방사성수	70~80million l/d	118springs and bores	각종 질병치유센터	1백 6십만 명
Iceland	Blue Lagoon	1981년	40 (평균)	해수유황온천, 규산, pH 7.5, TDS 31,900mg/kg, salt content 2.5%	21,600,000l/d (6million l replaced every 40 h)	2,000m	건선(psoriasis), 피부병	100,000 +
Iceland	Myvatn Nature Baths	200년	36~40	미네랄, 알칼리수	Geothermal water from a cooling and holding basin	Natural geothermal spring	헬스, 피부, 이완	64,000(2007)
Israel	Hamat Gader	4세기경 (1977년 이후 헬스 리조트로 사용)	20~42, varies by season	유황, 염소, 칼슘, 마그네슘	12~16.8 million l/d	natural geothermal springs	류머티즘, 근육통, 관절, 척추	N/A
Italy	Abano Terme	로마 시대 발견, 12세기에 재개발		브로마이드, 아이오드	86.4 million l/d	Natural geothermal springs plus	온천수와 머드를 이용한 각종 치유	N/A

			65~87			230wells, 300~700m deep	Seborrheic 피부병(dermatitis), 좌창(acne), 습진(eczema), 호흡기장애	
Japan	Beppu(over2, 200 active springs)	8세기	150under ground then cooled	염화나트륨	50,143,680l/d	Natural geothermal spring	다양한 건강치유	1천 2백만 명
Japan	Yumoto (Tochigi Prefecture)	헤이안 시대 (서기 927년 문학작품에 언급)	59.8	염화나트륨 성분 유황	7,200,000~11,520,000 l/d	Spring water rises from old Joban coal mining shaft	신경통, 부인병, 만성피부병, 습진, 당뇨병, 관절/근육통, 건강증진	Tochigi Prefecture 6백 7십만 명
Japan	Beppu(over2, 200 active springs)	8세기	150under ground then cooled	염화나트륨	50,143,680 l/d	Natural geothermal spring	다양한 건강치유	1천 2백만 명
Japan	Yumoto (Tochigi Prefecture)	헤이안 시대 (서기 927년 문학작품에 언급)	59.8	염화나트륨 성분 유황	7,200,000~11,520,000 l/d	Spring water rises from old Joban coal mining shaft	신경통, 부인병, 만성피부병, 습진, 당뇨병, 관절/근육통, 건강증진	Tochigi Prefecture 6백 7십만 명

Jordan	Wadi Afra Springs	73~74BC	47~49	알칼리수, 염소, 방사성수	38,880,000 l/d	Natural geothermal spring	관절, 류머티즘, 근육통, 부인병, 불임	N/A
Korea	Icheon Hot Springs	1870년대 처음 개발	28~31	알칼리수	N/A	Natural geothermal spring	눈병, 이완, 에너지 충전, 혈액순환, 관절	N/A
Mexico	Agua Hedionda(popular tourist attraction)	1400년대 중반	26.6~27.7	유황, 약방사성수, pH 6.45**	65,404,800 l/d	Natural geothermal spring	순환기 질병, 피부병, 스트레스	N/A
Namibia (South Africa)	Warmbaths (Bela Bela since (Hauraki Hot Springs)	1873년경	52	염화나트륨	528,000 l/d (6 l/s)	Natural geothermal spring	류머티즘, 이완	N/A
New Zealand	Miranda Hot Springs (Hauraki Hot Springs)	마오리족 원주민들이 오래 전부터 이용, 1972년부터 폴리네시언 스파 개발	33~57	알칼리수, 나트륨 pH 8.9, TDS 430 ppm**	720,000 l/d	Natural geothermal spring plus bore	레크리에이션, 이완	N/A

New Zealand	Polynesian Spa		33~43	산성수 (자주 변함)	5million l/d	Natural geothermal spring, water is cooled down by mixing with town water	류머티즘, 관절, 근육통, 진정, 이완, 좌창	1백 6십만 명 Rotorua's geothermal tourist facilities
India	Tattapani (Himachal Pradesh)	N/A	65~83	알칼리유황	90,000~ 1,530,000 l/d	2natural geothermal springs	류머티즘, 피부병	Under-developed
Peru (South America)	Cajamarca (Baths of the Inca)	1550년경	65~87	염화수, 칼륨, 철, 칼슘, 스트론튬, 규산, 마그네슘	N/A	Natural geothermal spring	이완, 류머티즘, 피부병, 신경계통	N/A
Portuhal	Caldas da Rainha	1495년	60	유황	400,000 l/d	Natural geothermal spring	류머티즘, 관절, 피부병	N/A
Switzerland	Baden	58BC	35~47	유황	4,536,000 l/d	14natural geothermal springs	이완, 로마 목욕탕 유적, 하만목욕, 헬스 웰빙	N/A

Taiwan (over 100 hot springs)	Beitou	1893년(1697년 첫 이용 기록)	40~75	유황	N/A	Natural geothermal spring	일본 온천 유적, 다양한 질병치유	3백 7십만 명 (2007)
Turkey	Pamukkale (Hierapolis)	2세기 BC	36~38	칼슘, 마그네슘, 중탄산나트륨 TDS 2430mg/l, pH 6	34,560,000 l/d	Natural geothermal spring	류머티즘, 피부병, 부인병, 신경계통, 소화영양장애	1일 600명 수용 능력
Turkey	Bursa (Cekirge Hot springs)		39~58	칼슘, 마그네슘, 중탄산나트륨 TDS 1164mg/l, pH 7.2~6.6	432,000 l/d	Natural geothermal spring	류머티즘, 간장, 쓸개, 방광, 신진대사장애, 부인병, 수술 부작용	1일 400~600명 수용 능력
Turkey	Yalova Hot Springs	6세기	57~60	염화나트륨, 칼슘, 플로라이드	1,296,000 l/d	Natural geothermal spring	류머티즘, 소화기/순환기 장애, 신경/비뇨장애	1일 2,000명 수용 능력
United States	Thermopolis Wyoming	1896년	22~56	중탄산나트륨, 황, 염분, 나트륨 TDS 2,400mg/l	10.4million l/d	Cluster of natural geothermal springs	만성통증관리, 머리와 척추 부상, 욕창, 화상재활	N/A
Uruguay	Termas de salto Grande (Thermal SpaResorts)	최근	38~45	중탄산나트륨	N/A	Well spring Depth 1,295m	피부병, 이완, 신장, 위장	N/A

2) 여가관광(Leisure and Recreational Tourism)

여가스파(예: 물놀이시설, 워터 파크)들이 의료관광과 관련 없다고 주장할 수도 있겠지만, 이 시설들은 웰빙관광서비스의 필수적인 요소가 되었다(이하 Smith & Puczko, 2009: 89 참조). 여가스파들은 가족 전체에게 재미있는 볼거리와 서비스를 제공한다. 서로 분리된 공간에서 미끄럼틀, 어린이용 수영장과 다른 재미있는 시설로 어린이들을 겨냥하고, 조용한 휴식 공간, 수영장, 사우나, 치유공간은 어른들의 관심을 끈다.

대부분의 경우 어린이들은 스파의 건강 관련 서비스를 이용할 수 없고, 가족들은 대개 고급 스파나 스파호텔의 비싼 입장료를 지불할 능력이 없기 때문에 어린이들을 동반한 가족들은 웰빙스파시설에서 환영받지 못한다. 이로 인해 고객층의 상당한 부분이 의료관광에서 배제될 수 있다. 이런 이유로 스파에 있는 일부 여가시설들은 관광객뿐 아니라 특별히 스파를 방문할 수 있는 현지주민을 함께 섞어서 유치하고 있다. 예를 들어 오스트리아에 있는 H_2O 어린이 전용 스파호텔은 어린이들의 출입이 허용되지 않는 유명한 3개의 웰빙 의료관광시설 부근에 지어졌다. 이 어린이 전용 스파호텔이 오픈하면서 이 지역은 더 다양한 고객층에게 더 많은 서비스를 제공할 수 있어서 경쟁력을 갖게 되었다.

여가스파들은 테마가 있는 관광지의 대표 주자로서 수영장이 대개 동양이나 폴리네시아, 지중해와 같은 테마를 모방한다. 어린이들은 해적선을 좋아하며 부모들도 이국적인 동물상과 건축양식을 즐긴다. 여가 스파들은 웰빙관광의 슈퍼마켓과 같다. 의료서비스만 제외하면 모든 가족에게 제공할 수 있는 서비스를 갖추고 있다.

3) 해수관광(Thalasso Tourism)

16세기에 프랑스 왕 헨리 3세는 그의 의사로부터 해양요법을 받으라는 조언을 받았고, 1750년에 영국인 Richard Russell은 "Dissertation on the

Use of Sea Water in Affections of the Glands(해수로 땀 흘리는 병 치료하기)"라는 논문을 발표하고 왕족의 주치의가 되었다(이하 Smith & Puczko, 2009: 89-92 참조). 이후로 해수치유법은 사람에게 이로운 것으로 널리 인정되었고, 1950년대 Tour de France에서 몇 번이나 우승해서 인기를 얻은 프랑스인 Louison Bobet에 의해 해수요법(Thalasso therapy)이 개발되었다. 오늘날 프랑스 해안선을 따라 70여 개의 해수요법센터들이 있다. 해수요법은 해안이 있는 곳이라면 어떤 곳에서든 찾을 수 있지만, 프랑스, 스페인, 아일랜드가 인기 있는 장소이고, 최근에 인기를 얻는 곳은 북아프리카 해안가와 중동 지방의 사해 지역이다.

해수요법은 '바다(sea)'의 그리스 어원으로부터 유래된 것이며 육체와 피부에 활력, 탄력, 수분을 주고 혈액순환을 향상시키는 목적으로 해수와 해초를 치료에 이용하는 것을 가리킨다. 해조류, 진흙-머드, 바다 소금과 모래도 피부 팩(wraps)과 각질 제거(exfoliation scrubs)에 쓰인다. 해수는 우리 몸이 생리적인 균형을 잡고 온전하게 유지하기 위해 세포들이 필요로 하는 기본 원소의 80가지를 함유하고 있다. 따라서 몸에 필수영양소를 공급하기에 매우 유익한 약이 된다. 그것을 음이온으로 이온화시켜서 흡입하거나 뿌릴 수 있다.

해수요법센터들은 수중샤워(underwater showers), 머드탕(mud baths), 마사지, 해초/머드/해조류 팩(seaweed, mud and algae wraps)과 같은 다양 패키지를 제공한다. 다양한 형태의 해수요법은 서로 다른 효능을 가지고 있어서 이 서비스를 받은 고객들이 안정을 취하게 해 준다. 수면(잠)의 질을 높이고, 근육에 탄력을 주고, 피부를 깨끗하고 촉촉하게 해주고, 셀룰라이트(cellulite)를 줄여 준다. 게다가 의학적인 치료효과도 있다. 면역체계 강화, 순환질환, 호흡기질환, 외상 후 장애, 만성염증치료 등이 그 예다.

유럽스파협회(ESPA)는 높은 수준의 품질을 보장하고 해수욕(Thalassotherapy)이란 용어를 하나의 브랜드 이름으로 키우기 위해 유럽 공동의 8가지 기준을 제시하고 있다. ESPA의 정의에 따르면, 해수욕은 웰빙 프로그램부터 의료치료 프로그램까지 다양하다. 유럽에서 해수욕이란 용어는 다음과 같은 정의나 전제 조건 또는 수단을 충족시킬 때만 사용 가능하다(European Spa, 2008, Smith & Puczko, 2009: 90에서 재인용).

- 정의: 해수욕이란 테라피와 예방, 건강증진이 합쳐진 치유법이다. 이 치유법은 의사 처방과 자격을 갖춘 전문가(therapists)의 참여 하에 시행되어야 한다.
- 해안가 치유시설: 해수욕은 해안 기후가 치유에 직접 영향을 미치는 장소, 즉 해안가에 위치한 시설에서 시행되어야 한다.
- 해수: 자연 상태의 바닷물에서 목욕을 할 수 있는 바다가 있어야 한다. 현지 바다에서 퍼 온 적당한 물을 수영장이나 욕조에서 몸에 적시거나 목욕할 수 있어야 한다.
- 해산물: 머드나 해조류 등 다양한 해산물을 다양한 치유 용도로 사용할 수 있다.
- 맑고 알레르기가 낮은 해풍: 바깥 공기에 장시간 노출하면 기분을 안정시키는 효능이 있는 부드러운 바닷바람이 불어야 한다.
- 일광욕 요법: 햇빛이 일차적으로 일광욕 요법에 이용될 수 있어야 한다. 날씨가 좋지 않을 때는 인공자외선을 일광욕 요법에 보충으로 이용할 수 있어야 한다.
- 기후(날씨)요법과 운동요법: 해안가 가까운 장소에서 식이 요법과 병행하여 기후요법과 운동요법을 시행할 수 있어야 한다.
- 종합건강 프로그램: 전반적으로 건강한 신체를 만들기 위해 고객의 안정과 식사의 변화, 신체운동을 강조하는 종합건강 프로그램을 시행해야 한다.

스페인 히혼(Gijon)에 있는 해수요법센터인 Talaso Pontiente는 그 센터에 입주한 고객들의 하루 일정을 다음과 같이 소개하고 있다(Smith & Puczko, 2009: 90).

당신의 하루는 해변에서 산책하는 것으로 시작해서 첫 번째 해수목욕과 해초목욕을 합니다. 그 다음 건식사우나 혹은 습식사우나에서 시간을 보내다가, 가벼운 운동을 하고, 미용관리를 받습니다. 시설 안에 있는 다양한 식당 중에서 취향에 맞는 점심식사를 할 때를 제외하고는 건강 프로그램을 멈추지 않습니다. 점심식사 후 휴식을 취하고 몸을 자극시키기 위해 해수목욕을 합니다. 마지막 단계는 모래테라피와 마사지를 통해 원하는 효과를 얻습니다. 근육이 강화되고 몸 안의 각 장기들이 자극을 받고 당신은 에너지를 충전해서 나갑니다.

사례분석: Accor Thalassa Hotels

Accor Thalassa 프로그램들은 Accor가 경영하는 많은 호텔들 중 네 곳에서 찾아볼 수 있다. Accor Thalassa의 또 다른 특징은 온천 스파이다. Vichy, Dax, Saint-Lary, Aix-les-Bains에서 고객들은 'Fitness' 휴가 패키지로 온천 스파를 즐길 수 있다. 온천수가 주는 효험을 체험하면서 즐거운 시간도 함께 보내는 것이다. 단기 휴가용 패키지상품에는 discovery formula와 intense formula 두 가지가 있다.

건강한 육체와 즐거운 마음

해양환경의 비교할 수 없는 우수성을 서비스의 기반으로 이용하는 Accor 그룹은 14곳에서 해수호텔을 운영하며 다음 해양자원들을 사용한다.

해수: 염분의 밀도, 미네랄과 미량원소의 높은 함유량은 해수를 이 시설의 새로운 에너지원으로 등극시켰다. 해수는 31℃에서 35℃로 데워지는데, 이 온도에서 치유하는 성분들이 피부를 통해 몸으로 가장 잘 전달된다.

바다 진흙: 썰물 때 모아진 진흙을 말한다. 산소로 포화되어 있고 미네랄, 염분, 미량 원소, 비타민, 점토가 온도와 수분을 유지할 수 있어서 치유효과가 크다.

해초: 이것은 신선할 때 수집되어서 해수요법에 사용된다. 해초에는 주요 생체기능에 필수적인 비타민과 미네랄이 고농도로 함유되어 있다.

공기와 기후/날씨: 공기는 매우 순수하고 자연적으로 음이온으로 충전되어 있다. 공기는 해수의 유익한 성분들을 에어로졸의 형태로 전달해 준다. 기후가 주는 효능은 해안에 따라 다르지만 대체로 사람을 상쾌하게 만들어 주거나 안정시켜 주거나 또는 평안하게 해 준다.

명소: 치료의 유익한 효과를 향상시키기 위해서 해수 호텔은 프랑스와 세계에서 가장 아름다운 곳에 위치한다. 이런 시설에서 고객들은 상쾌한 풍경과 새로운 문화를 경험하게 된다.

자료: Accor Thalassa(2008, Smith & Puczko, 2009: 91-92에서 재인용)

4) 기치료관광(Holistic Tourism)

기치료 휴양지(holistic retreats)는 고객들이 육체-정신-영혼생활(e.g. 요가, 필라테스pilates)을 배우거나 더 잘하기 위해서 찾는 기능성 시설로 정의될 수 있다(이하 Smith & Puczko, 2009: 92-93 참조). 그곳에 머물면서 보완적인 테라피나 치료를 받을 수도 있다. 그룹별로 프로그램을 진행하는 것이 일반적이다. 이런 휴양지는 기치료활동 외에 어떤 프로그램도 개설하지 않는다. 〈표 V-2〉는 기치료 휴양지의 전형적인 프로그램 일정을 보여 주고 있다.

〈표 V-2〉 기치료센터의 일반적인 프로그램 일정표

Time	Activity	Wellness Domain(s)
6:30am to 8am	Yoga	Physical, mental, spiritual wellness
8am to 9am	Breakfast and Demos (Community Meeting)	Interaction, socializing communication
9am to 10am	Karma Yoga(e.g. doing tasks)	Altruism, community-building
10am to 11am	Co-listening	Interaction, communication
11am to 12:30pm	Course 1(e.g. dance, painting, creative writing, singing)	Self-expression, creativity, fun
12:30pm to 2pm	Lunch	Interaction, socializing

2pm to 4pm	Free Time	Creating personal space, relaxation
4pm to 5:30pm	Course 2(e.g. life-coaching, dream workshop, relationships)	Psychology, interaction, communication
5:30pm to 7pm	Dinner	Interaction, socializing, fun

자료: Smith & Puczko(2009: 92)

이 프로그램은 기치료센터에서 생활하는 사람들의 일상생활을 소개한 것이다. 그 안에서 참가자들은 생활과 사교활동과 정신적 안정을 취하는 행동 사이에 균형을 이루려고 노력한다. 이 균형을 매일매일 유지하는 것은 매우 힘들고 이것을 이루는 사람은 거의 없다. 운동하면 기분이 좋아지고 우울증이 줄어드는 것처럼 고객들은 프로그램 간에 상호 연관효과가 있는 활동을 좋아하는 경향이 있다.

사례분석: Skyros

그리스에 있는 두 개의 Skyros센터는 1979년에 설립되었다. 방문객들은 1~2주 동안 머물면서 육체, 정신, 영혼의 균형을 이루기 위해 몇 개의 과정과 프로그램을 선택해서 참가한다. 그들은 정신적, 치유적, 창의적, 활동적 프로그램 혹은 의사전달 기법을 배우는 과정에 하루에 두 번씩, 5일 동안 참가할 수 있다. 참가자들은 아침 Demos(매일 다른 사람에 의해 진행되는 공동체 모임), Oekos(열린 토론/경청 포럼에서 한 명의 파트너와 co-listening 하기), 각기 다른 단체활동을 하는 워킹그룹이나 저녁과 주말 사교 모임에 참가하도록 권유를 받는다. 이런 프로그램의 목적은 공동체 구성원들 간의 유대감을 키우고 상호 지지와 신뢰, 솔직함의 분위기를 유도하기 위한 것이다. 그러나 모든 활동은 자발적이며 참가자들은 본인의 시간을 자유롭게 쓸 수 있다.

Skyros는 다양한 분류의 사람들을 끌어들인다. 대부분은 전문직을 가진 사람들이고 약 70%는 30대와 40대의 사람들이다. 그 가운데 많은 사람들은 해결해야 할 '인생 문제'가 있거나 몸이 아프기 직전의 상태(brink of burn-out)에 처해 있다. Glouberman은 Skyros의 의도가 치유하는 세상과 건강한 문화를 만드는 것이라고 얘기한다. "이 문화는 우리가 우리 자신에게 돌아오고, 다른 사람과의 관계에서 내 자신을 존중할 줄 알고, 우리가 찾을 수 있는 가장 보편적인 가치들에 자신을 맡기는 문화가 되어야 한다." 그러므로 Skyros의 기풍은 단지 휴가를 만들어 주는 것이 아니다. 이런 이유로 참가자들은 이 경험이 인생을 바꾸는 체험이었다고 얘기하고 다시 방문하는 사람의 비율은 30%가 넘는다. Skyros의 애프터서비스도 훌륭하다. 모든 참가자에게 편지를 보내고, 친목과 사교 모임에 초대하고, 채팅방과 인터넷 게시판도 있다.

자료: Skyros(2008, Smith & Puczko, 2009: 93에서 재인용)

5) 요가와 명상관광(Yoga and Meditation Tourism)

요가와 명상은 기치료관광의 한 분야이면서도 종교관광의 한 분야이기도 하다(이하 Smith & Puczko, 2009: 94-97 참조). Iyengar에 의하면, "요가는 종교가 아니라 개인의 성장과 신체, 감성, 지성, 영성의 균형을 위한 것이다." 요가와 명상은 일상생활에 배어 있는 의식이지만 많은 사람들은 기치료를 위한 휴가 중에 처음 접해 본다. 요가의 종류는 다양하지만 건강센터에서 가장 인기 있는 종류는 hatha요가와 ashtanga요가다. hatha요가는 신체 자세, 호흡, 명상에 중점을 두며, ashtanga요가는 더 역동적이고 자세에서 자세로 바꿀 때 힘이 필요하다. 후자는 요가에 대한 지식이 더 필요한 반면에 hatha요가는 초보자에게 적합하다. 전문가들 사이에서 다른 종류의 요가도 인기를 얻고 있지만 다른 활동과 결합되어 있는 경우가 더 많다. 예를 들어 Tai Chi, 필라테스 그리고 댄스가 그런 경우다.

처음에 요가는 1960~70년대에 서유럽에서 인기가 아주 높았다. 그때 히피운동(hippie movement)이 최고조에 달했고 특히 인도로부터 온 영적인 의식이 많이 받아들여지고 있었다. 1980~90년대에 에어로빅운동이 더 유행한 경우도 있었으나 최근에 요가가 다시 인기를 얻고 있다. 마돈나(Madonna), 스파이스걸스의 제리(Spice Girls Geri), 스팅(Sting)과 같은 연예인의 지지 때문만은 아니다.

요가는 운동방법이 아니라 자기이해, 세상과의 조화를 이룰 수 있는 영적인 의식이라는 것을 서양인들은 이해하기 힘들다. 요가가 명상의 한 종류로 생각되기도 한다. 실제로 Raja요가에는 자세가 없고 호흡과 시각적 기술만 있다. 다른 인기 있는 명상법에는 불교명상(buddhist meditation)과 초월명상(transcendental meditation)이 있는데, 삶의 평화와 안정을 갖고 싶어 하는 스트레스 많은 서양인들이 점점 많이 찾고 있다. 그러나 가끔 요가 휴가와 기치료 휴가, 영적인 휴가를 구별하기 어려운 경우가 있다. Yoga Holidays(2007, Smith & Puczko, 2009: 95에서 재인용)에 의하면,

> 요가 휴가는 주로 활동적인 프로그램으로 이루어진다. 하루에 요가를 하는 시간은 1개 또는 2개의 수업에 4시간을 넘지 않으며 다른 활동을 하거나 쉬고 안정을 취하는 시간도 있다. 요가시설은 이런 규칙을 반영해야 하며 주변에 해변이나 놀 거리가 있어야 한다. 요가의 분위기는 편안하고 비슷한 생각을 가진 사람들을 만나기 좋은 기회가 되기도 한다. 반면에 요가 전문 휴양지에서는 요가 스케줄이 더 타이트하고 명상이나 침묵의 시간도 포함될 수 있다. 그 주목적은 휴가를 즐기는 것이 아니라 요가 연습을 깊이 있게 하는 것이다. 이 경우에도 시설이 이것을 반영해야 하며 조용하고 외진 곳에 있어야 한다. 요가 휴양지는 숙박시설을 갖추고 있어야 하며, 음식은 채식주의이고, 식사시간은 요가일정과 잘 맞을 수 있도록 정해져야 한다. 휴양지에서 더 철저한 요가 수행자들을 볼 수 있고 전체적인 분위기가 더 진지하고 자유시간은 훨씬 덜 주어진다.

요가 초보자들이나 요가에 대해 진지하지 않은 사람들은 요가센터에 들어가는 것보다는 요가 휴가를 가는 것이 좋다. 요가 마니아들은 인도 Rishikesh에 있는 요가센터로 가는 경향이 있다.

사례분석: 인도 Rishikesh의 요가

Rishikesh는 갠지스 강변, 히말라야 산맥 아래 작은 산들 안에 위치하며 갠지스강이 히말라야산에서 내려오면서 만나는 첫 마을이다. 그곳에는 Sivananda, Osho, Vivekenanda, Bihar 요가학교와 같은 요가센터와 힌두교들이 수행하는 장소인 ashram이 많이 있다. 이곳은 정통 인도요가를 배울 수 있는 곳으로 세계적으로 유명하며 영적인 분위기로 많은 서양인들이 찾는다. 인도의 요가 강습이 서양의 것보다 정교하지 않고, 지시사항이 적다고 해서 수강생들이 초보자들인 것은 아니다. Rishikesh는 또한 힌두교인과 순례하는 성자들을 위한 성지이기도 하다. 힌두교인들이 갠지스 강물이 나쁜 업보를 씻어 줄 것이라고 믿기 때문에 많은 사람들이 강물에 몸을 씻으러 온다. 사원에서 성가 부르기와 종교 의식 그리고 특히 밤에 강 위에서 힌두교 예배도 볼 수 있다. 그곳은 성스러운 마을로서 모든 음식이 채식주의이다.

Rishikesh는 매년 3월의 첫 주에 열리는 세계요가축제를 개최한다. 전문 강사들이 가르치는 요가 강습이 매일 열리며, 방문객들은 워크숍, 강의, 시범을 통해 요가에 대해 더 자세히 알 수 있다. 30개의 국가에서 방문하는 수많은 관광객들로 이 축제는 세계에서 가장 큰 요가 행사 중 하나이다.

Ashram에서 지내려면 학생들은 15일 이상 머물러야 하며 매일 아침과 저녁 요가와 명상수업에 참석하는 것이 의무이다. 몇몇 센터는 일 년에 3개의 심화과정을 제공하며 각 과정은 약 3주 동안 진행된다. 자세(Asana), 호흡법(Pranayama) 그리고 기본 요가철학을 배울 수 있다. 이런 3주 과정 말고도 짧은 워크숍과 항상 개설되는 일반 수업도 있다. 다음 일정은 11일짜리 프로그램의 일부로 Rishikesh에서의 하루 일정표이다.

06:30~07:30: Asana에 대한 소개
07:30~08:30: 아침식사
08:30~10:30: 요가의 원리에 대한 강의
10:30~11:00: 티타임 휴식
11:00~13:00: Yoga Nidra(정신 수면 혹은 요가 수면)에 대한 설명
13:30~14:30: 뷔페 점심식사
15:00~16:00: Antar Mauna(고요한 마음을 위한 명상법)에 대한 설명
17:00~18:00: 종교적인 노래 부르기
20:00~21:00: 저녁식사와 호텔에서의 숙박

어떤 사람들에게는 요가 자체만으로도 도움이 될 수 있지만, 어떤 사람들

에게는 그들의 정신을 단련하고 맑게 하기 위해서 요가 이외의 활동이 필요하다. 휴가에서 명상법을 배우는 것이 가능하긴 하지만 초보자들은 기본 기술을 배우며 며칠을 보내는 것이 좋다. 명상 휴양지의 극단적인 유형 중 하나는 인도나 태국에 있는 침묵명상 휴양지이다.

자료: Smith & Puczko(2009: 96)

사례분석: 침묵명상 휴양지(Silent Meditation Retreats) Vipassana

"모든 사물의 진짜 모습을 보다(see things as they really are)"를 의미하는 Vipassana는 인도의 가장 오래된 명상법 중 하나다. 개인이 자기 관찰을 하고 정신을 모으기 위해 자연호흡에 집중한다. 이어지는 명상은 정신의 정화를 유도해서 인생의 갈등과 문제들을 침착하고 안정된 모습으로 대면하게 해 준다. 이 의식을 통해 투명하게 보는 것을 배워서 집념, 비판 그리고 두려움을 버릴 수 있다. 자비, 침착함, 지혜, 기쁨, 온전한 양심과 같은 가치들을 발견하고 함양할 수 있다.

Vipassana 명상의 기술은 10일 동안 거주하면서 배운다. 그동안 참가자들은 방법의 기초부터 익히고 유익한 효과를 체험하기 위해 충분히 연습한다. 대개 남자와 여자는 분리되어 지낸다. 완전한 침묵이 요구된다. 얘기하기, 독서, 텔레비전 시청, 음악 듣기, 글쓰기 등은 모두 금지된 행동이다. 캐나다의 Spirit Rock Meditation Center가 이 명상법의 전형적인 하루를 설명해 준다.

> 하루 일과는 오전 5시에 시작되고 오후 10시에 끝난다. 침묵 속에 명상을 연습하며 하루를 보내며 앉아서 명상하기와 걸으면서 명상하기를 번갈아 반복한다. 건강과 영양을 고려한 식사는 채식주의다. 점심이 하루의 주된 식사이고 늦은 오후에 가벼운 차가 제공된다. 규칙적인 일정, 공동체의 지원, 침묵, 강습의 조합을 통해 명상 연습의 성장과 심화에 유익한 환경이 형성된다.
>
> 각양각색의 여행자 블로거들은 이 경험에 대해 다양하게 반응했다. 어떤 방문객들은 그 침묵과 정신을 단련해야 하는 훈련을 견디지 못하여 며칠밖에 지내지 못했다. 반면에 어떤 이들은 그들이 찾던 평화와 고요함을 찾았다고 한다. De Palma는 처음의 며칠이 얼마나 견디기 힘들었는지 고백하고 있다. 시작한 지 4일 만에 떠나고 싶었지만, 끝내 마음의 평화를 찾고 새로운 의식을 일상생활로 가지고 돌아와서 더 의욕적으로 살았다고 한다.

자료: Smith & Puczko(2009: 97)

6) 종교관광(Spiritual Tourism)

종교관광은 종교적이거나 세속적이거나 또는 이 두 가지 특성을 조화시킨 관광 유형이다(이하 Smith & Puczko, 2009: 97-99 참조). 종교적인 건물(예: 성전, 교회, 모스크mosques, 시너고그synagogues)을 보러 오는 관광객 중 많은 사람이 비종교적인 동기를 가지고 방문하기 때문에 문화관광과 종교관광을 구분하기 어렵다. 초월의 경지에 다다르기 위해 여정을 떠나는 영적인 관광객의 경우도 같다. 이들에게 종교적인 건물들은 평화로운 안식처가 되어 주고, 거기서 명상을 하고 일상생활을 초월할 수 있다. 종교관광객 가운데 두드러지게 세속적이거나 교조적인 종교를 보고 환상이 깨지는 이들은 영적인 풍경(예: 신비롭고 경이로운 산 정상, 사막, 바다 등)을 대신 찾아갈 수 있다. 사람들은 장엄한 풍경을 통해 이 세상과 영원을 연결하기를 좋아한다. 다른 이들은 종교적 해탈에 이르는 과정(예: 요가, 명상, 찬송)에 참가하기도 한다.

점차 많은 비종교인들이 성지순례를 하고 있다. 성지순례 여행시장은 보통 특정 종교인들(예: 메카를 찾는 이슬람교도들)을 끌어들이는데, 점점 영적인 체험을 원하는 관광객들을 많이 끌어들이고 있다(예: Santiago de Compostela). 중세 시대에 사람들이 성스럽고 신성한 장소를 찾아 여정을 떠날 때 성지순례 여행이 유행했었다. 그 시대에 가장 인기 있었던 장소는 스페인에 있는 산티아고 드 콤포스텔라(Santiago de Compostela), 폴란드에 있는 체스토호바(Czestochowa) 그리고 로마였다. 성지순례는 물리적인 여정이면서 수행자의 인생 여정을 상징하고 반영한다.

사례분석: Santiago de Compostela

최근 몇 년간 남부 프랑스에서 스페인 북서 지방 끝까지의 중세 통로인 Santiago de Compostela(애칭으로 이 길을 Camino라고도 한다)까지 걸어가거나 자전거나 말을 타고 여행하려는 사람들이 급격히 늘었다. 1987년에 Compostela까지 걸어가거나 자전거나 말을 타고 간 순례자의 수는 2,905명이었다. 1997년 그 수는 25,179명으로 늘었고, 2003년에 거의 세 배로 증가해서 74,614명이었다. 그 가운데 36.4%는 16세에서 30세였다. 순례의 주된 동기가 영적인 사유였다고 한 사람은 69.9%였다.

Santiago까지의 길은 쉬운 길이 아니다. Le Puy-en-Velay에서 Santiago de Compostela까지 1,600킬로미터가 조금 넘는다. St Jean de Pied de Port, 피레네 산맥의 프랑스 남쪽에서 걷기 시작해도 Santiago까지 800킬로미터이다. 여러 경험담에서 신체적인 고단함과 그 준비과정에서의 걱정과 흥분의 얘기를 들을 수 있다. 초기에는 여정 안에서 좌절할 것이라는 생각이 들 때가 많다. 그러나 사람들은 곧 엄격한 일정에 대해 신경을 쓰지 않고 그들이 시작한 일을 자연스럽게 받아들인다. 여정 속에 안정을 찾는 느낌과 일상생활로부터 공간적, 정신적으로 분리되는 것은 여행자의 기분을 고조시킨다. 같은 길을 가는 순례자들끼리 공동체가 생기고, 또 그 길에 사는 현지인들이나 도움을 주는 사람들과도 공동체가 형성된다.

Santiago까지 가야 하는 같은 목표를 갖고 깊은 유대감이 형성된 공동체 속에 모든 이가 함께 느끼는 물리적, 정신적 한계와 시간을 초월하는 현재의 상황에 함께하는 것이 Camino가 특별한 이유다. 이것은 단지 육체적인 웰빙을 넘어서 한 공동체 안에서 같은 목표와 동기를 가지는 것을 통해 개인의 완전한 웰빙을 불러일으킨다. 어떤 경우에는 이 순례가 인생의 변화를 실제로 일으킨다. 순례 경험이 내면의 자신감과 자기 이해를 발달시켜서 순례가 끝나면 그것이 뚜렷해진다. 여행이라는 면과 공동체 생활이라는 면이 합쳐져서 웰빙을 향상시킬 뿐만 아니라 개인 성취감에도 기여한다.

자료: Smith & Puczko(2009: 98)

목욕과 영성(spirituality)도 깊은 연관성이 있다. 예를 들어 목욕하는 것은 전통적으로 몸을 정화하는 것, 죄를 씻어내는 것, 세례를 받거나 한 종교에 입문하는 방법으로 사용되었다. 여러 문화는 지금까지도 약수로 목욕하는 것이 신성하고 영적인 행위라고 본다. 어떤 사람들은 물이 사람이 하는 말의 진동을 흡수해서 그 사람의 생각과 의도를 치유해 준다고 믿는다.

- 미국 원주민의 영적 치유자들은 물의 치유적인 성질을 향상시키기 위해 물 위에서 리듬을 따라 연호하고 방울쇠를 흔든다.
- 마야의 샤먼들은 환자들이 목욕하는 물을 축성하기 위해 물 위에 손을 얹어 놓고 전통 기도를 9번씩 반복한다.
- 로마의 가톨릭 신부들은 물이 담긴 그릇 위에 손으로 십자가를 긋고 축성문으로 기도한다.
- 잉카의 성직자들은 의식이나 가정에서 쓰일 영적인 힘을 키우기 위해서 수로를 통해 성전으로 흘러들어가는 물에 손을 담가서 기도했다.
- 오늘날 카리브해 지역에서 성직자들은 으깬 신선한 허브를 물에 섞어서 영적인 에너지를 만든다. 또한 씹은 허브를 물에 뱉음으로써 자신의 영적인 힘을 물에 불어넣기도 한다.

4. 대체의학 의료관광상품

전통적으로 서구사회에서는 서양의학에 익숙하며, 서양의술이 과학적으로 증명된 유일한 의술이라고 믿어 왔다. 그러나 아무리 서양의술이 발달한다고 해도 아직 해결되지 않는 분야가 남아 있다. 최근에는 의술이 발달하면서 서양의술을 보완하고 대체할 수 있는 전통적인 대체의술이 서양인들에게도 인기를 끌고 있다. 중국의 한의학(Traditional Chinese Medicine), 인도의 아유르베다(Ayurveda) 등이 대표적인 대체의술이며, 국제보건기구(WHO)로부터도 정식 의학으로 인정받고 있다. 세계적으로는 수많은 대체의학이 존재하지만 이 책에서는 의료관광상품으로서 인기가 높은 한방과 아유르베다 그리고 산림치유만 소개하기로 한다.

1) 한의학(Traditional Chinese Medicine)

한의학(TCM)은 질병의 진단과 치료에 독특한 방법을 이용한다. 한의학에서는 유기적 세계관(holistic view of the universe)으로 인간의 몸을 이해하고 있으나, 질병의 치료는 주로 증세에 대한 진단과 그 차이에 근거를 두고 시행한다(이하 Lukban, 2008: 42-43 참조). 한방은 오장(五臟) 육부(六腑: zang-fu organs)를 인간 몸의 핵심으로 간주한다. 오장은 간(肝)·심(心)·비(脾)·폐(肺)·신(腎)을 말하고, 육부는 담(膽)·위(胃)·대장(大腸)·소장(小腸)·방광(膀胱)·삼초(三焦)를 말한다. 세포조직과 장기는 몸 안에 있는 혈관과 통로망(network of channels)으로 연결되어 있다고 믿는다. 기(氣, qi-chi)는 경락시스템(jing luo system)을 통해 외부로 나타나는 몸의 건강 정보를 전달하는 역할을 한다. 오장육부가 아프게 되면 그 오장육부와 연결된 네트워크를 통해서 피부에 이상이 나타나게 된다. 이상이 있는 장기는 내부 연결망을 통해서 서로 영향을 미칠 수 있다. 한방은 질병과 내부 인과관계를 규명하기에 앞서 몸의 전체 시스템을 먼저 분석하는 것으로 치료를 시작한다.

병 증세의 진단은 병의 원인과 구조, 위치, 특성뿐 아니라 병원체와 항체의 대결 상태까지도 파악하는 것이다. 치료는 병의 증세에만 의존하는 것이 아니라 징후의 차이도 고려한다. 그래서 같은 증세를 가진 사람도 다르게 치료를 받을 수 있고, 다른 증세를 보이는 사람도 유사한 방법으로 치료를 받을 수 있다.

한의학은 음양오행설(陰陽五行說: yin-yang and five element theories)에 근거하여 진단을 하고 치료를 한다. 이 이론은 몸의 생리현상과 병의 발생 그리고 그 상호관계에 대한 연구에 자연현상과 자연법칙을 적용시킨다. 일반적인 한방치료법은 침술(acupuncture)과 한약(herbal medicines), 기공운동(qigong exercises)을 포함한다. 침술은 몸의 외부에 있는 경락이라고 부르는 부분을 자극함으로써 치료한다. 한약은 내부적으로 장의 기능을 활성화시키고, 기공운동은 기의 조절을 통해서 이상이 생긴 몸의 정보 전달시스템을 회복시켜 준다. 이런 세 가지 치료방법은 서로 다른 것처럼 보이지만, 모두 똑같이 유기적 우주관을 치료의 근거로 삼고 있다.

한방은 인간의 생명을 끊임없이 움직이는 생리현상으로 보고 있으며, 그 생명은 또한 변한다고 믿고 있다. 몸이 정상적인 상태에서는 음과 양의 조화가 그 생리현상의 균형을 이루는 범위에 위치한다. 그 균형이 무너지면 병이 생기는 것이다. 질병을 일으키는 불균형의 원인은 양기나 음기가 너무 세거나 반대로 너무 약하기 때문이다.

한국보건산업진흥원(2002)은 해외 의료관광객을 유치하기 위해 다음과 같이 10가지 유형의 한방 의료관광상품을 소개하고 있다(한국보건산업진흥원에서는 '의료관광' 대신 '보건여행'이란 용어를 사용하고 있다－필자 주).

(1) 프로그램 타입 I

〈표 V-3〉 의료관광패키지 구성 프로그램 I (예시)

■ 2박 3일 코스

일차	시간	내용
1일차	오전 오후	입국, 호텔 체크인 종합건강검진, VIDEO 상영(40분)
2일차	오전 오후	명의 특진(한방 체험), 1차 치료(질병별) 한강유람선(여의도→잠실), 롯데월드(잠실), 백화점 쇼핑
3일차	오전 오후	한약 인도 호텔 체크아웃

자료: 한국보건산업진흥원(2002: 215)

■ 3박 4일 코스

일차	시간	내용
1일차	오전 오후	입국, 호텔 체크인 종합건강검진, VIDEO 상영(40분)
2일차	오전 오후	명의 특진(한방 체험), 1차 치료(질병별) 한강유람선(여의도→잠실), 롯데월드(잠실), 백화점 쇼핑

3일차	오전 오후	의료상담 및 2차 치료, 한약 인도 남산, 경복궁 · 인사동(고가구 쇼핑)
4일차	오전 오후	호텔 체크아웃

자료: 한국보건산업진흥원(2002: 215)

■ 6박 7일 코스

일차	시간	내용
1일차	오전 오후	입국, 호텔 체크인 종합건강검진, VIDEO 상영(40분)
2일차	오전 오후	명의 특진(한방 체험), 1차 치료(질병별) 한강유람선(여의도→잠실), 롯데월드(잠실), 올림픽 공원
3일차	오전 오후	의료상담 및 2차 치료, 한약 인도 남산, 경복궁 · 인사동(고가구 쇼핑)
4일차	오전 오후	한방 체험 및 3차 치료 예술의 전당, 워커힐 극장식 공연(석식)
5일차	오전 오후	의료상담 및 4차 치료 서울대공원 또는 용인 에버랜드
6일차	오전 오후	의료상담 및 5차 치료, 의료상담 관리요령 교육(면접) 백화점, 이태원 및 동대문 시장 쇼핑
7일차	오전 오후	호텔 체크아웃

자료: 한국보건산업진흥원(2002: 216)

■ 의료서비스 제공 내역

구분	내용	시간(분)	비고
척추재활	약물요법(첩약), 추나요법, 침술, 재활운동요법, 물리요법, 약침요법, 테이핑요법	60	첩약 별도
비만센터	약물요법(첩약), 지방분해전치, 아로마 마사지, 비만침술, 뜸, 기타 운동요법, 식이요법	120	회원제

피부미용	약물요법(첩약), 아로마 마사지, 비만침술, 해울치료, 초음파 피부관리치료, 세안산	45	회원제
동통 · 관절염	체침, 부화뜸, 약침요법, 봉독요법, 테이핑 요법	45	
남성클리닉	약물요법(첩약), 체침, 뜸, 심리치료	60	첩약, 심리 치료 별도
성장 · 알레르기	약물요법(첩약), 아로마, 성장침, 뜸	45	첩약 별도
사상체질	체질검진, 약물요법, 체질침, 체침	45	첩약 별도
중풍센터	중풍검진, 약물요법, 재활요법, 체침	45	검진, 첩약 별도
보약원	계절별 보약, 기능성 보약, 체질별 보약, 질환별 보약	30	검진 별도
갱년기울화	검진, 약물요법(첩약), 치술, 심리치료	45	검진, 첩약 별도
부인(생식기) 클리닉	약물요법(첩약), 체침, 뜸	45	첩약 별도
성형추나	O형이나 X형으로 휜다리 교정, 추나요법	45	
악관절(TMJ)	침술, 악관절 교정요법, 경추교정요법, 뜸	45	
중풍종합검진 센터	뇌혈류초음파, 생기능자율반응측정 외	45	
척추 종합검진 센터	적외선체열진단, 근밸런스, 자세측정 외	45	
기타 종합검진 센터	사상체질, 골다공증, 갱년시, 갑상선, 성장 등	45	

자료: 한국보건산업진흥원(2002: 216)

(2) 프로그램 타입 II

〈표 V-4〉 의료관광패키지 구성 프로그램 II (예시)

■ 코스별 내용

구분	A코스	B코스	C코스
내용	〈기본검진〉 • 기본처방(한약)/1월분 • 2일차 중식-첩약 처방 • 체질별 식단, 기념품 증정	〈클리닉 전문검진〉 • 특수처방(한약)/1월분 • 2일차 중식-첩약 처방 • 체질별 식단, 기념품 증정	〈정밀검진〉 • 한약(녹용 추가)/1월분 • 2일차 중식-첩약 처방 • 체질별 식단, 기념품 증정
당일, 1박 2일, 2박 3일, 3박 4일			

자료: 한국보건산업진흥원(2002: 217)

■ 당일 프로그램

시간	내용	장소
09:30～10:00	병원 도착 및 임시숙소 배정	입원실
10:00～12:00	기본진료	종합검진실
12:00～13:30	중식 및 휴식	입원실
13:30～17:30	진료(개인별)	센터별(해당 진료과)
17:30～18:30	석식	입원실

자료: 한국보건산업진흥원(2002: 217)

■ 숙박 프로그램(3박 4일)

구분	시간	내용	장소
1일차	09:00～10:00	병원 도착 및 숙소 배정	입원실
	10:00～12:00	기본진료	종합검진실
	12:00～13:30	중식 및 휴식	입원실
	13:30～17:00	진료(개인별)	예진에 의한 센터별, 클리닉별

	17:00~18:00	석식	입원실
	18:00~21:00	천연옥찜질방 체험	찜질방
	21:00~	취침	입원실
2일차	07:00~09:00	검진	종합검진실
	09:00~10:00	조식	입원실
	10:00~13:00	요가 및 향기요법	생체정보분석실, 요가요법실
	13:00~14:00	중식	입원실
	14:00~17:00	시내 쇼핑관광	이태원 일대
	17:00~18:00	석식	입원실
	18:00~21:00	천연옥찜질방 체험	찜질방
	21:00~	취침	입원실
3일차	08:00~09:00	조식	입원실
	09:00~10:00	요가체조	요가요법실
	10:00~12:00	전문치료(개인별)	해당 진료과
	12:00~13:00	중식	입원실
	13:00~17:00	시내관광	롯데월드
	17:00~18:00	석식	입원실
	18:00~21:00	천연옥찜질방 체험	찜질방
	21:00~	취침	입원실
4일차	08:00~09:00	조식	입원실
	09:00~10:00	향기(아로마)치료	요가요법실
	10:00~12:00	전문치료(개인별)	클리닉별(해당 진료과)
	12:00~13:00	중식	입원실
	13:00~15:00	종합진료상담(개인별), 쇼핑	병원, 남대문시장 또는 동대문시장
	15:00~	종료	병원

자료: 한국보건산업진흥원(2002: 218)

(3) 프로그램 타입 III

〈표 V-5〉 의료관광패키지 구성 프로그램 III (예시)

■ 프로그램(골프와 레저 위주 코스)

일차	시간	내용
1일차	09:30~12:20 12:20~12:40 13:00~14:00 14:20~18:30 18:40~20:00 20:00~	검사/진찰 판독/진단 보식(경주한방병원), 인삼생즙음료 공급, 휴식 전통한방치료 석식 보문관광단지 산책, 카지노 방문
2일차	~06:00 ~07:00 09:00~13:00 13:00~14:00 14:00~18:30 18:30~20:00 20:00~	석굴암 일출 조식 골프 중식 전통한방치료, 고적순례(천마총) 석식 보문관광단지 산책, 국악 관람
3일차	06:00~ ~07:00 09:00~13:00 13:00~14:00 14:00~18:30 18:30~20:00 20:00~	수영 조식 남산유적지 답사 등반 중식 고려인삼밭 체험 관광, 전통한방치료 석식 보문관광단지 산책, 마차 유람
4일차	~07:00 09:00~13:00 13:00~14:00 14:00~18:30 18:30~20:00 20:00~	조식 골프 중식 전통한방치료, 휴식 석식 보문관광단지 산책, 영화 관람, 야간유람선
5일차	06:00~ ~09:00 09:00~12:00 13:00~14:00 14:00~16:00	불국사, 온천욕 조식 전통한방치료 중식 한국 명물/명품 구입, 면세점 쇼핑

자료: 한국보건산업진흥원(2002: 219)

■ 프로그램(고적순례와 산업시찰 위주 코스)

일차	시간	내용
1일차	09:30~12:20 12:20~12:40 13:00~14:00 14:20~18:30 18:40~20:00 20:00~	검사/진찰 판독/진단 보식(해당 한방 병의원), 인삼생즙음료 공급, 휴식 전통한방치료 석식 보문관광단지 산책, 카지노 방문
2일차	~06:00 ~07:00 09:00~13:00 13:00~14:00 14:00~18:30 18:30~20:00 20:00~	석굴암 일출 조식 고적순례(경주국립박물관 관람) 중식 전통한방치료, 감은사지 문무대왕 수중왕릉 석식 보문관광단지 산책, 국악 관람
3일차	06:00~ ~07:00 09:00~13:00 13:00~14:00 14:00~18:30 18:30~20:00 20:00~	조깅 코스 조식 한국 산업 견학(포항제철, 울산 현대조선) 중식 전통한방치료, 고려인삼밭 체험 관광 석식 보문관광단지 산책, 마차 유람
4일차	~07:00 09:00~13:00 13:00~14:00 14:00~18:30 18:30~20:00 20:00~	수영, 조식 고적순례(천마총, 포석정) 중식 전통한방치료, 고적순례(오릉) 석식 보문관광단지 산책, 영화 관람, 야간유람선
5일차	06:00~ ~09:00 09:00~12:00 13:00~14:00 14:00~16:00	불국사, 온천욕 조식 전통한방치료 중식 한국 명물/명품 구입, 면세점 쇼핑

자료: 한국보건산업진흥원(2002: 220)

■ 의료서비스 제공 내역

구분	영역		내용	시간(분)
진단	한방 영역	검사Ⅰ	초음파검사	20
		검사Ⅱ	검사Ⅰ + 한방종합검사	50
	양방 영역	검사Ⅲ	검사Ⅰ + 검사Ⅱ + 양방 검사	150
치료	교정치료Ⅰ		교정 및 수기치료	30
	교정치료Ⅱ		교정수기 + 물리치료	80
	교정치료Ⅲ		교정수기 + 물리치료 + 각종 한방치료	120
	레이저치료		헬륨네온혈관레이저	60
건강생활 지도	섭생지도 안내		도인양생법 지도	30
	체질별	식이요법	사상체질별 식이지도	
		운동요법	사상체질별 운동지도	
	질환별	식이요법	질환별 식이지도	30
		운동요법	질환별 운동지도	
한약	탕약	치료약	질병치료 탕약제	15일분
		보약	예방의학과 보양탕제	15일분
	기타 대표적 약제	환(丸)	금옥위장환	2개월분
			우황청심원	1환
		단(丹)	궁중거양단	3개월분
			여초단	2개월분
		고(膏)	경옥고	1개월분
		산(散)	오패산	1개월분
		병(餠)	청당병	1개월분

자료: 한국보건산업진흥원(2002: 221)

(4) 프로그램 타입 IV

〈표 V-6〉 의료관광패키지 구성 프로그램 IV (예시)

■ 반일 코스-한방진단 및 치료과정(6진단 3치료)

• 소요시간: 3시간

구분	내용	시간(분)
한의원 소개	진단 및 치료과정 소개	30
망진/맥진/복진	한방의 최고 진단은 망진을 이용하여, 근본적인 환자의 기능적/기질적 체질을 진단	20
양도락진단	고감도의 민감한 센서로 좌우 24경락의 기혈허실 상태를 체크하여 그래프로 판독	20
홍채진단	환자의 홍채를 영상으로 촬영하여, 환자의 근골격계 및 내분비질환 등을 진단	10
모아레진단	특수등고선 사진촬영으로 몸의 비뚤어짐과 그 원인을 구조적으로 판단	10
테아핑진단	인체 전후·좌우·상하의 불균형 정도를 정확하게 측정하고, 그 결과에 따라 테이프를 붙여 전신 관절과 근육의 균형을 잡아 줌	20
메리디안	경혈과 오장육부 및 인체 조직세포의 상태를 기의 흐름으로 측정	20
침치료	각 진단 결과를 바탕으로 한 치료	40

자료: 한국보건산업진흥원(2002: 222)

■ 하루 코스-한방진단 및 치료과정(7진단 8치료)

• 소요시간: 5시간(단일 상품)

구분	내용
원격진료	관광기간 동안 신체에 진단센서를 부착하여 활동 중 혹은 수면 중 환자의 경혈에서 발생하는 통전치를 측정하여 환자를 진단하고 치료
영상진단앨범	코스별 진단 및 치료 상황을 앨범으로 제작
산양산삼 (장뇌삼)	세계적으로 효과가 좋은 한국에서 재배한 산삼
아로마테라피 체험	아로마테라피를 소개하며, 귀국 후 사용 가능하도록 상품 판매
영재단	특허출원제품으로 기억력 및 치매치료에 효과 있는 제품
백영단	5년간 임상에서 활용한 한방 부인과 질환제품
숙취제거제	특허출원제품으로 숙취제거 및 환경오염물질 등에 효과
약침요법	상황버섯 및 산양산삼 추출

자료: 한국보건산업진흥원(2002: 222)

(5) 프로그램 타입 V

〈표 V-7〉 의료관광패키지 구성 프로그램 V (예시)

■ 반일 코스-한방진단 및 치료과정(5진단 2치료)

하루 코스에서 6단계(체성분분석), 7단계(생혈액진단), 8단계(아로마처치), 9단계(약침요법), 11단계(바른자세), 12단계(자세운동교정)의 6과정을 제외하고 족부 진단 추가

• 소요시간: 5시간

■ 하루 코스-한방진단 및 치료과정(7진단 8치료)

• 소요시간: 5시간

구분	내용	시간(분)
한의원 소개	진단 및 치료과정 소개 및 홍보 영상 시청	30
망진/맥진/복진	한방 최고 진단인 망진을 이용하여 근본적인 환자의 기능적, 기질적 체질을 진단	20
양도락진단	고감도의 민감한 센서로 좌우 24경락의 기혈허실 상태를 체크하여 그래프로 판독	20
홍채진단	환자의 홍채를 영상으로 촬영하여 환자의 근골격계 및 내분비질환 등을 진단	10
모아레진단	특수등고선 사진촬영으로 몸의 비뚤어짐과 그 원인을 구조적으로 판단	10
체성분분석	인체 구성 성분(단백질, 지방, 수분 등)을 정확하게 측정	20
생혈액진단	특수 현미경과 고해상도 모니터를 이용하여 생체 내 혈구 상태와 혈장 상태를 분석하여 진단	20
아로마처치	생명력과 치유력을 가진 정유(나무, 식물, 풀, 과일 등의 순수 자연에서 뽑아낸 방향성 오일)를 증상 부위에 직접 침투시켜 치료	20
약침요법	한약재에서 추출한 약침요법을 시술	10
물리치료	근골기계질환에 있어서 저주파, 간접과의 전기 자극을 통해 간접적으로 통증을 완화시켜 주고, ENDOSAN이라는 특수 프로그램으로 통증을 직접적으로 치유	30
바른자세 (인체구조역학 요법장치)	인체 구조를 구조 역학적으로 진단하여 고관절과 견관절을 반복 고정하여 운동기계와 내장기계의 기능을 근본적으로 복원	30
자세운동교정	왜곡된 인체 구조를 환자 스스로 자세운동교정기를 이용하여 고관절, 척추, 견관절을 교정하고 강화 운동을 반복하여 본래의 자세로 복원과 동시에 혈관계, 신경계의 흐름을 원활히 함	30
침치료	각 진단 결과를 바탕으로 한 치료	40

자료: 한국보건산업진흥원(2002: 223)

(6) 프로그램 타입 VI

〈표 V-8〉 의료관광패키지 구성 프로그램 VI (예시)

■ 한방첩약요법

구분	내용
개요	한방 고유의 처방과 약제에 따라 첩약(탕약)을 제공함으로써 각종 성인병 예방 및 중풍 예방 등 각종 질환의 치료 및 예방서비스 제공
과정	• 한방기본검사(경락기능검사) • 진맥을 통한 환자 상태 파악 • 한방 고유의 약재를 이용한 처방(탕약)
소요시간	기본진료 및 상담(1시간), 탕전시간(4시간)

자료: 한국보건산업진흥원(2002: 224)

■ 한 · 양방 종합검진

구분	내용
개요	과학적인 양방검사와 한방 고유의 전통적인 한방검사를 같이 병행함으로써 환자의 정확한 상태를 검사하는 서비스 제공
과정	• 양방: 기본체형검사(혈액검사, 요검사, 방사선촬영, 심전도검사, 초음파검사) • 한방: 경락기능검사, 체성분 분석검사, 생혈액 분석검사, IR-CT 촬영
소요시간	2시간

자료: 한국보건산업진흥원(2002: 224)

■ 사상체질요법

구분	내용
개요	한방 고유의 사상체질검사를 적용하여 각각 환자의 체질에 대한 이해와 설명을 통해 생활 습관의 개선과 예방서비스 제공
과정	• 사상체질전문의와 상담 (사상체질검사표 작성, 기본체형검사, 비만노섬사, 한방기본검사) • 검사 결과의 설명
소요시간	1시간

자료: 한국보건산업진흥원(2002: 224)

■ 한방시술 체험

구분	내용
개요	한의학에 대한 이해와 시술의 직접적인 체험을 통한 한의학의 우수성 서비스
과정	• 병원 소개 및 시설 안내 • 침 · 구 · 부황 등 한방적인 처치와 시술에 대한 설명(한의사) • 한방 과장과의 상담 • 개개인의 침 · 구 · 부황의 체험 • 한방물리요법의 체험
소요시간	2시간

자료: 한국보건산업진흥원(2002: 225)

■ 한방한약 체험

구분	내용
개요	한약의 과학적인 이해와 조제 및 탕전까지의 모든 코스를 실습함으로써, 한약의 우수성 체험
과정	• 병원 소개와 안내 • 한방의 기초이론과 한약재의 이해와 설명(한의사) • 한방 과장과의 건강상담(참여자 개인별) • 참여자 한약의 직접적인 조제 및 설명 • 탕전의 직접적인 조작 및 설명
소요시간	2시간

자료: 한국보건산업진흥원(2002: 225)

■ 황토온열치료 체험

구분	내용
개요	한약재를 넣어 만든 황토로 돔을 세워 기를 중심으로 받도록 하여 냉증환자나 중풍 후유증으로 고생하는 사람들에게 마비된 수족이 움직이는 치료서비스
과정	• 한방종합검진 • 병증에 따른 온열치료실 선택 • 구두침 · 팔강약침 • 물리치료
소요시간	2박 3일, 6박 7일

자료: 한국보건산업진흥원(2002: 225)

■ 약재목욕치료 체험

구분	내용
개요	종류별로 다른 한약재 목욕을 통한 기(향)와 미(맛)의 조화로움 체험
과정	• 한방종합검진 • 병증에 따른 약재목욕치료실 선택 • 물리치료
소요시간	2박 3일, 6박 7일

자료: 한국보건산업진흥원(2002: 226)

■ 명상치료 체험

구분	내용
개요	풍과 욕이 어우러지고 음양오행이 살아 숨 쉬는 공간 여건 하에서 기공교수의 가르침을 받고, 21세기의 만병질환인 정신 계통의 질환들을 다스리는 체험
과정	• 한방종합검진 • 기공치료
소요시간	30일

자료: 한국보건산업진흥원(2002: 226)

■ 비만치료 체험

구분	내용
개요	비만의 근원을 회복식으로 다스리는 체험
과정	• 한방종합검진 • 약재복용 후 선택 • 물리치료
소요시간	2박 3일, 6박 7일

자료: 한국보건산업진흥원(2002: 226)

(7) 프로그램 타입 VII

〈표 V-9〉 의료관광패키지 구성 프로그램 VII (예시)

구분	개요	소요 시간
Diet Counseling	비만검사 및 체질검사를 통해 체질별 음식 다이어트를 지도하고 개인에 맞는 운동법을 제시하여 올바른 다이어트방법을 조언하는 의료서비스 제공	3시간
사상체질검진	한국 고유의 전통의학인 사상체질에 입각한 검사를 통하여 사상체질에 입각한 건강과 섭생에 대한 의료 정보를 제공하는 검진서비스	1시간
한방전통체조 체험교실	심폐 기능 향상과 칼로리 소모량이 뛰어난 전문 다이어트 체조(한방전통체조)를 체험하는 서비스	시범: 20분 체험: 30분
대장세척요법	숙변제거 및 변비 상태 개선을 통해 전체 체중 감소, 입냄새, 소화불량, 피부 상태 개선과 함께 복부비만 해결, 신진대사 기능 향상을 도모하는 의료서비스 제공	1시간
한방물리치료요법 체험	한의학의 이해와 직접적인 시술을 체험함으로써 한의학의 우수성을 서비스	1~2시간
보양클리닉	한의학의 예방의학적인 측면에서 몸의 음양, 기혈, 장부의 실허 등을 예방 조치하여 노화 방지, 각종 성인병 및 중풍 예방 등 각종 질환의 치료 및 예방서비스 제공	검사: 30분 상담: 30분
한방성장체조 체험교실	한방성장치료에 대한 의료 정보 제공과 성장체조를 직접 체험해 봄으로써 성장에 대한 이해를 높이는 체험 의료서비스 제공	3시간
한방피부클리닉 체험	비타민C와 플라센타를 이용한 이온 영동법과 경락요법, 한방피부관리 등으로 기미, 주근깨, 잔주름 완화와 혈액순환을 촉진시키는 다양한 한방피부 프로그램 서비스	설명: 20분 상담: 10분 체험: 60분

자료: 한국보건산업진흥원(2002: 227)

(8) 프로그램 타입 VIII

〈표 V-10〉 의료관광패키지 구성 프로그램 VIII (예시)

구분	내용	소요 시간	장소
총괄	• 개인별 신체검사 • 전문의 상담 및 설명 • 견학 등을 기본으로 함 • 개인별 희망에 따라 질환별로 전문의에게 진료	4시간	한방병원 내 진료실 및 강의실
병원 소개 및 견학	• 한국의 한의학과 한방병원 소개 • 주요 시설의 현황을 견학	1시간 30분	지하 1층 회의실
체질진단 검사	• 한국의 사상의학 이론에 따라 체형과 용모, 심성, 병증 등을 종합하여 체질 분류 • 특성에 따라 치료 및 예방법 제공	1시간	건강진단센터
진단 및 처방	• 방문자의 희망에 따라 해당자에 대한 진단 및 검사 • 전문의와 직접 상담과 치료	30분	동서검진센터 진료실
한약 조제 및 환제	• 전문 한의사의 처방에 따라 투약	즉시	한방병원 약제실

자료: 한국보건산업진흥원(2002: 228)

(9) 프로그램 타입 IX

〈표 V-11〉 의료관광패키지 구성 프로그램 IX (예시)

■ 중풍(뇌혈관질환) 검진 및 치료: 중풍 I 프로그램(당일 코스)

• 진료과정 및 체험시간

구분	예진	전문의 진료	정밀 검사	진단 및 검사 결과에 따른 진료	계
소요 시간	15분	15분	100분	30분	2시간 40분

자료: 한국보건산업진흥원(2002: 228)

※ 정밀 검사 후 결과가 나오기까지의 시간은 50~60분 정도 소요
※ 약제를 처방받은 경우 처방약제는 익일 수령할 수 있음

• 진료 내용: 당일 진료를 통한 중풍(뇌혈관질환) 검진과정(단, 약제 처방 요구 시 2일 소요)

■ 중풍(뇌혈관질환) 검진 및 치료: 중풍 II 프로그램(2~3일 코스)

• 진료과정 및 체험시간

구분	예진	전문의 진료	정밀 검사	진단 및 검사 결과에 따른 진료
소요 시간	• 초기 한방중풍 종합검진을 위해서는 검사 결과물을 확인하기까지 2~3일 정도 소요 • 외래 및 입원치료기간은 환자 증상 및 회복 정도에 따라 설정			

자료: 한국보건산업진흥원(2002: 229)

• 진료 내용: 중풍(뇌혈관치료) 치료를 목적으로 하는 외래치료 및 입원치료 종합과정

(10) 프로그램 타입 X

〈표 V-12〉 의료관광패키지 구성 프로그램 X (예시)

구분	개요	과정
기본 프로그램	기본적인 프로그램 운영	간장해독 4회, 청혈요법 8회, 명상요법 8회, 피부해독요법 8회, 한약해독요법 1개월, 자연식이 1개월
심미 피부 프로그램	• 20대의 피부를 60대까지 유지하고, 60대 피부를 20대의 피부와 같이 복원, 재생 • 난치성 피부질환을 체내 독소 제거, 면역기능강화, 적절한 영양공급 및 피부관리 프로그램 제공	해독 및 정화, 보정, 재생 및 탄력 형성, 유지 해독미용침 7회, 해독미용약침 4회, 피부관리 4회, 피부 해독 및 정화약물-1개월

비만 프로그램	단순한 체중감량이 아닌 병적으로 축적되는 지방과 독소 제거를 통해 세포 노화를 일으키는 산화물질을 제거함으로써 세포재생을 통한 빠른 감량에도 불구하고 건강하고 탄력 있는 몸매를 찾는 프로그램	해독요법, 지방분해침, 경혈주사요법, 약물요법, 운동요법, 식이요법 지방분해침 7회, 초음파 지방분해 7회, 지방분해약침 7회 • A타입: 지방분해 약물-1개월 • B타입: A타입 + 지방분해 + 탄력재생약-1개월 • C타입: A타입 + B타입 + 세포재생약-1개월
보약 프로그램	한방보약을 기능적으로 세분하고 단계화하여 자연치유과정의 회복과 증진에 활용함으로써 성인병이나, 만성병, 난치병들의 근본을 치료하는 프로그램	• 1단계(치료 단계): 신진대사, 혈액순환촉진 프로그램 • 2단계(보강 단계): 생체활력증진, 면역기능 강화 프로그램 • 3단계(회춘 단계): 항노화, 회춘 프로그램

자료: 한국보건산업진흥원(2002: 229)

2) 아유르베다치료법(Ayurvedic Medicine)

아유르베다치료법은 인도에서 탄생했다. 이 요법은 세 가지의 dosha (kapha, pita, vata)의 균형을 기반으로 두고 있다(이하 Gahlinger, 2008: 125-130 참조). 사람이 병이 걸렸다는 것은 dosha들이 균형을 유지하지 못하고 있다는 것을 의미한다. 세 개의 dosha로 구성된 이 tridosha의 개념은 전통 한의학의 음양 또는 고대 그리스 의학의 사색(피, 황색 담즙, 흑색 담즙, 가래)과 유사하다. Kapha는 무겁고 습하며, pita는 가볍고 불같으며, vata는 맑고 자주 변한다. 사람의 몸은 각 dosha가 필요하지만, 이들이 균형을 유지하지 못하면 병이 생긴다. 이 불균형은 특정의 음식, 운동(특히 요가), 약, 마사지 등으로 치유된다. 이 요법은 인도에서 수천 년 전부터 시용되었으며, 체계가 매우 복잡해서 완전히 숙달하려면 오랜 시간이 걸린다. 아유르베다치료법에서 주장하는 모든 효과들을 다른 문화권의 사람들은 믿기가 힘들 수 있겠지만, 인도인 10억 명은 이 요법이 맞는다고 생각한다. 그러나 진실의 유무를 떠나서 이 요법의 치료법들은 주로 사람의 기분 상태를 유쾌하게 만들어 주고, 긴장을 풀어 주므로 그것만으로도 충분히 의료관광상품으로 고려해 볼 가치가 있는 것이다(이하 Gahlinger, 2008: 125-130 참조).

(1) **아비야나**(Abhyanga)

특정 허브유를 사용하는 전신 마사지며, 근육 조직의 생기를 회복시키고(Dhatus) 세포에서 독을 빼낸다. Abhyanga는 일반 마사지보다 깊고 오랫동안 지속되는 효력이 있다. 몸과 마음을 자연적으로 조화시킴으로써 가장 큰 회복효과를 보여 준다. 2명의 안마사가 동시에 마사지를 해 주며, 1시간의 마사지 후 의약용 증기목욕을 한다. 아유르베다요법 중 원기를 가장 잘 회복시켜 주는 치료법이다.

- 치료법: 치료사 2명, 75분
- 치료효과: 조직강화, 혈액순환개선, 전신피로회복, 셀룰라이트(cellulite) 제거, 피부미화, 노화억제, 수면개선, vata 불균형 해소, 스트레스해소, 독소제거

(2) **샤크라 바스티**(Chakra Basti)

따뜻한 기름인 Basti를 복부에 바른다. 신경층을 자극하며, 소화열을 안정시킨다.

- 치료법: 치료사 1명, 60분
- 치료효과: 소화불량과 변비 해소

(3) **그리바 바스티**(Greeva Basti)

따뜻한 의약 기름 또는 허브 즙으로 목 뒷부분을 목욕시킨다.

- 치료법: 치료사 1명, 45분
- 치료효과: 목 척추 통증 해소, 만성 목 통증감소, 압박골절 통증 감소

(4) 흐리드 바스티(Hrid Basti)

심장 위 가슴 부위에 따뜻한 의약 기름 또는 허브 즙을 바른다.

- 치료법: 치료사 1명, 45분
- 치료효과: 심장강화, 만성화증이나 슬픔 해소, 심근병증 해소

(5) 자누 바스티(Janu Basti)

따뜻한 의약 기름 또는 허브 즙으로 무릎을 목욕시킨다.

- 치료법: 치료사 1명, 45분
- 치료효과: 관절 통증 감소, 무릎 관절염 통증 해소, 혈액순환개선으로 무릎강화

(6) 카사야세카(Kashayasekha)

이 치료는 Abhyanga를 받은 후 바로 사용된다. 전신에 허브 즙을 부으면서 안마사 4명이 동시에 마사지를 한다. 이와 동시에 Shirodhara가 진행된다. 이 치료로 kapha와 vata의 독을 없앤다.

- 치료법: 치료사 6명, 60분
- 치료효과: 만성염증성 관절염 및 골관절염 완화, 하지정맥류 통증 감소, 혈액순환개선, 피부개선, 몸 통증 해소

(7) 카티 바스티(Kati Basti)

특별한 기술이며, 허리를 의약용 기름 또는 허브 즙으로 목욕시켜 통증을 해소한다.

- 치료법: 치료사 1명, 45분
- 치료효과: 급성 및 만성통증 해소, 추간판탈출증, 허리 척추분리증, 골관절염, 좌골신경통 등의 통증 해소

(8) 나바라키치(Navarakizhi)

효과가 높은 기술로 알려져 있는 Navarakizhi는 특수 쌀을 삶은 뒤 덩

어리로 묶는다. 덩어리를 허브 즙으로 흠뻑 적신 다음, 이것으로 2명의 안마사가 전신을 마사지한다. 주로 Abhyanga 다음에 사용된다.

- 치료법: 치료사 2명, 90분
- 치료효과: 마비성 뇌출혈의 부작용을 해소, 노화방지, 조직강화, 몸통증 해소, 쇠약증, 팔다리 마비, 관절염 등으로 고생하는 환자에게 유익하다.

(9) 네트라다라(Netradhara)

허브 즙을 지속적으로 눈 위에 붓는다.

- 치료법: 치료사 2명, 20분
- 치료효과: 눈 긴장 해소, 백내장 형성방지, 만성결막염치료, 시력개선, 눈빛강화

(10) 네트라 타파나(Netra Tarpana)

의약용 순수 소 우유 버터기름(ghee)으로 눈을 목욕시킨다.

- 치료법: 치료사 2명, 30분
- 치료효과: 눈 긴장 해소, 눈빛 반사문제해결, 만성결막염치료, 각막궤양치료, 눈 건조증 해소, vata 및 pita의 독으로 인해 형성되는 눈병치료, 녹내장 및 백내장 형성방지, 눈 움직임 개선, 눈 통증 해소

(11) 파다 아비야나(Pada-abhyanga)

다리 및 발을 자극하는 마사지로 지압점을 촉진시킨다.

- 치료법: 치료사 2명, 30분
- 치료효과: 시력개선, 눈 진정, 눈 통증 해소, 수면개선, 피부미화, 발바닥 갈라짐 해소, 발의 피로 해소

(12) 파다가타(Padaghata)

전통적인 인도 마사지법이며 전신을 발로 안마한다.

• 치료법: 치료사 2명, 60분
• 치료효과: 만성관절 및 뼈 통증 해소, 깊은 조직에서 독을 빼냄, 지방 제거, 매우 안락함

(13) **파트라 핀다세다**(Patra Pinda Sweda: PPS)

회복성이 높은 이 치료는 신선한 채소를 다른 허브와 볶은 뒤 덩어리로 묶는다. 그 다음 따뜻한 의약용 기름으로 흠뻑 적신 뒤 안마사들이 이 덩어리들을 가지고 전신 안마를 한다. Abhyanga 다음에 한다.

• 치료법: 치료사 4명, 60분
• 치료효과: 만성통증 해소, 팔다리 기능회복, 관절유연성 향상, 관절부기 해소, 근육통증 해소, 노화방지, 좌골신경통 해소, 척추 분리증 등 통증 해소

(14) **사반가다라**(Sarvangadhara)

의약용 기름 또는 의약용 우유를 계속 전신에 부으면서 4명의 안마사가 부드럽게 안마를 한다. 환자를 매우 안락하게 하고 진정시킨다. 전신을 회복시키고 강화해 준다. Abhyanga 다음에 한다.

• 치료법: 치료사 6명, 60분
• 치료효과: 만성피로증 해소, 면역강화, 노화방지, 몸 통증 해소, 혈액순환개선, 마비회복 촉진, 골절회복 촉진

(15) **쉬로바스티**(Shirobasti)

특별한 도구를 이용하여 의약용 기름으로 머리를 목욕시킨다.

• 치료법: 치료사 1명, 45분
• 치료효과: 불안함, 불면증, 신경계 이상, 정신적 이상 등 치료, 얼굴마비 해소, 스트레스 해소, 습진 등의 피부병치료

(16) **쉬로비아냐**(Shirobhyanga)

따뜻한 허브유로 머리, 목 그리고 어깨를 안마한다.

- 치료법: 치료사 1명, 15분
- 치료효과: 수면개선, 눈을 시원하게 함, 두통 해소, 비듬제거, 탈모방지 또는 감소, 매우 안락하고 편안하게 함

(17) **쉬로다라**(Shirodhara)

의약용 기름과 허브 즙을 의약용 우유나 버터밀크와 함께 20~40분 동안 지속적으로 이마에 붓는다. 이것은 가수면과 비슷한 상태를 유도해서 마음과 몸을 편안하게 한다. 또한 중앙신경계를 회복시킨다. Abhyanga 다음에 하면 가장 큰 효력이 있다.

- 치료법: 치료사 2명, 45분
- 치료효과: 우울증, 간질, 고혈압, 당뇨에 의한 신경장애, 중앙신경계 문제, 다양한 마비 상태, 불면증 등 치료, 탈모방지 또는 감소, 전신장애인에게 좋음, 감각기관 강화

(18) **쉬로피츄**(Shiropichu)

의약용 기름을 의식을 하는 것처럼 머리에 바른다.

- 치료법: 치료사 2명, 45분
- 치료효과: 얼굴마비, 두통, 불면증 해소, 기억력 향상, 두피염, 비듬 등 해소, 습진 등의 피부질환에 도움

(19) **셰다**(Sweda)

환자의 dosha와 질병에 맞춘 특별한 허브를 이용하는 허브 증기목욕이다. 목욕은 모공을 열어 주어 전신 피부를 깨끗하게 청소해 준다. Abhyanga 다음에 하면 가장 효과가 좋다.

- 치료법: 치료사 1명, 20분
- 치료효과: 전신 통증 감소, 독소 제거, 몸을 가볍게 함, 유연성 증가,

피부미화, 셀룰라이트 제거

(20) **탈람**(Talam)

기름을 함유한 허브 반죽을 머리에 바른다.

- 치료법: 치료사 1명, 15분
- 치료효과: 불면증 해소, 머리를 시원하게 함, 시력개선, 피부질환 해소, 두통 해소

(21) **탈라포디칠**(Talapodichil)

머리 전체에 허브 반죽을 바른다.

- 치료법: 치료사 2명, 45분
- 치료효과: 두통, 우울증 해소, 눈을 시원하게 함, 불면증과 피부질환 치료

(22) **우드바르타나**(Udvartana)

체중감량을 위한 허브치료이다. 치료 반죽 또는 가루를 전신에 바른 후, 2명의 치료사가 강하게 안마를 한다.

- 치료법: 치료사 2명, 60분
- 치료효과: 체중감량 또는 출산 후 피부와 근육을 회복, 셀룰라이트 제거, 고도비만증 치료, 피부미화, 촉각회복, kapha의 독소제거

사례분석: 의학, 새 길을 찾다–인도 아유르베다

병의 뿌리, 신체–심리–영적인 면에서 찾아
"누구나 스스로 자신의 병 치유 가능" 전제

아유르베다는 인도의 전통의학이다. 아유르베다는 과학임과 동시에 종교이며 철학이기도 하다. 아유르베다란 삶에서 구현되는 진리의 과학이다. 아유르베다는 우주와 인간을 상호 연관지어서 고찰하는 의학체계이며, 인도에서 시작되고 인도에서 폭넓게 응용되고 있다.

아유르베다(Ayurveda)란 말은 '생활의 과학'이라는 뜻의 산스크리트어다. 아유(Ayu)는 '삶' 또는 '일상생활'을 의미하고, 베다(veda)는 '앎'이라는 뜻이다. 아유르베다는 현존하는 가장 오래된 기록으로 알려진 베다에 맨 처음 기록되었으며, 이 의학체계는 인도에서 오천 년 이상 동안 일상생활에서 쓰여 왔다.

종교, 철학이자, 과학이며 의학… 모든 치료법 뿌리

아유르베다에서는 다음과 같이 가르친다. "모든 인간은 네 가지의 생물적 또는 영적인 본능을 가지는데 그것은 종교적 본능, 경제적 본능, 생식적 본능 그리고 자유를 향한 본능이다. 이러한 본능을 충족시키기 위해서는 기본적으로 균형 있는 건강이 필요하다. 아유르베다는 건강한 사람은 건강을 계속 유지하도록 도와주며 병든 사람은 건강을 회복할 수 있도록 도와준다. 아유르베다는 의학적이면서도 형이상학적인 일상 과학이며 모든 치료 요법의 모체이기도 하다. 또한 아유르베다의 구체적인 지침들은 인간의 행복과 건강과 창조적인 성장을 위해서 고안된 것들이다. 아유르베다의 가르침을 연구함으로써 어느 누구나 스스로 자신을 치유할 수 있는 실질적인 지식을 얻게 될 것이며, 체내의 모든 에너지 간의 균형을 유지함으로써 육체적인 쇠약이나 질병에 대해 효과적으로 대처할 수 있을 것이다. 모든 인간이 스스로 자신의 질병을 치유할 수 있는 능력을 갖고 있다는 사실은 아유르베다에서 가장 기본적인 전제이다."

인도의 전통적 삶의 지침에는 요가, 탄트라, 아유르베다가 있다. 요가는 신성, 즉 진리와의 결합을 가르치며, 탄트라는 에너지 조절에 대한 가장 직접적인 방법을 제시하고, 아유르베다는 생활의 과학이라 말할 수 있다. 아유르베다 의학과 우리나라 한의학이 지니는 공통점도 많다. 한의학의 오행에는 목, 화, 토, 금, 수가 있는데 아유르베다에는 에테르(공허), 공기, 불, 물, 흙의 다섯 가지 요소가 바탕을 이룬다. 병의 원인을 신체적, 심리적, 영적인 면에서 찾는 것도 이 의학의 특징 중의 하나이다. 세계보건기구(WHO)에서 2년 전에 내린 건강의 새로운 정의에는 '영적인 면'을 추가하였으나, 인도에서 '건강과 영의 상관관계'에 대한 개념은 몇 천 년 동안 내려온 사상이다. 한의학에서는 사람의 체질을 태양인, 태음인, 소양인, 소음인으로 분류하는데, 아유르베다에서는 바타(공기와 허공), 피타(불과 물), 카파(물과 흙)의 세 체질로 구분한다.

한의학의 오행 · 체질 분류와 유사… 진단법 독특

어떤 의학이든 "이래야 건강하다" 하는 건강 수칙이 있게 마련이다. 아유르베다에서는 "육체의 세 성분인 바타-피타-카파가 평형 상태를 유지해야 하며, 소변, 대변, 땀의 세 가지 배설물이 정상적으로 배설되어야 하고, 감각 기관이 정상적으로 기능해야 하며, 육체와 마음과 의식이 조화로운 통일체로서 작용해야 한다"고 주장한다. 진단법도 매우 독특한데 '질서와 무질서의 매 순간 상호 관계'를 살피고, 질병의 과정은 세 가지 성분과 조직 간의 반응이라고 보며, 질병의 증상은 세 가지 성분의 부조화와 관련이 있다고 보고, 이들 증상이 나타날 수 있는 맥박, 혀, 얼굴, 눈, 손톱, 입술 등을 매일 관찰한다.

치료 원칙의 하나는 몸속의 독소를 제거하는 것이고, 또 하나는 독소를 중화시키는 것이다. 대부분의 경우 약물치료, 침술, 척주지압, 마사지, 구토법, 하제, 관장제, 코 안의 약물 투여, 방혈(지혈), 음식 조절, 맛의 조절(인도에는 6가지 맛이 있다), 생활방식과 규칙성, 요가, 호흡과 명상, 만트라(암송) 등을 병용하고 있다.

자료: 전세일(2009)

3) 판치카르마 치료법(Panch Karma)

Panchakarma라고도 불리는 panch karma는 음식과 허브치료법으로 몸의 신진대사를 향상시키는 정화치료법이다. 만성적 질병과 tridosha의 계절적 불균형을 치료하는 데에 쓰인다. 몸 안에 있는 독이 제거되면 몸이 건강해지는 것이다. Panch라는 단어는 다섯이라는 의미가 있고, Karma는 행동을 뜻한다. 그러므로 panch karma는 다섯 가지의 행동을 말하며, 다섯 가지의 의술 또는 치료법으로 구성되어 있다. 이 의술들은 독소 제거를 목적으로 한다(이하 Gahlinger, 2008: 130-131 참조).

Dosha와 폐기물은 불균형 식습관과 생활 때문에 몸에 쌓이게 된다. 이런 과잉 dosha와 불순물들을 제거하기 위해 다섯 가지의 기술을 사용한다.

- Vamana: 구토를 유도
- Virecana: 완화제로 사용
- Basti: 관장액으로 사용
- Nasya: 코로 주입
- Rakta Mokshana: 피를 흘리게 함

(1) 스네한(Snehan)

기름을 사용하는 치료법이다. 내부적 Snehan은 의약용 기름 또는 ghee를 신체 내에 사용한다. 외부적 Snehan은 다양한 종류의 안마로 구성된다. 의약용 기름을 바르고 다양한 방법으로 피부를 안마한다.

(2) 스웨다나(Swedana)

온습포 또는 가열치료를 말한다. 다양한 종류의 온습포방법이 사용되는데, 증기목욕이나 찜질 약이 신체의 특정 부위에 사용된다. 따뜻한 의약용 기름, 물, 우유, 허브 즙 등이 부수적으로 사용된다. 욕조에 채워서 사용하거나 직접 몸에 바른다.

주로 panch karma 후에는 다음과 같은 paschat karma가 이어진다.

(3) 삼사르잔 카르마(Samsarjan Karma)

특별한 식단과 생활이 2주 동안 실시된다. 이 치료법은 병원을 가지 않아도 이용이 가능하다.

(4) 샤마나(Shamana)

내복약 치료법이다. Panch Karma가 치료하려는 질병을 영구적으로 해소하려는 치료법이다.

(5) **라사야나**(Rasayana)

질병이나 피로로부터 심신을 회복시키는 치료법이다.

4) 산림치유

산림을 이용하는 산림치유법도 중요한 대체의학 중 하나로 떠오르고 있다. '산림치유(forest healing/therapy)'란 말은 숲치유, 산림휴양, 산림요양 등의 용어와 비슷한 의미로 사용된다. 한국의 경우, 제5차 산림기본계획 안에 '삶의 질 제고를 위한 녹색 공간 및 서비스 확충'을 위한 세부추진계획의 하나로 산림치유의 정의를 제시하고 있는 것이 제도적 근거가 되어 공식적으로 '산림치유'로 통일해 사용하고 있다(김기원 외, 2006).

모리모토 가네히사(2006)에 의하면, 산림환경은 질병예방, 건강증진, 재활효과 등 건강에 긍정적인 영향을 미친다. 이 효과는 후각, 청각, 촉각에 의해 전달된다. 후각 자극으로는 수목이 발산하는 피톤치드(phytoncide: 나무에서 발산되어 주위의 미생물 따위를 죽이는 작용을 하는 물질. 산림욕이 몸에 좋은 근본적인 이유가 된다)와 더불어 꽃과 열매의 향기, 이끼류 냄새, 방향유나 낙엽 냄새 등 다양한 종류의 향과 그 향의 강도 그리고 그에 대한 개인적 취향 등이 있다. 청각 자극으로는 바람에 흔들리는 나뭇잎 소리, 바람 소리 등과 같은 각종 소리의 크기와 음색, 다양한 음역, 들렸다 안 들렸다 하는 반복성 그리고 나뭇가지가 흔들리는 소리나 잎이 서로 스치는 소리, 벌레 소리 때로는 시냇물 소리까지 포함한 숲 전체가 내는 소리가 있다. 촉각 자극으로는 살을 스치는 나뭇가지나 이파리의 감촉, 낙엽을 밟는 느낌, 숲속 공기의 질 같은 것이 있다.

사례: 일본 야쿠삼나무 숲

야쿠시마(屋久島) 섬은 천연삼나무의 남방 한계선으로, 야쿠삼나무 거목이 군락을 이루고 있어서 독특한 경관을 자랑한다. 일반적으로 침엽수림의 수명은 500년이 한계라고 하는데, 야쿠삼나무 숲은 수령이 2,000~3,000년에 이르는 장수 숲이다. 그 이유는 이 섬의 온난한 기후와 예외라고 할 수 있을 정도로 비가 많이 내리는 기상 조건 그리고 기반암이 화강암이라 토양에 영양이 부족한 지질과 지형 조건 때문이라고 한다. 이곳에는 조몬 삼나무나 대왕삼나무와 같은 3,000년을 넘는 거목들이 생육하고 있으며, 현지에서는 수령이 1,000년 이하인 삼나무는 작은 삼나무라고 부른다.

표고 1,200미터를 넘어가면 야쿠삼나무 원생림이 나타나기 시작하는데, 연간 강수량 800밀리를 넘는 숲속에 있다 보니 나무들은 모두 이끼로 덮여 있다. 과거 벌채된 야쿠삼나무의 그루터기까지 이끼에 덮여 있는 모습이 마치 녹색 융단을 깔아놓은 듯하다. 이끼로 덮인 그루터기 위에 떨어진 야쿠삼나무의 종자가 이끼의 수분을 머금고 발아해서, 그 어린 나무의 뿌리가 점차 그루터기를 덮으면서 성장하는, 이른바 '2대 삼나무'로 자란 사례를 여기저기서 찾아볼 수 있다. 이와 같은 과정을 반복해서 자라난 '3대 삼나무'까지 있다는 것은 경이적인 자연현상이다.

야쿠삼나무 거목림의 생태에는 신비한 현상이 많다. 그 일례를 들자면, 야쿠삼나무 숲속에는 상쾌한 기분이 드는 그윽한 향기가 떠돈다. 한 연구조사 결과에 의하면, 야쿠삼나무에서 알파피넨, 카디넨, 리모넨이라는 테르펜계 물질을 발산하기 때문인 것으로 밝혀졌다. 일반 삼나무 숲과 비교해 야쿠삼나무 원생림에서는 테르펜계 물질이 많이 발산되는 느낌을 받는다.

또 야쿠삼나무 원생림에는 야쿠원숭이나 야쿠사슴이 서식하고 있는데, 그 동물들의 사체가 있어도 숲속에서는 썩는 냄새가 거의 나지 않는다. 게다가 야쿠삼나무 거목림에서는 야영을 해도 감기에 걸리는 일이 거의 없고, 어느 정도의 숙취는 숲속을 한 시간 정도 돌아다니는 것만으로 사라지고 상쾌한 기분으로 돌아오는 다양하고도 재미있는 현상을 체험할 수 있다.

이런 신비한 현상은 경험적으로 야쿠삼나무가 발산하는 방향물질 때문일 것으로 추측하고 있다. 그러나 이와 같은 현상이 무엇 때문에 일어나는지, 사람의 건강에 어느 정도 효용이 있는지는 과학적, 의학적으로 실증되지 않았다. 또 야쿠삼나무 옆에는 수레나무라는 수종이 꼭 붙어서 자란다. 그 모습이 마치 한 나무처럼 보여 놀라곤 한다. 한 연구조사 결과에 따르면, 야쿠삼나무의 공생목으로는 16종가량의 목본식물이 있다. 그중에서 수레나무가 유독 눈에 띈다. 이와 같은 현상은 알렐로파시(allelopathy)라고 부르는 타감 작용을 일으키는 물질 때문이라고 한다. 이처럼 야쿠삼나무 원생림에는 진귀한 생태 현상이 도처에 널려 있다.

자료: 아키야마 도모히데(2006: 400-401)

사례: 일본 기소 편백나무 숲

신슈(信州) 기소(木曾) 지방은 편백나무를 생육하는 데 적합한 환경이기 때문에 일본에서 편백나무가 가장 많이 분포하는 지역이다. 꽃가루 분석에 따르면, 기소다니에는 1만 년 전부터 편백나무가 많이 분포했다고 한다. 수도에서 멀고 험준한 지역이라서 최고의 품질을 자랑하는 기소 편백나무를 본격적으로 목재로 이용한 것은 도요토미 히데요시 이후의 일이다.

기소 편백나무 숲에 사는 나무의 수령은 280~320년생이 가장 많고, 평균 직경은 40cm로 굵은 것은 1m가 넘는다. 기소 편백나무 숲의 구성을 보면, 상목의 80~90%가 편백나무이고, 그 밖에 나한백, 화백나무, 흑회(검은 노송, Thuja standishii), 금송이 혼생한다. 이들을 총칭해서 '기소 오목'이라고 한다. 기소 지방은 기반암이 화강암 혹은 화강반암으로, 연간 2,500~3,000mm의 강수량 깊은 계곡과 척박한 토지, 여름엔 비가 많고 겨울은 한랭한 환경 조건이 어울려 편백나무를 중심으로 한 기소 오목의 숲이 생겨났을 것이다.

편백나무 숲에 발을 들여놓으면 편백나무만의 독특한 향이 감돌아서 기분이 상쾌해지면서 마음이 가라앉는다. 그 이유는 히노키티올(hinokitiol)과 알파피넨 등의 성분 때문이다. 현지 조사를 하던 시절에는 그 원인을 몰랐고, 단순히 편백나무 숲의 신비한 힘이라고만 여겼다. 기소 오목이 발산하는 피톤치드에는 각각의 수종에 따라 독특한 특징이 있다. 수령 200~300년의 편백나무가 발산하는 향이 가장 강하고, 오목 중 흑회가 발산하는 향기를 두고 관계자들은 하나같이 '특이한 향'이라고 지적했다. 아카사와 자연휴양림에 있는 산장에는 기소 오목별로 다섯 종류의 방을 만들어 놓았는데, 저마다 특색 있는 향기를 지녀 매우 흥미롭다.

자료: 아키야마 도모히데(2006: 401-402)

사례: 아오모리 나한백 숲

아오모리(青森) 나한백 숲에서는 그윽한 향기가 시찰하는 이들의 마음을 부드럽게 어루만져 피로를 풀어 준다. 보통 나한백이라고 부르는 수종은, 식물학에서는 아스나로라고 하는 일본 특산 수종이다. 나한백은 아스나로와 히노키아스나로로 나뉜다. 전자는 남방계, 후자는 북방계 나한백이다. 일본의 3대 미림 중 하나인 아오모리 나한백 숲은 북방계인 히노키아스나로 단순림을 가리킨다. 아오모리 현 밑에 있는 스가루 반도와 시모키타 반도에 집단적으로 분포한다. 나한백 천연림의 수령은 150~200년생인 것이 대부분이다.

나한백의 생육을 지배하는 요건은 온도, 강수량, 바람의 계절적 변화라고 한다. 북방계 나한백 숲은 동해 쪽의 기후에 속한다. 연간 강수량은 1,000~2,000mm 정도로 동절기보다 하절기의 양이 많다. 나한백은 내음성이 강하고 천연하종갱신 등이 기대되는 수종이라서, 막부 시대부터 숲이 조성되어 순환적으로 목재를 이용해 온 역사적 경위가 있다.

나한백 숲속을 걷다 보면 나한백의 독특한 향기가 풍긴다. 숲속은 삼나무 숲이나 편백나무 숲보다는 어둡다. 그렇지만 그윽한 향이 강해서 돌아다니는 사람의 마음을 부드럽게 하고 피로를 풀어 준다. 이는 나한백 숲이 발산하는 테르펜계인 사비넨, 사비놀, 디펜텐, 보르네올 같은 화학 성분의 작용이란 사실이 판명되었다. 또 나한백 목재는 부후균에 대한 내성이 매우 강하고 내습성, 내후성도 뛰어나다. 그래서 나한백만으로 지은 집에는 모기가 들어오지 않는다고 한다. 그뿐만 아니라 흰개미의 피해를 받지 않는 특질도 있고, 나한백 목재에는 못을 쓸 수 없는 특성도 있다. 목재의 성분과 화합해서 기화해 버리기 때문에 못이 녹슬지 않고 고정이 잘 안 된다. 옛날에 나한백을 쓴 건축에 암수홈 가공 공법이 주류를 차지했던 이유도 이런 특성과 관계가 있다. 목재의 부후균에 대한 내구력은 나한백이 가장 강하다. 나한백이 10이라면 편백나무가 9, 솔송나무 7, 적송 6, 밤나무 5의 순이다.

자료: 아키야마 도모히데(2006: 402-403)

사례: 오쿠다마 산림테라피 기지

일본 도쿄 시내에서 서쪽으로 차로 두 시간 거리인 지치부타마(秩父多摩) 국립공원. 공원 입구에 오쿠타마(奥多摩)라는 조그마한 마을이 자리 잡고 있다. 지난달 6일 이 마을의 뒷산을 올랐다. 삼나무와 편백나무가 울창한 협곡을 따라가자 도쿄도민의 식수원으로 사용되는 오쿠타마호(湖)가 한눈에 들어왔다. 오쿠타마호 주변에는 자연탐방로가 조성돼 있었다.

도쿄에서 가족과 함께 왔다는 나카무라 히사시는 "숲 속에 들어오니 가족들의 표정이 밝아진다"며 "특히 고 3인 아들이 머리가 맑아진다고 해 자주 찾는다"고 말했다. 부인 나미코는 "여자들이 산림테라피를 하면 얼굴이 예뻐진다는 말이 있다"며 "실제 예뻐졌는지는 모르겠지만 피부가 깨끗해진 것 같다"며 웃었다. 산림테라피는 도시생활에 지친 현대인들이 숲에서 몸과 마음을 치유하는 것을 이른다.

오쿠타마는 10년 전만 해도 수도권 시민들의 사랑을 한 몸에 받는 관광도시였다. 도쿄에서 가장 가까운 국립공원과 풍광이 빼어난 오쿠타마호를 끼고 있기 때문이다. 하지만 신칸센이 일본 구석구석을 연결하면서 관광지로서의 입지가 흔들렸다. 관광산업이 주 수입원이던 이 지역의 경제는 10여 년 전부터 내리막길을 걸었다. 관광객은 자동차나 열차 안에서 풍광을 보는 것에 만족했다. 그냥 지나가는 통과지로 전락한 것이다.

그런 오쿠타마가 최근 다시 주목받고 있다. 지난해 4월 일본 산림테라피 기지 1호로 인증받으면서이다. 이 도시의 관광산업과 가와무라 도시히토는 "관광객을 끌어들일 묘안을 찾다가 풍부한 산림을 활용한 테라피 기지로 육성하게 됐다"고 말했다.

오쿠타마를 뒤덮고 있는 편백나무와 삼나무는 산림테라피효과에 좋은 피톤치드를 많이 방출한다. 지름이 1.3m가 넘는 거목만 1,000그루가 넘는다. 쇠락하는 지역경제를 걱정하던 주민들이 2005년 천혜의 자연을 활용한 산림테라피 기지 설립 아이디어를 냈다. 정부가 이 아이디어를 받아들여 기지 설립에 필요한 돈을 댔다.

일본 국토성은 오쿠타마호 주변에 있던 40여 km의 자연탐방로를 다듬었다. 노약자와 자전거가 다니는 데 불편함이 없다. 숲이 우거진 곳에는 별도로 산림테라피 체험길(1.3km)을 만들었다. 자연생태관, 별자리체험관, 목공 · 도예방 등을 지었다. 기지를 조성하는 동안에는 관광객의 입장을 제한했다. 당장 눈앞의 돈보다 미래환경성장산업 도시로 키우려는 뜻에서다. 이런 노력 끝에 일본에서 최초로 산림테라피 기지와 탐방로를 공인받았고, 올해 4월 체험자들을 받기 시작했다. 발길을 끊었던 도쿄를 비롯한 수도권 지역 시민들이 몰려들었다. 지역경제가 활기를 띤 것은 물론이다.

오쿠타마의 산림 기지 개발에 참여한 지바(千葉)대학 박범진 교수는 "피곤에 찌든 현대 도시인들은 건강한 삶을 위해 최대한 숲에 가까이 가야 한다"고 강조했다. 박 교수는 "지바대학과 삼림종합연구소가 20대 대학생 288명을 대상으로 숲과 도시에서의 스트레스 호르몬과 혈압을 비교 측정한 결과, 숲에서 15분간 경관을 바라보는 것만으로도 스트레스 호르몬인 코티솔의 농도가

15.8% 낮아지고, 혈압도 2.1% 낮아졌다"고 설명했다.

산림테라피 기지는 '공원녹지관리재단'이 관리한다. 이 재단의 스케가와 야스시 공원관리운영사는 "오쿠타마 산림테라피 기지에는 2억 3,000만 엔(약 29억 6,300만 원)이 투자됐다"고 말했다. 이곳을 방문하는 사람들은 당일 코스(3,000엔)와 숙박 · 식사가 제공되는 1박 2일 코스(1만 5,000엔)로 나눠서 즐길 수 있다. 코스마다 가이드가 배치돼 있다. 가장 인기 있는 프로그램은 자연 탐방로를 따라 숲 속을 걷는 프로그램이다. 1박 2일 코스를 이용하면 숲에서 메밀국수 만들기나 지역 특산물을 이용한 요리, 온천욕, 밤에 별 보기, 도기 만들기 등을 체험할 수 있다. 1.3km의 산림테라피 탐방로는 환경보전을 위해 하루 방문자를 40명으로 제한한다.

가와무라는 "숲의 테라피효과를 지속시키기 위해서는 체험 규모를 제한할 수밖에 없다"며 '대신 하루 방문객을 300명 이상 받을 수 있게 별도로 다양한 탐방로를 만들 계획'이라고 말했다.

■ 산림테라피(Forest Therapy)

숲 속에 신체를 노출시켜 면역력을 높이고 질병 발생을 예방하는 활동이다. 일본 정부는 건강한 숲을 만들고 지속 가능한 발전이 있는 산촌을 조성한다는 취지로 '산림테라피연구회'에 위탁해 인증제를 시행 중이다. 2008년 말까지 31개의 기지와 4개의 탐방로가 인증마크를 획득했다.

자료: 장정훈(2009: 32)

사례: 화천 아토피 마을(텔레비전 뉴스)

강원 지역에 아토피 환자들을 위한 청정 마을이 잇따라 선보이고 있습니다. 전국에서 수천 명이 찾고 있다는데요.

GTB, 정영훈 기자가 소개합니다.

기자: 지난해 말 문을 연 화천 아토피 마을입니다. 아토피 예방을 위한 천연 소재로 만든 펜션에는 도시에서 온 환자들이 줄을 잇습니다.

[아토피 마을 환자: 여기는 (치료) 시설이 다 돼 있으니까 매일 마사지하는 분도 계시고 공기도 좋고 하니까 환경이 많이 좋으니까.]

기자: 한방 스파와 무공해 농산물을 활용한 식단과 철저한 피부관리까지 아토피 증상을 크게 완화해 준다는 입소문을 타며 개장 1년 만에 수천 명이 찾았습니다.

[김명수/화천 아토피 마을 관리팀장: 스파 욕조라든지 한약에서 추출한 원액수라든지 이런 것들로 치료에 도움을 주고 있습니다.]

기자: 지난해 세계보건기구로부터 건강 도시로 인증받은 양구군도 아토피 사업에 시동을 걸었습니다. 오는 2011년까지 50억 원을 들여 황토방과 유기농 재배시설 등을 갖춘 아토피 치유 마을을 조성할 계획입니다. 아토피 마을이 잇따라 조성되면서 아토피 관련 기업들도 도내 지자체와의 연계 사업에 열을 올리고 있습니다. 연구소와 생산 공장을 강원도에 설립하거나 아토피 캠페인 등을 공동 전개하는 등 활발한 움직임을 보이고 있습니다.

[박상헌/의료업체 대표: 강원도의 청정 이미지가 아토피 관련 기업들에게 딱 들어맞기 때문에 우리도 강원도를 주목하고 있습니다.]

기자: 난치병으로 알려진 아토피 마을 조성이 의료관광의 대안으로 떠오르고 있습니다.

자료: 정영훈(2009)

5. 건강진단 의료관광상품

건강검진만을 위해 해외로 나가는 것은 타당성이 없는 일이지만 만약 고객이 다른 업무나 여행 또는 치료를 위해 어차피 해외에 나가야 한다면 추가적으로 건강검진을 하는 것은 좋은 생각이다. 일부 국가에서의 건강검진비용은 선진국보다 훨씬 싸다. 많은 병원과 클리닉이 고객의 편의를 위해 인터넷이나 에이전시를 통한 예약을 해 주고 있다. 현재 한국 병원들이 유치하는 의료관광객 중에서 가장 많은 고객을 유치하는 분야가 건강검진이다.

사례: 안동병원 건강검진 프로그램

기본종합검진 프로그램

가장 기본적인 종합건강진단 프로그램으로서 약 90여 가지 검사를 통해 주요 장기진단과 성인병 예방목적으로 실시하는 프로그램이다.

검사항목: 기본진료, 치과검사, 흉부X선촬영, 안과검사, 폐기능검사, 심전도검사, 체성분검사, 소화기검사, 복부초음파, 갑상선초음파, 혈액검사(간기능검사, B형간염검사, C형간염검사, 지질검사, 심장근육질환검사, 신장기능검사, 췌장 및 혈당검사, 관절염검사, 갑상선검사, 전해질검사, 혈액형검사, 일반혈액검사, 혈액도말검사, 종양표지자검사), 소변검사, 대변검사, 식생활습관프로그램, 정신건강평가.
*여성은 골밀도검사, 부인과검사(유방암, 자궁경부암검사) 포함.

뇌 정밀종합검진

기본종합검진 프로그램에 추가로 뇌경색, 종괴, 뇌혈관계 질환검사에 탁월한 뇌자기공명영상촬영을 추가하여 실시하는 프로그램.

검사항목: 기본종합검진 + 뇌MRA + 경동맥초음파

척추 정밀종합검진

기본종합검진 프로그램에 추가로 요추단순촬영, 디스크의 탈출 정도, 탈출된 디스크에 의한 척추신경의 압박 정도를 여러 가지 영상으로 확인할 수 있는 척추 MRI가 포함된 프로그램.

검사항목: 기본종합검진 + 척추MRI + 요추단순촬영

흉부 정밀종합검진

기본종합검진 프로그램에 추가로 흉부MDCT, 흉부X선측면촬영, 객담검사(결핵균검사)로 폐암에 대한 조기진단 및 예방을 목적으로 하는 프로그램.

검사항목: 기본종합검진 + 흉부측면촬영 + 흉부MDCT + 객담(AFB) + 객담(ThinPreP)

심장 정밀종합검진

심혈관질환의 위험인자를 확인하고 조기진단 및 발병 가능성을 측정하고 생활습관 개선에 대한 지도로 심혈관질환을 예방할 수 있도록 하는 조기진단 및 예방 프로그램.

검사항목: 기본종합검진 + 심장초음파 + 운동부하검사 + Troponin 1 + CK-MB

소화기 정밀종합검진

한국인에게 가장 많이 발생하고 있는 위, 간, 직장, 대장 등 소화기계통질환의 조기진단 및 예방에 유용한 프로그램.

검사항목: 기본종합검진 + 대장내시경 또는 대장조영촬영 + 복부 & 골반 MDCT + 복부단순촬영

부인암 정밀종합검진

부인암인 경우 40대 후반에 가장 많이 발생하지만 최근 젊은 연령층에서의 발병이 높아지고 있다. 부인암인 경우 조기 발견 시 완치 가능하므로 예방을 받을 수 있도록 준비한 프로그램.

검사항목: 기본종합검진 + 유방초음파 + 골반초음파 + 인유두종바이러스(HPV) + Pap ThinPreP

비뇨기계 정밀종합검진

최근 고령화 및 식생활의 서구화로 비뇨기계 질환이 증가하고 있는 추세이므로 50세 이상 남자에게 권장하는 검진 프로그램으로 신장, 요관, 방광, 전립선 등 질환을 조기에 발견하기 위한 프로그램.

검사항목: 기본종합검진 + 전립선초음파 + Urin ThinPreP

VIP 종합검진

VIP 고객을 위한 고급 정밀건강검진으로 첨단 MRA와 CT를 비롯한 심도 있는 검진 프로그램으로 주요 암 및 각 장기별 질환을 조기에 발견할 수 있는 프로그램.

검사항목:
〈남자〉 기본종합검진 + 대장내시경 또는 대장조영촬영 + 전립선초음파 + 흉부MDCT + 뇌MRA + 골밀도검사

〈여자〉 기본종합검진 + 대장내시경 또는 대장조영촬영 + 심장초음파 + Pap ThinPreP + 흉부MDCT + 뇌MRA + 유방초음파(골반초음파 선택)

프리미엄 종합검진

최고급 정밀건강진단으로 1일 검사로는 가장 광범위하고 심도 있는 프로그램으로 신체 전반에 대한 악성종양검증에 효용성이 있는 양전자방출단층촬영을 추가하여 암의 진단과 병기 결정, 치료 후 재발 및 잔여 암의 검출에 뛰어난 효과가 있는 프로그램.

검사항목: VIP 종합검진 + PET CT(전신)

자료: 안동병원 홈페이지

VI. 주요 의료관광목적지별 의료관광상품

국제적으로 인기 있는 의료관광목적지는 〈표 VI-1〉과 〈표 VI-2〉에서 보는 것처럼 상당히 많다. 대표적인 국가를 소개하면 다음과 같다(〈표 VI-1〉, 〈표 VI-2〉 참조).

1. 태국 - 방콕(Bangkok)

태국은 의료관광의 세계적 리더로 알려져 있다. 지금까지 의료관광을 위해 100만 명이 넘는 관광객들이 태국을 찾고 있다. 수십 년 동안 태국은 미국 및 유럽인들에게 최우선 의료관광목적지였다(이하 Marsek & Sharpe, 2009: 341-347 참조).

태국은 세계 일류급 의료서비스를 제공한다. 최첨단 의료기술과 시설 그리고 미국과 유럽에서 교육을 받은 의사들 때문에 이런 서비스를 제공할 수 있다. 태국은 선택적 수술과 필수 수술 둘 다 전문으로 하고 있다. 특히 성전환수술은 세계적으로 유명하다.

〈표 VI-1〉 국가별 인기 의료목적지

치료	브라질	캐러비안	코스타리카	체코	헝가리	인도	이스라엘	요르단	한국	말레이시아	멕시코	뉴질랜드	파나마	필리핀	싱가포르	남아공	대만	태국	터키	UAE
심장혈관(Cardiovascular)			▒			■	▒		■	■	▒			■	■	▒	▒	■	■	■
미용 & 성형수술 (Cosmetic&Plastic Surgery)	■		■							▒	■		■		▒	■		■		
치과(Dentistry)			■	■	■	▒			▒	▒	■				▒	■		■		
임신 & 출산(Fertility&reproductive)	▒					▒	■	▒		▒					■	▒	▒	■	■	
신경 및 척추(Neurology and spine)						■			■						■			■		
정형외과[Orthopedic(all)]			▒			■	▒	▒	■	■	▒	▒	■	▒	■	▒	▒	■	▒	■
고관절교체 (Total Hip Replacement)						■		▒		■		■	▒	▒	■			■		■
버밍험 Birmingham Hip Resurfacing						■								▒	■			■		
종양(Oncology)			▒			■	▒	■	■	▒					■	▒		■	■	■
줄기세포 연구 (Stem Cell Research)							▒								■		▒	■		
성전환 및 성형 (Sex Change & Cosmetic)	■														▒	▒		■		
체중(비만관리 Weight Treatment; Bariatric)	■		▒			■		▒		■	■		■		■	■	■	■		
웰니스/대체요법 (Wellness/Alternative)		■			■	■			■	■					■	■	■	▒		

자료: Woodman(2008: 198-200)

■ 매우 수준이 높은 임상과목, ▒ 일반적인 진료가 가능한 임상과목

〈표 VI-2〉 목적지별 의료관광상품

	아르헨티나	바베이도스	벨기에	브라질	브루나이	불가리아	독일	코스타리카	크로아티아	쿠바	사이프러스	체코	도미니카	도미니카공화국	두바이	이집트	핀란드	독일	그리스	홍콩	헝가리
한약요법						○			○				●		○					●	
고관절교체	○		○		●					○					○						
고관절 리서피싱			○												●			●			
처녀막재생술																		○			
마취요법									○												
일리자로프 치료																					
시험관임신		●																	○		
신장이식							○											○			
무릎뼈교체	○		○		○					○					○			○			
입술축소	○		○	○		○		○		○		○		○		○		○	○		○
레이어트릴 테라피																					
lap-band surgery																		○			
라식수술								○							○			○			
지방sculpture	○		○	○		○		○		○		○		○		○		○	○		○
지방흡입	○		○	○		○		○		○		○		○		○		○	○		○
자석요법									○												
남성성형수술	○		○	○		○		○		o		○		○		○		○	○		○
마사지						○			○			○	○						○		
광천수						○			○			○	○						○		
최소침습 척추수술			○		○										○			○			
mommy makeover	○		○	○		○		○		○		○		○		○		○	○		○
장기이식							○											○			
panchakarma																					
성형수술	○		●	●		○		○		○		○		○		○		○	○		○
재건수술	●		●	●		○		○		○		○		○		○		○	○		●
반사요법																				○	

	아르헨티나	바베이도스	벨기에	브라질	브루나이	불가리아	독일	코스타리카	크로아티아	쿠바	사이프러스	체코	도미니카	도미니카공화국	두바이	이집트	핀란드	독일	그리스	홍콩	헝가리
코성형술	○		○	●		○		○	○	○		○		○		○		○	○		○
스파						○			○			○	○	○	○						○
줄기세포요법																		○			
해수요법						○			○			○							○		
열요법									○												
티타늄이식	○					○		○	○	○		○						○			○
중국전통치료							●													○	
베니어	○					○		●	○	○		○						○			○
복부성형수술	○		○	○		○		○		●		○		○		○		○	○		○
낙태							●			○								○		○	
침							●													●	
해초요법									●												
대체약물						○	●		○				●		○				●	●	
항노화프로그램						○			●			○		○					○		
아로마테라피						○	○		○												
임신어시스트		●																	○		
아유르베다치료																					
광천요법						●			○			○									
안검성형			○	○		○		○	○	○		○		○		○		○	○		●
골수이식																		○			
보톡스	○		○	○		●		●		○		○		●		●		○	○		●
가슴확대	○		●	○		○		●	○	○		○		○		○		○	○		○
고관절확대이식	○		●	○		○		○	○	○		○		○		○		○	○		○
암치료	●		●	○	○		●			○							●	○		●	
심장우회술	●		●		○			○							○			○			
백내장제거술	○				●			○		○		○						○			○
콜라겐주입	○		○	○		○		○	○	○		○		○		○		○	○		●
성형수술	○		○	●		●		●	○	●		●		●		●		○	●		○
냉동요법									○			●									
치과치료	○					●		●	○	●		●						○			○
투석요법											●							○			
ear pinning	○		○	○		○		○	○	○		○		○		○		○	○		○
전기치료									●												
간질수술																	●	○			
안과수술	○				○			○		○		○						○			○

	아르헨티나	바베이도스	벨기에	브라질	브루나이	불가리아	독일	코스타리카	크로아티아	쿠바	사이프러스	체코	도미니카	도미니카공화국	두바이	이집트	핀란드	독일	그리스	홍콩	헝가리
눈물샘제거	○		○	○		○		○	○	○		○		○		○		○	○		○
안면리프팅	○		○	●		○		○	○	○		○		○		○		○	○		○
온천진흙요법									●												
가임 어시스트		●																	○		
위장우회술	●																	○			
녹내장	○							○		○		○						○			○
모발이식											●					○		○			
진흙치유									○												
심장수술	○		○		○			○										●			
치핵절제술	○				○													○			

자료: Gahlinger(2008: I-IV)

○ 일반적인 진료가 가능한 임상과목

● 매우 수준이 높은 임상과목

	인도	이란	이스라엘	이탈리아	요르단	라트비아	말레이시아	몰타	멕시코	뉴질랜드	파나마	필리핀	폴란드	사우디아라비아	싱가포르	남아공	한국	스페인	시리아	대만	태국	튀니지	터키	베네수엘라	베트남
한약요법	○								○						○						○	○			
고관절교체	●		○				●				●				●	○	●				●		●		
고관절리서피싱	○		○				○				○				○	○	○				○		○		
처녀막재생술	○														○						○				
마취요법															○										
일리자로프 치료	○														○						○				
시험관임신	○		○				○				○				○	○		○			○		○		
신장이식	○		○									○			○	○					○				
무릎관절교체	○		○		○		○				○				○	○	○				○		○		
입술축소	○			○					○		○	○	○		○	○	○	○			○	○	○	○	
레이어트릴 테라피									○																
lap-band surgery	○						○				○				○	○					○				

	인도	이란	이스라엘	이탈리아	요르단	라트비아	말레이시아	몰타	멕시코	뉴질랜드	파나마	필리핀	폴란드	사우디아라비아	싱가포르	남아공	한국	스페인	시리아	대만	태국	튀니지	터키	베네수엘라	베트남
라식수술	○								○		○	○			○	○		○			○		○		
지방sculpture	○			○	○				○		○	○	○		○	○	○	○			○	○	○	○	
지방흡입	○			○					○		○	○	○		○	○	○	○			○	○	○	○	
자석요법																									
남성 성형수술	○			○					○		○	○	○			○	○	○			○	○	○	○	
마사지	○												○		○						○				●
광천수		○											○		○							○			
최소침습 척추수술	○		○		○		○				○				○	○	○				○		○		
mommy makeover	○			○					○		○	○	○		○	○	○	○			○	○	○	○	
장기이식	○		○		○							○			○	○					○				
panchakarma	○														○						○				
성형수술	○			○					○		○	○	○	○	○	○	○	○			○	○	○	○	○
재건수술	○			○					○		○	○	○		○	○	○	○			○	○	○	○	
반사요법	○		○												○						○	○			
코성형술	○			○				○	○		○	○	○	○	○	○	○	○			○	○	○	○	○
스파	○		○						○				○			○			○		○	○			
줄기세포요법	○		○												○		○				○				
해수요법			○										○									○			
열요법													○									○			
티타늄이식	○					○			○		○		○		○	○		○			○		○		
중국전통치료															○		○				○				●
베니어	○					○			○		○		○		○	○		○			○		○		○
복부성형수술	○								○						○						○	○			
낙태	●		○				●				●				●	○	●				●		●		
침	○		○				○				○				○	○	○				○		○		
해초요법	○														○						○				
대체약물															○										
항노화 프로그램	○														○						○				

	인도	이란	이스라엘	이탈리아	요르단	라트비아	말레이시아	몰타	멕시코	뉴질랜드	파나마	필리핀	폴란드	사우디아라비아	싱가포르	남아공	한국	스페인	시리아	대만	태국	튀니지	터키	베네수엘라	베트남
아로마테라피	○		○				○				○				○	○		○			○		○		
임신어시스트	○		○									○			○	○					○				
아유르베다 치료	○		○		○		○				○				○	○	○				○		○		
광천요법	○			○					○		○	○	○		○	○	○	○			○	○	○	○	
안검성형									○																
골수이식	○						○				○				○	○					○				
보톡스	○								○		○	○			○	○		○			○		○		
가슴확대	○			○	○				○		○	○	○		○	○	○	○			○	○	○	○	
고관절확대이식	○			○					○		○	○	○		○	○	○	○			○	○	○	○	
암치료																									
심장우회술	○			○					○		○	○	○			○	○	○			○	○	○	○	
백내장제거술	○												○		○						○				●
콜라겐주입		○											○		○							○			
성형수술	○		○		○		○				○				○	○	○				○		○		
냉동요법	○			○					○		○	○	○		○	○	○	○			○	○	○	○	
치과치료	○		○		○							○			○	○					○				
투석요법	○														○						○				
ear pinning	○			○					○		○	○	○	○	○	○	○	○			○	○	○	○	○
전기치료	○			○					○		○	○	○		○	○	○	○			○	○	○	○	
간질수술	○		○												○						○	○			
안과수술	○			○				○	○		○	○	○	○	○	○	○	○			○	○	○	○	○
눈물샘제거	○		○						○				○			○			○		○	○			
안면리프팅	○		○												○		○				○				
온천진흙요법			○										○									○			
가임어시스트													○									○			
위장우회술	○					○			○		○		○		○	○		○			○		○		
녹내장															○		○				○				●
모발이식 진흙치유 심장수술 치핵절제술	○					○			○		○		○		○	○		○			○		○		○

자료: Gahlinger(2008: I-IV)

○ 일반적인 진료가 가능한 임상과목

● 매우 수준이 높은 임상과목

아시아 최초로 JCI(Joint Commission International)인증을 받은 병원은 태국에 있다. 다른 병원들도 JCI인증을 받았거나 인증 진행 중이다. 태국 정부는 의료관광산업에 많은 투자를 하고 있으며, 태국의 사립병원협회와 협력을 하고 있어 태국의 의료관광 명성을 유지하기 위해 노력하고 있다.

1) 병원

태국에는 약 400개의 병원이 있으며, 대부분은 국립시설들이다. 이 중에서 10~15곳은 국제 의료서비스를 제공한다. 이 병원들은 주로 방콕 근처에 있으며, 이 중에서는 Bumrungrad International병원이 의료관광객들에게 가장 잘 알려져 있다.

(1) Bumrungrad International(www.bumrungrad.com)

- 인증: JCI(아시아 최초), Hospital Accreditation Board of Thailand
- 전문: 심장, 신경, 정형, 성형수술, 일반수술, 여성 건강, 건강검진, 치과, 산부인과 등의 30개 전문

Bumrungrad International은 미국 NBC의 〈Today Show〉와 〈60Minutes〉 프로그램들에 방송되었고, *Time*지와 *Newsweek*지에도 나왔다. 550개의 병상으로 동남아시아에서 최대 병원이며, 매년 100만 명 이상의 환자를 치료한다. 이 중에 40만 명은 외국인들이다. 국제환자센터는 거의 200개의 국가에서 오는 환자들을 상대한다.

(2) Phyathai Hospital (www.phyathai.com/phyathai_english/home.php)

- 인증: Hospital Accreditation Board of Thailand, ISO(International Organization of Standards) 9001, 14001, 18001, HACCP

• 전문: 심장, 성형수술, 관절 교체, IVF, 신경, 여성 건강, LASIK, 치과, 피부.

1987년에 설립된 Phyathai 2병원은 Phyathai 그룹의 두 번째 병원이다. 두 건물로 구성되었으며, 550개의 병상이 있고, 76개의 진료실이 있다. 최신 기술과 장비를 보유하고 있고, 매일 2,000건의 외부 환자 진료를 수용할 수 있다. Phyathai Heart Center는 1998년에 Harvard Medical International 협찬으로 설립되었다. 국제관계센터를 만들어 늘어나는 국제 환자들의 요구들을 수용하려고 노력한다. 또한 국제 병동을 만들어 외국 환자들을 서양식으로 구성된 방들과 인터넷 연결로 편안하게 해 준다.

(3) Piyavate Hospital(www.piyavate.com)

• 인증: ISO 9001: 2000

• 전문: Perfect Heart Institute는 심장전문센터이며, 정형, 성형수술, 치과, 암치료, 여성건강센터들도 따로 있다.

27층의 이 병원은 1993년부터 진료를 시작했다. 현재 300개의 병상으로 환자 수용 능력을 늘리고 있으며, 이 중에 반은 외국 환자들을 위한 병실이다. 의료진은 미국과 태국 인증 절차를 마친 의사들이며, 높은 교육수준의 간호사, 기술자, 관리자를 보유하고 있다. 최신 기술과 최첨단 장비로 의료서비스를 제공한다. 2004년부터 'Centers of Excellence' 인증을 받았다.

(4) Bangkok Hospital Medical Center (www.bangkokhospital.com/eng/index.aspx)

• 인증: 전 지점 JCI인증

• 전문: 심장, 신경, 성형수술, 산부인과

이 최첨단 의료복합시설은 4개의 지점으로 구성되었다. 650명이 넘는 의료진은 국제적으로 교육을 받았다. 개인화된 의료서비스를 추구하며, 다양한 서비스를 제공하고 있다. Bangkok International Hospital은 태국 최초로 국제 환자 전용으로 설립된 병원이다. 의사들과 직원들은 영어를 유창하게 구사하고, 그 외의 의사소통은 통역자들이 도와준다.

(5) **Samitivej Hospital**

(Sukhumvit: www.samitivej.co.th/sukhumvit/aboutus_en.aspx)

- 인증: Hospital Accreditation Board of Thailand
- 전문: 치과, 피부, 심장, 관절, 성형수술, 라식, 건강진단, 일반수술, 여성 건강, 미용수술

1979년에 설립된 이 병원은 270개의 병상과 7개의 진료실 그리고 1,200명의 직원이 있다. 고급 의료장비와 높은 교육수준의 의료진은 다양한 의료서비스를 제공한다. 국제환자부는 외국 환자들을 도와준다. 또한 병원에는 세븐일레븐과 스타벅스 등의 편의시설도 있다.

(6) **Preecha Aesthetic Institute(PAI: www.pai.co.th)**

- 전문: 다양한 미용수술을 제공하지만, PAI는 또한 남성 및 여성 성전환수술, 안면 여성화 그리고 성기확대수술로 유명하다.

PAI는 Preecha Tiewtranon 박사가 설립했다. Tiewtranon 박사는 태국에서 가장 유명한 성형수술 의사이며, 세계에서 가장 유명한 성전환수술 의사이다. Preecha 박사로도 불리며, 성형수술과 성전환수술에 30년의 경험이 있다. 3만 건의 성형수술과 3,500건의 성전환수술을 해 왔다. 이와 같은 매우 특화된 분야에 사용되는 많은 수술법들은 그가 개발해 왔다. 태국의 모든 성전환 전문의사는 Preecha 의사 밑에서 교육을 받았다.

2) 평균 치료비용

〈표 VI-3〉 태국의 평균 치료비

치료		평균 비용(달러)
성형	얼굴/목리프트(face/neck lift)	3,900
	안검수술(blepharoplasty)	2,100
	코수술(rhinoplasty)	2,800
	이마리프트(brow/forehead lift)	2,000
	귀수술(otoplasty)	1,600
	지방흡입술(liposuction) 부위당	1,300
	뱃살성형(tummy tuck)	5,600
	가슴확대(breast augumentation)	5,000
	가슴성형(breast lift)	3,700
	안쪽 허벅지리프트(inner thigh lift)	2,900
	바깥쪽 허벅지리프트(outer thigh lift)	3,900
	엉덩이리프트(buttock lift)	2,700
정형	하반신리프트(lower body lift)	8,300
	고관절교체(hip replacement)	13,000
	고관절리서피싱(hip resurfacing)	13,000
	무릎관절교체(knee replacement)	11,000
	무릎관절교체(양쪽)	18,000
척추	척추관절융합(spinal fusion)	14,000
	디스크교체(spinal disc replacement)	16,000
심장	혈관조영(angriogram)	1,700
	CT 혈관조영(CT angiography scan)	600
	대동맥류수술(aortic aneurysm surgery)	18,000
	바이패스형성수술(bypass surgery CAB)	14,000
	관상혈관성형술(coronary angioplasty)	7,000
산부인과	자궁절제술(hysterectomy)	6,000

일반수술	복강경검사(diagnostic laprascopy)	1,900
	쓸개제거수술(gallbladder removal)	3,900
	헤르니아수술(hernia repair)	1,900
성전환술	남자→여자(male-to-female)	9,000~12,000
	여자→남자(female-to-male)	25,000
치과	치관(crowns)	225~1,000
	베니어(veneers)	60~350
	임플란트(implants)	650~3,000
	가공의치(bridges)	250
	뼈이식(bone grafts)	400~750
	치아뿌리관수술(root canal)	165~250
	발치(extractions)	120~150

자료: Marsek & Sharpe(2009: 346-347)

2. 인도-뭄바이(Mumbai), 방갈로어(Bangalore), 델리(Delhi), 체나이(Chennai)

의료비가 가장 값싼 나라 중 하나인 인도는 의료관광의 리더로 거듭나기 위해 노력하고 있다. Medical Tourism Magazine에 의하면, 약 15만 명의 서양인들이 인도로 가서 품질은 고급이면서 저가인 치료를 받는다. 최근에는 의료관광객들을 유치하기 위해 최첨단 시설을 가진 사립병원들이 생겼다(이하 Marsek & Sharpe, 2009: 310-321 참조).

인도 의사들은 최고의 교육을 받은 의사들로 세계적으로 알려져 있다. 미국, 캐나다, 영국, 호주에는 거의 6만 명에 이르는 인도 의사들이 일하고 있다. 이 중에서 매년 증가하는 의료관광객들을 치료하기 위해서 다시 인도로 귀국하는 의사들이 많아지고 있다. 인도의 일류급 의사진, 최첨단 시설 그리고 아주 낮은 가격은 인도를 매우 좋은 의료관광지로 만들었다.

반면에 인도의 최첨단 의료시설들은 이 나라의 빈부격차를 보여 주는 빈민가 바로 옆에 위치한다. 이것은 의료관광객을 불안하게 하고 전체적인 여행 분위기를 훼손할 수 있다. 대도시에는 교통 혼잡과 인구 과잉에 대해 대비해야 된다. 또한 의료비용이 미국의 1/10 정도이지만 다른 행선지들보다 숙박비는 높은 편이다.

1) 병원

대부분의 일류 병원들은 이미 JCI인증을 받았고, 의료관광객을 상대하는 사립병원들도 인증 절차를 시작하고 있다. 인도는 특히 심장계 치료, 고관절교체, 고관절리서피싱 등의 치료가 유명하지만, 성형수술로는 잘 알려져 있지 않다. 인도 문화의 중요 관습 중 하나는 "손님은 신이다"라는 믿음이며, 이런 태도가 병원들의 매우 좋은 서비스 정신의 바탕이 된다.

(1) Hiranandani Hospital(www.hiranandanihospital.org)

- 인증: ISO 9001: 200, German Accreditation Council(DAR), National Accreditation Board for Certification Bodies(NABCB), National Accreditation Board for Hospital and Healthcare Providers(NABH). 일류 병원인증인 NABH를 받은 10개의 인도 병원 중 하나이다.
- 전문: 심장, 안과, 고관절교체, 고관절리서피싱, 일반치료, 체중감량수술, 치과, 재활, 미용

2004년에 L. H. Hiranandani 박사 이름으로 설립된 이 병원은 130개의 병상이 있다. 모든 서비스가 한 건물 안에 있는 최첨단 시설이며, 여기에 개별 고객에 맞춘 치료를 해 준다. 국제적 교육을 받은 의사들과 간호사들이 있으며, 환자들의 가족들을 위한 숙박시설도 있다. 국제환자보호센터(Overseas Patient Care Centre)는 의료관광 절차를 간편하게 해 주는 많은 서비스를 제공해 주고 있다.

(2) Max Healthcare(www.maxhealthcare.in/corporate/index.asp)

- 인증: NABH
- 전문: 정형외과, 고관절교체, 신경과, 산부인과, 소아과

종합적 환자 관리를 추구하는 이 병원은 수준 높은 치료와 환자의 종합적인 건강에 주목한다. Max병원은 국제 환자들의 요구에 대처하기 위한 다양한 서비스를 제공한다. 환자 수용력은 200명이고, 환자들의 편안함을 위해 애쓰는 고도로 훈련된 직원들이 있다.

(3) Wockhardt Hospitals
 (뭄바이, 방갈로어: www.wockhardthospitals.net)

- 인증: JCI, ISO 9002. Wockhardt는 인도 병원 최초로 ISO 9002 인증을 받았다.
- 전문: 뭄바이병원은 심장, 신경, 정형외과, 안과, 체중감량수술 그리고 최소침습수술 전문이고, 방갈로어병원은 심장 전문이다.

Wockhardt는 인도에서 독점적으로 Harvard대학교 의과대학원의 해외지점인 Harvard Medical International과 협력하고 있다. Wockhardt는 7개의 도시에서 12개 병원을 운영하고 있으며, 추가적으로 새로운 시설들을 짓고 있다. 많은 직원들은 국제적 교육을 받았으며, 모든 의사와 간호사는 영어를 사용한다. 방갈로어에 있는 Wockhardt Hospital and Heart Institute는 몇 개의 혁신적인 심장계수술법을 발전시켰다. 뭄바이 지점은 인도에서 자주 시술이 안 되는 고관절리서피싱수술도 한다. 환자 개인 방에는 컴퓨터와 인터넷이 연결되어 있으며, 동반자들을 위한 소파침대도 있다. 국제환자서비스부도 있다.

(4) Apollo Hospitals
 (방갈로어, 체나이, 델리: www.apollohospitals.com)

- 인증: JCI, ISO 9002
- 전문: 고관절교체, 고관절리서피싱, 혈관형성수술, 기관이식, 주축성

방사선요법(stereotactic radiotherapy and radiosurgery)

(5) Indraprastha Apollo Hospital(델리)

- 인증: JCI, ISO 9001: 2000, ISO: 14001: 1996
- 전문: 심장, 신경외과, 암치료, 정형외과, 소아과, 기관이식, 최소침습수술

인도에서 가장 큰 의료 그룹이자 세계에서 3번째로 큰 그룹인 Apollo 의료그룹은 40개의 병원과 8,000명의 병상을 관리하고 있다. 국제 환자부가 있어 의료관광객들을 위한 다양한 서비스를 제공하고 있다. 첫 병원은 1983년에 체나이에 설립되었다. 이 병원은 현재까지 27,000번의 심장수술을 했는데, 99.6%의 성공률을 자랑하고 있다. 아폴로 네트워크에서 가장 큰 병원인 Indraprastha Apollo Hospital은 델리에 위치한다. 560의 병상이 있고, 매년 12,000명의 국제 환자를 치료한다. Apollo그룹의 가장 최첨단 시설은 방갈로어에 있다. 가장 최신 기술을 보유한 시설이며, 국제적으로 알려진 외국 학교에서 교육을 받은 의사들이 대부분이다.

2) 평균 치료비용

〈표 VI-4〉 인도의 평균 치료비

	치료	평균 비용(달러)
성형	얼굴/목리프트(face/neck lift)	2,600
	안검수술(blepharoplasty)	1,400
	코수술(rhinoplasty)	1,900
	이마리프트(brow/forehead lift)	1,300
	귀수술(otoplasty)	1,100
	지방흡입술(liposuction): 부위당	900
	뱃살성형(tummy tuck)	3,800
	가슴확대(breast augumentation)	3,400

	가슴성형(breast lift)	2,500
	안쪽 허벅지리프트(inner thigh lift)	2,600
	바깥쪽 허벅지리프트(outer thigh lift)	2,600
	엉덩이리프트(buttock lift)	1,800
	하반신리프트(lower body lift)	2,600
정형	고관절교체(hip replacement)	9,000
	고관절리서피싱(hip resurfacing)	9,000
	무릎관절교체(knee replacement)	7,600
	무릎관절교체(양쪽)	12,500
척추	척추관절융합(spinal fusion)	9,600
	디스크교체(spinal disc replacement)	11,000
심장	혈관조영(angriogram)	1,100
	CT 혈관조영(CT angiography scan)	400
	대동맥류수술(aortic aneurysm surgery)	12,300
	바이패스형성수술(bypass surgery CAB)	9,500
	관상혈관성형술(coronary angioplasty)	4,800
산부인과	자궁절제술(hysterectomy)	3,900
일반수술	복강경검사(diagnostic laprascopy)	1,200
	쓸개제거수술(gallbladder removal)	2,600
	헤르니아수술(hernia repair)	1,200
치과	치관(crowns)	150~600
	베니어(veneers)	40~200
	임플란트(implants)	450~2,000
	가공의치(bridges)	150
	뼈이식(bone grafts)	250~500
	치아뿌리관수술(root canal)	75~175
	발치(extractions)	75~175

자료: Marsek & Sharpe(2009: 314-316)

3. 싱가포르(Singapore)

싱가포르는 오래전부터 국제 환자들에게 인기가 많은 행선지이다. 2006년에는 인도네시아, 러시아, 인도, 태국, 호주, 독일, 중국, 필리핀, 미국 등에서 온 55만 명이 넘는 외국인들이 싱가포르를 방문해서 치료를 받았다. 싱가포르 정부는 2012년까지 의료관광객 100만 명 유치 목표를 세웠다(이하 Marsek & Sharpe, 2009: 326-331 참조).

Singapore Medicine이라는 복합기구는 이 목표를 성취하기 위해 세워졌고, 싱가포르를 의료관광의 세계적 허브로 만들려고 노력한다. 싱가포르는 또한 미국 보험회사들과 자영업을 하는 사람들에게 중요한 의료관광 행선지가 될 것으로 예상된다.

싱가포르가 미국 의료관광객들에게 좋은 행선지인 이유는 많다. 현대적 고층건물들과 영어가 공용어이기 때문에, 더 맑고, 깨끗하고, 안전한 미국 도시처럼 느껴진다. 또한 싱가포르는 아시아에서 가장 부유한 나라 중 하나이기 때문에 인도나 멕시코 등의 행선지에서 쉽게 보이는 빈곤함이 잘 안 보인다. 또 다른 이유는 미국에서 싱가포르로 가는 직행 항공편과 매우 우수한 대중교통체계를 갖추었기 때문이다.

싱가포르의 세계 일류급 의료체계는 2000년 세계보건기구(World Health Organization) 보고서에 아시아 1위, 세계 6위로 선정되었다. 또한 미국에 비해서 의료비용이 상당히 저렴하다. 물론 다른 행선지들보다 덜 저렴한 것은 주의해야 한다. 그러나 이것은 우수한 의료시설, 세련된 기반시설, JCI인증 병원, 국제적으로 교육된 의사들, 안정된 정부, 효율성, 낮은 범죄율 등의 대가이다.

싱가포르는 다양한 분야의 치료를 제공하지만, 가장 유명한 분야들은 암 연구, 줄기세포치료 그리고 간이식이다. 현재에는 대부분의 미국 환자들은 심장치료 그리고 고관절치료 등의 정형외과치료를 받기 위해 싱가포르로 간다.

1) 병원

싱가포르는 아시아에서 최다 JCI인증 병원(12곳)들을 가지고 있다. 수술 성공률은 매우 높으며, 웹사이트에 확인할 수 있다. 다른 행선지와 달리, 사립병원들뿐만 아니라 국립 의료시설도 외국 환자들을 위한 서비스들이 많다.

(1) Parkway Group Healthcare(www.parkwayhealth.com)

Parkway Group Healthcare는 싱가포르에서 가장 큰 사립 의료기구이다. 다음 3개의 병원을 운영하고 있으며, 적극적으로 외국 환자들을 유치하려고 노력한다.

(2) Mount Elizabeth Hospital

- 인증: JCI
- 전문: 30개 이상의 전문 분야 중에는 심장, 신경, 암, 줄기세포치료 등이 있다.

1976년에 설립된 이 응급환자 치료시설은 505개의 병상이 있으며, 종합 의료서비스를 제공한다. 모든 사립병원 중에서 Mount Elizabeth Hospital이 가장 많은 심장 및 신경수술을 한다. 싱가포르 병원 최초로 다양한 심장, 신경, 줄기세포치료법들을 사용해 왔다.

(3) Gleneagles Hospital (singapore.parkwayhealth.com/hospitals/geh.asp)

- 인증: JCI
- 전문: 간이식, 심장수술, 정형외과, 산부인과

1957년에 요양원으로 설립된 이 병원은 380개 병상의 응급 환자 치료시설로 발전했으며, 150명의 의료 전문가들이 있다. 종합 의료서비스를 제공하고, 가장 친절하고 환자 중심인 병원이다. Gleneagles는 싱가포르 최초로 살아 있는 사람의 간이식수술에 성공했다.

(4) East Shore Hospitals (singapore.parkwayhealth.com/hospitals/esh.asp)

- 인증: JCI
- 전문: 종합 진료, 소아과, 산부인과

이 응급환자 치료시설은 123개의 병상이 있으며, 1930년대에 양로원으로 설립되었다. 현재까지 다양한 현대화 작업이 완공되었으며, 편안하고 일반 가정과 비슷한 환경에 다양한 의료서비스를 제공한다. 개인별 환자 관리로 유명하고, 직원들은 환자들을 위해 최대한 많은 노력을 한다.

(5) Raffles Hospitals Group(www.rafflesmedical.com)

- 인증: JCI
- 전문: 성형, 암, 소아, 치과, 부인과

래플즈병원 그룹은 래플즈 의료그룹 산하에 있는 병원으로 싱가포르 전역에 60개의 병원을 갖고 있다. 이 병원은 35개 과목의 진료를 제공하며, 16개 전문진료센터가 있다. 싱가포르와 동남아시아에서 가장 유명한 병원 중 하나이며 양방과 함께 한방을 주요 진료과목으로 다루고 있다. 래플즈병원은 외국인 전문병동(예: 일본환자센터 등)도 운영하고 있다. 래플즈병원은 자체 생산하는 다양한 건강보조식품도 판매하고 있다.

(6) Singapore General Hospital(www.sgh.com.sg)

- 인증: JCI
- 전문: 성형수술, 정형외과, 산부인과, 신경외과 등 28개 과목

1821년에 설립된 Singapore General Hospital(SGH)은 싱가포르에서 가장 오래된 응급환자 병원이고, 1,500개가 넘는 병상과 550명의 전문가를 보유해서 규모가 가장 크다. 매년 10만 건의 수술이 진행되며, 국립병원 중 가장 중요한 병원으로 알려져 있다.

2) 평균 치료비용

〈표 VI-5〉 싱가포르의 평균 치료비

	치료	평균 비용(달러)
성형	얼굴/목리프트(face/neck lift)	3,900
	안검수술(blepharoplasty)	2,100
	코수술(rhinoplasty)	2,800
	이마리프트(brow/forehead lift)	2,000
	귀수술(otoplasty)	1,600
	지방흡입술(liposuction): 부위당	1,300
	뱃살성형(tummy tuck)	5,600
	가슴확대(breast augumentation)	5,000
	가슴성형(breast lift)	3,700
	안쪽 허벅지리프트(inner thigh lift)	2,900
	바깥쪽 허벅지리프트(outer thigh lift)	3,900
	엉덩이리프트(buttock lift)	2,700
	하반신리프트(lower body lift)	8,300
정형	고관절교체(hip replacement)	13,000
	고관절리서피싱(hip resurfacing)	13,000
	무릎관절교체(knee replacement)	11,000
	무릎관절교체(양쪽)	18,000
척추	척추관절융합(spinal fusion)	14,000
	디스크교체(spinal disc replacement)	16,000
심장	혈관조영(angriogram)	1,700
	CT 혈관조영(CT angiography scan)	600
	대동맥류수술(aortic aneurysm surgery)	18,000
	바이패스형성수술(bypass surgery CAB)	14,000
	관상혈관성형술(coronary angioplasty)	7,000
산부인과	자궁절제술(hysterectomy)	6,000

일반수술	복강경검사(diagnostic laprascopy)	1,900
	쓸개제거수술(gallbladder removal)	3,900
	헤르니아수술(hernia repair)	1,900
치과	치관(crowns)	225～1,000
	베니어(veneers)	60～350
	임플란트(implants)	650～3,000
	가공의치(bridges)	250
	뼈이식(bone grafts)	400～750
	치아뿌리관수술(root canal)	165～250
	발치(extractions)	120～150

자료: Marsek & Sharpe(2009: 335-336)

4. 필리핀-마닐라(Manila)

필리핀은 수천 개의 섬으로 구성되어 있다. 1898부터 1935년까지 미국의 식민지였기 때문에, 미국 문화가 보편적이다. 영어는 필리핀의 공식 언어들 중 하나이며, 미국식 발음과 단어들이 쓰인다. 필리핀의 의료체계도 미국의 영향을 받았다. 많은 의사들이 미국에서 교육을 받고 다시 필리핀으로 돌아온다. 이런 요인 때문에 미국인들에게 더욱더 좋은 의료관광목적지로 인식되고 있다(이하 Marsek & Sharpe, 2009: 326-330 참조).

필리핀은 매년 15만 명 이상의 외국 환자들을 치료하는데, 대부분은 치료를 받으러 돌아오는 자국 교포들이다. 그러나 필리핀이 의료관광지로 널리 알려지면서 다른 외국인들도 많이 필리핀으로 올 가능성이 높아지고 있다. 어떤 의료사업 관계자들은 필리핀이 5년 안에 세계 10대 의료관광지로 발달할 수 있다고 예상한다.

현재 의료관광객들에게 가장 좋은 병원들은 수도 마닐라에 있다. 활기찬 마닐라는 전통적 건물과 현대적 건물로 가득 차 있다. 세계 일류급 식당과 야간 엔터테인먼트도 즐길 수 있다.

미래에 좋은 관광지가 될 수 있는 장소는 Mactan섬이며, 이 섬은 세부(Cebu)에서 가깝다. 이 섬에는 5성급 리조트, 국제공항 그리고 병원이 있다.

1) 병원

마닐라에 있는 병원 중 JCI인증을 받은 두 병원이 외국 환자들에게 가장 좋다. 이 병원의 의사들 대부분은 영어를 사용하며 미국에서 교육을 받았다.

(1) St. Luke's Medical Center(www.stluke.com.ph)

- 인증: JCI
- 전문: 암, 심장, 정형외과, 안과, 신경외과, 간이식

1903년부터 운영해 온 이 병원은 650개의 병상이 있으며, 최첨단 시설과 기술을 보유하고 있다. 미국 병원 95%보다 더 좋은 시설과 기술을 가졌다고 자부한다. 또한 New York Presbyterian Hospital, the Memorial Sloan-Kettering Cancer Center, Columbia University College of Physicians and Surgeons, Weill Cornell Medical College of Cornell University 등의 미국의 유명한 병원들과 제휴하고 있다. 국제환자센터가 있으므로 여기에서 진료 스케줄을 짜고 여행계획에 도움을 받을 수 있다.

(2) The Medical City(www.themedicalcity.com)

- 인증: JCI
- 전문: 심장수술, 신경외과, 정형외과, 암, 줄기세포치료, 성형수술, 최소침습수술

1,000명이 넘는 의사들이 최첨단 기술로 환자들을 치료한다. 또한 의사들과 간호사들이 '하우스콜(house calls)'서비스를 제공하여 회복/요양하고 있는 외국 환자들을 직접 호텔이나 숙소로 방문해서 검사를 해 준다.

2) 평균 치료비용

〈표 VI-6〉 필리핀의 평균 치료비

	치료	평균 비용(달러)
성형	얼굴/목리프트(face/neck lift)	3,200
	안검수술(blepharoplasty)	1,800
	코수술(rhinoplasty)	2,300
	이마리프트(brow/forehead lift)	1,700
	귀수술(otoplasty)	1,300
	지방흡입술(liposuction): 부위당	1,100
	뱃살성형(tummy tuck)	4,600
	가슴확대(breast augumentation)	4,100
	가슴성형(breast lift)	3,100
	안쪽 허벅지리프트(inner thigh lift)	3,200
	바깥쪽 허벅지리프트(outer thigh lift)	3,200
	엉덩이리프트(buttock lift)	2,200
	하반신리프트(lower body lift)	6,900
정형	고관절교체(hip replacement)	10,900
	고관절리서피싱(hip resurfacing)	11,000
	무릎관절교체(knee replacement)	9,000
	무릎관절교체(양쪽)	15,300
척추	척추관절융합(spinal fusion)	11,800
	디스크교체(spinal disc replacement)	13,500
심장	혈관조영(angriogram)	1,400
	CT 혈관조영(CT angiography scan)	500
	대동맥류수술(aortic aneurysm surgery)	15,000
	바이패스형성수술(bypass surgery CAB)	11,600
	관상혈관성형술(coronary angioplasty)	6,000
산부인과	자궁절제술(hysterectomy)	4,800

일반수술	복강경검사(diagnostic laprascopy)	1,500
	쓸개제거수술(gallbladder removal)	3,200
	헤르니아수술(hernia repair)	1,500
치과	치관(crowns)	190~800
	베니어(veneers)	50~300
	임플란트(implants)	550~2,400
	가공의치(bridges)	200
	뼈이식(bone grafts)	350~600
	치아뿌리관수술(root canal)	100~250
	발치(extractions)	100~200

자료: Marsek & Sharpe(2009: 329-330)

5. 말레이시아-콸라룸푸르(Kuala Lumpur), 페낭(Penang)

말레이시아는 의료관광객들에게 좋은 행선지며 의료관광 여행의 숨은 보석으로 여겨진다. 말레이시아 정부는 세계적 의료관광 국가를 만들기 위해 노력을 하고 있다. 이 목표를 달성하기 위해서 말레이시아 병원들과 의료 기업들은 외국 환자에게 매우 수준 높은 서비스를 제공하고 있다(이하 Marsek & Sharpe, 2009: 316-321 참조).

말레이시아를 방문하는 의료관광객들은 말레이시아인들의 친절함에 대해 감탄한다. 정치적으로 혼란스러운 나라가 아니어서 좋다. 교통수단은 잘 발달되어 있고, 여행하기도 쉽다. 말레이시아 고유의 문화는 다양한 관습, 인종 그리고 종교에서 나온다.

말레이시아의 대도시들은 서양식 개발이 되어 있어 친근함을 느낄 수 있다. 이것과 대조를 이루는 조용한 해변과 공원들은 건강회복에 도움이 된다. 많은 관광객들은 말레이시아를 너무 좋아해서 현지에 집을 마련하려고 시도하기도 한다.

1) 병원

말레이시아사립병원협회는 35개의 병원이 있다. 대부분의 병원들은 국제 환자를 환영하고 있다. 아래 병원들은 JCI인증 절차를 진행 중이거나, 미국인들이 운영하고 있거나, 미국 대기업들이 후원하는 병원들이다. 말레이시아에는 모든 성형수술 또는 질병치료를 받을 수 있다.

(1) Gleneagles Intan Medical Centre KL(www.gimc.com.my)

- 인증: ISO 9002, Malaysian Society for Quality in Health, JCI인증 진행 중
- 전문: 심장, 줄기세포치료, 체외 수정, 피부, 암치료, 여성 건강, 고급 건강검진

Parkway Group Healthcare의 부속 병원이며, 1996년에 설립되었고 330개의 병상이 있다. 1957년까지 영국 식민지였던 말레이시아는 영국에서 교육받은 의사들이 많다. 병원은 국제 환자들을 환영하며, 통역, 숙박 예약, 공항 영접/환송 등 외국인을 위한 많은 지원서비스가 있다.

(2) Gleneagles Medical Centre Penang (www.gleneagles-penang.com/index.htm)

- 인증: Malaysian Society for Quality in Health
- 전문: 심장, 산부인과, 정형, 척추수술, 일반치료, 신경, 안과, 암치료, 소아과

1973년에 설립된 이 병원은 페낭의 최초 사립병원이다. '동양의 진주' 라고 불리는 페낭 섬에 있는 이 병원은 전문 서비스와 시설을 제공한다. Parkway Group Healthcare의 부속병원이며, 4년에 걸친 리노베이션 프로젝트를 2000년에 끝냈다. 2009년에 추가 작업이 진행 중이다. 말레

이시아에서 가장 최첨단 병원이다. 이 병원은 특히 고급 건강검진으로 유명하다.

(3) Penang Adventist Hospital(www.pah.com.my)

- 인증: Malaysian Society for Quality in Health, Adventist Health Services Asia, JCI인증 진행 중
- 전문: 심장, 치과, 산부인과, 안과, 정형외과, 소아과, 스포츠치료, 성형수술

Penang Adventist Hospital은 Adventist Health Network가 운영하는 500개 이상의 지점 중 하나이다. 이 병원은 북 말레이시아에서 최초로 최신 심장수술기술을 사용하는 것으로 유명하며, 여기에 관상동맥바이패스수술, TMR(transmyocardial laser revascularization), 미세혈관수술, 개심술 등이 포함된다. 병원은 또한 건강센터가 있어서 여기서 건강검사도 하면 더욱 더 좋다.

2) 평균 치료비용

〈표 VI-7〉 말레이시아의 평균 치료비

	치료	평균 비용(달러)
성형	얼굴/목리프트(face/neck lift)	2,900
	안검수술(blepharoplasty)	1,600
	코수술(rhinoplasty)	2,100
	이마리프트(brow/forehead lift)	1,500
	귀수술(otoplasty)	1,200
	지방흡입술(liposuction): 부위당	1,000
	뱃살성형(tummy tuck)	4,200
	가슴확대(breast augumentation)	3,750
	가슴성형(breast lift)	2,800

	안쪽 허벅지리프트(inner thigh lift)	2,900
	바깥쪽 허벅지리프트(outer thigh lift)	2,900
	엉덩이리프트(buttock lift)	2,000
	하반신리프트(lower body lift)	6,250
정형	고관절교체(hip replacement)	9,900
	고관절리서피싱(hip resurfacing)	10,000
	무릎관절교체(knee replacement)	8,200
	무릎관절교체(양쪽)	13,900
척추	척추관절융합(spinal fusion)	10,700
	디스크교체(spinal disc replacement)	12,250
심장	혈관조영(angriogram)	1,250
	CT 혈관조영(CT angiography scan)	450
	대동맥류수술(aortic aneurysm surgery)	13,750
	바이패스형성수술(bypass surgery CAB)	10,600
	관상혈관성형술(coronary angioplasty)	5,400
산부인과	자궁절제술(hysterectomy)	4,400
일반수술	복강경검사(diagnostic laprascopy)	1,400
	쓸개제거수술(gallbladder removal)	2,900
	헤르니아수술(hernia repair)	1,400
치과	치관(crowns)	170 · 700
	베니어(veneers)	50～250
	임플란트(implants)	500～2,200
	가공의치(bridges)	200
	뼈이식(bone grafts)	300～550
	치아뿌리관수술(root canal)	100～200
	발치(extractions)	100～150

자료: Marsek & Sharpe(2009: 320-321)

6. 중국-베이징, 홍콩

지금까지 중국은 국제 의료관광시장에 큰 영향을 미치지 못하고 있다. 국제의료여행협회(International Medical Travel Assocation)의 회장 Steven Tucker 박사에 의하면, 이것은 중국의 의료 기반시설이 아직 잘 발달되어 있지 않기 때문이다. 그러나 중국의 의료산업은 이 상황을 극복하려고 노력하고 있다(이하 Marsek & Sharpe, 2009: 300-304 참조).

베이징에서 열린 2008년 하계 올림픽은 중국이 전 세계의 관심을 받는 계기가 되었다. 의료산업 관계자들은 이것을 이용해 중국이 의료관광지로 거듭나게 하려고 노력한다. 올림픽 개최를 위해 의료시설을 개선하고 수속 절차를 간편하게 하여 외국인 환자들을 유치하려고 노력했다. 올림픽 기간 동안 베이징에 있는 의사들은 영어로 진료를 해야 했다.

영국 식민지였던 홍콩은 베이징보다 영어가 훨씬 더 많이 사용된다. 국제적인 이 도시는 오랫동안 많은 관광객들을 유치했으며, 최근에는 의료관광객들에게 홍콩 병원들을 홍보하고 있다.

1) 병원

홍콩은 원래 영국 식민지였기 때문에 병원들은 영국식 기준을 오랫동안 지켜왔다. 이제는 추가적으로 JCI인증을 받아 다른 서양 의료관광객들을 유치하려고 한다. 베이징에 있는 사립병원들도 마찬가지로 JCI인증을 받아 인기를 끌려고 한다.

(1) Beijing United Family Hospital (www.unitedfamilyhospitals.com)

- 인증: JCI
- 전문: 피부, 안과, 일반수술, 산부인과, 치과

United Family Hospitals and Clinics는 선두 의료 그룹으로서 종합적인 의료서비스를 제공한다. 중국에서는 베이징 병원이 첫 서양식 의료시설이며, 1997년에 개원했다. 2004년에는 상하이에 Shanghai United Family Hospital을 열었고, 중국 다른 지역에도 확장하려는 계획이 있다. 대부분의 직원들은 국제적 교육과 경험을 가지고 있다. 베이징 병원에서는 영어가 널리 쓰이며, 외국 환자들을 위해 교통 및 숙박을 도와주는 서비스도 있다.

(2) Hong Kong Adventist Hospital (www.hkah.org/mew/eng/index.htm)

- 인증: JCI, Trent
- 전문: CyberKnife센터, 심장, 일반수술

160개 지점이 넘는 국제적 네트워크의 한 멤버인 이 사립병원은 오랫동안 외국 환자들을 위해 영업해 왔다. 2006년에 열린 CyberKnife센터가 주요 시설이다. CyberKnife는 암세포와 종양을 제거하는 첨단 수술기술시스템이다.

2) 평균 치료비용

〈표 VI-8〉 중국의 평균 치료비

	치료	평균 비용(달러)
선형	얼굴/목리프트(face/neck lift)	3,600
	안검수술(blepharoplasty)	2,000
	코수술(rhinoplasty)	2,600
	이마리프트(brow/forehead lift)	1,900
	귀수술(otoplasty)	1,500
	지방흡입술(liposuction): 부위당	1,200
	뱃살성형(tummy tuck)	5,200

	가슴확대(breast augumentation)	4,100
	가슴성형(breast lift)	3,500
	안쪽 허벅지리프트(inner thigh lift)	3,600
	바깥쪽 허벅지리프트(outer thigh lift)	3,600
	엉덩이리프트(buttock lift)	2,500
	하반신리프트(lower body lift)	7,800
정형	고관절교체(hip replacement)	12,500
	고관절리서피싱(hip resurfacing)	12,500
	무릎관절교체(knee replacement)	10,200
	무릎관절교체(양쪽)	17,400
척추	척추관절융합(spinal fusion)	13,400
	디스크교체(spinal disc replacement)	15,300
심장	혈관조영(angriogram)	1,600
	CT 혈관조영(CT angiography scan)	600
	대동맥류수술(aortic aneurysm surgery)	17,200
	바이패스형성수술(bypass surgery CAB)	13,200
	관상혈관성형술(coronary angioplasty)	6,700
산부인과	자궁절제술(hysterectomy)	5,500
일반수술	복강경검사(diagnostic laprascop)	1,600
	쓸개제거수술(gallbladder removal)	3,600
	헤르니아수술(hernia repairv)	1,700
치과	치관(crowns)	200~900
	베니어(veneers)	60~350
	임플란트(implants)	600~2,700
	가공의치(bridges)	250
	뼈이식(bone grafts)	350~700
	치아뿌리관수술(root canal)	125~250
	발치(extractions)	125~200

자료: Marsek & Sharpe(2009: 303-304)

7. 아랍에미리트-아부다비(Abu Dhabi), 두바이(Dubai)

7개의 에미리트(미국의 주와 비슷함)로 구성된 아랍에미리트(UAE)에는 석유와 천연가스가 풍부하여 국민들이 부유한 생활을 하고 있다. 범죄율은 매우 낮고, 세계 일류급 호텔과 쇼핑 그리고 오락을 즐길 수 있다. 일 년 내내 맑은 날씨와 아름다운 해변을 결합하면 UAE가 세계에서 가장 빨리 성장하는 의료관광지로 발전할 수 있을 것이다(이하 Marsek & Sharpe, 2009: 347-350 참조).

사막의 오아시스처럼, 아부다비와 두바이는 세계에서 가장 현대적인 도시들에 속한다. 높은 고층건물과 최첨단 통신체계로 세계의 가장 유명한 도시들과 맞먹는다. 그리고 대도시 밖에서는 아직도 UAE 고유의 문화를 찾을 수 있다. 중동아시아 지역으로 여행하는 것을 두려워한다면, 두바이와 아부다비는 서양인을 환영하는 관대한 사회로 적당한 의료관광지가 될 것이다. 그러나 2010년의 외환 유동성 위기로 의료관광산업발전계획은 상당한 타격을 입을 것으로 예상된다.

1) 병원

세계에서 가장 선진적인 두 병원을 현재 두바이와 아부다비에서 건설 중이다. 두 병원 모두 미국의 유명한 의료기관들과 협력하고 있어 가장 높은 수준의 의료서비스를 제공할 것이다. 이 시설에 거대한 자본이 투자되며, 완공되면 호화로운 의료환경을 선보일 것이다.

(1) University Hospital/Dubai Healthcare City (DHCC: www.uhdubai.com/index.html,www.dhcc.ae/en/pages/default.aspx)

- 인증: 완공되지 않아서 아직 없음, JCI인증 계획 중

• 전문: 암치료, 신경, 정형, 여성 건강, 심장 등

현재 공사 중인 DHCC는 병원, 외래환자클리닉, 고급 스파리조트 등으로 구성될 계획이다. 최첨단 시설인 University Hospital은 2011년에 개원할 예정이며, 400명의 환자를 수용할 계획이다. 대부분의 의사들은 미국에서 교육을 받았으며, 인근에 5성급 호텔이 환자 가족, DHCC 직원 그리고 방문 의사 전용으로 건설되고 있다.

(2) Cleveland Clinic Abu Dhabi
(CCAD: my.clevelandclinic.org)

• 인증: 완공되지 않아서 아직 없음, JCI인증 계획 중

• 전문: 심장, 일반수술, 산부인과, 정형, 안과 등

2010년에 완공계획이었던 CCAD는 2011년에 완공될 전망이다. CCAD는 획기적인 병원 시설이 될 것으로 예상되며, 360개의 병상과 외과를 포함한다. Cleveland Clinic의 체계, 절차 및 기준으로 건설되고 있고, 대부분의 의사들은 미국에서 교육받고 인증을 받을 예정이다. Cleveland Clinic이 추가 교육을 계속 진행할 예정이다.

2) 평균 치료비용

병원들이 아직 열리지 않아서 가격은 아직 없다. 그러나 싱가포르보다 약간 더 높은 가격이 예상된다.

8. 요르단-암만(Amman)

요르단은 아직 서양 의료관광객들에게 많은 인기를 끌지 못했지만, 요르단 정부가 이런 추세를 바꾸기 위해 노력하고 있다. 2004년에 요르단 보건부는 국립 및 사립 의료기관들에게 2010년까지 요르단 의료관광산업을 10억 달러 산업으로 만들라고 지시했다. 공식 자료에 의하면, 2003년

에서 2006년 사이에는 외국 환자들에게서 6억 달러의 의료수입을 벌어들였다. 2004년에는 약 10만 명의 외국 환자들이 치료를 받기 위해 입국했다. 56개의 사립병원들이 의료관광객들에게 서비스를 제공하고 있지만, 현재는 병상이 부족하여 수용 능력을 확대하려고 한다(이하 Woodman, 2008: 278-281 참조).

요르단 정부는 수도 암만의 공항에 도착하는 의료관광객들을 지원하고, 또한 외국에 있는 대사관들을 통해서 의료관광을 홍보하고 있다. 5년 안에 의료관광산업의 규모가 두 배로 늘어날 것이라고 요르단 보건부는 예상한다. 요르단의 치료비는 미국에서의 치료비보다 10분의 1 정도로 싸지만, 대부분의 의료관광객들은 다른 중동 지역 국가에서 온다. 현재에는 수단(Sudan)에서 가장 많은 환자들이 오고, 그 다음 이라크와 걸프 지역 나라들이 많다. 많은 환자들이 심장, 신장, 신경외과 그리고 정형외과 수술을 위해 요르단을 방문한다.

1) 병원

(1) Jordan Hospital and Medical Center (www.jordan-hospital.com)

• 인증: JCI

• 전문: 심장, 신경, 체외수정, 최소침습수술, 암치료, 장기이식

1996년에 설립된 이 병원은 300개의 병상이 있다. 일반진료과 외에는 응급치료에 필요한 특수 치료실, 방사선실, 방사선치료, 신장투석(renal dialysis), 쇄석술, 물리치료, 내시경, 심장 카테터(cardiac catheterization) 등의 서비스를 제공한다. 또한 당뇨병, 체외 수정, 관절염 그리고 비만을 위한 클리닉들이 있다. 2007년에는 7,000명의 외국 환자들을 치료했다. Jordan Hospital은 특히 장기이식수술에 유명하며, 간, 신장, 안구, 골수 등을 이식한다. 병원 전용 아파트 단지가 있으며, 회복 중인 환자들이 이용할 수 있다(이하 Woodman, 2008: 278-281 참조).

(2) King Hussein Cancer Center(KHCC: www.khcc.jo)

• 인증: JCI

• 전문: 심장, 신경, 체외수정, 최소침습수술, 암치료

이 시설은 중동 지역의 환자들을 위한 세계 일류급 암치료센터로 알려져 있다. KHCC의 많은 전문가들은 세계적으로 유명한 암치료시설에 근무한 경험이 있고, 관련 분야의 인증된 전문가들이다. 종합적인 암 관리서비스를 제공한다. 다양한 종류의 악성 종양을 치료하고, 이것은 최첨단 병리 및 방사선 장비를 이용하고 최신 기술로 진행된다. KHCC에는 암 관련 종합서비스도 제공하는데, 암 검진과 빈민 의료서비스 등이 있다.

(3) Al-Essra Hospital(www.essrahospital.com)

• 인증: JCI

• 전문: 심장, 신경, 체외수정, 최소침습수술, 암치료

2001년에 개원한 Al-Essra Hospital은 내시경수술, 신장투석, 심장수술, 신경수술, 정형외과치료 등에 특화하고 있다. 60명의 의사와 160개의 병상으로 구성된 이 시설은 매년 2만 명의 국제 환자들을 치료하지만, 이 중에서 50명 정도만 미국과 캐나다에서 온다. 병원 경영자들은 이 경향이 바뀌어 더 많은 서양 의료관광객들이 방문해 병원의 시설, 직원의 경험 등을 이용하기 바라고 있다. 가장 많이 시술된 치료들은 심장바이패스형성수술, 심장혈관스텐트수술(coronary artery stenting) 그리고 복강경, 위저추벽성형술(laparoscopic fundoplication, 위 및 식도 퇴조병을 치료하기 위한)이다. 환자들과 방문객을 위해 기본 병실부터 고급 스위트룸까지 다양한 숙박시설이 제공된다.

(4) Specialty Hospital(www.specialtyhospital.com)

• 인증: JCI

• 전문: 심장, 신경, 체외 수정, 최소침습수술, 암치료, 장기이식

Specialty Hospital은 1992년에 100개의 병상으로 문을 열었지만, 현재

는 수용 능력을 두 배로 늘렸다. 병원에서 일반진료와 수술을 받을 수 있지만, 심장수술, 신경수술, 신장이식, 고관절교체 그리고 성형수술로 가장 잘 알려져 있다. 이 병원은 매년 4,000명의 국제 환자들을 치료하며, 대부분의 환자들은 중동 지역에서 온다.

9. 코스타리카-산 호세(San Jose)

중앙아메리카의 보석인 코스타리카는 평화로운 오아시스다. 환경친화적인 관광객들은 코스타리카의 깨끗한 해변과 산림을 선호한다. 또한 미국과 가까운 거리에 있고, 비싸지 않은 가격과 세계 최고 수준의 병원, 성형외과, 치과병원 등으로 의료관광객들에게 좋은 행선지로 알려지고 있다. 여기에다 재활 휴양지들도 많아서 더욱 더 매력적이다(이하 Marsek & Sharpe, 2009: 304-309 참조).

성형수술과 미용치과진료가 가장 유명하지만 안과, 정형외과 그리고 체중감량수술들도 인기를 끌기 시작하고 있다. 작은 나라이지만 국제적으로 교육받고 인증받은 의사들이 많고, 대부분의 의사들은 영어도 사용한다. 많은 병원들과 외과들은 첨단 시설을 갖추었으며, 최신 기술과 치료법을 사용한다.

코스타리카의 의료산업은 적극적으로 미국 의료관광객들에게 홍보하고 있다. 많은 병원, 외과, 치과, 휴양지 등은 영어로 웹사이트를 만들어 관광객들을 유도하고 있다. 또한 병원들에는 국제환자센터들이 있어 도움이 필요한 환자들을 지원한다.

1) 병원

코스타리카는 2개의 국제적 병원이 있다. 이 병원들은 영어를 사용하며, 인증받은 의사들을 보유하고 있고, 매년 수천 명의 의료관광객들을 치료한다. 코스타리카의 치과들도 매우 유명하다.

(1) Hospital Center for International Medicine Advanced (CIMA) San Jose(www.cimahospital.com)

- 인증: JCI인증 진행 중
- 전문: 성형수술, 정형외과, 안과

50개의 전문 진료과에 160명의 국제적 교육을 받은 의사들을 가진 CIMA는 최첨단 치료를 제공한다. 이 병원은 완전한 조영실과 수술실, 24시간 운영하는 약국을 가지고 있다. 현재 JCI인증을 받는 중이지만, 현재 수준에도 미국의 인증수준을 넘는 시설을 가지고 있다. 환자의 25%가 외국에서 방문하며, 미국인들은 의료보험 지원도 받을 수 있다. 이 병원은 미국 텍사스주의 Baylor대학교 의료센터와 협력하고 있으며, 이 대학교의 교육 병원 중 하나이다.

(2) Clinica Biblica (http://hospitcalbiblicamedicaltourism.com/index.html)

- 인증: JCI
- 전문: 성형수술, 체중감량수술, 정형외과, 치과, 안과

1929년에 설립된 Clinica Biblica병원은 우수한 의료서비스를 제공하기로 유명하다. 5,000만 달러(600억 원)의 인프라와 3,500만 달러(400억 원)의 신관 건물은 미국의 병원들과 맞먹는다. 200명의 의사들 중에 대부분은 미국과 유럽의 일류 의대 출신이다. 15%의 환자는 외국에서 왔고, 국제환자센터가 외국 환자들에게 영어를 사용하는 직원들을 제공한다. 각 외국 환자는 보조 직원에 배정되며, 이 직원은 여행계획 등의 서비스를 제공해 준다. 미국 플로리다주의 Mount Sinai Medical Center와 루이지애나주의 Tulane Medical Center and Oschner Clinic과 제휴 관계를 맺고 있다.

(3) **치과병원: Prisma Dental(www.cosmeticsdentistry.com)**

• 전문: 미용치과, 임플란트, 치관, 가공의치, 치아뿌리관수술, 미백

Prisma의 의사들은 외국에서 교육을 받았고, 임플란트 치과학 고위과정을 가지고 있고, 국제임플란트학회(International Congress of Oral Implantologists)의 멤버들이다. 이 병원은 모든 종류의 미용치과치료를 제공하며, 임플란트, 치관, 가공의치 등의 치료들도 제공한다. American Dental Association의 기준에 따른 소독법을 쓰며, 유럽과 미국에서 장비를 수입한다. 또한 병원 내 기공실도 있다. 고객 중에 50%가 미국, 캐나다 그리고 유럽에서 온다.

(4) **Instituto Flikier de Rehabilitacion Oral (www.dentalinstitutecr.com/flikier.html)**

Instituto Flikier de Rehabilitacion Oral은 코스타리카의 선두적인 치과 병원이다. 가장 최첨단 치과치료법을 사용하고 있으며, American Dental Association의 가장 높은 수준을 준수한다. Flikier 박사는 보스턴 대학교(Boston University)에서 교육받았고, 강의와 치료도 했었다. 다른 팀 멤버들도 미국에서 교육을 받았다. 이 병원은 미용치과가 전문이며, 임플란트, 치관, 가공의치, 잇몸수술 등의 치료들도 제공한다.

2) 평균 치료비용

〈표 VI-9〉 코스타리카의 평균 치료비

	치료	평균 비용(달러)
성형	얼굴/목리프트(face/neck lift)	3,900
	안검수술(blepharoplasty)	2,100
	코수술(rhinoplasty)	2,800
	이마리프트(brow/forehead lift)	2,000
	귀수술(otoplasty)	1,600

	지방흡입술(liposuction): 부위당	1,300
	뱃살성형(tummy tuck)	5,600
	가슴확대(breast augumentation)	5,000
	가슴성형(breast lift)	3,700
	안쪽 허벅지리프트(inner thigh lift)	2,900
	바깥쪽 허벅지리프트(outer thigh lift)	3,900
	엉덩이리프트(buttock lift)	2,700
	하반신리프트(lower body lift)	8,300
정형	고관절교체(hip replacement)	13,000
	고관절리서피싱(hip resurfacing)	13,000
	무릎관절교체(knee replacement)	11,000
	무릎관절교체(양쪽)	18,000
척추	척추관절융합(spinal fusion)	14,000
	디스크교체(spinal disc replacement)	16,000
심장	혈관조영(angriogram)	1,700
	CT 혈관조영(CT angiography scan)	600
	대동맥류수술(aortic aneurysm surgery)	18,000
	바이패스형성수술(bypass surgery CAB)	14,000
	관상혈관성형술(coronary angioplasty)	7,000
산부인과	자궁절제술(hysterectomy)	6,000
일반수술	복강경검사(diagnostic laprascopy)	1,900
	쓸개제거수술(gallbladder removal)	3,900
	헤르니아수술(hernia repair)	1,900
치과	치관(crowns)	225～1,000
	베니어(veneers)	60～350
	베니어(implants)	650～3,000
	가공의치(bridges)	250
	뼈이식(bone grafts)	400～750
	치아뿌리관수술(root canal)	165～250
	발치(extractions)	120～150

자료: Marsek & Sharpe(2009: 308-309)

10. 멕시코

장시간 여행을 원하지 않는 북미 의료관광객들은 멕시코가 적절한 행선지가 될 수 있다. 멕시코에서는 체중감량수술, 성형, 치과치료, 정형외과, 레이저안과수술, 피부과, 줄기세포치료 등의 치료에 많은 비용을 절감할 수 있다(이하 Marsek & Sharpe, 2009: 321-326 참조).

이런 수술들은 세계에서 가장 인기 있는 관광지 중 하나인 멕시코에서 받을 수 있다. 대도시, 해변 그리고 문화 유적지의 조합은 의료관광객에 매력적이다. 그러나 리조트 지역 밖으로 나가면 덜 매력적인 곳들도 많다는 것을 알고 있어야 한다.

멕시코는 1인당 치과 수가 매우 많다. 그러나 어떤 치과들이 좋고 어떤 치과 의사들이 믿을 수 있는지 판단하기가 힘들다. 안전하고 편리한 진료를 위해, 믿을 만한 사람에게 추천을 받는 것이 가장 좋다.

1) 병원

미국과 근접하기 때문에 멕시코 병원들은 미국 환자들을 오래 전부터 유치하고 있다. 요즘 의료관광에 대한 고조된 관심 때문에 미국 환자들을 위해 치료 절차를 더 간편하게 만들려고 한다. 또한 의료관광객들을 유치하기 위해 JCI인증 절차를 시작했다.

(1) Hospital Angeles Tijuana (www.hospitalangelestijuana.com.mx/ingles)

- 인증: JCI인증 진행 중
- 전문: 체중감량수술, 정형외과, 심장, 줄기세포치료 등

Hospital Angeles는 멕시코에서 가장 큰 병원 체인이며, 전국 20개의 지점이 있다. 추가 4개 지점이 건설 중이며, 5년 안에 12개 지점을 추가할 계획이 있다. 이 체인은 8,500명이 넘는 의료 전문가들이 있으며, 매년

100만 명 이상의 환자를 치료한다. Tijuana, Guadalajara, Leon 그리고 Juarez에 있는 지점들은 특히 의료관광객들에게 적당한 병원이다. 의료관광객들은 처음에는 Tijuana 지점에 먼저 연락하는 것이 좋다.

2005년에 개원한 Tijuana 지점은 멕시코에서 가장 최첨단 시설과 기술을 가진 병원 중 하나이다. 외국 환자들을 치료하는 의사들은 모두 영어를 구사하고 외국에서 교육을 받았다. 그러나 간호사들은 의사들보다 영어를 덜 사용한다. 매년 3,000명의 미국 환자들이 체중감량수술을 하는데, 이 병원은 세계에서 가장 인기 있는 체중감량수술 행선지다. 2008년에는 줄기세포치료 시설도 추가할 예정이다.

(2) Christus Muguerza International
(www.christusmuguerza.com/mx)
Christus Muguerza Alta Especialidad
Christus Muguerza Sur

- 인증: JCI
- 전문: 심장, 정형외과, 암, 산부인과, 신경, 장기이식, 성형수술, 체중감량, 치과

미국 국경과 근접한 지점들을 갖춘 Christus Muguerza International은 미국의 Christus Health 제휴 병원이며, 3개의 지점이 있다. 하나는 특화되어 있고, 나머지 두개는 일반 종합병원이다. 최근에는 기술 및 시설을 현대화하는 작업에 1억 달러를 투자했다. 웹사이트를 통해 국제 환자들과 소통이 가능하다.

2) 평균 치료비용

〈표 VI-10〉 멕시코의 평균 치료비

치료		평균 비용(달러)
성형	얼굴/목리프트(face/neck lift)	3,900
	안검수술(blepharoplasty)	2,100
	코수술(rhinoplasty)	2,800
	이마리프트(brow/forehead lift)	2,000
	귀수술(otoplasty)	1,600
	지방흡입술(liposuction): 부위당	1,300
	뱃살성형(tummy tuck)	5,600
	가슴확대(breast augumentation)	5,000
	가슴성형(breast lift)	3,700
	안쪽 허벅지리프트(inner thigh lift)	2,900
	바깥쪽 허벅지리프트(outer thigh lift)	3,900
	엉덩이리프트(buttock lift)	2,700
	하반신리프트(lower body lift)	8,300
정형	고관절교체(hip replacement)	13,000
	고관절리서피싱(hip resurfacing)	13,000
	무릎관절교체(knee replacement)	11,000
	무릎관절교체(양쪽)	18,000
척추	척추관절융합(spinal fusion)	14,000
	디스크교체(spinal disc replacement)	16,000
심장	혈관조영(angriogram)	1,700
	CT 혈관조영(CT angiography scan)	600
	대동매류수술(aortic aneurysm surgery)	18,000
	바이패스형성수술(bypass surgery CAB)	14,000
	관상혈관성형술(coronary angioplasty)	7,000
산부인과	자궁절제술(hysterectomy)	6,000

일반수술	복강경검사(diagnostic laprascopy)	1,900
	쓸개제거수술(gallbladder removal)	3,900
	헤르니아수술(hernia repair)	1,900
치과	치관(crowns)	225~1,000
	베니어(veneers)	60~350
	임플란트(implants)	650~3,000
	가공의치(bridges)	250
	뼈이식(bone grafts)	400~750
	치아뿌리관수술(root canal)	165~250
	발치(extractions)	120~150

자료: Marsek & Sharpe(2009: 325-326)

11. 아르헨티나-부에노스아이레스(Buenos Aires)

아르헨티나는 화폐인 페소(Peso) 가치가 2002년에 추락한 후 매력적인 의료관광지가 되었다. 해외에서 방문한 관광객들은 유리한 환율을 이용해 성형수술, 치과진료 등의 치료를 받을 수 있었다. 아르헨티나는 치과진료가 가장 값싼 나라 중 하나이지만, 성형수술 등의 다른 치료들은 조금 비싼 편이다(이하 Marsek & Sharpe, 2009: 291-295 참조).

아르헨티나의 수도이면서 가장 큰 도시인 부에노스아이레스는 남아메리카의 Paris라고 불린다. 이 국제적인 도시는 잘 발달된 의료체계와 높은 수준의 의사들로 알려져 있다. 여기서 의료관광객들은 치과진료와 성형수술을 특히 선호한다. 아르헨티나인 중에서 약 30명 중 한 명이 성형수술 경험이 있을 정도로 성형수술이 잘 발달되어 있다.

성형수술의 인기 때문에 아르헨티나에서 성형수술 전문 외과들이 증가하고 있는데, 부에노스아이레스에서 가장 많이 개업하고 있다. 그러나 영어는 널리 쓰이지 않기 때문에 아르헨티나 방문을 고려하고 있다면 통역자가 필요할 수도 있다.

1) 병원

외국 의료관광객들이 늘어남에도 불구하고, 아르헨티나 병원들은 국제 인증을 받으려는 노력을 별로 하지 않았다. 아르헨티나 성형수술 병원들은 인증 절차가 없기 때문에, 어떤 특정 병원을 추천하기는 힘들다. 그러나 여기에서 소개하는 병원은 가격이 낮고 의료수준은 높다.

(1) Clinica Dental Dentistry (CDD: www.dentistry.com.ar/en_index.html)

• 전문: 치아 임플란트, 미용치과

CDD에서는 미국, 캐나다, 유럽 등에서 사용하는 일류 기술을 사용한다. 미국과 호주 대사관들과 부에노스아이레스 내 미국 회사들은 직원들을 이 병원으로 보낸다. CDD에는 치료실 4개, 수술실 1개 그리고 치관 등의 치아 부품들을 만드는 기공실도 있다.

2) 평균 치료비용

〈표 VI-11〉 아르헨티나의 평균 치료비

치료 분야		평균 비용(달러)
성형	얼굴/목리프트(face/neck lift)	3,900
	안검수술(blepharoplasty)	2,100
	코수술(rhinoplasty)	2,800
	이마리프트(brow/forehead lift)	2,000
	귀수술(otoplasty)	1,600
	시방흡입술(liposuction): 부위당	1,300
	뱃살성형(tummy tuck)	5,600
	가슴확대(breast augumentation)	5,000
	가슴성형(breast lift)	3,700

	안쪽 허벅지리프트(inner thigh lift)	2,900
	바깥쪽 허벅지리프트(outer thigh lift)	3,900
	엉덩이리프트(buttock lift)	2,700
	하반신리프트(lower body lift)	8,300
정형	고관절교체(hip replacement)	13,000
	고관절리서피싱(hip resurfacing)	13,000
	무릎관절교체(knee replacement)	11,000
	무릎관절교체(양쪽)	18,000
척추	척추관절융합(spinal fusion)	14,000
	디스크교체(spinal disc replacement)	16,000
심장	혈관조영(angriogram)	1,700
	CT 혈관조영(CT angiography scan)	600
	대동맥류수술(aortic aneurysm surgery)	18,000
	바이패스형성수술(bypass surgery CAB)	14,000
	관상혈관성형술(coronary angioplasty)	7,000
산부인과	자궁절제술(hysterectomy)	6,000
일반수술	복강경검사(diagnostic laprascopy)	1,900
	쓸개제거수술(gallbladder removal)	3,900
	헤르니아수술(hernia repair)	1,900
치과	치관(crowns)	250
	베니어(veneers)	150
	임플란트(implants)	550
	가공의치(bridges)	200
	뼈이식(bone grafts)	300
	치아뿌리관수술(root canal)	160
	발치(extractions)	80

자료: Marsek & Sharpe(2009: 294-295)

12. 브라질-상파울로(Sao Paulo), 포르토 알레그레(Porto Alegre), 리오 데 자네이로(Rio de Janeiro)

세계 성형수술의 수도라고 불리는 브라질에서는 멋진 해변과 경치를 구경할 수 있다. 브라질성형수술협회(Brazilian Society of Plastic Surgery)에는 약 4,000명의 회원이 있으며, 환자 1인당 성형외과 의사 숫자가 세계에서 가장 높다. 브라질은 미용성형수술 분야에서 리더로 인정되고 있다. 심지어 브라질의 가장 유명한 성형외과 의사인 Ivo Pitanguy는 현대 성형수술의 아버지라고 불린다(이하 Marsek & Sharpe, 2009: 295-300 참조).

브라질의 성형수술 실력은 많은 외국 손님들을 유혹하고 있다. 그러나 낮은 가격을 기대하면 안 된다. 브라질 최고의 의사들은 미국 의사들과 비슷한 가격을 부르고 있다. 그러나 미국에서 드는 비용의 1/3에서 1/2까지의 가격을 청구하는 병원도 많다.

성형외과는 브라질 전국에 분포되어 있지만, 특히 대도시인 상파울로와 리오 데 자네이로에 많이 몰려 있다. 포르토 알레그레 등의 더 작은 도시에는 조금 더 낮은 가격의 병원을 찾을 수 있다.

브라질에는 상당한 언어 장벽이 있다. 일부 의사들은 영어를 구사할 수 있지만, 대부분의 직원들은 영어를 못한다. 대부분의 병원 웹사이트들도 영어로 운영되지 않고 있다. 더구나 대부분의 개인 성형외과들은 웹사이트들이 없어 좋은 의사를 찾기 힘들다.

1) 병원

브라질 성형수술 의사들은 외과나 외래 전용 병원에서 근무하는데, 이런 병원들은 병원인증을 받지 않았다. 그러므로 성형외과들이 국세석 인증의 수준에 맞는 서비스를 제공하는지 판단하기 힘들다. 그리고 많은 외과들은 수술시 문제 또는 부작용에 대응할 수 있는 능력이 부족하다. 그래서 외과 대신 인증받은 종합병원에서 수술을 추천한다. 다음 병원들은

JCI인증 수준에 버금가는 시설과 실력을 갖추고 있다.

(1) **Hospital Moinhos de Vento**

(www.hmv.org/br/content/home/Default01. aspx: 포르투갈어)

• 인증: JCI

• 전문: 폐, 심장, 신경, 정형, 암치료

Moinhos de Vento는 남아메리카의 최고 병원 중 하나로 꼽힌다. 시설을 현대화하고 기술 발전을 위해 힘쓰고 있다. 2004년에 대량 확장을 완성해 새로운 시설을 도입하고 상당한 기술적 업그레이드를 실시했다.

(2) **Albert Einstein Jewish Hospital**

(AEJH: www.einstein.br/ingles(영어))

• 인증: JCI(미국 외 병원 최초), ISO 9001: 2000, ISO 14001: 1996

• 전문: 30가지(심장, 신경, 암치료, 이식 등)

1971년에 개원한 AEJH에는 약 4,500명의 의사가 등록되어 있는데, 이 가운데 500명이 병원 직원들이다. 외국 환자 지원서비스가 있는데, 통역, 예약 등의 서비스를 제공한다. 첨단 수술로 유명하며, 남아메리카에서 가장 많은 간이식수술을 한다. 환자를 최대한 편안하게 하기 위해 5성급 호텔과 다름없는 시설을 제공한다.

(3) **Ivo Pitanguy Clinic**

(www.pitanguy.com.br/en/clinica/clinica.htm: 영어)

• 전문: 모든 성형 및 복원수술, 모발이식

Ivo Pitanguy 박사는 성형수술의 개척자로 세계적으로 알려져 있다. 1940년대 미국에서 교육을 받았으며, 브라질로 돌아가 자신의 병원을 세우고 Pitanguy Institute를 1963년에 설립했다. 여기서 성형수술법을 가르치는데, 40개 국가의 500명의 수강생들이 이 프로그램을 이수했다. 이 병원에 50,000명이 넘는 환자들이 치료를 받았다. 4개의 수술실이 있다.

2) 평균 치료비용

〈표 VI-12〉 브라질의 평균 치료비

치료		평균 비용(달러)
성형	얼굴/목리프트(face/neck lift)	3,900
	안검수술(blepharoplasty)	2,100
	코수술(rhinoplasty)	2,800
	이마리프트(brow/forehead lift)	2,000
	귀수술(otoplasty)	1,600
	지방흡입술(liposuction): 부위당	1,300
	뱃살성형(tummy tuck)	5,600
	가슴확대(breast augumentation)	5,000
	가슴성형(breast lift)	3,700
	안쪽 허벅지리프트(inner thigh lift)	2,900
	바깥쪽 허벅지리프트(outer thigh lift)	3,900
	엉덩이리프트(buttock lift)	2,700
	하반신리프트(lower body lift)	8,300
정형	고관절교체(hip replacement)	13,000
	고관절리서피싱(hip resurfacing)	13,000
	무릎관절교체(knee replacement)	11,000
	무릎관절교체(양쪽)	18,000
척추	척추관절융합(spinal fusion)	14,000
	디스크교체(spinal disc replacement)	16,000
심장	혈관조영(angriogram)	1,700
	CT 혈관조영(CT angiography scan)	600
	대동맥류수술(aortic aneurysm surgery)	18,000
	바이패스형성수술(bypass surgery CAB)	14,000
	관상혈관성형술(coronary angioplasty)	7,000

산부인과	자궁절제술(hysterectomy)	6,000
일반수술	복강경검사(diagnostic laprascopy)	1,900
	쓸개제거수술(gallbladder removal)	3,900
	헤르니아수술(hernia repair)	1,900
치과	치관(crowns)	225～1,000
	베니어(veneers)	60～350
	임플란트(implants)	650～3,000
	가공의치(bridges)	250
	뼈이식(bone grafts)	400～750
	치아뿌리관수술(root canal)	165～250
	발치(extractions)	120～150

자료: Marsek & Sharpe(2009: 298-300)

Ⅶ. 의료관광상품 개발을 위한 시장조사

1. 시장조사의 개념과 특성

일반적인 시장조사와 관련된 방법은 의료관광산업의 시장조사에서도 적용될 수 있을 것으로 판단된다(이하 송현수, 2002: 16-24 참조).

1) 시장조사의 정의

시장조사의 개념은 신제품이 본격적으로 생산되고 대규모로 시판되었을 때, 어떤 상황이 벌어질 것인가를 알기 위해 소규모로 제한된 시험을 하는 것이다(이하 송현수, 2002: 16-17 참조). 시장조사라 함은 기업이 마케팅활동을 수행하는 과정에서 직면하게 되는 제반 문제를 해결하고 마케팅활동 상의 이사결정을 구하기 위해서 이에 필요한 시장 정보를 조사하는 것을 말한다. 시장조사는 마케팅조사로 볼 수 있다. 시장조사는 응답자의 심리적인 속성을 측정하는 방법이다. 시장조사는 영어로 흔히 리서치(research)로 표현하는데, 조사자가 사람들의 의견, 태도 행동 등 심리적인 속성을 알아볼 목적으로 전체 모집단에서 과학적으로 표본을 추출한 다음 설문지를 작성하여 직접 만나거나 전화, 인터넷 등의 통신매개체를 활용하여 조사하는 방법을 말한다.

시장조사에는 여러 방법이 있는데 마케팅, 여론조사 분야에서 주로 사용하는 것은 서베이(survey)와 표적집단면접법(FGI)이다. 표본을 추출하지 않고 통계청의 인구통계조사와 같이 전체를 대상으로 하는 조사인 센서스(census) 같은 방식도 있지만 모든 사람을 대상으로 빠짐없이 하기가 불가능할 때가 많기 때문에, 이것의 단점을 고려하여 추출된 표본을 통해서 전체의 의견을 측정할 수 있는 서베이를 활용하는 경우가 많다.

일반적으로 시장조사는 정성적 조사(定性的調査)와 정량적 조사(定量的調査)로 구분된다. 정성적 조사는 통상 소수의 대상자에게 설문지 없이 자유로운 대화 상황에서 응답자의 의견을 상세하고 확실하게 체크하는 방법이다. 반면 정량적 조사는 표본 이론에 근간을 둔 대규모 대상자를 대상으로 조사하여 그 결과를 숫자와 비율로 나타내는 것이다. 표적집단면접법(focus group interview: FGI)은 비공개적이며, 설문지를 이용하지 않으면서 소수(5~15명 정도)의 응답자들을 일정한 장소에 모이게 한 후에 자유로운 분위기와 상황 속에서 의사를 표시하는 면접기법이다. 심층면접법(depth interview)은 공개적이기는 하지만 비체계적인 의사소통기법으로 설문지를 이용하지 않는다. 표적집단면접법과는 달리 면접자와 응답자 간의 일 대 일 면접을 통해 응답자의 동기나 신념, 태도 등을 파악하는 면접법이다. 시장조사는 크게 사람을 직접 만나서 조사를 하는 대인면접(personal interview)과 전화를 활용하여 면접하는 전화 면접(telephone interview)을 활용한 인터넷 설문조사(internet interview) 등으로 대별할 수 있다.

2) 시장조사에 관련되는 인적 요소

시장조사에 관련되는 인적요소는 다음과 같다(이하 송현수 2002: 17-18 참조).

(1) **조사연구원(researcher)**

시장조사의 기획업무는 물론 조사목적에 알맞은 설문지 작성, 보고서 작성조사의 전 과정을 수행하고 책임을 지는 사람으로서 조사자(researcher)라고도 한다.

(2) **조사의뢰인(client)**

조사연구원에게 비용을 주고 조사를 맡기는 사람이다. 상기의 조사연구원과 함께 조사방법, 조사 내용, 일정, 결과분석 보고서 작성, 비용 등에 최종협의를 한다.

(3) **슈퍼바이저(supervisor)**

면접, 면접자 관리, 검증업무, 코딩 등 실사(field work)를 관리 · 책임지고 감독하는 사람으로서 실사 책임자라고도 한다.

(4) **조사자(interviewer)**

조사연구원이나 슈퍼바이저(실사 책임자)로부터 설문지를 받아 응답자에게 응답을 받아오는 사람을 말한다. 면접원 · 조사원이라고도 한다.

(5) **응답자(respondent)**

조사에 응하여 설문지나 전화인터뷰 등에 응답하는 사람을 말한다.

(6) **검증원**

면접자가 면접을 계획대로 실시하였는지 응답자에게 직접 확인하거나 전화를 걸어 확인하는 사람을 말한다.

(7) **코딩원(coder)**

검증까지 끝낸 설문지의 응답 내용을 컴퓨터 장치를 활용하여 통계 처리를 하기 위해서 숫자 등의 부호로 바꾸는 일을 하는 사람을 말한다.

3) 시장조사의 중요성

송현수(이하 2002: 18-19 참조)는 시장조사의 중요성에 대해서 다음과 같이 4가지 요소를 강조했다.

(1) **고객에 대한 명확한 이해**

고객은 기업활동의 주 대상이자 기업의 생존과 수익 실현의 원천이 된다. 특히 고객의 특성과 고객의 행동분석을 통한 명확한 고객의 이해는 기업의 경영전략에 지대한 영향을 미치며, 시장조사는 이러한 고객에 관련된 제반적인 사항을 조사할 수 있다.

(2) **전략경영의 필수요소**

기업은 고객에 대한 일방적인 마케팅 대신에 전략경영시대에 고객지향적 마케팅활동을 강화하는 것이 필요한데, 시장조사는 고객을 바로 알고 고객에게 효과적으로 대처하는 맥락에서 이 같은 전략경영의 필수요소가 된다.

(3) **경영자원의 분석과 효율적 활용**

경영에 필요한 생산자원, 재무자원, 인적 자원, 정보기술자원, 데이터베이스 및 마케팅자원 등과 같은 제반 자원의 효율적 활용과 배분, 상호연계를 통해 보다 나은 경영성과를 도출할 수 있어야 하는데, 시장조사는 정확한 시장조사를 통해 경영활동에 필요한 제반 사항 등을 효율적으로 활용하는 계기를 마련해 준다.

(4) **의사결정 능력제고**

시장조사는 타당성과 신뢰성 높은 정보의 제공을 통해 의사결정의 불확실성과 위험성을 낮추고 안정화함으로써 경영과 마케팅에 관련된 의사결정의 기대가치는 물론 의사결정 능력을 제고할 수 있다.

4) 시장조사의 역할

송현수(이하 2002: 19-21 참조)는 다음과 같은 점에서 시장조사의 중요성을 강조하고 있다.

(1) **문제해결을 위한 조직적 탐색**

기업경영이나 마케팅을 수행하는 과정에서 나타나는 문제점을 해결하고, 정확하고 유용한 정보를 제공하기 위한 기획력과 실천력이 수반되는 조직적 탐색이 이루어져야 한다.

(2) **불확실성과 위험성 극소화**

경영과 마케팅활동을 전개함에 있어 시장환경이 불확실하고 각종 위험이 존재하기 때문에, 시장을 기반으로 한 정보를 수집하고, 고객의 반응을 직접 체크할 수 있어 이 같은 리스크를 방지할 수 있다.

(3) **고객의 심리적 · 행동적인 특성 간파**

일종의 마케팅 조사활동이라고도 볼 수 있지만 고객의 심리적인 특성 및 행동 특성을 시장조사를 통해 정확하게 간파하여 고객지향적 경영활동을 가능케 한다.

(4) **타당성과 신뢰성 높은 정보 획득**

시장조사를 통해 고객 및 관련된 사람들로부터 양적 또는 질적인 정보를 획득할 수 있으며 이것을 경영과 마케팅의 제반 활동에 유용하게 활용할 수 있다.

(5) **의사결정 능력제고**

시장조사는 타당성과 신뢰성이 높은 정보 획득을 통해 객관적인 분석과 판단이 가능하며, 마케팅 의사결정 능력의 적절성과 신속성을 제고하여 궁극적으로는 기업의 생존과 경쟁 우위 확보에 기여할 수 있다.

5) 시장조사 필수요소

시장조사의 필수요소는 다음과 같이 5가지 사항이 요구된다(이하 송현수, 2002: 22-23 참조).

(1) 조사목적과 조사대상

시장조사를 하기 위해서는 반드시 조사목적과 활용이 필요하며, 조사대상 또한 설정할 수 있어야 한다.

〈표 VII-1〉 의료관광 시장조사 설계 예

구분	내용
조사목적	• 우리나라 의료관광의 붐 조성을 위한 객관적 자료 확보
조사방법	• 면접조사(Face to face interview)
조사대상	• 의료관광 참가자
조사 지역	• 의료관광 해당 병원(*한국관광공사 지정)
유효표본	• 544명
진행방법	• 구조화된 설문지를 이용한 자기 기입식 방법
표본추출방법	• 의료관광 인바운드 참가객 국가별 비례 할당 • 조사기관 샘플링시스템에 의한 조사 • 관광공사에서 지정한 의료관광기관 지점별 추출
조사기간	• 2009년 7～12월
주요 조사 내용	• 방문의 주요 목적 및 동기 • 의료관광 정보 획득 소스와 경로 • 의료관광 주요 정보 획득기관 • 한국 방문 전 의료관광활동 참여계획 설립 여부 • 의료서비스 외 한국에서 참여한 관광활동 종류 • 한국 의료관광서비스 및 관광서비스 만족도 • 의료관광과 관련한 행동 의도 • 향후 의료관광목적의 재방문 시 참여 의료서비스 항목

자료: 한국관광공사(2009a)

(2) 자료 종류와 자료 원천

조사자가 시장조사 차원의 조사문제를 해결하고자 수집하는 1차 자료와 2차 자료를 수집 · 활용할 수 있어야 한다.

(3) 시장조사기법의 결정

자료수집방법이 정해지면 커뮤니케이션 접촉 채널에 의한 조사방법인 면접조사, 전화조사, 우편조사, 인터넷조사 등 시장조사기법이나 상업적인 조사기법이라고 할 수 있는 소비자패널조사, 신디케이트조사 등의 조사기법을 결정하여 실행에 임할 수 있어야 한다.

1차 자료와 2차 자료

1차 자료(1차 정보): 직접수집 정보를 말한다. 1차 자료는 1차 정보라고도 하는데, 조사문제를 효과적으로 해결하기 위해 필요한 자료를 조사자가 직접 수집하는 자료를 말한다. 1차 자료는 직접수집하는 관계로 시간과 비용이 많이 드는 단점이 있으며, 조사방법에 관한 지식과 기술이 요구된다. 물론 1차 정보는 실제 상황과 연계하여 수집되는 만큼 실용성과 실행 가능성이 높다.

2차 자료(2차 정보): 외부 간접수집 정보를 말한다. 2차 자료는 2차 정보라고도 하는데, 다른 조사자나 조사기관에 의해 수집되어 공개된 자료를 말한다. 즉, 이미 존재하는 자료인 만큼 시간 절약과 비용의 경제성이 높다. 통계청, 정부 각 부처나 공공기관의 발표 자료, 공공자료와 같은 방대한 자료들을 활용할 수 있다. 그러나 1차 자료에 비해 조사하고자 하는 자의 조사목적과 의도와는 다르게 수집되는 경우가 많아 자료의 적합성, 신뢰성, 정확성, 시효성이 결여될 수 있는 단점과 위험성을 내포하는 경우가 많다. 일반적으로 2차 정보를 먼저 검토하고, 그것을 이용할 수 없는 경우에 한해서 1차 정보를 수집 · 이용한다(송현수, 2002: 24).

(4) 설문지 작성과 활용

설문지는 조사 주체가 얻고자 하는 모든 정보를 표준화되고 잘 정리된 하나의 양식으로 집약해 놓은 것으로, 설문지를 잘못 만들 경우 신뢰성과 정확성이 매우 떨어지게 된다.

(5) 측정과 척도

측정이라 함은 측정하고자 하는 대상이 지니고 있는 속성에 대하여 체계적으로 숫자를 부여하는 과정을 말하며, 척도는 측정을 위한 도구이다.

2. 해외 의료관광 시장조사 사례

의료관광을 활성화시키기 위해서는 해외 주요 시장에 대한 시장조사가 선행되어야 한다. 이 책에서는 한국관광공사와 한국보건산업진흥원의 자료를 소개한다.

1) 한국 의료관광시장에 대한 소비자 인식조사 사례

한국관광공사는 2008년 한국 의료관광시장의 잠재력과 불만요인 그리고 시장 활성화를 위한 마케팅전략 수립의 기초자료를 제공하기 위해 아시아 의료관광 소비자와 한국 의료관광 경험자 그리고 국내외 의료관광 관계자를 대상으로 온라인, 일 대 일 면접, 심층면접방법을 이용하여 조사하였다. 아래의 내용들은 전체 조사 결과에서 한국 의료관광 경험자에 대한 인식조사를 요약하여 정리하였다(이하 한국관광공사, 2008: 35-70 참조).

(1) 한국 방문 전에 알고 있었던 한국의 의료서비스

방문 전 한국 의료서비스 인지도는 'Medical Skin Care', ' 한방 진료', '성형외과' 순으로 높게 나타났다. 일본인은 'Medical Skin Care', 미국/캐나다인은 '건강검진'에 대한 인지도가 높았다. 한국을 의료관광목적으로 2회 이상 방문한 경험자의 'Medical Skin Care'에 대한 인지도가 상대적으로 높은 것으로 나타났다(한국관광공사, 2008: 35).

방문 전 이용가능 인지 의료서비스

(Base: 한국 경험자 전체, n=140, %)

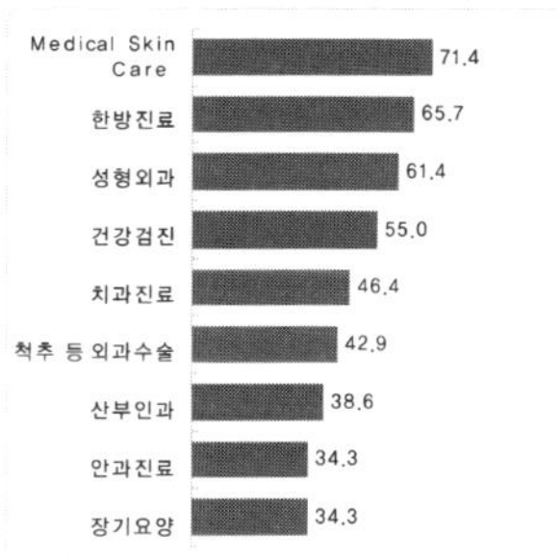

응답자 특성별 분석

(단위: %)

	전체	현 이용 의료서비스				국적			한국의료관광 경험 (회)	
		Medical Skin Care	건강검진	한방진료	기타	일본	미국/캐나다	기타	1회	2회 이상
사 례 수	(140)	(40)	(34)	(30)	(36)	(57)	(50)	(33)	(65)	(75)
Medical Skin Care	71.4	**100.0**	70.6	53.3	55.6	**82.5**	66.0	**60.6**	63.1	**78.7**
한방진료	65.7	52.5	70.6	**76.7**	66.7	64.9	74.0	54.5	63.1	68.0
성형외과	61.4	72.5	76.5	43.3	50.0	52.6	74.0	57.6	63.1	60.0
건강검진	55.0	17.5	**100.0**	36.7	69.4	38.6	**84.0**	39.4	53.8	56.0
치과진료	46.4	25.0	73.5	43.3	47.2	29.8	74.0	33.3	47.7	45.3
척추 등 외과수술	42.9	20.0	73.5	30.0	50.0	19.3	72.0	39.4	**50.8**	36.0
산부인과	38.6	7.5	61.8	30.0	58.3	33.3	54.0	24.2	33.8	42.7
안과진료	34.3	10.0	73.5	26.7	30.6	17.5	60.0	24.2	35.4	33.3
장기요양	34.3	5.0	50.0	36.7	50.0	19.3	56.0	27.3	33.8	34.7

자료: 한국관광공사(2008: 35)

[그림 VII-1] 한국 방문 전에 알고 있었던 한국의 의료서비스

(2) 한국 의료서비스 관련 정보 접촉경로

한국의 의료서비스에 대한 정보 접촉경로 중, '주변의 추천'이 39.3%로 가장 높게 나타났다. Medical Skin Care서비스의 경우, '방문 국가/도시 관련 자료'를 통한 정보 접촉이, 건강검진은 '주변의 추천'을 통한 정보 접촉 비중이 상대적으로 높다. 미국/캐나다인의 경우, '주변의 추천'에 대한 의존도가 60% 이상이 넘는 특징을 보이고 있다(한국관광공사, 2008: 36).

한국 의료서비스 정보 접촉경로

(Base: 한국 경험자 전체, n=140, %)

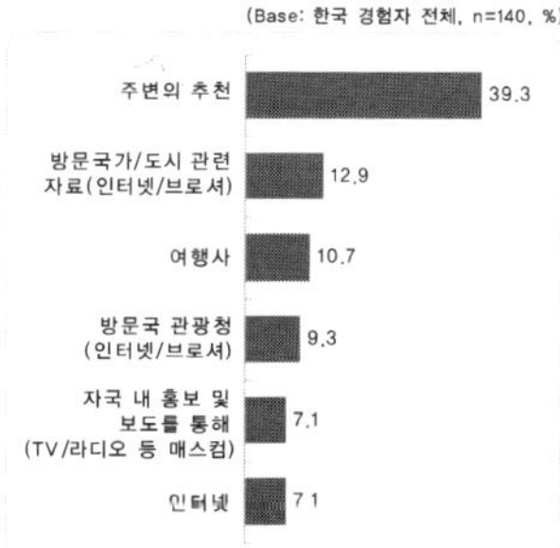

응답자 특성별 분석

(단위: %)

	전체	현 이용 의료서비스				국적			연령	
		Medical Skin Care	건강검진	한방진료	기타	일본	미국/캐나다	기타	30대 이하	40대 이상
사 례 수	(140)	(40)	(34)	(30)	(36)	(57)	(50)	(33)	(61)	(79)
주변의 추천	39.3	12.5	**67.6**	33.3	47.2	31.6	**62.0**	18.2	32.8	**44.3**
방문국가/도시 관련 자료(인터넷/브로셔)	12.9	**27.5**	5.9	6.7	8.3	**22.8**	4.0	9.1	18.0	8.9
여행사	10.7	12.5	14.7	10.0	5.6	3.5	10.0	**24.2**	14.8	7.6
방문국 관광청 (인터넷/브로셔)	9.3	20.0	-	10.0	5.6	19.3	-	6.1	9.8	8.9
자국 내 홍보 및 보도 (TV/라디오 등 매스컴)	7.1	12.5	5.9	6.7	2.8	5.3	6.0	12.1	8.2	6.3
인터넷	7.1	5.0	-	16.7	8.3	7.0	8.0	6.1	8.2	6.3

자료: 한국관광공사(2008: 36)

[그림 VII-2] 한국 의료서비스 관련 정보 접촉경로

(3) 한국 방문 시 의료서비스 이용 횟수

의료서비스 이용 횟수는 평균 4회 정도로 '2회 이상' 이용자는 53.6%이다. 의료서비스별로는 '한방 진료'가 국적별로는 '일본'의 평균 이용 횟수가 상대적으로 높게 나타났다. 자국 내에서 동일한 서비스 경험이 없는 계층에서 한국 방문 시 의료서비스를 이용하는 횟수(4.78회)가 상대적으로 높은 것으로 나타났다(한국관광공사, 2008: 37).

한국 방문 의료서비스 이용 횟수

(Base: 한국 경험자 전체, n=140, %)

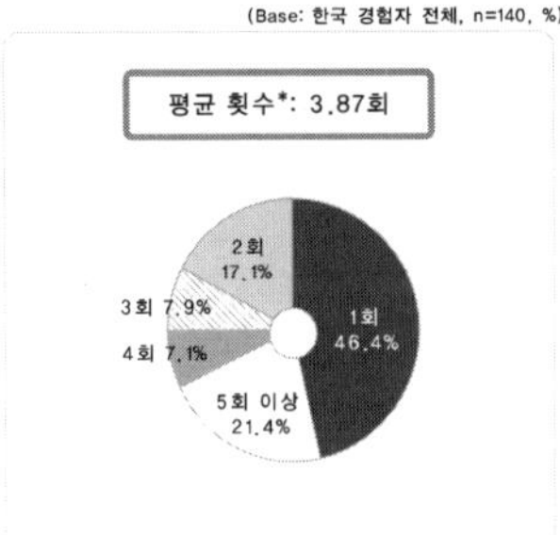

(* 극단치를 제외한 값임)

응답자 특성별 분석

(단위: %)

	전체	현 이용 의료서비스				국적			자국 내 동일서비스 이용경험	
		Medical Skin Care	건강검진	한방진료	기타	일본	미국/캐나다	기타	있음	없음
사 례 수	(140)	(40)	(34)	(30)	(36)	(57)	(50)	(33)	(62)	(75)
1회	46.4	35.0	67.6	40.0	44.4	28.1	56.0	63.6	53.2	40.0
2회	17.1	22.5	17.6	3.3	22.2	17.5	18.0	15.2	16.1	18.7
3회	7.9	12.5	5.9	6.7	5.6	14.0	4.0	3.0	9.7	6.7
4회	7.1	10.0	-	6.7	11.1	15.8	2.0	-	6.5	8.0
5회 이상	21.4	20.0	8.8	43.3	16.7	24.6	20.0	18.2	14.5	26.7
평균 : (회)	3.87	3.03	1.79	6.69	4.50	5.28	3.12	2.55	2.61	4.78

자료: 한국관광공사(2008: 37)

[그림 VII-3] 한국 방문 시 의료서비스 이용 횟수

(4) 한국에서 이용한 의료서비스 및 한국 방문 전 고려한 국가

한국 방문 시 이용한 의료서비스(현재 방문 포함)

(Base: 한국 경험자 전체, n=140, %)

Base: 전체		국적별*		
		일본	미국/캐나다	기타
사 례 수	(140)	(57)	(50)	(33)
Medical Skin Care	42.1	73.7	8.0	39.4
건강검진	36.4	12.3	76.0	18.2
한방진료	36.4	38.6	26.0	48.5
척추 등 외과수술	18.6	10.5	14.0	39.4
산부인과	12.1	28.1	2.0	-
치과진료	8.6	3.5	8.0	18.2
성형외과	6.4	3.5	6.0	12.1
장기요양	3.6	3.5	4.0	3.0

한국 방문 전 방문 고려 국가

(Base: 여행전 계획 응답자, n=94, %)

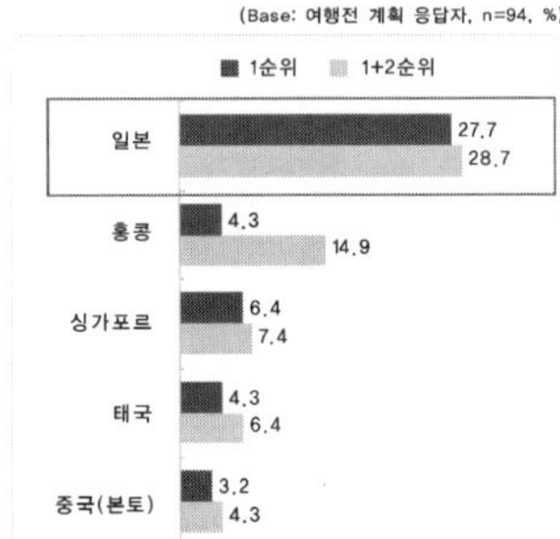

자료: 한국관광공사(2008: 38)

[그림 VII-4] 한국에서 이용한 의료서비스 및 한국 방문 전 고려 국가

한국 방문 시 'Medical Skin Care'서비스 이용경험이 가장 높게 나타났다. 일본인은 'Medical Skin Care', 미국/캐나다인은 '건강검진' 이용경험이 상대적으로 높았다. 한국 방문 전에 고려한 국가로는 '일본'이 가장 높게 나타났으며, 다음으로 '홍콩' 순으로 높게 나타났다(한국관광공사, 2008: 38).

(5) 한국 방문 중 이용한 의료서비스

현 한국 방문 중에 이용한 의료서비스도 아시아 의료관광 경험자와 비슷한 추이를 나타내며, 'Medical Skin Care'의 경험률이 가장 높았다. 일본인은 'Medical Skin Care', 미국/캐나다인은 '건강검진' 이용경험이 상대적으로 높게 나타났다. 한국 의료관광 2회 이상 경험자의 'Medical Skin Care' 이용경험률이 높은 것으로 나타났다(한국관광공사, 2008: 39).

현재 한국 방문 중 이용경험 의료서비스

(Base: 한국경험자 전체, n=140, %)

	전체	현 이용 의료서비스				국적			한국의료관광 경험 (회)	
		Medical Skin Care	건강검진	한방과 진료	기타	일본	미국/캐나다	기타	1회	2회 이상
사 례 수	(140)	(40)	(34)	(30)	(36)	(57)	(50)	(33)	(65)	(75)
Medical Skin Care	35.0	100.0	2.9	10.0	13.9	59.6	6.0	36.4	26.2	42.7
한방진료	28.6	-	-	100.0	27.8	26.3	20.0	45.5	23.1	33.3
건강검진	27.1	-	100.0	10.0	2.8	-	70.0	9.1	36.9	18.7
척추 등 외과수술	16.4	-	-	26.7	41.7	10.5	10.0	36.4	15.4	17.3
산부인과	11.4	-	-	3.3	41.7	28.1	-	-	6.2	16.0
성형외과	4.3	7.5	5.9	3.3	-	1.8	4.0	9.1	1.5	6.7
장기요양	2.9	-	-	3.3	8.3	3.5	2.0	3.0	3.1	2.7
치과진료	2.1	-	-	6.7	2.8	-	2.0	6.1	1.5	2.7

자료: 한국관광공사(2008: 39)

[그림 VII-5] 한국 방문 중 이용한 의료서비스

(6) 한국 방문 중에 이용한 의료서비스의 사전계획 여부

한국 방문 전에 의료서비스 이용을 계획한 응답자가 67.1%로 전반적으로 사전계획 비중이 높은 편이다. 한방 진료 경험자는 '여행 중 알고 이용'했다는 응답이 상대적으로 높게 나타났다. 한국 의료관광 2회 이상

경험자의 경우 '여행 전 계획' 비중이 상대적으로 높았다(한국관광공사, 2008: 40).

사전 계획 여부

(Base: 한국 경험자 전체, n=140, %)

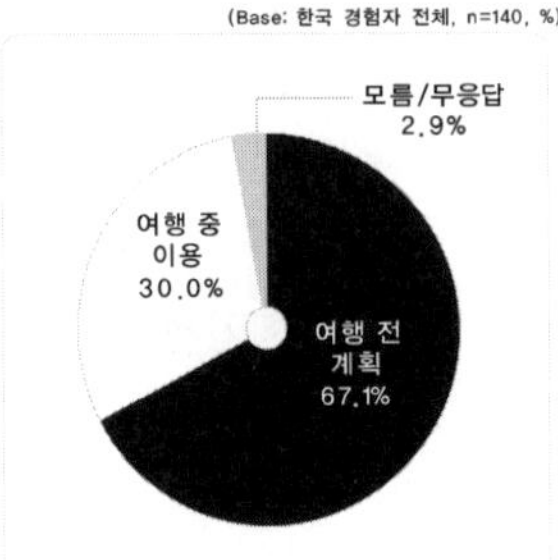

응답자 특성별 분석

(단위: %)

	전체	현 이용 의료서비스				국적			한국의료관광 경험 (회)	
		Medical Skin Care	건강검진	한방진료	기타	일본	미국/캐나다	기타	1회	2회 이상
사 례 수	(140)	(40)	(34)	(30)	(36)	(57)	(50)	(33)	(65)	(75)
여행 전에 계획	67.1	75.0	100.0	30.0	58.3	80.7	78.0	27.3	63.1	70.7
여행 전 계획 없이, 여행 중에 알고 이용	30.0	25.0	–	70.0	30.6	12.3	22.0	72.7	33.8	26.7

자료: 한국관광공사(2008: 40)

[그림 VII-6] 한국 방문 중에 이용한 의료서비스의 사전계획 여부

(7) 의료서비스를 받기 위해 한국을 선택한 이유

한국을 선택한 이유로 '의료진의 수준'이 21.3%로 가장 높게 나타났다. 건강검진은 '이용 편리성', 한방 진료 경험자는 '의료기관 신뢰성'에 대한 지적이 높은 편이었다. 한국 의료관광 2회 이상 경험자는 '의료기관 신뢰성'을 가장 중요하게 고려하였다(한국관광공사, 2008: 41).

한국 선택 이유

(Base: 여행 전 계획 응답자, n=94, %)

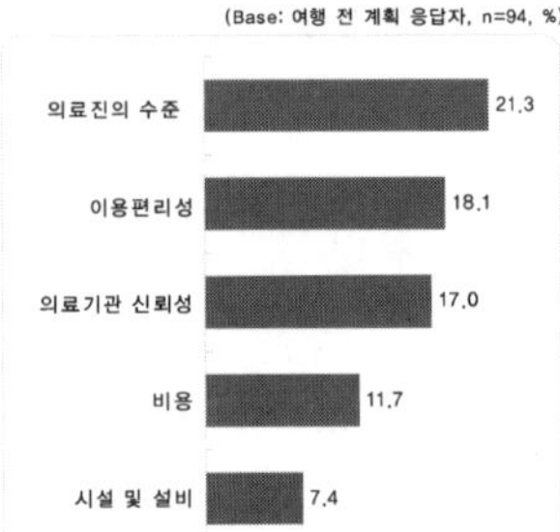

응답자 특성별 분석

(단위: %)

	전체	현 이용 의료서비스				국적			한국의료관광 경험 (회)	
		Medical Skin Care	건강검진	한방진료	기타	일본	미국/캐나다	기타	1회	2회 이상
사 례 수	(94)	(30)	(34)	(9)	(21)	(46)	(39)	(9)	(41)	(53)
의료진의 수준	21.3	26.7	8.8	22.2	33.3	23.9	15.4	33.3	26.8	17.0
이용편리성	18.1	3.3	44.1	–	4.8	2.2	38.5	11.1	26.8	11.3
의료기관 신뢰성	17.0	16.7	5.9	33.3	28.6	28.3	5.1	11.1	4.9	26.4
비용	11.7	23.3	8.8	–	4.8	17.4	7.7	–	12.2	11.3
시설 및 설비	7.4	13.3	2.9	–	9.5	8.7	2.6	22.2	4.9	9.4

자료: 한국관광공사(2008: 41)

[그림 VII-7] 의료서비스를 받기 위해 한국을 선택한 이유

(8) 의료서비스 기관을 선택한 이유

최근에 이용한 서비스 기관을 선택한 이유로 '특정 진료/서비스로 권위 있는 곳'이 32.1%로 가장 높게 나타났다. 한방 진료 경험자는 '권위 있는 곳', 건강검진 경험자는 '유명 저널 및 잡지에 소개된 곳'이라는 이유가 높있다. 일본인의 경우 '자국 및 한국인들이 즐겨 찾는 곳이라서'라는 이유가 상대적으로 높게 나타났다(한국관광공사, 2008: 42).

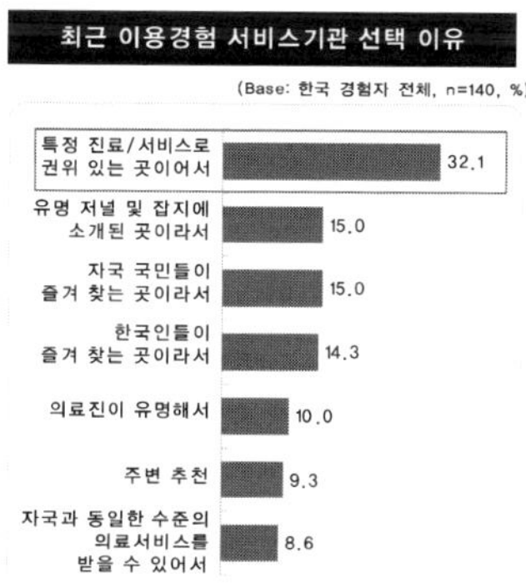

응답자 특성별 분석

(단위: %)

	전체	현 이용 의료서비스				국적		
		Medical Skin Care	건강검진	한방진료	기타	일본	미국/캐나다	기타
사례수	(140)	(40)	(34)	(30)	(36)	(57)	(50)	(33)
특정 진료/서비스로 권위 있는 곳이어서	32.1	22.5	2.9	43.3	61.1	33.3	26.0	39.4
유명 저널 및 잡지에 소개된 곳이라서	15.0	15.0	26.5	20.0	-	15.8	20.0	6.1
자국 국민들이 즐겨 찾는 곳이라서	15.0	22.5	11.8	-	22.2	24.6	10.0	6.1
한국인들이 즐겨 찾는 곳이라서	14.3	22.5	11.8	13.3	8.3	21.1	10.0	9.1
의료진이 유명해서	10.0	10.0	8.8	10.0	11.1	3.5	14.0	15.2
주변 추천	9.3	2.5	17.6	13.3	5.6	-	16.0	15.2
자국과 동일한 수준의 의료서비스를 받을 수 있어서	8.6	17.5	-	10.0	5.6	12.3	-	15.2

자료: 한국관광공사(2008: 42)

[그림 Ⅶ-8] 의료서비스 기관을 선택한 이유

(9) 서비스 차원에서의 한국 의료서비스 이용에 대한 인식

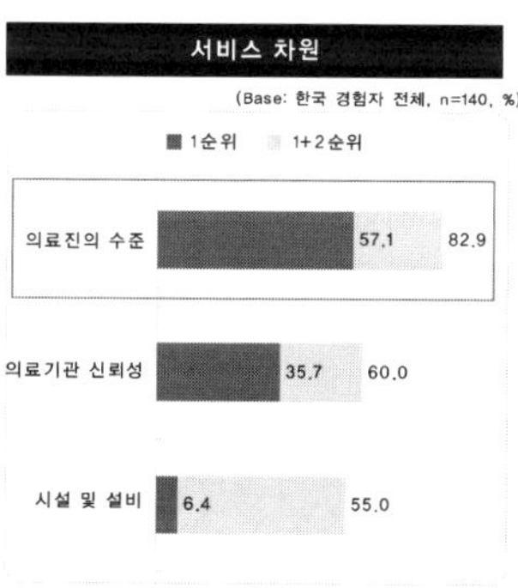

응답자 특성별 분석

(단위: %)

1+2순위 기준	전체	현 이용 의료서비스				국적			한국의료관광 경험(회)		자국내 동일 서비스이용경험	
		Medical Skin Care	건강검진	한방진료	기타	일본	미국/캐나다	기타	1회	2회 이상	있음	없음
사례수	(140)	(40)	(34)	(30)	(36)	(57)	(50)	(33)	(65)	(75)	(62)	(75)
의료진의 수준	82.9	67.5	91.2	93.3	83.3	75.4	92.0	81.8	83.1	82.7	79.0	86.7
의료기관 신뢰성	60.0	80.0	17.6	70.0	69.4	80.7	30.0	69.7	52.0	66.7	51.6	66.7
시설 및 설비	55.0	52.5	85.3	36.7	44.4	43.9	72.0	48.5	63.1	48.0	67.7	44.0

자료: 한국관광공사(2008: 43)

[그림 Ⅶ-9] 서비스 차원에서의 한국 의료서비스 이용에 대한 인식

서비스 차원의 주 고려요소로는 '의료진의 수준'이 가장 높게 나타났다. 'Medical Skin Care' 경험자는 '의료기관 신뢰성'에 대한 고려가 상대적으로 높고 일본인은 '의료기관 신뢰성', 미국/캐나다인은 '의료진의 수준'을 중시하는 편이었다(한국관광공사, 2008: 43).

(10) 서비스 지원 차원에서의 한국 의료서비스 이용 시 고려사항

서비스 지원 차원 중 '비용'을 우선 고려하는 비중이 가장 높게 나타났다. 건강검진 경험자는 '이용편리성', 한방 진료 경험자는 '커뮤니케이션'이 주 고려 요소였다. 한국 의료관광 2회 이상 경험자는 '비용' 및 '인적 서비스'를 고려하는 비중이 상대적으로 높았다(한국관광공사, 2008: 44).

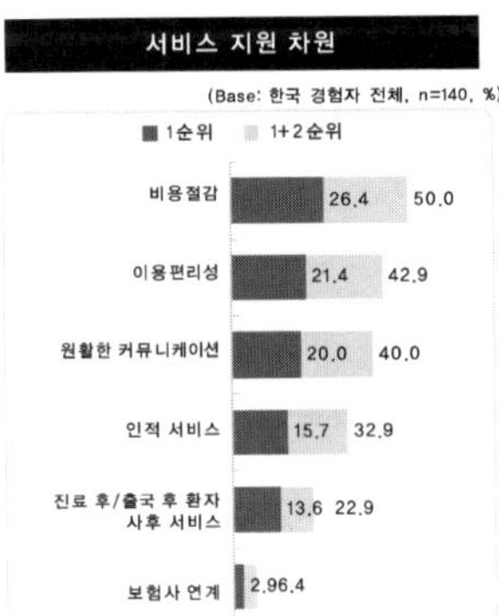

응답자 특성별

(단위: %)

1+2순위 기준	전체	현 이용 의료서비스				국적			한국의료관광 경험 (회)		자국내 동일 서비스 이용 경험	
		Medical Skin Care	건강검진	한방진료	기타	일본	미국/캐나다	기타	1회	2회 이상	있음	없음
사 례 수	(140)	(40)	(34)	(30)	(36)	(57)	(50)	(33)	(65)	(75)	(62)	(75)
비용	50.0	70.0	35.3	36.7	52.8	68.4	36.0	39.4	43.1	56.0	56.5	42.7
이용편리성	42.9	20.0	79.4	36.7	38.9	31.6	58.0	39.4	55.4	32.0	46.8	40.0
커뮤니케이션	40.0	42.5	35.3	50.0	33.3	43.9	36.0	39.4	41.5	38.7	33.9	45.3
인적 서비스	32.9	22.5	17.6	36.7	55.6	36.8	28.0	33.3	24.6	40.0	33.9	33.3
진료 후/출국 후 환자 사후서비스	22.9	35.0	20.6	20.0	13.9	15.8	24.0	33.3	23.1	22.7	25.8	20.0
보험사 연계	6.4	5.0	8.8	6.7	5.6	–	12.0	9.1	9.2	4.0	1.6	10.7

자료: 한국관광공사(2008: 44)

[그림 VII-10] 서비스 지원 차원에서의 한국 의료서비스 이용 시 고려사항

(11) 한국 의료서비스 이용 시 동반자 현황

동반자로는 '가족'이 39.3%로 가장 높게 나타났으며, 다음으로 '본인 혼자', '친구/직장 동료'의 순으로 나타났다. Medical Skin Care는 '친구/직장 동료', 건강검진 경험자는 '가족'과 함께 주로 방문하는 것으로 나타났다. 한국 의료관광 경험이 많을수록 혼자 방문하는 비율이 높았다(한국관광공사, 2008: 45).

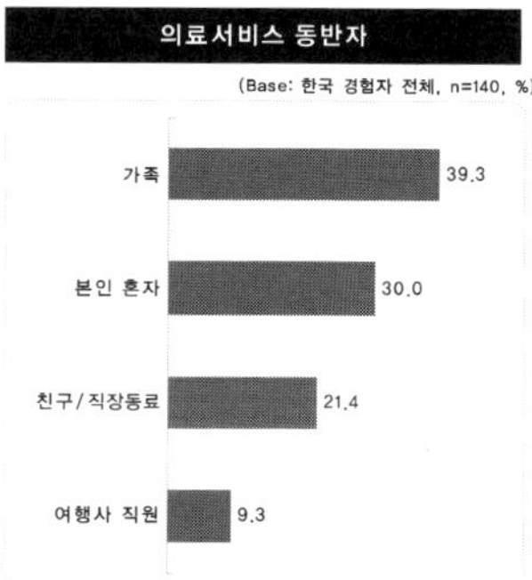

응답자 특성별 분석

(단위: %)

	전체	현 이용 의료서비스				국적			한국의료관광 경험 (회)	
		Medical Skin Care	건강 검진	한방진료	기타	일본	미국/캐나다	기타	1회	2회 이상
사 례 수	(140)	(40)	(34)	(30)	(36)	(57)	(50)	(33)	(65)	(75)
가족	39.3	25.0	**79.4**	10.0	41.7	31.6	**66.0**	12.1	**44.6**	34.7
본인 혼자	30.0	20.0	14.7	**40.0**	47.2	31.6	24.0	36.4	21.5	**37.3**
친구/직장동료	21.4	**30.0**	8.8	33.3	13.9	**35.1**	12.0	12.1	18.5	24.0
여행사 직원	9.3	20.0	-	16.7	-	3.5	-	33.3	12.3	6.7

자료: 한국관광공사(2008: 45)

[그림 VII-11] 한국 의료서비스 이용 시 동반자 현황

(12) 최근 한국에서의 의료서비스 지출 금액

서비스 지출 금액은 1,500달러 정도로 나타나지만, 이용 서비스가 국적에 따라 차이를 보였다. 한국 의료관광 경험이 적거나, 자국 내 동일 서비스를 이용한 경험자의 의료서비스 지출금액이 상대적으로 높은 편으로 나타났다(한국관광공사, 2008: 46).

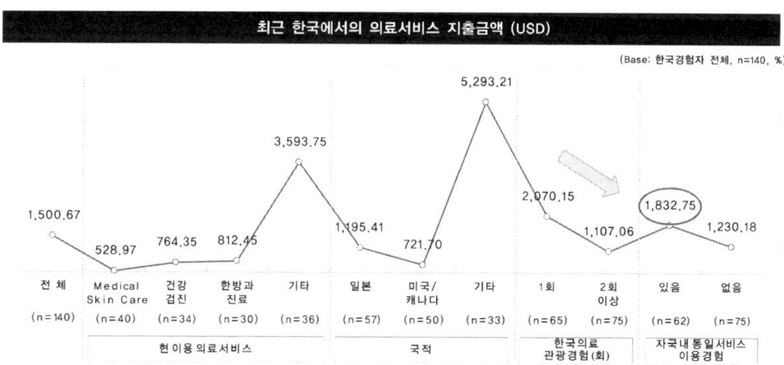

자료: 한국관광공사(2008: 46)

[그림 VII-12] 최근 한국에서의 의료서비스 지출금액

(13) 최근 한국에서 이용한 의료서비스의 자국 대비 비용수준

자국 대비 이용금액은 '100% 미만'이 약 65%로 한국의 의료서비스 비용은 비교적 낮은 편으로 보인다. 이용경험이 많은 상위 3개 서비스 중, 한방 진료 경험자의 경우 자국 대비 '100%' 이상 비율이 상대적으로 높게 나타났다(한국관광공사, 2008: 47).

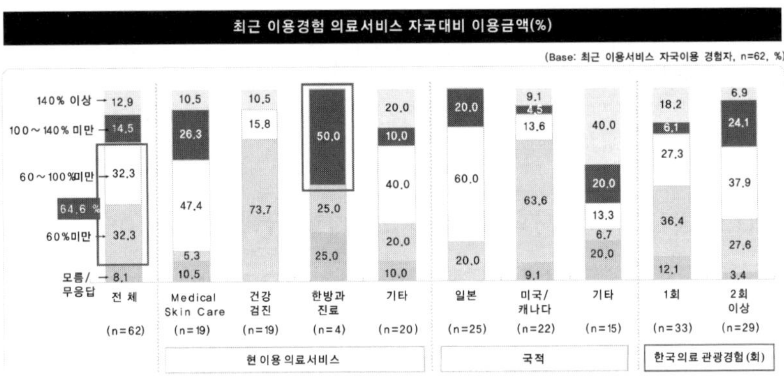

자료: 한국관광공사(2008: 47)

[그림 VII-13] 최근 한국에서 이용한 의료서비스의 자국 대비 비용수준

(14) 한국 의료서비스에 대한 전반적 만족도

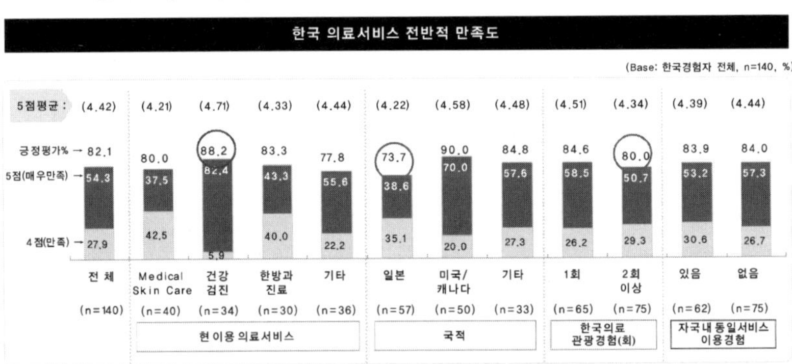

자료: 한국관광공사(2008: 48)

[그림 VII-14] 한국 의료서비스에 대한 전반적 만족도

전반적 만족도는 4.42점으로 높은 수준이며 특히 건강검진은 '매우 만족' 비율이 82.3%로 매우 높게 나타났다. 자국의 의료수준을 높게 평가하는 일본인의 '매우 만족' 비율이 낮은 편이었다(한국관광공사, 2008: 48).

(15) 한국 의료서비스에 대한 만족 이유

한국의 의료서비스 경험자들은 친절한 의료진과 지원서비스 면에서 만족하는 것으로 나타났다. Medical Skin Care 및 한방진료서비스 이용자의 경우 치료/시술효과 면에서 만족하는 비율이 높은 편이다(한국관광공사, 2008: 49).

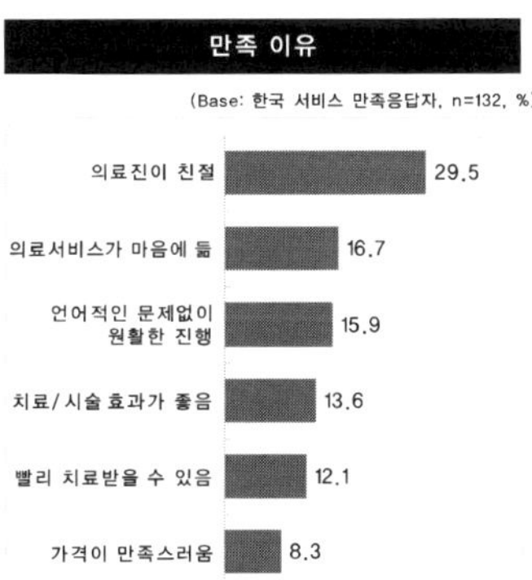

응답자 특성별 분석

(단위: %)

	전체	현이용 의료서비스			
		Medical Skin Care	건강 검진	한방과 진료	기타
사 례 수	(132)	(39)	(34)	(27)	(32)
의료진이 친절	29.5	10.3	73.5	14.8	18.8
의료서비스가 마음에 듦	16.7	7.7	35.3	11.1	12.5
언어적인 문제없이 원활한 진행	15.9	15.4	14.7	18.5	15.6
치료/시술 효과가 좋음	13.6	25.6	-	22.2	6.3
빨리 치료받을 수 있음	12.1	2.6	29.4	3.7	12.5
가격이 만족스러움	8.3	10.3	17.6	-	3.1

자료: 한국관광공사(2008: 49)

[그림 VII-15] 한국 의료서비스에 대한 만족 이유

(16) 한국 의료서비스 속성별 기대 및 만족도

전반적으로 기대 대비 만족도가 높고, 특히 '의료진 수준'과 '최신 시설 및 장비' 속성에 대한 기대수준이 높은 편이었다. '보험 적용 범위', '일괄 진료상품', '보험사 연계', '다양한 의료관광상품' 속성은 기대수준과 만족도가 모두 낮게 평가되어 서비스 이용을 저해하는 요인으로 보인다(한국관광공사, 2008: 50).

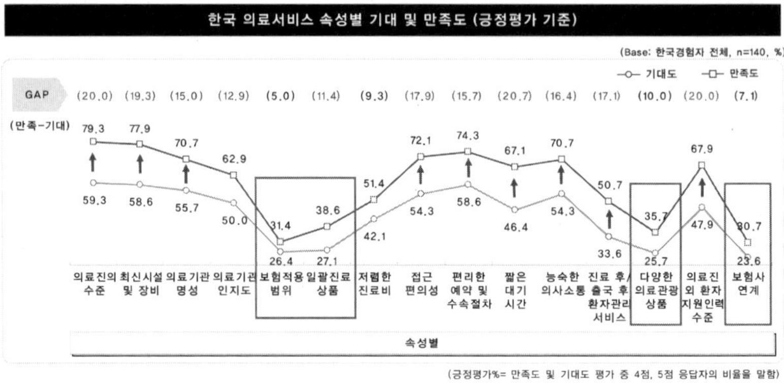

자료: 한국관광공사(2008: 50)

[그림 VII-16] 한국 의료서비스 속성별 기대 및 만족도

(17) 의료서비스 재이용을 위한 한국 재방문 의향

서비스 이용을 위한 재방문 의향은 82.9%로 높은 수준이었고 건강검진서비스 이용자의 재방문 의향이 가장 높은 반면, 한방진료서비스 이용자의 재방문 의향은 상대적으로 낮은 편이었다. 또한 자국 내 동일 서비스 이용경험자의 재방문 의향이 상대적으로 높은 편이었다(한국관광공사, 2008: 51).

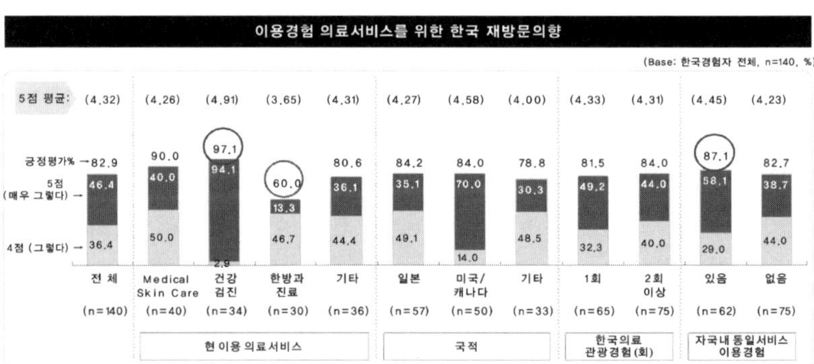

자료: 한국관광공사(2008: 51)

[그림 VII-17] 의료서비스 재이용을 위한 한국 재방문 의향

(18) 이용했던 한국 의료서비스 추천 의향

이용경험이 있는 서비스 추천 의향은 86.4%로 높은 수준이다. 서비스별로는 건강검진서비스에 대한 추천 의향이 가장 높게 나타났으며, 국적별로는 일본인의 서비스 추천 의향이 상대적으로 낮게 나타났다(한국관광공사, 2008: 52).

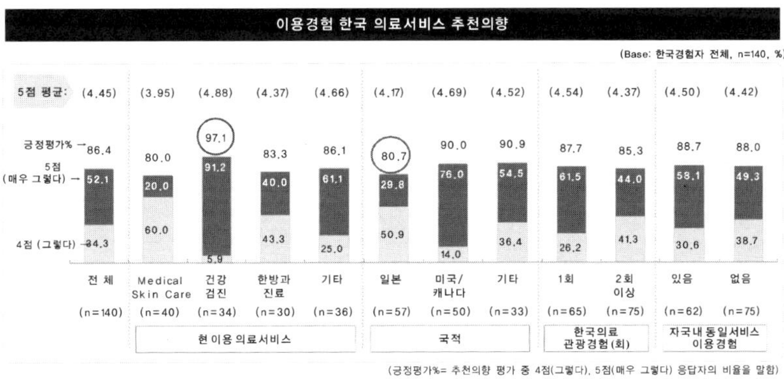

자료: 한국관광공사(2008: 52)

[그림 VII-18] 이용했던 한국 의료서비스 추천 의향

(19) 향후 한국 방문 시 이용하고 싶은 의료서비스

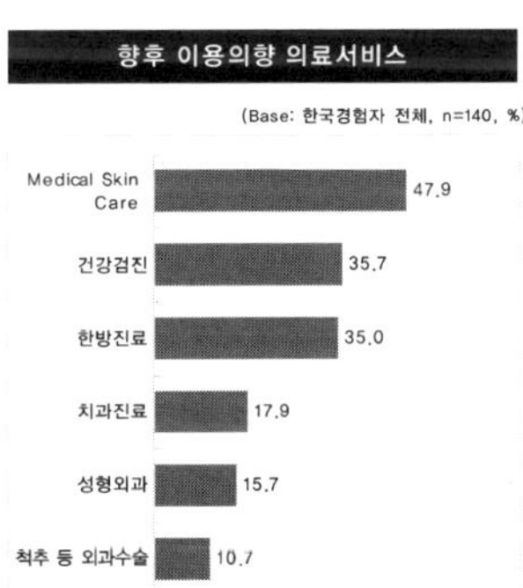

응답자 특성별 분석

(단위: %)

	전체	현 이용 의료서비스				국적			한국의료관광 경험(회)		자국내 동일서비스 이용경험	
		Medical Skin Care	건강검진	한방진료	기타	일본	미국/캐나다	기타	1회	2회 이상	있음	없음
사례수	(140)	(40)	(34)	(30)	(36)	(57)	(50)	(33)	(65)	(75)	(62)	(75)
Medical Skin Care	47.9	87.5	20.6	30.0	44.4	71.9	18.0	51.5	38.5	56.0	50.0	46.7
건강검진	35.7	12.5	85.3	26.7	22.2	10.5	70.0	27.3	41.5	30.7	45.2	29.3
한방진료	35.0	25.0	2.9	70.0	47.2	43.9	22.0	39.4	27.7	41.3	33.9	36.0
치과진료	17.9	15.0	17.6	20.0	19.4	12.3	24.0	18.2	12.3	22.7	12.9	22.7
성형외과	15.7	37.5	5.9	6.7	8.3	17.5	8.0	24.2	16.9	14.7	12.9	18.7
척추 등 외과수술	10.7	–	–	26.7	19.4	7.0	4.0	27.3	12.3	9.3	9.7	10.7

자료: 한국관광공사(2008: 53)

[그림 VII-19] 향후 한국 방문 시 이용하고 싶은 의료서비스

향후 이용하고 싶은 한국의 의료서비스로 Medical Skin Care가 47.9%로 가장 높게 나타났다. 일본인은 'Medical Skin Care', 미국/캐나다인은 '건강검진'에 대한 이용 의향이 상대적으로 높았다. 한국 의료관광 2회 이상 경험자와 자국 내 동일 서비스 이용경험자는 'Medical Skin Care' 이용 의향이 높은 편이다(한국관광공사, 2008: 53).

(20) 한국 방문 시 관광활동 및 니즈(Needs)

의료서비스 이용자들 가운데 절반 이상이 쇼핑이나 관광지 방문 등을 사전에 계획하고 있어 의료⇔관광의 연계 강도가 높은 것으로 나타났다. 다른 관광활동은 계획 대비 감소하는 반면, 의료서비스는 증가하는 경향을 보여 대조를 이루었다(한국관광공사, 2008: 54).

한국 방문 시 관광활동 이용

(Base: 한국경험자 전체, n=140, %)

Base: 전체	방문 전 계획활동(중복)	방문 시 이용활동(중복)	최선호 활동	비선호 활동	향후 이용의향 활동(중복)
쇼핑	52.9	42.1 ↓	10.7	5.0	52.1
관광지방문	50.7	35.7 ↓	12.9	2.1	47.1
식도락여행	42.9	30.7 ↓	8.6	4.3	46.4
의료서비스	43.6	46.4 ↑	20.0	1.4	39.3
미용서비스	30.0	32.9 ↑	8.6	1.4	36.4
휴양 및 휴식	25.7	12.1		1.4	25.0
문화체험 (절, 태권도, 한국요리 등)	15.0	12.1	2.9	0.7	20.7
온천	10.7	6.4	2.1	1.4	17.9
스포츠 (골프,스키,수영,해변활동)	7.1	4.3			11.4
공연, 민속행사, 축제참가	8.6	9.3 ↑	0.7		11.4
유흥/오락	12.1	8.6	0.7	1.4	10.0
레저스포츠 (캠핑,등반,트레킹,하이킹)	5.0	5.7 ↑		0.7	5.7

자료: 한국관광공사(2008: 54)

[그림 Ⅶ-20] 한국 방문 시 관광활동 및 니즈(Needs)

(21) 한국 관광지에 대한 전반적 만족도

한국 관광지에 대한 전반적 만족도는 72.1%로 긍정적으로 나타났다. 건강검진 이용자의 만족도가 가장 높게 나타난 반면, 한방 진료 이용자의 만족도는 낮은 편이었다. 한국 의료관광 경험이 2회 이상 있는 계층의 만족도가 비경험자 대비 다소 낮지만, 큰 차이를 보이지는 않았다(한국

관광공사, 2008: 55).

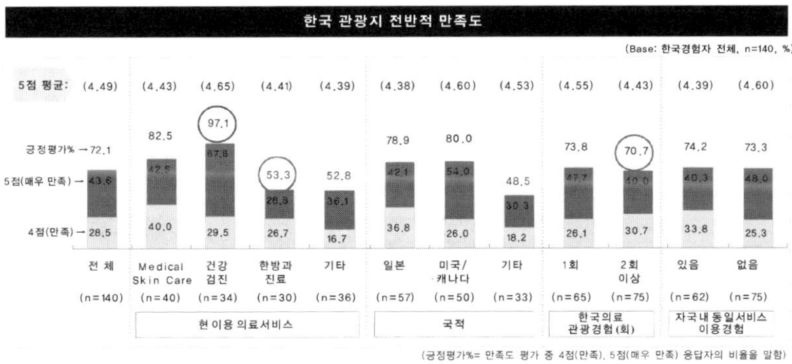

자료: 한국관광공사(2008: 55)

[그림 Ⅶ-21] 한국 관광지에 대한 전반적 만족도

(22) 한국 관광지에 대한 만족 이유

관광지로서의 한국은 친절한 사람들, 음식, 대중교통 면에서 긍정적으로 평가되고 있었다(한국관광공사, 2008: 56).

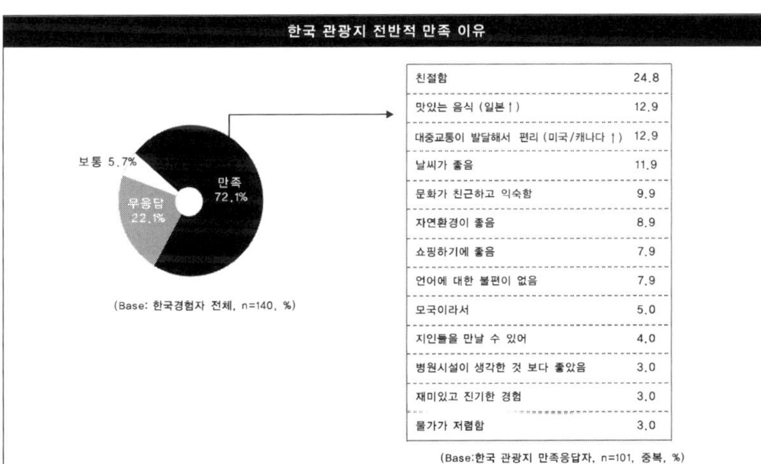

자료: 한국관광공사(2008: 56)

[그림 Ⅶ-22] 한국 관광지에 대한 만족 이유

(23) 한국 관광지의 속성별 기대 및 만족도

전반적으로 모든 속성에서 기대 대비 만족하는 수준이 높게 나타나고 있었다. '관광지 매력도'와 '관광 정보 입수 용이성' 속성은 기대 대비 만족도 차(Gap)가 매우 적어, 두 가지 측면은 기대 이상의 만족을 제공하는 것으로 확인되었다(한국관광공사, 2008: 57).

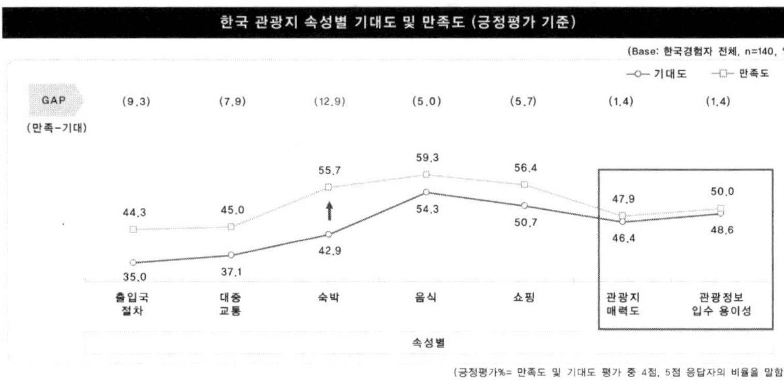

자료: 한국관광공사(2008: 57)

[그림 VII-23] 한국 관광지의 속성별 기대 및 만족도

(24) 한국 관광지 방문 시 불편사항

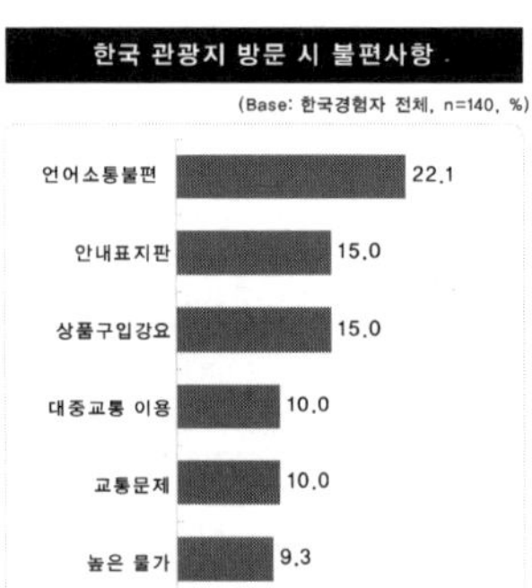

응답자 특성별

(단위: %)

	전체	현 이용 의료서비스				국적			한국의료관광 경험 (회)		자국내 동일서비스 이용경험	
		Medical Skin Care	건강검진	한방진료	기타	일본	미국/캐나다	기타	1회	2회 이상	있음	없음
사례수	(140)	(40)	(34)	(30)	(36)	(57)	(50)	(33)	(65)	(75)	(62)	(75)
언어소통불편	22.1	37.5	–	26.7	22.2	26.3	10.0	33.3	20.0	24.0	21.0	22.7
안내표지판	15.0	25.0	17.6	10.0	5.6	21.1	12.0	9.1	10.8	18.7	16.1	14.7
상품구입강요	15.0	27.5	5.9	13.3	11.1	29.8	6.0	3.0	7.7	21.3	14.5	16.0
대중교통 이용	10.0	12.5	8.8	10.0	8.3	14.0	8.0	6.1	4.6	14.7	16.1	5.3
교통문제	10.0	10.0	8.8	16.7	5.6	1.8	16.0	15.2	9.2	10.7	4.8	14.7
높은 물가	9.3	10.0	2.9	13.3	11.1	10.5	8.0	9.1	3.1	14.7	6.5	12.0

자료: 한국관광공사(2008: 58)

[그림 VII-24] 한국 관광지 방문 시 불편사항

한국 방문 시 '언어소통 불편'에 대한 지적이 22.1%로 가장 높게 나타났다. Medical Skin Care 이용자는 '언어소통' 및 '상품 구입 강요'를, 건강검진 이용자는 '안내표지판'을 불만요소로 응답하였다. 국가별로 일본인은 '상품 구입 강요', 미국/캐나다인은 '교통문제'가 주 불편사항인 것으로 판단된다(한국관광공사, 2008: 58).

(25) 한국에서 이용 중인 의료서비스에 대한 관광상품 인지

한국 의료서비스 이용자의 37.1%만이 한국 관광상품을 인지하고 있다. 인지자의 과반수인 53.8%가 이용경험이 있으며, 특히 한방 진료 이용경험자와 일본인의 경험률이 높은 편이다. 주된 인지경로는 '여행사', '자국 내 홍보/보도' 및 '방문 국가 관련 자료' 등의 순으로 나타났다(한국관광공사, 2008: 59).

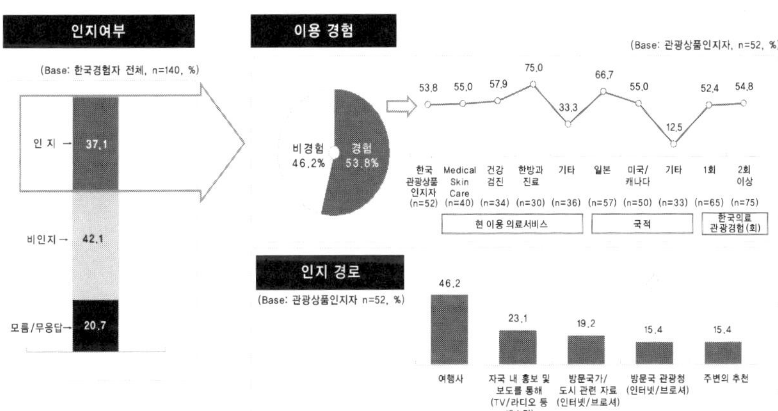

자료: 한국관광공사(2008: 59)

[그림 VII-25] 한국에서 이용 중인 의료서비스에 대한 관광상품 인지

(26) 한국에서 이용 중인 의료서비스 관련 관광상품 이용 의향

이용경험이 있는 의료서비스와 관련된 한국 관광상품 이용 의향은 45.7%로 절반에 미치지 못하고 있다. 건강검진서비스 이용 의향이 가장

높게 나타난 반면, 한방 진료는 상대적으로 낮게 나타났다(한국관광공사, 2008: 60).

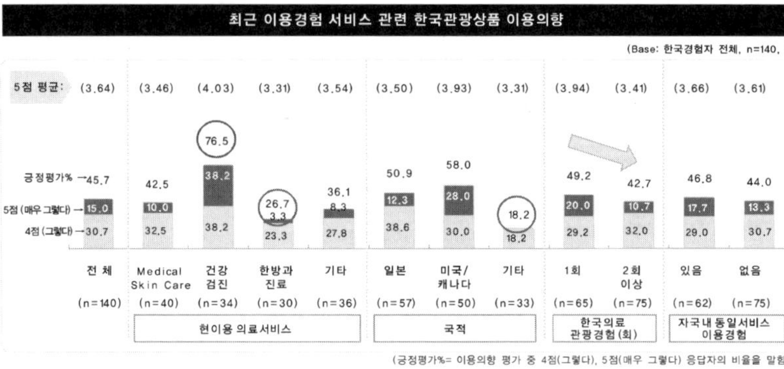

자료: 한국관광공사(2008: 60)

[그림 VII-26] 한국에서 이용 중인 의료서비스 관련 관광상품 이용 의향

(27) 한국 의료관광상품 인지도 및 인지경로

의료서비스 패키지 인지자의 69.6%가 한국 의료서비스 패키지를 인지하고 있었다. 한국 의료서비스 인지경로는 주로 '여행사'와 '자국 홍보 보도'인 것으로 나타났다(한국관광공사, 2008: 70).

(단위: %)

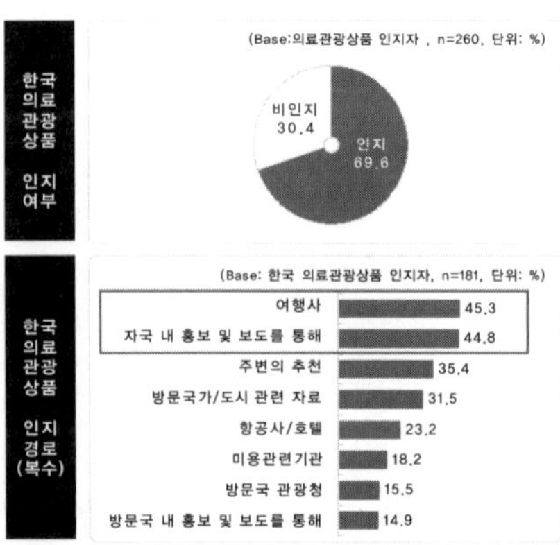

	전 체	국가			한국 방문경험	
		일본	중국	미국	있음	없음
사 례 수	(260)	(88)	(108)	(64)	(65)	(195)
인지	69.6	79.5	75.0	46.9	84.6	64.6
비인지	30.4	20.5	25.0	53.1	15.4	35.4

	전 체	국가			한국 방문경험	
		일본	중국	미국	있음	없음
사 례 수	(181)	(70)	(81)	(30)	(55)	(126)
여행사	45.3	42.9	44.4	53.3	50.9	42.9
자국 내 홍보 및 보도를 통해	44.8	32.9	55.6	43.3	29.1	51.6
주변의 추천	35.4	25.7	45.7	30.0	38.2	34.1
방문국가/도시 관련 자료	31.5	21.4	40.7	30.0	25.5	34.1
항공사/호텔	23.2	18.6	27.2	23.3	27.3	21.4
미용관련기관	18.2	11.4	23.5	20.0	18.2	18.3
방문국 관광청	15.5	10.0	21.0	13.3	12.7	16.7
방문국 내 홍보 및 보도를 통해	14.9	4.3	24.7	13.3	18.2	13.5

자료: 한국관광공사(2008: 70)

[그림 VII-27] 한국 의료관광상품 인지도 및 인지경로

2) 의료관광 소비자 실태조사 사례

한국보건산업진흥원은 2009년 해외 의료관광객 유치를 위한 기초자료를 제공하기 위해 러시아와 중국의 의료환경과 의료관광에 대한 인식 조사를 수행하였다. 아래의 내용들은 전체 조사 결과를 요약하여 정리한 내용이다.

(1) 러시아

■ 극동 러시아 지역의 의료관광 실태조사 개요

러시아 연해주 지역은 러시아 극동 지방에 위치한 인구 200만 명이 넘는 지역으로 도시 인프라에 비해 의료 인프라가 매우 열악하여 자국 내에서 중중질환이 발생되었을 때 제때 적절한 치료를 받지 못하는 경우가 많아 싱가포르나 유럽 등의 지역으로 치료목적의 여행을 하는 사람이 많다(이하 한국보건산업진흥원, 2009a: 35-52 참조).

극동 러시아의 의료관광객 송출은 2008년을 기준으로 볼 때 연간 5,000여 명이 해외로 치료목적의 여행을 떠나는 것으로 알려져 있으며 그중 약 절반에 달하는 2,500여 명이 싱가포르로 가고 있으며 우리나라에는 200명 미만의 수가 방문하는 것으로 알려져 있다(한국관광공사, 2009b).

특히 구소련 연방의 붕괴 이후 러시아의 의료 인프라에 대한 투자가 중단되면서 지난 20여 년 동안 극동 러시아 지역의 의료기관들은 낙후된 시설과 기기들로 인해 더 이상의 의학 발전이 없이 정체되었을 뿐만 아니라 의사에 대한 낮은 처우로 인해 좋은 인재들이 의과대학에 지원하지 않게 되어 인적 자원에 있어서도 낮은 문제를 나타내고 있다.

최근 한국 의료관광에 대한 국내외 의료관광 전문가 심층면접에서 나타난 바에 따르면 극동 러시아의 의료관광 관련자들은 한국 정부에 대해 의료기관 인증 · 보증시스템의 구축, 비자 간소화, 숙련된 통역요원의 양성 등을 요구하였으며, 의료기관에는 의학 자료 등 상세한 정보의 제공 및 의료기관과의 교류 협력에 대한 요구가 있었다(한국관광공사, 2008).

■ 극동 러시아 일반 국민의 의료관광 설문조사 결과

일반 국민들을 대상으로 한 설문조사 대상자의 특성은 남성 46%, 기혼자 62%였으며 거주 지역은 블라디보스토크 57%, 하바로프스크 34%, 기타 9%였다. 의료관광에 대한 인지도는 비교적 높아서 전체 조사 대상자의 84%가 의료관광에 대해 알고 있었으며 특히 16%는 이미 의료관광을 경험한 적이 있는 것으로 나타나고 있어서 극동 러시아 지역의 의료관광 인식이 매우 높음을 알 수 있다. 설문조사에 따르면 극동 러시아 국민들은 일반적으로 건강에 관심이 높은 것으로 나타나고 있는데 5점 척도로 볼 때 4.3점을 나타내고 있으며, 전체 조사자의 80%가 건강에 관심이 있다고 답하였다([그림 VII-28]).

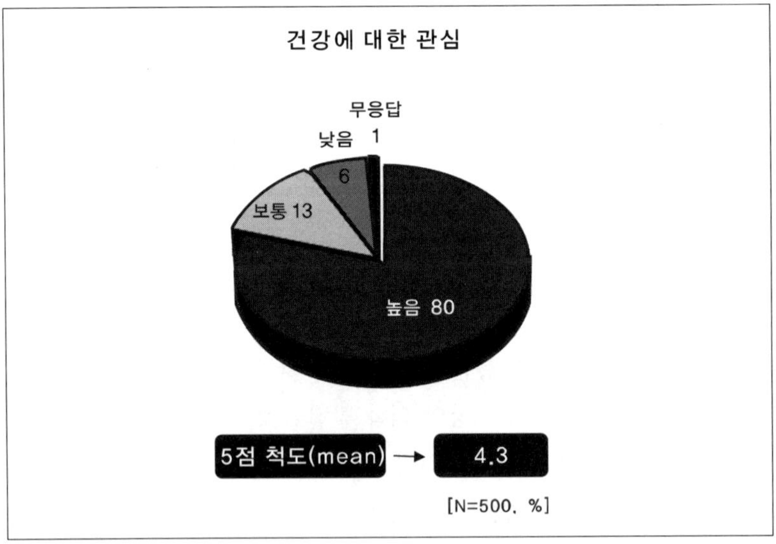

자료: 한국보건산업진흥원(2009a: 35)

[그림 VII-28] 극동 러시아 국민의 건강에 대한 관심

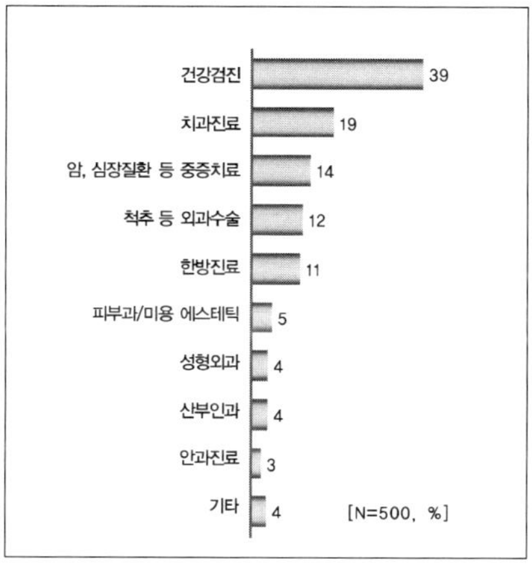

자료: 한국보건산업진흥원(2009a: 36)

[그림 VII-29] 극동 러시아 국민이 관심을 가지고 있는 의료 분야

현재 특별히 관심을 가지고 있는 의료 분야는 건강검진이 가장 높았으며 다음으로 치과진료, 암이나 심장질환과 같은 중증질환 순서로 관심이 높은 것으로 나타났는데 특히 20~40대의 경우는 건강검진, 치과진료 등에 관심이 많은 반면, 60대 이상이 되면 암이나 심장질환과 같은 중증질환에 대한 관심도가 높게 나타났다([그림 VII-29]).

주로 이용하고 있는 의료 분야는 암, 심장질환 등 중증치료, 치과진료, 건강검진 순으로 나타나고 있다. 건강검진의 경우 관심도 대비 현 이용수준은 다소 낮아, 실제 이용 분야는 검진 대비 치료 분야가 높은 특성을 보이나, 연령이 높을수록 건강검진 이용률은 높아지고 있으며, 치료 분야 중 20~30대는 치과진료, 40대 이상은 중증치료의 이용 분야가 높은 것으로 나타났다([그림 VII-30]).

러시아의 의료기관을 이용하면서 느끼는 만족도 조사에서 만족한다는 답변은 진체 응답자의 21%에 불과하였으며 대신 불만족으로 답변한 사람은 전체의 38%로 나타나고 있어서 극동 러시아 국민의 러시아 의료기관에 대한 인식을 알 수 있다. 특히 러시아 의료기관을 이용하면서 느끼는 문제점으로는 의료수준이 떨어지는 점, 의료비가 비싸다고 느끼는 점,

설비가 낙후되고, 이용이 불편하며, 의료진이 불친절한 점을 주로 꼽고 있다([그림 VII-31]).

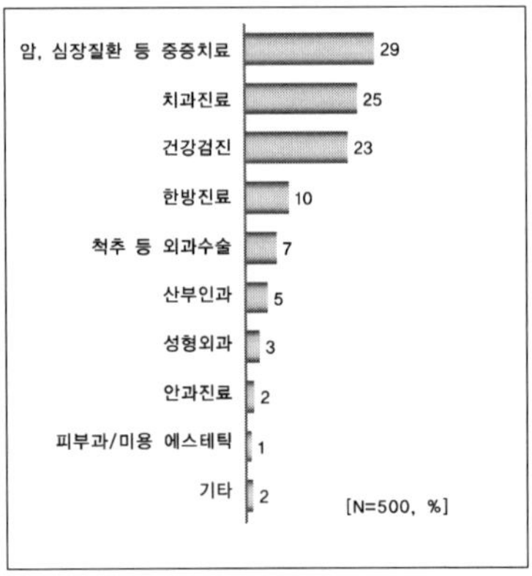

자료: 한국보건산업진흥원(2009a: 36)

[그림 VII-30] 극동 러시아 국민의 의료 이용 분야

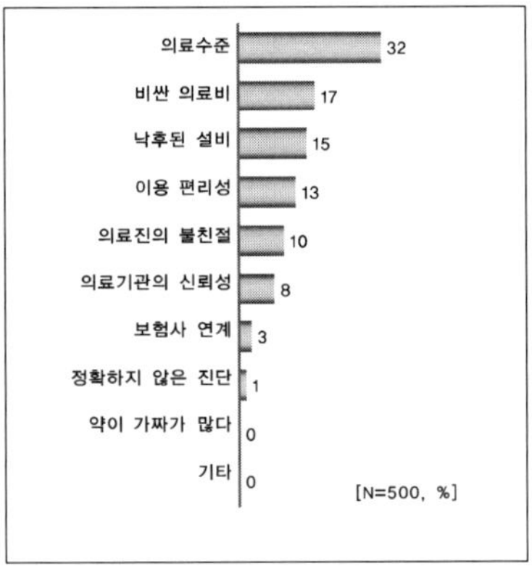

자료: 한국보건산업진흥원(2009a: 37)

[그림 VII-31] 극동 러시아 국민이 느끼는 러시아 의료기관의 문제점

한편 극동 러시아 국민들의 주요 관심 분야는 암이나 심장질환과 같은 중증질환에 대한 치료가 가장 높았으며, 다음으로 건강검진, 한방 진료 순으로 관심이 있는 것으로 나타났다([그림 VII-32]).

해외 의료관광 인지도는 전체 조사 대상자의 84%에서 해외 의료관광에 대해 알고 있었으며, 전체의 58%는 해외 의료관광에 대한 관심도가 높게 나타났다. 해외 의료관광 유경험자의 경우 평균 2.1회 정도 해외 의료관광을 다녀온 경험이 있는 것으로 조사되었는데 그중 중국이 75%로 가장 높은 비율을 차지하고 있었다([그림 VII-33]).

해외 의료관광에서 경험한 사람들을 대상으로 주요 치료 분야에 대한 중복 조사를 한 결과 척추 등 외과수술을 받은 경우가 41%로 가장 많았으며 건강검진(26%), 한방 진료(19%), 치과진료(13%) 순이었다([그림 VII-34]). 해외 의료관광 시 주된 고려요소로는 의료수준(35%), 의료비

(14%), 의료시설 및 장비(11%), 지리적 접근성(11%)을 꼽고 있다([그림 VII-35]).

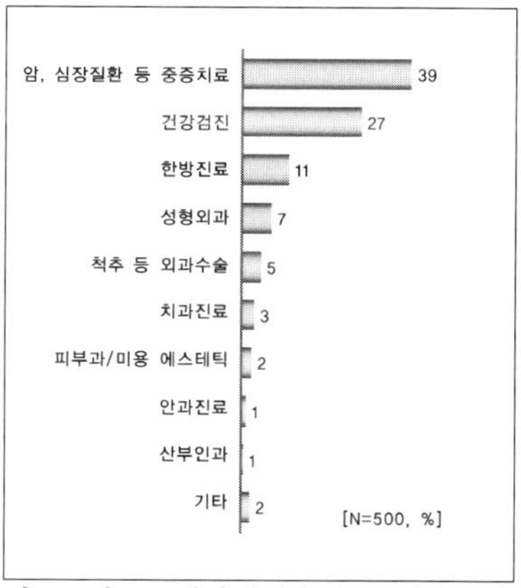

자료: 한국보건산업진흥원(2009a: 36)

[그림 VII-32] 극동 러시아 국민의 관심 의료 분야

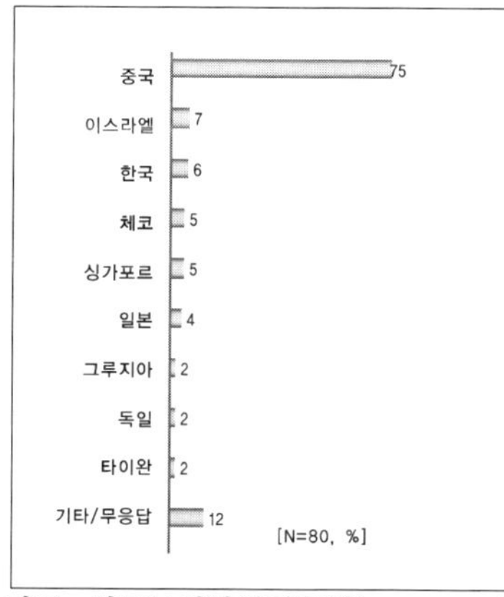

자료: 한국보건산업진흥원(2009a: 38)

[그림 VII-33] 극동 러시아 국민의 해외 의료관광 방문 국가

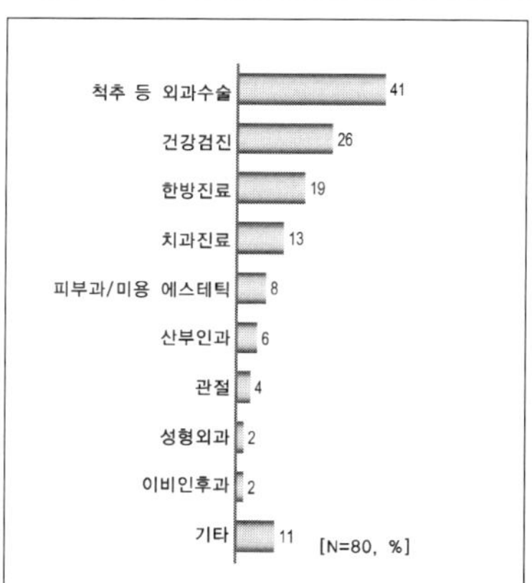

자료: 한국보건산업진흥원(2009a: 38)

[그림 VII-34] 극동 러시아 국민의 해외 의료관광 시 주된 치료 분야

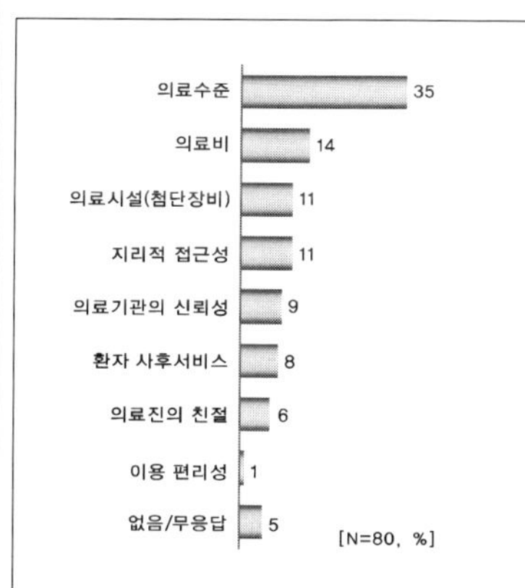

자료: 한국보건산업진흥원(2009a: 39)

[그림 VII-35] 극동 러시아 국민의 해외 의료관광 시 주된 고려 요소

해외 의료관광 시 지출한 1회당 비용은 1,000달러 이하에서 15,000달러 이상으로 편차가 크게 나타났는데 평균 비용은 3,134달러였다([그림 VII-36]). 해외 의료관광에 대한 만족도 조사에서는 전체 응답자의 74%가 '만족한다'고 대답했으며, '보통이다'는 16%, '불만족'은 4%에 그쳐 해외 의료관광 만족도가 매우 높게 나타났다([그림 VII-37]).

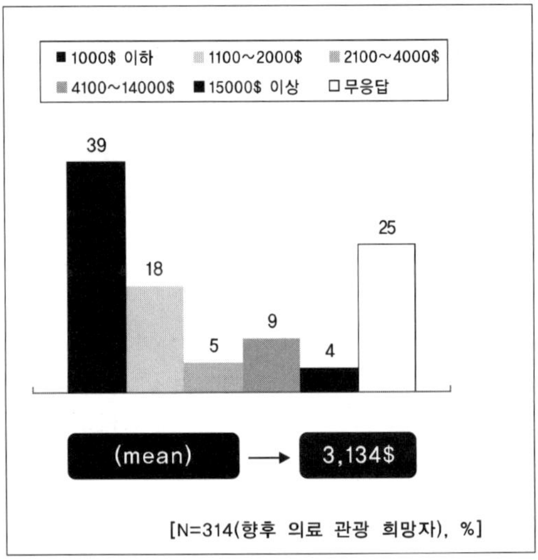

자료: 한국보건산업진흥원(2009a: 39)

[그림 VII-36] 극동 러시아 국민의 해외 의료관광 시 1회 지출비용

해외 의료관광을 가지 않는 주된 이유로는 가격에 대한 부담(34%)이 가장 많았으며, 필요가 없거나(13%), 해외 국가에 대한 정보 부족(8%), 의사소통에 대한 불안감(5%) 등의 이유로 가지 않는 경우가 많았다([그림 VII-38]). 해외 의료관광 이용에 대한 의향조사에서는 63%에서 향후 해외로 의료관광을 떠날 의향이 있는 것으로 조사되었으며 의료관광을 떠나기를 희망하는 국가로는 우리나라(27%)와 중국(24%)을 가장 많이 꼽았으며 이어서 일본(12%), 싱가포르(9%), 독일(9%), 이스라엘(9%) 등의 순이었다([그림 VII-39]).

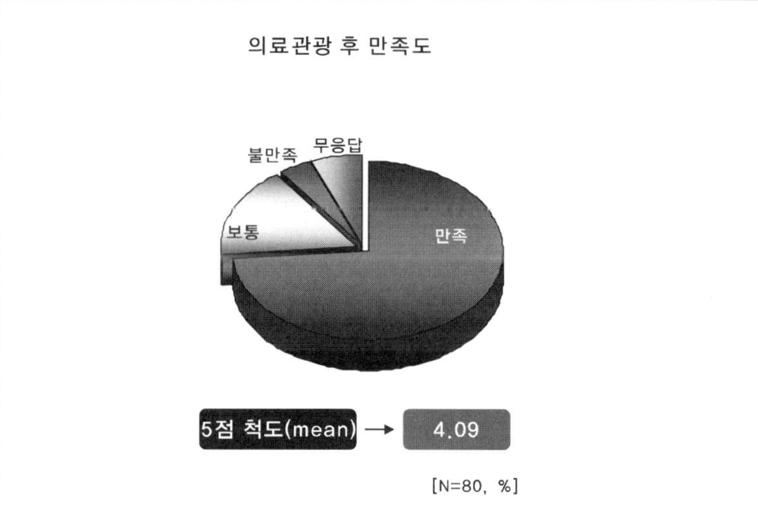

자료: 한국보건산업진흥원(2009a: 40)

[그림 VII-37] 극동 러시아 국민의 해외 의료관광 만족도 조사

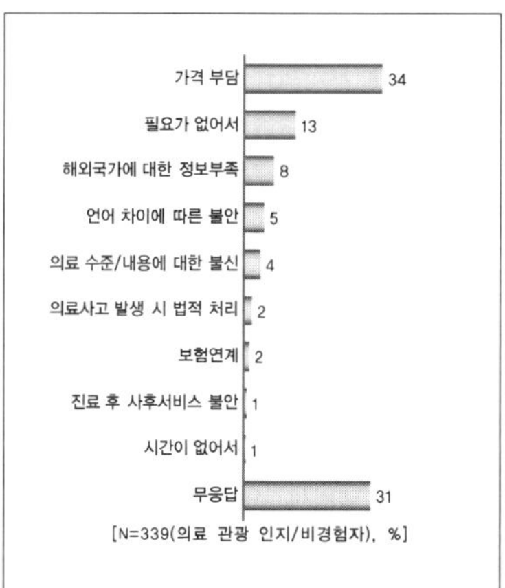

자료: 한국보건산업진흥원(2009a: 40)

[그림 VII-38] 극동 러시아 국민의 해외 의료관광 未 이용 이유

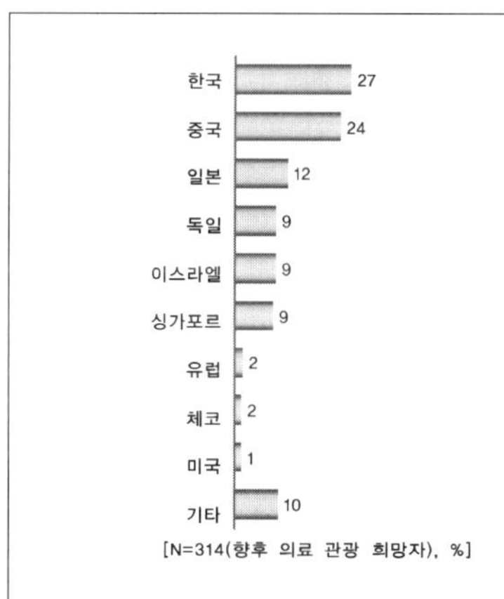

자료: 한국보건산업진흥원(2009a: 40)

[그림 VII-39] 극동 러시아 국민의 향후 해외 의료관광 희망 국가

해외 의료관광 희망 분야에 대한 복수 응답조사 결과는 건강검진(49%), 외과 분야(23%), 치과진료(17%), 암 · 심장질환 등 중증치료 분야(12%) 등에 대한 관심이 높게 나타났다([그림 VII-40]). 해외 의료관광 시 주된 고려요소로는 의료수준(39%), 의료기관의 신뢰성(19%), 의료비(17%), 의료시설(9%) 순으로 나타나고 있어서 의료진의 수준에 대한 요인이 해외 의료관광에 있어서 가장 큰 고려요인이 되고 있음을 알 수 있다([그림 VII-41]).

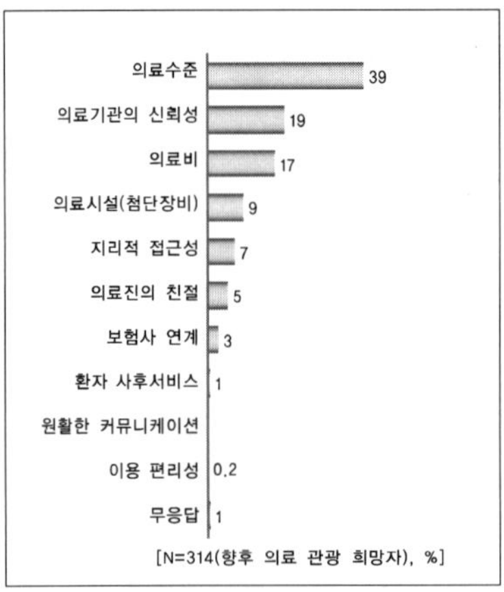

자료: 한국보건산업진흥원(2009a: 41)

[그림 VII-40] 극동 러시아 국민의 해외 의료관광 희망 분야

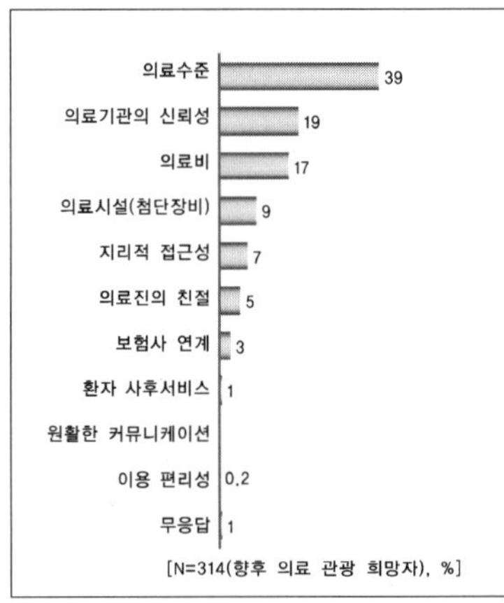

자료: 한국보건산업진흥원(2009a: 42)

[그림 VII-41] 극동 러시아 국민의 해외 의료관광 시 주된 고려요인

해외 의료관광에 대한 국가별 평가에 나타난 바에 따르면 일본은 의료진의 수준, 시설 및 장비, 의료기관 신뢰성, 의료진의 친절도 등 전체적으로 좋은 평가를 받고 있었으며 중국은 비용절감 및 관광상품의 다양성에서 높은 평가를 받았다. 우리나라의 경우 전반적으로 싱가포르와 비슷한 평가를 받고 있는 것으로 나타났다([그림 VII-42]).

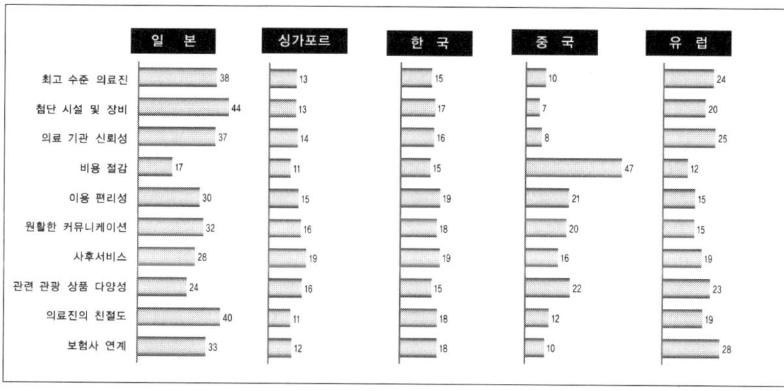

자료: 한국보건산업진흥원(2009a: 42)

[그림 VII-42] 극동 러시아 국민의 해외 각국 의료관광에 대한 평가

해외 의료관광 이용 시 1회 적정 비용의 수준에 대한 설문에서는 1,000달러 이하가 28%로 가장 많았으나 적정 비용에 대한 전체 평균치는 3,417 달러로 나타났다([그림 VII-43]).

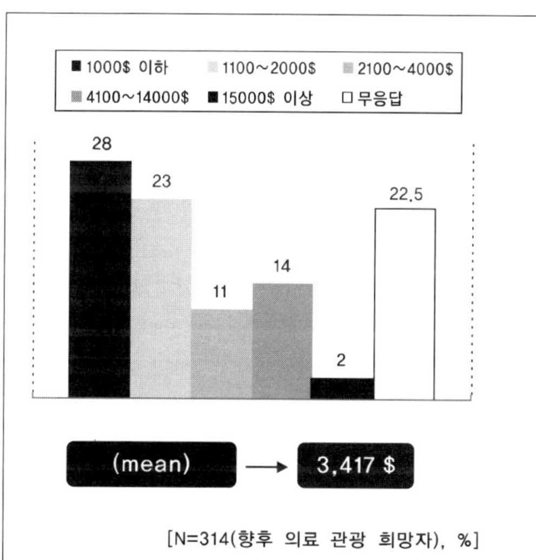

자료: 한국보건산업진흥원(2009a: 43)

[그림 VII-43] 극동 러시아 국민의 해외 의료관광 이용 시 적정 비용수준

해외 의료관광 정보수집은 지인을 통해 정보를 얻는 경우(52%)가 가장 많았으며, TV나 라디오와 같은 방송 매체(30%), 잡지나 브로슈어 등의 인쇄 매체(27%), 인터넷(12%) 순으로 나타나고 있어서 지인을 통한 홍보 이외의 수단 가운데는 미디어가 가장 큰 정보원으로 나타나고 있다([그림 VII-44]). 극동 러시아 국민의 한국 의료관광에 대한 인식조사에서는 전체 응답자의 80%가 한국의 의료수준이 높다고 대답하였으며, 한국으로 의료관광을 올 경우 희망하는 진료 분야로는 건강검진(42%)이 가장 높았으며, 한방 진료(14%), 외과 분야(12%), 치과진료(11%) 등의 순으로 나타났다([그림 VII-45]).

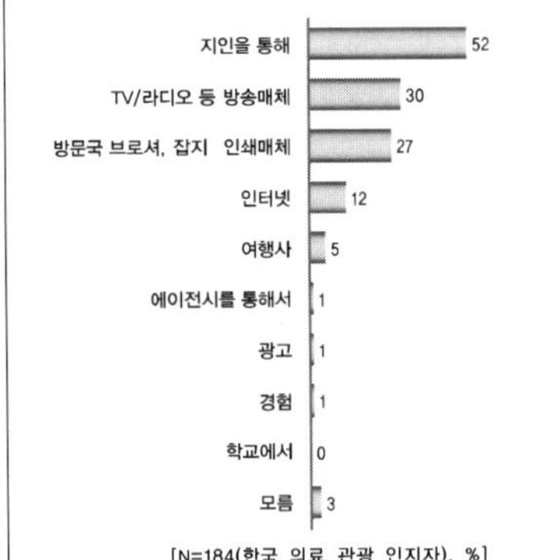

자료: 한국보건산업진흥원(2009a: 43)

[그림 VII-44] 극동 러시아 국민의 해외 의료관광 정보 획득경로

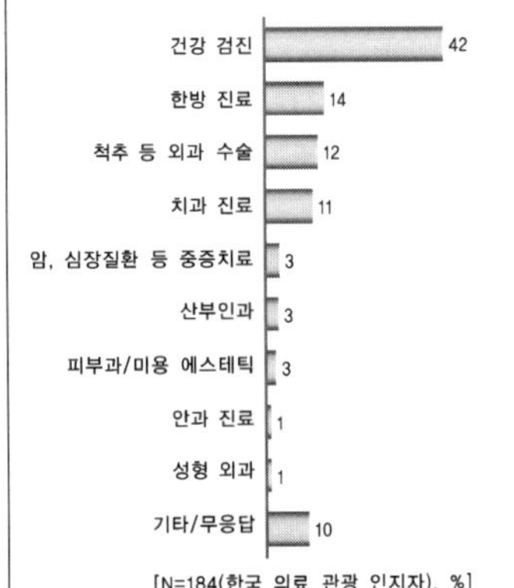

자료: 한국보건산업진흥원(2009a: 44)

[그림 VII-45] 극동 러시아 국민의 한국 의료관광 희망 분야

■ 극동 러시아 국민 중 의료관광 경험자·미경험자 심층면접조사 결과

극동 러시아 국민 중 의료관광 경험자 및 미경험자에 대한 심층면접조사에서 나타난 바에 따르면 러시아 국민들은 의사에 대한 불신감이 크고, 낙후된 의료시설과 긴 대기시간으로 인해 이용이 불편한 점에 대한 불만

이 높은 것으로 나타났다(이하 한국보건산업진흥원, 2009a: 46-47 참조).

의사에 대한 불신요인으로는 제대로 진찰해 주지 않고, 경험이 부족한 점, 전문 인력이 부족한 점, 진료·검사 결과 등을 상세하게 설명해 주지 않는 점 등을 우선적으로 꼽았으며 특히 의사 부재 시 간호사가 진료를 보는 경우도 있는 것으로 답하고 있어 전반적으로 러시아의 의료서비스와 병원에 대한 믿음이 없음을 알 수 있다.

의료시설에 대한 불만으로 전체적으로 의료시설이 낙후되고 현대적 시설이 부족한 점, 좋은 시설이나 의료 기기를 갖춘 병원이 별로 없는 점, 수술 후 입원·치료를 받기에 병원의 시설 및 조건이 열악한 점을 지적하고 있다.

해외로 의료관광을 다녀온 경험자의 경우 대부분 사전계획 하에 의료관광을 진행하는 것으로 나타났다. 의료관광을 결정하는 데 있어 가장 중요한 결정요소는 방문 대상 국가의 결정이며, 이 과정에서 주변 지인을 통한 정보가 가장 신뢰할 만한 정보로 인식되고 있다.

응답자들은 대체적으로 한국 의료관광에 대한 자료가 부족하다는 인식이 높았으며, 한국 방문 경험자의 경우, 다양한 경로를 통해 다각도에서 정보를 수집하려는 경향을 보이고 있으며, 특히 본인의 적극적인 노력에 의해 정보를 수집하는 것으로 조사되었다.

의료관광 초도 방문자는 방문 국가를 결정할 때 2개 이상 고려 대상국에서 최종 결정하는 경향 보이고 있는데 방문국 결정요인은 의료수준 및 경제성(가격 저렴, 거리 근접)이 주된 이유로 나타나고 있다. 한국을 방문하는 경우 방문국을 결정하기 위해 한국과 비교하는 대상으로는 싱가포르, 유럽, 북미 등을 고려한 것으로 나타났다. 한국 방문자들이 최종적으로 한국을 선택한 계기는 의료수준이 높으면서 싱가포르보다 지리적으로 가까운 것이 중요한 요인인 것으로 나타났다.

타국 방문자 중 싱가포르 방문자는 처음에는 중국을 고려하였으나, 중국 의료관광을 다녀온 후 실망하여 가격이 비싸지만 진료가 빠르고 시설이 좋은 싱가포르로 결정한 것으로 나타났으며, 반면 중국 방문자 중에는 사전에 한국을 고려하였으나 중국이 지리적으로 가깝고, 가격이 저렴해서 최종적으로 선택한 것으로 나타났다.

의료관광 전문 에이전시의 이용과 관련한 질문에서는 의료관광계획 시 에이전시를 통한 계획 · 방문을 하는 비중이 높게 나타났다. 극동 러시아 국민들은 에이전시를 통해 방문국에 대한 기본 정보 및 의료진에 대한 상세 정보를 얻을 수 있다고 인식하고 있으며 에이전시 이용에 대한 만족도는 매우 높은 것으로 대답하고 있다.

반면, 에이전시를 이용하지 않고 직접 의료관광을 오는 경우는 초도 방문이 아닌 재방문자인 경우(현지 의사의 소개 및 설명)와 인터넷으로 관련 협회 등을 통한 정보수집, 또 주변 지인을 통해 정보를 수집한 후 본인이 계획하여 방문한 경우로 응답되었다.

의료관광 방문국으로 한국을 선택하게 된 이유로는 거리가 가깝고, 의료수준 대비 비용이 합리적이며, 관광을 겸한 치료목적의 방문을 선택한 경우, 치료받기가 편한 점, 병원의 시설이 우수한 점, 인공수정과 같은 산부인과 관련 시술이 발달한 점 등을 꼽았다.

반면 싱가포르를 선택한 이유로는 높은 의료수준(수술 잘함), 빠른 행정 절차, 우수한 병원 시설을 꼽았으며, 중국을 선택한 이유로는 의사 상담 태도가 좋고, 가격 대비 믿을 만한 의료수준을 꼽았다. 한편 해외 의료관광을 위해 의료기관을 선택할 때 중요하게 고려되는 요소로는 의료기술의 전문성, 의료진의 서비스 태도, 부대 행정서비스, 시설 이용의 편리성 등을 꼽았다.

특히 의료기술의 전문성과 관련해서는 해당 의료기관이 현지에서 지명도가 높은 의료기관인지 여부, 최첨단 의료기술 또는 장비를 보유한 의료기관인지 여부, 의사의 지명도 등을 중요하게 꼽고 있었다.

한국 의료관광에 대한 문제점으로는 비싼 의료비, 진료 시 의사소통의 전문성이 떨어지는 점, 한국 의료에 대한 정보가 부족한 점 등을 꼽고 있으며, 개선해야 할 점으로는 의료비가 지금보다 저렴해져야 하고, 방송매체나 신문 잡지 등을 통해 한국 의료에 대한 광고를 더욱 강화해 나아가야 하며, 의료 전문 통역사를 양성하여 배치해 줄 것을 지적하였다. 기타 의견으로 가족 단위 프로그램 등 다양한 프로그램을 구성해 줄 것, 검사/진료 결과에 대한 빠른 피드백을 제공해 줄 것, 의료관광 비자를 지금보다 쉽게 발급받을 수 있도록 행정 절차를 간소화해 줄 것을 요구하였다.

■ 극동 러시아 의료관광 송출회사 종사자 심층면접조사 결과

극동 러시아 의료관광 송출 여행사의 종사자를 대상으로 한 심층면접조사에서 나타난 바에 의하면 현지 의료기관의 문제점으로 낮은 의료수준, 낙후된 설비, 이용의 편리성이 떨어지는 점을 지적하고 있다. 여행사별 연간 해외 송출 환자 수의 편차는 큰 것으로 나타났는데 중국을 제외한 한국, 싱가포르, 일본 등은 연간 10명 미만의 환자를 송출하고 있어서 아직까지는 의료관광시장의 형성 초기라고 볼 수 있다. 한국으로 환자를 송출한 경우 주요 분야는 건강검진, 중증치료, 산부인과 분야의 질환으로 주로 송출을 했으며 체류기간은 평균 9박 10일 정도로 나타났다(이하 한국보건산업진흥원, 2009a: 49-52 참조).

주요 국가별 의료관광 선택의 이유를 살펴보면 먼저 싱가포르의 경우 싱가포르는 의료관광에 대한 러시아 현지인들의 인지도가 높기 때문에 러시아 국민들이 제일 선호하는 국가로 꼽았는데, 의료기관이 첨단 기기를 다수 보유하고 있고 의료관광 관련 상품들이 발달되어 있으며, 의료관광 시 전문통역 등 제반 문제에 대한 우려감이 적어서 선호하는 것으로 나타났다.

일본은 아시아권에서 의료의 질이 뛰어난 점에서 높은 신뢰감을 갖고 있어 의료수준이 제일 앞서 있다는 점에서는 대부분 동의하지만, 비용이 비싸기 때문에 고위험군수술 등을 요하는 경우만 일부 선택하는 것으로 나타났다. 중국의 경우는 거리가 가깝기 때문에 신속하게 치료할 수 있고, 비용도 다른 나라와 비교할 수 없을 정도로 저렴하기 때문에 부담 없이 치료를 선택하는 것으로 나타났다.

한편 한국은 싱가포르, 일본과 의료수준은 비슷하나 상대적으로 가격이 저렴하다는 면에서 '가격 대비 우수한 의료의 질'에서 선호되고 있는데, 의료수준 외에도 한국의 의사들이 친절하고, 서비스가 좋은 것으로 인식되고 있다.

러시아 국민 중, 해외 의료관광을 가고 싶지만, 현재 이용하지 않는 가장 큰 장애 요인은 '비용에 대한 부담'으로 인식하고 있으며, 의료관광에 대한 체계적이고 구체적인 정보 등이 부족한 점, 의료사고 발생 시 처리에 대한 불안, 의사소통에 대한 염려, 보험 연계 상품의 부재에 따른 이용 상의 불편 등도 장애요인으로 인식되고 있다.

향후 러시아 국민의 해외 의료관광시장 성장 가능성은 매우 높다고 전망하고 있는데, 특히 유망한 국가로서 한국, 싱가포르, 중국 등을 예상하고 있으며, 가장 유망한 분야로는 건강검진, 중증치료 등으로 인식하고 있다.

현재 의료서비스 분야로 중증치료, 건강검진뿐 아니라, 치과, 성형외과, 산부인과 등에 대한 인식이 비교적 높으나, 현지 여행사에서 송출이 유망하다고 인식하는 분야는 건강검진, 암 등 중증치료 분야로 매우 한정적인 상황이다. 따라서 향후 국내 의료 분야별 전문적인 자료 제공 및 홍보를 통한 대외 인지도 제고가 수반되어야 할 것이다.

(2) 극동 러시아 환자유치의 시사점 및 전략

■ 극동 러시아의 의료환경에 따른 시사점

러시아 연방은 구소련의 붕괴 이후 국가 중심의 보건체계가 제 기능을 하지 못하게 되면서 많은 문제점이 나타나게 되었다. 이런 문제점들을 해결키 위해 러시아 정부가 보건의료 개혁을 추진하면서 많은 변화를 맞고 있다. 특히 시장경제가 도입되는 과정에서 공공의료기관에 대한 정부 지원이 크게 줄면서 지난 20여 년 동안 의료기기나 기술의 발전이 이루어지지 못하였다. 그로 인해 러시아의 공공의료 인프라는 낙후된 상태이나 재정적 부담으로 인해 공공의료기관에 충분한 재원을 투입할 수 없는 실정이며 결과적으로 국민들이 질병에 대한 적절한 치료를 받을 수 없어 해외로 치료를 받으러 나가는 상황이다. 최근 러시아 연방정부는 이러한 상황을 극복하고 좀 더 나은 의료수급체계를 만들기 위해 공공의료에 대한 지속적인 구조조정과 함께 민영의료의 도입에 적극적으로 나서고 있다. 이상에서 살펴본 것을 요약하면 다음과 같다(이하 한국보건산업진흥원, 2009a: 49-52 참조).

〈표 VII-2〉 러시아의 의료 상황

<table>
<tr><td rowspan="4">러시아의 의료 환경</td><td>공공의료기관의 효율적 운영을 위해 병상과 외래진료소의 수를 감축하는 등 구조 조정을 추진</td></tr>
<tr><td>치과, 안과, 성형외과, 비뇨기과, 부인과, 재활의학과 등의 과목을 중심으로 민영 의료기관 증가</td></tr>
<tr><td>심혈관계질환에 의한 사망자가 매우 많음</td></tr>
<tr><td>고가 의료장비가 크게 부족</td></tr>
<tr><td rowspan="5">러시아 국민의 의료관광 인식</td><td>건강에 대한 관심은 높은 것으로 나타났지만 자국 내 의료기관에 대해서는 불만족</td></tr>
<tr><td>해외 의료관광에 대한 인지도는 매우 높게 나타남</td></tr>
<tr><td>주변의 지인, TV나 라디오, 신문, 잡지 등의 미디어, 의료관광 전문 에이전시 등을 통해 의료관광 관련 정보 획득</td></tr>
<tr><td>해외 의료관광을 가기 위한 주된 고려 요소로는 의료진의 수준, 비용, 의료시설, 지리적 접근성 등을 고려함</td></tr>
<tr><td>한국 의료관광 경험자들은 한국의 의료서비스에 대해 매우 만족하고 있으며, 재방문 희망과 주변에 적극 추천 의향을 보이고 있으며, 접근성의 측면에 있어서도 한국은 경쟁 국가들에 비해 유리한 입지를 확보</td></tr>
<tr><td rowspan="2">의료관광 관련 법규</td><td>러시아는 의료관광의 유인·알선을 합법적으로 할 수 있어 러시아 주요 도시마다 의료관광 업무를 담당하는 회사 다수가 활동</td></tr>
<tr><td>유럽, 싱가포르, 한국이 의료관광의 새로운 목적지로 각광받고 있는 상황</td></tr>
</table>

자료: 한국보건산업진흥원(2009a: 49)

■ 극동 러시아 환자유치전략

① 한국 의료 브랜드의 적극적인 홍보

싱가포르 파크웨이는 러시아의 시장성을 보고 대표부를 내며 공격적으로 활동하고 있다. 현재 신문과 방송 등 대대적인 미디어캠페인을 진행하고 있다. 때문에 러시아 사람들은 싱가포르 파크웨이를 의료관광목적지로서 최고로 인식하고 있다. 싱가포르에 있는 파크웨이 그룹 병원들이 외국인 환자를 유치하기 위해 한결같이 내세우고 있는 홍보 문구는 "병원과 경쟁하지 않고 특급호텔과 경쟁한다"이다.

러시아는 의료 광고의 제한이 전혀 없으며 환자의 유인 · 알선이 법의 저촉을 전혀 받지 않기 때문에 한국 의료의 특성을 효과적으로 전달할 수 있는 브랜드를 지속적이고 강력하게 홍보함으로써 한국 의료의 위상을 높이고 한국 의료의 우수성과 안전성을 널리 알리는 전략적 접근이 필요하다.

특히 러시아에서 한국에 대한 긍정적인 이미지를 더욱 강화해 나아갈 수 있도록 고가 의료장비 및 시설을 이용한 고부가가치 의료관광상품 개발 및 마케팅전략을 수립하여 한국 의료의 이미지를 스마트하고 고급스러운 것으로 인식이 될 수 있도록 다양한 채널을 이용하여 지속적인 홍보와 광고를 해 나가는 전략이 필요하다.

② 한국 의료 붐 조성전략

한국 의료에 대한 신뢰도를 높이기 위해서는 극동 러시아의 의료계에 종사하는 의료진과의 학술회의, 의료 관련 세미나, 의료진 연수 등 의료교류를 확대해 의료기관 네트워크를 강화하고 한국 의료에 대한 신뢰도를 높이는 전략이 필요하다. 또한 극동 러시아의 주요 도시에서 열리는 각종 의료, 헬스케어, 관광 관련 전시회에 한국 의료를 홍보할 수 있는 '한국의료종합홍보관'을 개설함으로써 관련 업체의 참가를 유도하고 한국 의료에 대한 붐이 조성되도록 노력할 필요가 있다.

③ 기타 지원방안

극동 러시아는 의료 관련 광고가 자유롭고 마케팅의 장애물이 거의 없다고 볼 수 있다. 다만 개별 의료기관이 직접 현지에 진출하는 것은 상당한 리스크를 안게 되는 일이기 때문에 극동 러시아 현지에서 한국 의료에 대한 효율적인 홍보를 위해서는 종합상사형의 전문 의료관광마케팅 선도 기업을 육성할 필요가 있다. 선도 기업을 통한 전문 의료마케팅을 통해 의료기관의 직접 해외 진출에 따른 위험 부담을 줄여 줄 뿐만 아니라 비용 면에 있어서도 효율적이기 때문이다. 더불어 러시아 국민들이 한국 의료관광의 문제점으로 지적한 비싼 의료수가, 의사소통의 불편, 정보부족 등의 개선을 위한 정책 수립이 이루어져야 할 것이다.

■ 의료기관 차원의 환자유치전략

극동 러시아 국민의 해외 의료관광을 가기 위한 주된 고려요소로는 의료진의 수준, 비용, 의료시설, 지리적 접근성 등을 우선적으로 꼽고 있어서 의료기관의 입장에서는 좋은 서비스를 합리적인 가격에 제공하기 위한 노력을 하는 것이 특히 중요하다. 특히 러시아는 추운 날씨로 인해 기름진 음식과 음주를 즐기는 남성들이 많아서 심혈관계질환의 사망자와 질환자가 많기 때문에 이에 대한 집중적인 홍보와 환자유치를 목표로 타깃 마케팅을 해 나아가는 것도 효율적인 방법이 될 것이다.

뿐만 아니라 러시아의 보건의료 재정상 최신 진단 · 치료장비의 숫자가 매우 부족한 상황이기 때문에 첨단 의료기기나 장비를 이용한 치료법에 대한 안내와 한국의 치료 성과를 바탕으로 한 홍보 접근법도 필요하다. 또한 현재 러시아 공공의료기관이 주로 담당하고 있는 중증질환을 중심으로 러시아에서 치료가 힘든 환자를 적극적으로 한국으로 유치할 수 있는 전략적 네트워크를 구축하는 것이 매우 효율적이다.

■ 유치업체 차원의 환자유치전략

국가 주도로 지속적인 홍보 및 광고를 시행하면서 선도 기업이 현지에서 홍보 마케팅을 위한 의료 세미나 형태의 홍보회를 수시로 개최하는 것도 바람직한 방법이 될 것이다. 이를 위해 현지 의사 등 전문 인력을 채용하여 훈련시켜야 하며, 특히 부가가치가 높은 전문 분야의 특정 질환을 대상으로 집중적인 의료관광상품 홍보회를 개최함으로써 좀 더 효율적인 마케팅이 되도록 하는 것이 좋다.

또한 의료관광 고객들의 염려 사항 가운데 하나인 '사후관리'를 위해 의료기관과의 네트워크를 구축하여 한국에서 치료를 받은 후 러시아에서 사후 처치를 받을 수 있도록 해야 된다. 이를 위해 러시아 내 의료기관과의 교류와 협력이 반드시 필요하다.

러시아 국민들의 한국 의료관광 정보는 주로 주변의 지인을 통해 습득하는 경향이 강하지만 지인을 제외한 다른 경로는 주로 미디어를 이용하는 것으로 나타나고 있다. 따라서 다양한 방송이나 신문을 통한 적극적인 홍보 · 광고를 통해 한국 의료관광의 다양한 정보를 지속적으로 제공해야 할 것이다.

러시아 국민들은 의료서비스에는 대체적으로 만족하고 있지만 음식, 볼거리, 주변 명소, 쇼핑, 체험관광 등 다양한 부가 관광 프로그램을 개발해 전반적인 한국 의료관광 만족도를 높여야 할 것이다. 러시아 국민들은 사전에 해외 의료관광을 계획하는 비중이 높기 때문에 한국이 의료관광 목적지에 포함되는 것이 중요하다고 할 수 있다. 이를 위해서는 한국 의료서비스의 신뢰도도 중요하지만, 유치업체의 신속하고 정확한 서비스 제공 프로그램의 개발 및 강화도 필요하다.

(3) 중국

■ 중국의 한국 의료관광 수요

중국인들의 중국 의료기관에 대한 신뢰도는 5점 척도로 측정 시 2.8점으로 낮은 것으로 나타났다. 중국인들이 중국 의료기관을 선택 시 중요시하는 기준으로 1순위만을 고려해 보면 의료진의 기술(39%), 시설 및 장비(32%), 병원의 인지도(19%), 의료수가(6%), 접근성(6%) 등의 순으로 나타났다. 그러나 [그림 VII-46]에서 보는 바와 같이 1~3순위까지를 모두 합산해서 보면 시설 및 장비(93%), 병원의 인지도(80%), 의료진의 기술(71%), 의료수가(48%), 접근성(7%), 부대 행정서비스(1%) 순으로 나타나고 있어서 중국인들의 시설 · 장비에 대한 선호도가 매우 높은 것으로 나타났다(이하 한국보건산업진흥원, 2009b: 23-32 참조).

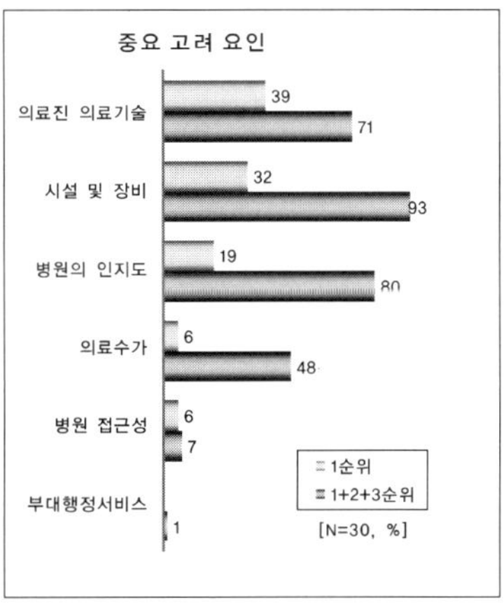

자료: 한국보건산업진흥원(2009b: 24)

[그림 VII-46] 중국인의 중국 현지 의료기관 선택 시 중요 고려요인

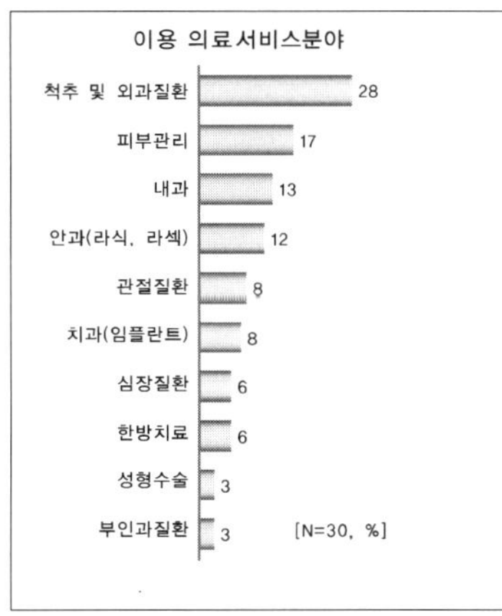

자료: 한국보건산업진흥원(2009b: 25)

[그림 VII-47] 중국인의 한국 의료서비스 이용 분야

중국인들이 중국 의료기관을 이용하면서 느끼는 문제점으로는 의료진과 의료기술에 대한 불신, 낙후된 의료장비, 불투명한 의료수가, 의료진의 서비스 의식이 결여된 점, 대기 시간이 길고 접수에 불편한 점 등을 지적하고 있다. 특히 의료수가에 비해 혜택이 적어 의료보험에 대한 불만이 높은 것으로 나타나고 있다.

불만족 및 불편사항

- 언어소통이 원활하지 않다.
- 활자가 많아 치료 및 처리가 원활하지 않았다.
- 수술 후 얼마 지나지 않아 재발하였다(간단한 외과수술).
- 의료수가가 높다.
- 외국인에게 적용되는 치료 수가가가 높다.
- 비자를 받기가 어렵다.

한국 의료관광 만족도

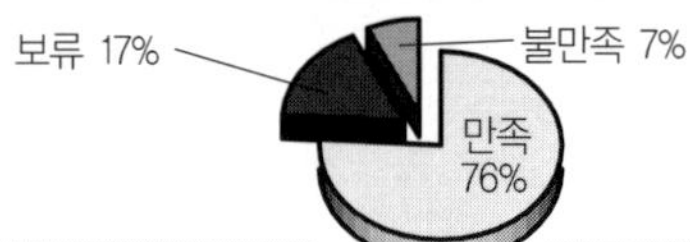

5점 척도(mean) → 3.8

의료진 의료기술	-의료진 기술이 우수하다(30%) -시술 후 결과에 만족(13%) -의료진이 최선을 다해 치료한다 -의료기술이 선진화되어 있다 -의료진의 설명을 이해하기 쉽게 한다 -치료를 잘한다 -치료법이 선진화되어 있다 -약 처방이 합리적이다 -평판이 좋다
의료서비스 태도	-의료진이 서비스 태도가 좋다(48%) -의료서비스가 우수하다(17%) -의료서비스가 선진화되어 있다 -의료진의 진료 시간 조절이 가능하다 -직원들의 서비스가 우수하다 -의료진이 열정적이다
부대 행정서비스	-병원시스템이 체계적이다 -한 번에 모든 진료가 가능하다 -대기시간이 짧다
시설 및 장비	-병원환경이 깨끗하다 -병원이 조용하다
의료수가	-의료수가가 적정하다 -여러 기관의 도움을 받아 의료비를 지원받을 수 있었다

자료: 한국보건산업진흥원(2009b: 26)

[그림 VII-48] 중국인의 한국 의료관광 만족도 및 불편사항

한국 의료 경험자들에 대한 조사를 통해 나타난 바에 따르면 척추외과, 내과 분야뿐만 아니라 성형, 피부미용, 라식, 치과 임플란트 시술 등 다양한 분야에 있어서 한국의 의료서비스를 경험하였다고 대답하고 있다([그림 VII-47]). 중국인들이 한국 의료관광에 대한 정보를 수집하는 경로에 있어서도 대부분(85%) 지인 · 친구 · 친척 등의 소개를 통하여 알고 있는 것으로 알려졌다.

중국인들이 의료관광을 위해 한국의 의료기관을 선택 시 중요하게 고려되는 요인으로는 1순위로 의료진과 의료기술(57%)을 꼽았으며, 이어서 시설 및 장비(17%), 병원의 인지도(15%)를 꼽았다. 주요 고려요인으로 꼽은 1~3순위까지를 합산하였을 때도 의료진과 의료기술이 92%로 1위를 차지하였으며, 이어서 병원의 인지도(66%), 시설 및 장비(58%), 의료수가(48%)의 순으로 나타나고 있다. 특히 상위 3순위까지의 합산 고려요인에서 의료수가가 48%로 4위를 차지한 것은 의료관광 선택 시 수가가 잠재적으로 상당한 정도의 고려요인이 되고 있음을 알 수 있다.

한국에서 의료관광을 경험한 중국인들의 경우 전반적인 만족도는 5점 척도로 보았을 때 3.8점으로 비교적 높은 수치를 나타내고 있으며 76%에서 만족한다고 답변하였다. 특히 의료진의 기술이 우수하고 서비스 태도가 좋은 점이 만족도에 크게 기여하고 있었다([그림 VII-48]).

반면 개선해야 할 점으로는 의료수가가 높은 점(34%)과 언어소통이 원활하지 않은 점(28%), 출국과정이 복잡한 점(10%), 수술비용이 비싼 점(8%), 의료 정보의 신뢰도가 떨어지는 점(6%), 외국인 수가가 차등 적용되는 점(6%) 등을 꼽았다. 또한 향후 한국 의료관광 이용 의향에 대한 조사에서도 향후 한국으로 의료관광을 올 의향이 있다는 응답이 64%에 달하였으며, 특히 성형수술(33%)과 피부관리(32%)에 대한 관심이 높았다.

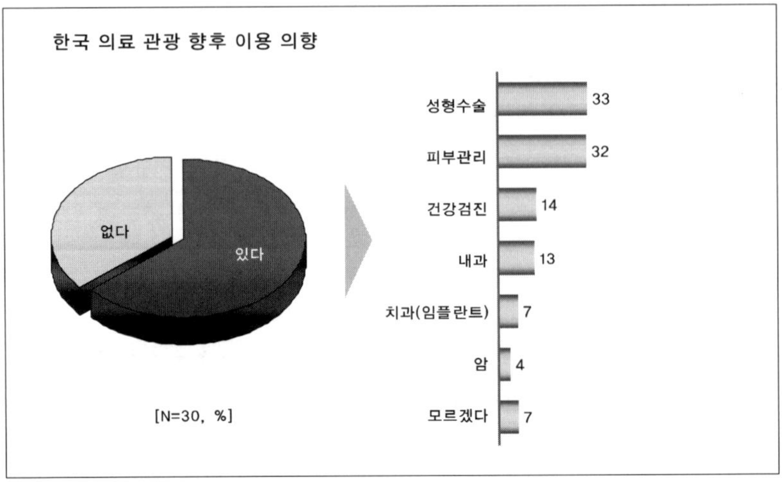

자료: 한국보건산업진흥원(2009b: 26)

[그림 VII-49] 향후 한국 의료관광 이용 의향 여부

■ 해외 환자유치의 시사점 및 전략

① 의료 제도 및 법규에 따른 시사점

중국의 의료보험체계는 '도시직원의료보험', '도시주민의료보험', '신형농촌협력의료보험' 세 개의 부분으로 나뉘어 각각 도시의 근로자, 도시의 주민, 농촌 거주자를 대상으로 의료보장시스템이 갖추어져 있으나 최근 신흥 부자들이 많이 생겨남으로써 기존의 질병치료 패러다임에서 점차 웰빙과 예방목적이 의료서비스 수요가 급격히 증가하고 있는 실정이다(이하 한국보건산업진흥원, 2009b: 29-30 참조).

특히 도시에 거주하는 국민들의 2007년 의료비 지출은 1인당 1,480 위안으로 농촌 지역 거주민의 348.5위안에 비해 4.24배에 달하는 것으로 나타나서 최근 급격히 증가하고 있는 도시민의 의료비 지출이 반영되고 있는데, 특히 도시민의 경우 경제발전과 더불어 고급의료에 대한 수요가 많아 성형, 피부미용, 검진에 대한 수요가 점차 늘어나고 있는 실정이다.

한편 중국인들의 한국 의료 전반에 대한 인식은 비교적 낮은 것으로 나타났다. 반면 한류 열풍에 힘입어 한국 성형수술의 뛰어난 기술에 대한 인식은 비교적 확고한 것으로 보인다. 이 점은 중국인을 대상으로 한국 의료 홍보 마케팅에 있어서 고려해야 할 부분으로 사료된다.

중국의 의료 광고에 관한 법규는 매우 까다롭다. 의료기관이 아니면 일체의 광고행위를 할 수 없으며, 광고의 내용도 허용된 범위 안에서만 해야 되는데 허용된 범위가 매우 한정되어 있어서 광고를 통한 한국 의료 홍보 방안은 매우 어려운 실정이다. 따라서 중국에서의 한국 의료마케팅은 다른 방식을 통해 이루어져야만 할 것으로 사료된다.

한국의 의료기관이 중국에 직접 진출하여 진료를 하는 의료 플랜트 수출에 있어서도 신중한 접근이 요구된다. 중국은 개혁개방 이후 외국의 의료기관에게 자국의 의료시장을 개방하고 경쟁을 유도하고 있다. 이에 따라 많은 의료기관들이 중국에 진출했지만 눈에 보이지 않는 각종 규제들로 인해 현실적으로 수익을 올리기가 쉽지 않은 구조를 가지고 있다.

② 국가 차원의 환자유치를 위한 전략

중국의 의료기관 광고 제한에 저촉받지 않는 범위에서 한국 의료의 특성을 효과적으로 전달할 수 있는 브랜드를 지속적으로 중국에 홍보함으로써 한국 의료의 위상을 높이고 한국 의료의 우수성과 안전성을 널리 알리는 전략적 접근이 필요하다(이하 한국보건산업진흥원, 2009b: 29-30 참조).

또한 건강관리, 피부미용 분야의 마케팅활동에 대한 정책적 지원을 통해 최근 급증하고 있는 중국 일반 관광객을 의료관광으로 연결하기 위한 건강관리, 휴양상품과 건강검진, 피부미용상품 등이 결합된 헬스케어를 테마로 한 의료관광상품을 개발하고 브랜드화할 수 있도록 하는 것이 필요하다.

특히 중국 내 한류 열풍을 이용한 고부가 가치 의료관광상품 개발 및 마케팅전략을 수립하여 한국 의료의 이미지를 스마트하고 고급스러운 것으로 인식이 될 수 있도록 다양한 채널을 이용하여 지속적인 홍보와 관리를 해 나가는 전략이 필요하다.

중국은 다양한 의학교육체계와 의료수급체계를 가지고 있다. 중국의 복잡한 교육 및 수급구조로 인해 의료인의 질과 의료수준의 표준화를 보장하기 어렵다. 이런 이유로 현재 중국의 대표적 의료인 단체인 '중화의학회'와 '중국의사협회'는 외국과의 의학 교류에 높은 관심을 보이고 있다. 특히 중국의사협회의 경우 기존의 중국 의료계 종주 단체인 중화의학회와의 차별화 전략으로 국제의학교류에 전념하고 있는데 이러한 기회를 이용하여 중국 의료계와의 학술회의, 의료 관련 세미나, 의료진 연수 등 의료 교류를 확대해 의료기관 네트워크를 강화하고 한국 의료에 대한 신뢰도를 높이는 전략이 필요하다.

또한 중국의 대도시에서 열리는 각종 의료, 헬스케어, 관광 관련 전시회에 한국 의료를 홍보할 수 있는 '한국의료종합 홍보관'을 개설함으로써 관련 업체의 참가를 유도하고 한국 의료에 대한 붐이 조성되도록 노력할 필요가 있으며, 중국 현지의 한류 관련 문화행사 등의 후원을 통해 중국 내에 확산된 긍정적 한류 문화 이미지와 한국 의료관광 이미지를 연결시켜 시너지효과를 극대화하는 전략이 필요하다.

중국은 의료 광고 관련 법규상 규제가 많기 때문에 의료기관에 대한 효율적인 홍보 수단을 찾기가 마땅치 않다. 그런 이유로 중국에서의 의료마케팅은 인적인 네트워크를 통한 홍보, 의료인 간의 의학교류, 대중을 상대로 한 전문적인 의료 세미나와 같은 형태의 마케팅을 지향하는 것이 바람직하다.

또한 중국에서의 의료사업에는 많은 규제가 있어 의료기관의 직접 진출 시 위험요인이 많은 편이다. 그런 이유로 중국에서의 효율적인 의료마케팅을 위해서는 의료기관의 직접 진출에 의한 무리한 시설 투자를 피하고 대신 의료 홍보마케팅 전문 기업을 육성하여 중국 현지의 상황에 탄력적인 대응을 하는 것이 바람직할 것으로 보인다. 의료 홍보 마케팅 전문 기업은 의료행위와 의료기술 등 의료 전반에 대한 포괄적 이해를 바탕으로 현지의 의료 홍보마케팅에 관한 법규에 대해 능통하고 중국 현지에 보건의료 관련 인적 네트워크를 구축해야만 한다.

또 다른 정부 차원의 지원대책으로는 중국인 의료관광객 출입국 절차를 지금보다 간소화할 필요가 있다. 지금은 의료 관련 비자의 발급 시 적용되는 규정이 까다로운 이유로 많은 중국인들이 한국에 들어오기가 힘들다. 특히 성형, 검진 등 입원이 아닌 외래진료를 주로 하는 과목의 경우는 사실상 의료 관련 비자를 받기가 매우 힘들어 중국 의료관광객 유치에 큰 장애물이 아닐 수 없다. 의료관광객이 한국 의료관광을 하고자 할 경우 한국에 들어와 한국 의료기관에서 원하는 진료를 손쉽게 받을 수 있도록 출입국 절차를 대폭 간소화하는 것이 필요하다.

한국의 의료기관 특히 성형외과나 치과 등 일부 과목의 경우 소위 '방학 특수'라 하여 특정 기간에 환자가 밀집되는 경향이 있는 반면 다른 때는 환자가 없어 계절에 따른 소득 격차가 큰 특징이 있다. 따라서 이러한 계절적 특성을 고려하여 봄, 가을 시즌에 의료를 테마로 하는 '헬스케어 축제'를 개최하여 한국 의료에 대한 붐 업 및 홍보의 이벤트를 정부 주도로 실시하는 것도 좋은 방안이 될 수 있다. 특히 축제기간 중 외국인 관광객을 상대로 다양한 이벤트도 열고, 한국 의료관광 체험 기회를 제공하여 관광객에게 특별한 즐거움을 제공함과 동시에 한국 의료관광의 홍보의 장으로 만든다면 한국 의료에 대한 해외에서의 관심도 고조되고 국내 의료기관의 참여도 쉽게 이끌어 낼 수 있을 것이다.

③ 의료기관 차원의 환자유치전략

중국 국민의 의료관광 실태 조사 및 수가 조사 등 각종 자료에서 나타난 바에 따르면 중국인이 한국의 의료기관을 선택할 때 중요하게 고려하는 요인으로는 의료진과 의료기술, 시설 및 장비, 병원의 인지도 그리고 의료수가로 나타나고 있다. 한편 중국 의료기관의 의료수가에 대한 조사 결과 평균치를 보면 아래와 같다(이하 한국보건산업진흥원, 2009b: 30-31 참조).

〈표 VII-2〉 병명별 요금

병명	비용
LASIK Eye Surgery	898,252원
Dental Implantation	1,694,050원
In Vitro Fertilization(IVF)	2,517,020원
Knee Replacement	7,929,622원
Hysteroectomy	1,581,283원
Hip Replacement	14,029,193원
Hip Resurfacing Surgery(Birmingham)	12,878,067원
Gastric Bypass	1,472,313원
Radical Prostatectomy	1,431,797원
Transurethral Resection Of The Prostate(TURP)	1,627,608원
Coronary Bypass Graft(CABG)	8,929,958원
Nose Reconstruction	1,581,567원
Heart Valve Replacement	10,387,737원
Breast Implants	2,774,315원
Face Lift(Full)	3,798,848원

자료: 한국보건산업진흥원(2009b: 31)

분야별 수가를 볼 때 성형 분야는 한국에 비해 저렴하지만 정형외과 분야의 치료에 대한 수가는 한국의 수가에 비해 오히려 높은 경우도 있다. 이러한 결과는 의료기관에서 중국 마케팅을 함에 있어서 중점적으로 고려해야 할 점 중에 가격요인만을 놓고 분석하자면 정형외과 분야의 의료마케팅이 주효할 것으로 판단된다. 그러나 가격탄력성이 낮은 의료의 특성상 가격 이외의 요인 가운데 한국 의료의 강점으로 꼽는 미용 성형 분야에 대한 중국인의 한국 선호도를 고려한다면 성형 분야에 대한 마케팅도 충분히 성공이 가능할 것으로 보인다. 특히 의료마케팅에 있어서 서비스의 핵심인 '의료서비스' 부분을 부각하는 마케팅을 하기 위해 소위 '스타 의사'를 만들어 홍보를 하는 것도 큰 효과를 볼 수 있을 것이다.

④ 유치업체 차원의 환자유치전략

중국 내 의료광고 규제가 엄격하고 한국의 개별 의료기관이 직접 진출하여 마케팅할 수 있는 역량과 의지가 미흡한 현실을 고려할 때 중국 현지에서 한국 의료에 대한 효율적인 홍보를 위해서는 종합상사형의 전문 의료관광마케팅 선도 기업이 필요하다. 선도 기업을 통한 전문 의료마케팅을 통해 의료기관의 직접 해외 진출에 따른 위험 부담을 줄여 줄 뿐만 아니라 비용 면에 있어서도 효율적이기 때문이다(이하 한국보건산업진흥원, 2009b: 31-32 참조).

선도 기업이 중국에서 효율적인 홍보를 위해서는 대인 마케팅이나 의료 세미나 형태의 홍보회를 수시로 개최하는 것이 바람직해 보이며, 이를 위해 현지 의사 등 전문 인력을 채용하여 훈련시켜야 한다. 특히 부가가치가 높은 전문 분야의 특정 질환을 대상으로 집중적인 의료관광상품 홍보회를 개최함으로써 좀 더 효율적인 마케팅이 되도록 하는 것이 좋다.

또한 의료관광 고객들의 염려사항 가운데 하나인 '사후관리'를 위해 의료기관과의 네트워크를 구축하여 한국에서 치료를 받은 후 중국에서 사후 처치를 받을 수 있도록 해야 된다. 이를 위해 중국 내 의료기관과의 교류와 협력이 반드시 필요하다.

Ⅷ. 의료관광상품기획

1. 의료관광상품의 개념

1) 의료관광상품의 정의

일반적으로 상품(commodity, goods, product)은 '판매를 목적으로 생산된 재화'라고 할 수 있다. 광의로 볼 때 상품이란 인간의 필요와 욕구를 충족시켜 줄 수 있는 제공물로서 사람들이 그것에 주의를 기울이거나 획득하거나 사용·소비하기 위해서 시장에 제공하는 모든 것으로서 유형재·서비스·장소·조직 및 아이디어 등을 포함한다(신도길 외, 2009: 48).

상품의 가치는 고객의 욕구만족의 시점에서 인식되어야 한다. 즉, 상품은 단순히 물자나 서비스 자체만을 의미하는 것이 아니고, 그것이 갖는 효용이며, 그 소비에 따라서 얻어지는 소비자 욕구의 만족이다라고 정의할 수 있다. 상품의 형태를 이루는 물건이나 서비스는 소비 욕구를 만족시키는 능력을 형체화한 것, 즉 욕구만족 능력의 매개물(vehicle)로서 인식된다는 소위 효용주의적 상품 개념이라 말할 수 있다(김천중, 1999: 53).

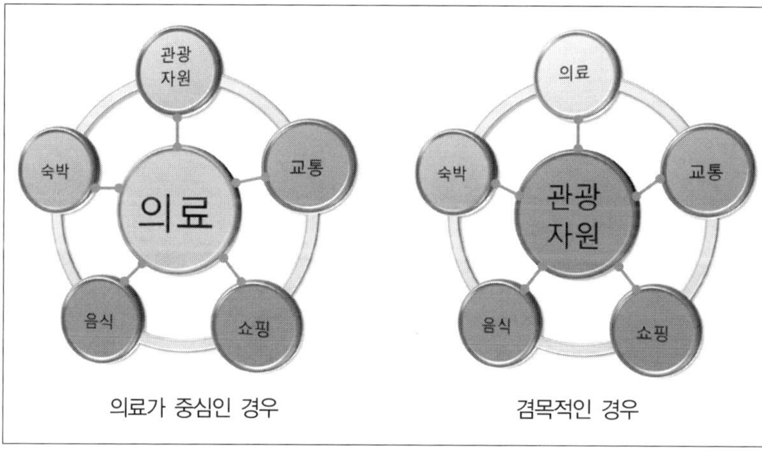

자료: 신재기 외(2009: 231)

[그림 VIII-1] 의료의 중심성에 따른 관광상품의 개념

의료관광상품이란 의료서비스와 휴양, 레저, 문화활동 등 관광활동이 결합된 새로운 관광 형태로서 가격경쟁력과 의료기술 경쟁력을 갖춘 아시아 지역 관광지에서 활발히 이루어지고 있다. 의료관광상품의 범위는 간단한 성형수술에서부터 고도의 기술을 요하는 심장수술에 이르기까지 그 범위가 다양하다(박의서, 2009: 129).

2) 의료관광상품의 등장 배경

아시아 지역의 환란 위기로 인해 병원의 새로운 안정적 수입원이 모색되었는데 태국의 범룽라드병원(Bumrungrad hospital)이 가장 대표적인 병원이다. 말레이시아, 싱가포르, 홍콩의 경우 정부가 주도하여 의료관광 산업을 활성화시키고 있다. 홍콩은 전통적인 중국 의료에 집중하고 있으며 말레이시아와 싱가포르는 정부 단위의 의료관광추진단을 구성하여 1980년대부터 영리의료법인을 설립하고 의료시장 개방 등의 정책을 추구하고 있다. 이들 나라는 정부의 지원에 힘입어 민간 부문이 성장의 핵심 배경이 되고 있다.

의료관광 참가를 목적으로 하는 외래 방문객을 유치하기 위해서는 의료관광을 주된 매력으로 하는 관광상품을 개발할 필요가 있으며, 이는 의료관광의 강력한 촉진도구로서의 역할을 수행할 수 있다. 외국의 대규모 병원 및 의원 등이 자국의 관광청과 여행업체를 통해 의료관광을 관광상품화하는 것을 흔히 볼 수 있는데, 이는 의료관광의 촉진을 위한 방법으로 외래 방문객을 유치하기 위한 도구로서 활용하고 있는 것이다.

외래 방문객을 유치할 수 있는 의료의 관광상품화는 교포 및 외국 방문객의 유치, 의료관광패키지를 이용한 비수기 수요촉진, 의료관광객의 유통망 구축, 특정 · 고소득 세분시장 접근, 촉진 프로그램을 통한 의료관광 이미지 제고, 관광산업체와의 파트너십 개발, 다른 지역 의료관광과 경쟁에서의 우위 확보, 의료관광 방문객 수 증대, 관광수입 및 매출 증가, 목적지의 관광 이미지 부각 등을 목적으로 한다(Lee, 2010: 486-488; 김미경 외, 2008: 432-433).

2. 의료관광상품기획

1) 의료관광상품기획의 개념

사전적 의미로서의 계획은 앞으로 할 일을 내용이나 방법 및 기한 등을 미리 생각하여 결정하거나 또한 결정한 내용이고, 기획은 어떤 일을 꾸며 계획하는 것이다. 기획과 계획을 구체적으로 정의하면, 먼저 기획은 신규 사업이나 기존 사업에 대하여 무엇을 선택하고 어떻게 해서 이를 성공으로 이끌어 가느냐 하는 과정을 착안하는 일로 정의한다. 다시 말해 기획의 대상을 모색하고 선정하는 일과 그 대상을 명확히 하는 일이다. 반면에 계획은 어떤 기획을 실현하기 위하여 어떻게 하느냐 하는 구체적인 과정을 편성하기 위한 것이다. 다시 말하면 기획은 무엇을 할 것인가를 의미하고, 계획은 어떻게 할 것인가를 의미한다. 따라서 의료관관상품 기획은 의료관광상품의 새로운 개발이라는 개량이나 개선 등의 방향을 결정하는 과정이다(박의서, 2009: 21).

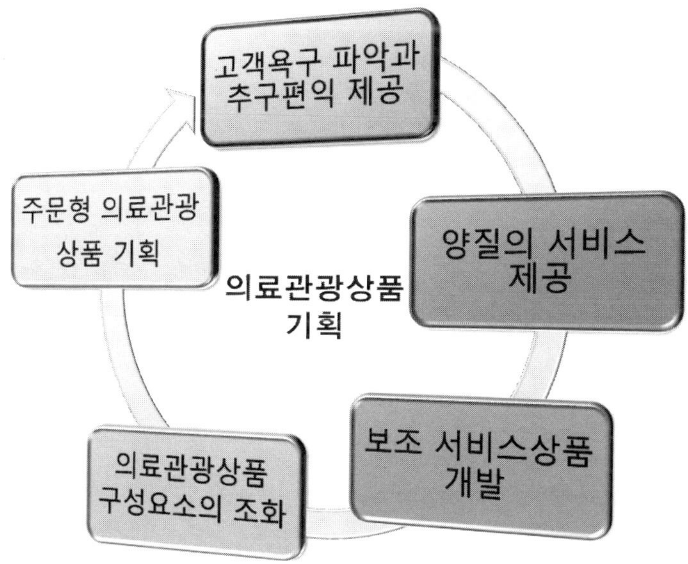

자료: 박의서(2009: 24)

[그림 VIII-2] 의료관광상품기획 시 고려사항

2) 상품기획의 역할

박의서(이하 2009: 22 참조)가 언급한 관광상품기획의 역할을 응용한 의료관광상품기획의 중요성은 다음과 같다.

(1) 무형자원으로서 기획의 중요성

기업 경영은 자본, 인력, 자재로 이루어져 왔으나, 오늘날 정보화 사회의 도래로 기업 경영의 구성요소에 정보, 시간 및 문화가 포함되고 있다.

과거의 세 가지 구성요소는 유형적 성격을 지닌 반면, 오늘날 추가된 구성요소는 무형성의 추상적 개념이다. 기획은 집을 지을 때의 기초공사와 같이 기업 경영의 토대 역할을 하고 있다. 최근 들어 기업 경영에서 보이지 않는 무형자원의 가치가 높아지고 있으며 기획은 이러한 무형 경영자원의 대표적 사례이다.

(2) 업무처리 우선순위 결정

상품 개발과정에서 업무의 중요도나 시기에 따라 업무의 우선순위를 결정해야 할 경우가 발생한다. 업무의 중요도와 시기에 대한 원칙이 미리 결정되어 있는 경우에 상품 개발활동이 순조롭게 진행되어 상품 개발효과도 높아질 수 있다. 중요한 일과 시간이 급한 일을 구분할 수 있게 해주는 분별력도 기획력의 영역이다.

(3) 미래 예측

성공적인 기업일수록 기업환경 변화에 대한 예측을 하고 있고 기업 경영활동 또한 예측 가능한 범위 내에서 이루어져야 높은 경쟁력을 갖게 된다. 이것은 결국 기업의 기획력에 달려 있다고 볼 수 있다. 정확한 시장조사에 기초한 객관적·과학적 예측은 합리적인 기획과 행동으로 연결되므로 기획활동은 매우 중요한 기업활동이다.

3) 의료관광 신상품의 의의

새로운 서비스의 기획이란 서비스를 구성하는 주요 요소들을 객관적이고 구체적으로 나타내어 하나의 청사진으로 표현하는 것을 말한다. 서비스산업에 있어서 새로운 서비스를 기획하는 것은 매우 중요한 것이다.

이유재(이하 2009: 96-99 참고)가 주장한 이론을 토대로 한 의료관광 신상품의 의의는 다음과 같다.

서비스는 무형의 특성을 가지기 때문에 그 기획의 과정이 제품에서처럼 명확하거나 구체적이지 못할 가능성이 존재한다. 따라서 새로운 서비스의 기획에는 서비스의 모든 프로세스를 누가 봐도 알 수 있을 정도로 정확하고 구체적으로 제시해야 한다. 또한 새로운 서비스의 기획과 개발을 위해서는 제공할 서비스의 종류와 기업의 장기적인 전략, 서비스 마케팅의 일곱 가지 믹스 관리, 서비스 브랜드 같은 모든 속성들이 명확히 결정되도록 조직적이고 체계적인 절차가 필요하다.

또한 서비스는 고객과 따로 떨어져서 생각할 수 없는 비분리성을 가지고 있기 때문에 고객과 직원이 서비스 신상품기획과정에 반드시 고려되어야 한다. 하나은행은 고객이나 직원의 제안을 수시로 모아 필요할 때 신상품기획을 위한 특별위원회(ad-hoc committee)를 소집한다. 이 위원회에는 반드시 고객의 의견과 고객과 실제로 접하는 현장의 창구 직원들이 포함되어 고객의 입맛에 딱 맞는 상품을 개발한다. 실제로 하나로 클럽, 페스탈로치 클럽 등 참신하면서 고객의 가려운 곳을 긁어 주는 상품이나 파라솔 뱅킹, 모닝 뱅킹 등의 특색 있는 서비스가 개발되었다.

날로 격화되고 있는 다양한 종류의 서비스 경쟁 상황—같은 서비스 업종 내의 경쟁, 다른 서비스 업종과의 경쟁, 제품과의 잠재적인 경쟁 등—에서 살아남기 위해서는 기존의 상품을 잘 전달하는 것뿐 아니라 '새로운' 상품을 효과적으로 개발하여 경쟁자들과 차별화해야 한다. 6가지의 범주로 표현된 '새로운' 것을 살펴보면 다음과 같다.

(1) 대규모 혁신(major innovation)

과거에는 존재하지 않았던 시장을 창출한 혁신적 서비스의 개발을 의미한다. 라디오 방송만 가능하던 시기에 출현한 TV방송의 경우나 페더럴 익스프레스(Federal Express)사가 도입한 익일배송서비스 같은 경우가 대표적인 예이다.

(2) 신규 사업(start-up business)

대규모 혁신과는 달리 소비자의 근본적 욕구를 충족시킬 상품이 이미

시장에 존재하지만 새로운 유형으로 대체하려는 경우를 일컫는다. 비만 관리 교실과 같이 기존의 건강 관련 기관과는 다른 건강유지기관을 설립하는 것을 예로 들 수 있다.

(3) **기존 시장을 위한 신상품**(new service for the currently served market)

서비스 기업의 현재 고객들에게 이전에는 제공하지 않았던 서비스를 제공하는 것이다. SK가 주유소에서 시작하여 스피드 메이트를 통해 정비서비스를 제공하고, 중고차 거래서비스인 엔카를 만든 것이 그러한 예이다. 자사의 주유소를 찾는 자동차 소유자라는 기존 시장을 위해 정비서비스와 중고차 거래서비스라는 신상품들을 추가적으로 개발함으로써 고객의 편의를 도모하고 신상품을 통한 수익 확대를 꾀할 수 있게 된 것이다.

(4) **서비스상품의 계열 확장**(service line extension)

현재 제공되고 있는 서비스상품 계열에 새로운 것을 추가하거나 기존의 상품이지만 고객에게 전달하는 방법이 새로워진 것을 말한다. 예를 들면 서울대학교 경영대학에서는 대학생들과 대학원생들을 위한 교육 외에도 일반인들과 기업인들을 대상으로 AMP, 공기업 고위경영자과정, 단기금융과정 등을 개설하여 운영하고 있다. 또한 아침식사를 하지 않던 식당이 아침 메뉴를 추가하는 것, 항공사의 새로운 노선 취항, 주유소에서 셀프서비스를 도입하는 것 등도 대표적인 예로 들 수 있다.

(5) **서비스상품의 개선**(service improvement)

가장 일반적인 방식으로 기존 서비스의 형태를 변경하는 것이다. 여기에는 은행에서 업무를 보다 빨리 처리하는 것과 같은 핵심 서비스 개선, 거래와 관련된 상담서비스를 제공하는 것과 같은 보조 서비스의 개선 모두를 포함한다. 인터파크는 책 한 권도 무료배송, 오전 주문 당일배송과 같은 핵심 서비스 개선을 통해 경쟁 우위를 높였으며, 스타벅스의 경우 한국적 상황에 맞춰 기본의 케이터링서비스에 배달서비스를 추가하고, 케이크와 함께 떡을 파는 등의 서비스상품 개선을 실시하였다.

(6) **스타일 변화**(style change)

물리적 증거를 바꾸는 작은 변화의 신상품이다. 레스토랑의 인테리어나 직원들의 유니폼을 새로이 바꾸거나 브랜드를 변화시키는 것들이 모두 여기에 속한다. 현대카드는 진부한 신용카드 디자인을 획기적으로 바꿈으로써 소비자들에게 참신하고 앞서가는 신용카드서비스라는 인식을 심어주는 데 성공하였다(이유재, 2009: 97).

3. 의료관광 신상품 개발과정

신도길 외(이하 2009: 129-135 참조)의 이론을 적용하면, 의료관광 신상품의 개발도 동일한 과정을 거치는 것으로 사료된다.

1) 아이디어 창출

새로운 상품 개발에 있어서 신상품 아이디어의 창출은 상품의 설계에 선행되는 과정으로 핵심적 부분이다. 최근의 연구에 의하면 성공적인 기업에서는 비슷한 크기의 덜 성공적인 기업보다 2~3배의 신상품을 내놓고 있다고 한다. 기업에서 새로운 상품 아이디어를 얻게 되는 원천은 여러 가지가 있을 수 있으나 크게 나누면 기업 내부적 원천과 기업 외부적 원천으로 대별된다. 기업 내부의 신상품 아이디어 원천은 연구개발부서에서의 기술혁신과 사내 인력 등을 들 수 있다(이하 신도길 외, 2009: 129-135 참조). 특히, 의료관광상품의 경우 신상품 아이디어는 하나의 기업에서 이루어지는 것이 아니라 병원, 에이전시, 관광 등의 의료관광상품과 관련된 다양한 서비스 제공업체들의 아이디어가 신상품 개발에 크게 기여할 수 있다.

기업에서 새로운 상품의 아이디어를 소비자 또는 경쟁 기업의 상품에서 얻게 되는 경우를 볼 수 있는데 이를 기업 외부적 원천이라 한다. 시장에서 성공하는 신상품들 중 약 70%가 기술혁신에 의한 것이라기보다는 소비자의 필요에 부응하는 데 성공한 상품들이라는 보고에서도 알 수 있듯이 기업에서 가장 중요시해야 할 상품 아이디어의 원천은 의료관광 시장에서 소비자 또는 사용자들이 무엇을 원하고 있는가 하는 것이다.

또한 소비자들이 직접 상품의 새로운 용도를 발견해 내거나 소비와 관련된 자신의 문제를 해결할 수 있는 방법을 알아냄으로써 새로운 상품의 아이디어를 제공하는 경우가 있다. 이 밖에 시장에 경쟁자들이 내놓은 새로운 상품이나 서비스도 매우 중요한 신상품 아이디어의 원천이 될 수 있다. 특히 경쟁자의 상품에 대한 소비자들이 갖고 있는 불만을 해소해 줄 수 있는 신상품을 시장에 내놓는 경우 시장에서 성공할 확률은 매우 높아진다.

브레인스토밍이나 서비스 직원과 고객으로부터의 아이디어 유도, 선이용자(lead-user) 조사나 경쟁사 서비스 연구 등이 대표적인 아이디어 도출방법이다. 그 아이디어의 원천이 조직의 내부이든 외부이든 간에 신규 서비스 가능성을 지속적으로 검토하는 제도가 필요하다. 이런 제도로는 공식적인 신상품 개발부서, 표적집단면접 또는 의견함 등이 있다(이유재, 2009: 103).

2) 아이디어 평가

신상품 개발의 두 번째 단계는 아이디어 평가이다(신도길 외, 2009: 129-135). 아이디어 창출 단계에서 수립된 많은 상품 아이디어를 신중히 평가하여 장점이 분명하지 못한 것은 제외시키고, 더 구체적으로 추진할 만한 아이디어를 추려내야 한다.

신상품 아이디어 평가방법에는 신상품 개발에 중요한 평가 요소와 그 상대적 중요도를 검토하여 투자 우선순위를 결정하는 체크리스트에 의한 아이디어 평가방법과 자본의 기회비용과 신상품 아이디어가 포함하고 있는 위험도를 고려하여 수익률을 계산하는 투자수익률 회수법이 있다.

3) 서비스 콘셉트 개발과 평가

서비스의 고유한 특징, 특히 무형성과 생산과 소비의 비분리성 때문에 이 단계가 중요하다(이유재, 2009: 103). 이 단계에서는 신규 서비스의 정확한 콘셉트에 대해 완벽한 합의에 도달하는 것이 필요하다. 서비스 콘셉트에 대한 분명한 정의가 내려진 후에는 서비스의 특징과 특성에 대한 정확한 서술이 있어야 하고 그 콘셉트에 반응할 목표고객과 서비스 직원이 누구인지에 대한 확인이 이루어져야 한다. 서비스 특징과 특성에 대한 서술에는 서비스가 다루는 문제, 신규 서비스가 필요한 이유, 구체적인 서비스 프로세스와 그 혜택 등이 명시되어야 한다.

4) 사업성 분석

이 단계에서 마케팅 관리자는 앞의 단계에서 살아남은 아이디어들이 판매 · 시장점유 · 수익률 면에서 회사의 목표를 달성할 수 있는가를 평가한다. 아이디어가 아무리 좋더라도 만일 그 아이디어에서 나온 상품이 시장에서 회사가 정한 목표를 달성할 수 없다고 판단되면 마케팅 관리자는 그 아이디어를 이 단계에서 과감히 기각해야 한다. 사업성 분석을 위해 마케팅 관리자는 먼저 이 상품의 판매가 어느 정도 될 것인지 예측하여 예상 판매액을 추정하고 다음에는 상품의 개발과 판매에 따르는 비용을 계산하여 수익률을 추정하게 된다. 마케팅 관리자는 이렇게 하여 추정된 판매액 · 총 비용 · 수익률 등이 회사의 목표와 정책에 미루어 만족스러운지를 검토해야 한다(신도길 외, 2009: 132).

5) 상품 개발

사업성 분석의 결과 채택된 신상품 개념을 실제적인 상품으로 발전시키는 것은 더욱 어려운 작업이다(신도길 외, 2009: 133). 이 상품 개발 단계에서는 이전의 단계에서보다 막대한 투자가 소요된다. 특히 이 단계에서는 특정 상품의 아이디어가 기술적으로나 상업적으로 실행 가능한 상품으로 전환될 수 있는가를 평가할 수 있다. 하지만 실행 가능성이 없는 경우 지금까지 투입된 자금은 이 과정에서 획득된 유용한 정보를 제외하고는 잃어버린 셈이 된다.

6) 시험마케팅

상품 개발에 성공한 신상품은 표적시장을 대표할 수 있다고 판단되는 소비자층에게 실제로 출시하여 소비자들의 반응을 조사하게 되는데 이를 시험마케팅(test marketing)이라 한다. 시험마케팅의 기본적 목표는 실제 시장 상황에서 제품 자체를 테스트하는 것이다. 그리고 시험마케팅을 통하여 제품의 포지셔닝전략, 광고, 유통, 가격정책, 상표화, 포장, 소요예산 등의 전반적인 마케팅 프로그램을 테스트할 수 있다. 또한 테스트 결과를 이용하여 신뢰성 높은 판매 예측 및 이익 예측을 할 수 있다(이하 신도길 외, 2009: 134 참조).

시험마케팅을 위해 기존 입원실의 인테리어를 새로 하여 환자들의 반응을 살펴보는 것이나 새로운 의료관광상품 패키지를 개발하여 주요 국가의 환자나 에이전시를 상대로 시험마케팅을 하는 경우, 또 환자들의 선호도에 기초하여 새로운 환자식 메뉴를 개발하여 고객의 반응을 살펴보는 것 등은 시험마케팅을 필요로 한다.

7) 시판

지금까지 설명된 신상품 개발 단계를 거쳐 신상품의 성공 가능성이 매우 높다고 판단되었을 경우에는 상품을 생산해서 본격적인 시판에 들어가게 된다. 시판할 때 마케팅 관리자는 다음과 같은 몇 가지 점에 유의하여야 한다(이하 신도길 외, 2009: 134-135 참조).

(1) 시판의 시기 선정

신상품의 본격적인 시판을 언제로 하느냐가 상품의 성패에 큰 영향을 끼칠 수 있다. 특히 경쟁회사에서 비슷한 상품을 개발하고 있으면 그들의 움직임도 잘 고려하여 자사 상품의 시판 시점을 결정해야 한다.

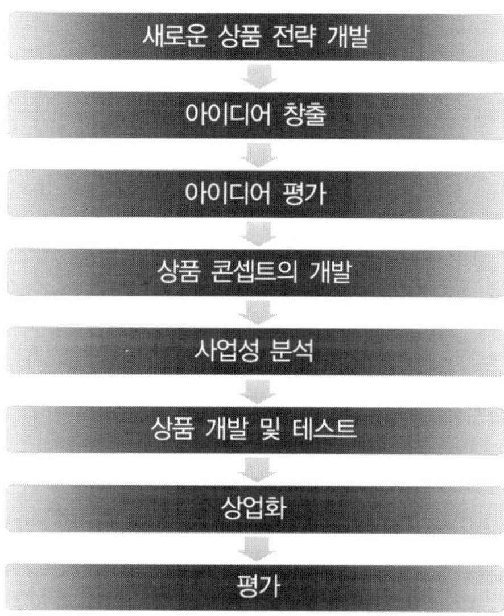

자료: 신도길 외(2009: 128)

[그림 VIII-3] 신상품의 개발과정

(2) 시판 지역의 선정

기업은 신상품의 출시 시기와 아울러 출시 범위나 장소를 한 지역으로 할 것인가, 아니면 몇 개의 지역이나 전국으로 할 것인가를 결정해야 한다.

(3) 표적시장

신상품의 시판 단계에서는 신상품을 가장 잘 수용할 수 있는 고객층을 발견하여 이들을 집중적으로 공략함으로써 소비자들로 하여금 자사 상품에 대하여 호감을 갖게 하고, 상품에 대한 좋은 평판을 퍼뜨리게 하여 상품의 확산을 촉진하도록 해야 한다.

4. 의료관광상품의 구성

1) 의료관광상품의 구분

의료관광 참가를 주된 매력물로 구성한 관광상품 또는 여행상품은 참가자의 특성 또는 의료관광의 특성에 따라 다양한 방법으로 구성될 수 있다. 미용의료관광의 경우 외국에서 단체로 의료관광에 참가하는 관광상품이 있으며, 한방 의료관광의 경우 왕복 항공권에 호텔 조식만을 포함해 여행상품화한 패키지도 있다(이은미 외 2인, 2009: 120-122). 즉, 의료관광 참가자의 특성과 여행상품의 구성요소에 따라 단체포괄여행(Group Inclusive Tour: GIT)과 개별여행(Foreign Independent Tour: FIT)으로 크게 구분할 수 있다.

또한 관광상품의 구성 내용 중 의료관광이 차지하는 비중이 어느 정도인지에 따라 상품의 성격이 달라질 수 있다. 의료관광이 상품 구성요소 중 핵심적인 경우와 의료관광 참여와 함께 다른 활동도 겸하는 경우로 구분할 수 있다. 후자의 경우에는 위락추구여행이나 회의참가, 전시회 참가 및 인센티브여행과 같은 목적 관광에서 많이 나타난다.

〈표 VIII-1〉 국내 의료관광상품화 추진 사례

의료관광상품	내용
우리들병원 국제환자센터	• 의료관광편의서비스 제공
청심병원-일본인 대상 분만패키지	• 일본 의료진 고용 • 일본인 대상 '분만패키지 프로그램' 운영
경북-해외 지역 헬스투어 경주로	• 경주를 중심으로 전통음식 및 온천체험과 함께 건강검진
(주)Medifriend의 한국방문미용성형단	• 중국, 일본 등을 대상으로 국제의료관광 사업 추진-관광과 함께 성형, 라식, 피부 미용 • 한진관광과 제휴
꽃마을경주한방병원-한방건강여행	• 보건관광 지정 의료기관 • 경주 관광 프로그램과 건강검진, 한방 치료
울산 초락당-유기농식사와 황토방	• 치료시설-녹용 목욕, 물리치료실, 황토한증초고온 치료실, 해독요법 시행
(주)GHR의 온천병원호텔 다스큐어 하우스	• 유성온천을 기반으로 건강검진, 휴양, 호텔을 연계
명동과 부산 서면-성형외과타운	• 성형외과, 치과 중심으로 일본 의료관광객 급증

자료: 신재기 외(2009: 232)

따라서 의료관광의 유형과 이에 참가하는 집단의 특성에 따라 관광상품패키지의 구성요소는 다르게 나타나며, 그 점을 상품화 과정에 적절히 반영하여야 표적시장의 성공적인 유치가 용이해질 수 있다. 또한 의료관광의 유형과 집단별로 선호하는 관광자원, 숙박, 교통, 음식, 쇼핑의 유형도 다르므로 이를 고려하여 상품화하여야 한다. 현재 한국에서는 각 대학병원들과 전문병원들이 여행사 및 항공사와 제휴하여 의료서비스의 관광상품화를 추진하고 있다.

〈표 VIII-2〉 의료관광상품기획과 기존 관광상품기획의 분류

구분	의료관광상품기획	기존 관광상품기획
상품 구성	의료관광자원을 일정 부분 이상 핵심으로 하고 일반 관광요소를 부수적으로 연계하는 상품으로 기획	일반적 관광 형태로서 이동수단 · 숙박 · 먹을거리 · 볼거리 · 쇼핑 등 포괄적 패키지 개념
상품 주제	기존 관광상품의 기획보다 보건산업적 특성을 고려하여 구체적이고 특화된 건강보호 · 건강증진 등 보건자원 서비스를 주제로 설정	자연자원 · 문화자원 · 인공시설자원 등 의료관광상품의 주제보다 상위 개념이면서 의료관광상품을 포함하는 주제로 설정
상품 성패 요인	참여와 체험으로 고객 감동의 정도에 따라 성패가 좌우됨	저가의 항공원 확보, 경비 절감이나 선택 관광 참여 여부나 수준에 따라 상품의 성패요인이 좌우됨

자료: 한국보건산업진흥원(2002: 189)

2) 의료관광상품 사례

(1) asiatravel.com(이하 http://www.asiatravel.com 참조)

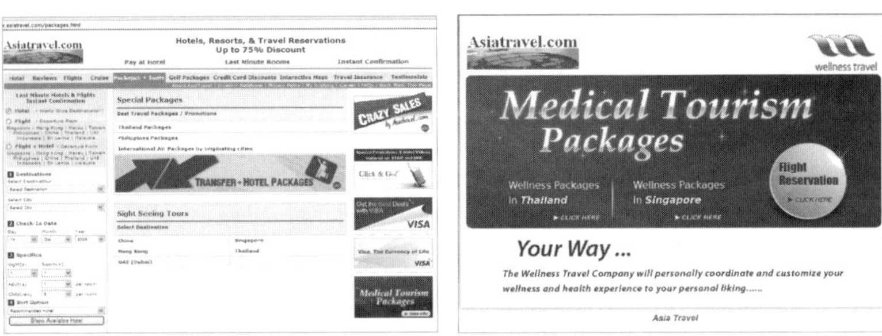

자료: http://www.asiatravel.com

[그림 VIII-4] asiatravel.com의 의료관광상품 예

① www.asiatravel.com사 아시아를 거점으로 한 온라인 여행사이고, 주요 활동 국가는 싱가포르, 말레이시아, 인도네시아, 태국, 일본, 한국, 대만, 스리랑카, 인도, 말리부에 관련 회사가 운영하고 있고, 2008년에는

22%의 매출 성장을 올렸고, 5백 5십만 싱가포르 달러의 순수익을 기록하였다.

② 이 회사는 의료관광상품을 판매하는 별도의 사이트를 운영하고 있다. 주로 wellness를 중심으로 한 의료관광사업을 태국과 싱가포르의 의료관광상품으로 구성되어 있다.

③ 총 21개 태국, 총 8개의 싱가포르 의료관광상품이 준비되어 있다.

(2) Singapore Elite 10Nights Couples Escape (이하 http://www.asiatravel.com/medical_tourism/singapore/elite_10n_couple_escape.html 참조)

① 상품명: 'Singapore Elite 10Nights Couples Escape'

② 기간: 10박 11일

③ 가격: 15,193싱가포르 달러 per couple(12,710,008원)

④ 주요 포함 내역: 호텔(조식 포함), 스파패키지, 암건강검진(2), 치과미백치료 패키지(2), 여행자 보험, 공항 픽업서비스

자료: http://www.asiatravel.com/medical_tourism/singapore/elite_10n_couple_escape.html

[그림 VIII-5] Singapore Elite 10Nights Couples Escape

(3) 치바솜 스파리조트

(Chiva-som Resort, 이하 http://www.chivasom.com 참조)

① 치바솜 스파리조트(Chiva-som Resort)는 세계 100대 'Best of Best'에서 5번째로 최고의 스파리조트로 선정되었다(Conde Nast Traveler Magazine, 2004).

② 치바솜 스파리조트는 상담을 거친 후 고객에게 맞는 retreat을 선택할 수 있으며 고객에 따라 추천되는 총 9개의 상품이 있다. 또한 총 9개의 상품을 3박부터 28박까지 다양한 상품 구성이 가능하다.

③ 치바솜 스파리조트에는 의사, 간호사, 물리치료사, 치료 전문가 등 전문인력이 관광객을 보살피고 있다.

④ 주요 시설: 57개의 태국 스타일의 숙박시설, 레스토랑, 도서관, 수영장, 부티크 등이 있다.

자료: http://www.chivasom.com/

[그림 VIII-6] 치바솜 스파리조트

〈표 VIII-3〉 해외 의료관광상품의 예

국가	의료관광상품	상품명
인도	• 10일 상품 • 께랄리얀, 꼬친, 뭄바이 관광 • 5천 년 역사를 가진 의학체계인 아유르베다치료 체험	께랄라 아유르베다 여행
대만	• 주요 대상을 미국 거주 화교에서 중국 대륙, 동남아, 미주권으로 확대 • 수술 회복기간에 따라 4일, 10일 두 가지 유형의 상품 • 호텔 및 휴양시설에서 휴식 후 야시장 관광, 온천	성형관광상품
아르헨티나	• 미국인, 유럽인 대상의 의료 전문회사 인플래니타스가 개발 • 가슴수술 외에 복부지방흡입, 코수술, 임플란트, 모발이식수술 등 선택 시술	가슴 성형하고 탱고를
남아프리카 공화국	• 성형수술과 사파리 투어를 묶은 패키지 • 미주, 유럽에서 좋은 반응을 얻음	Surgery & Safari
말레이시아	• 의료서비스와 골프 관광을 연계한 상품	의료골프관광

자료: 김미경 외(2008: 431-447)

5. 의료관광상품 예산계획의 사례

의료관광상품의 계획에 있어 가장 중요한 부분 중 하나인 예산에 대해 알아보기로 한다. 의료관광을 통한 치료의 예산을 살펴보면 치료비와 항공료, 숙박비용 등 기타 제반 경비를 합해도 의료비가 비싼 지역에서 일반적인 치료를 받는 것보다 싸다는 것을 알 수가 있다(〈표 VIII-4〉 참조).

〈표 VIII-4〉 Patients Beyond Borders Budget Planner의 사례(멕시코기준)

	항목	비용(달러)	비고
해외 의료관광 시	**여권/비자**	200	
	급행료(Rush Charges, if any)		
	치료비 추정치		
	수술(Procedure)	9,000	
	병실(Hospital room)		
	Lab work, x-rays, etc	45	
	추가 상담(Additional consultations)	200	
	팁 또는 선물(Tips/gifts for staff)	100	
	기타		
	치료 후 케어		
	회복/요양센터(Recuperation lodging)	1,100	병실 또는 호텔
	물리치료(Physical therapy)		
	약처방(Prescriptions)	65	
	컨시어지 서비스(Concierge services)	300	선택 사항
	기타		
	항공료		
	본인	880	
	동반자	880	
	공항출국세	25	
	기타		
	현지 교통	100	
	택시, 버스, 리무진		
	렌터카		
	기타		
	숙박료 및 식사비		
	호텔	1,500	
	식사비	650	
	엔터테인먼트/관광	500	
	기타		
	부재 시 소요경비 ('While You're Away' Costs)		
	애완동물 보호비용/집 경비비용	300	
	기타		
	해외 의료관광 소요경비 총계	15,845	

국내 치료시	수술	55,000	
	방사선 등(Lab work, x-rays, etc.)	375	
	병실요금 외	4,400	
	추가 상담비용		
	물리치료	400	
	약처방	500	
	기타		
	국내 치료 소요경비 총계	**60,675**	
총 절약비용 (Total savings = Hometown - In Country)		44,830	

자료: Woodman(2009: 30-33)

6. 의료관광상품 개발 고려요인

성공적인 의료관광상품을 개발하기 위해서는 고객편익 제공, 서비스 프로세스의 리엔지니어링, 제품의 서비스화, 철저한 시장조사, 보조상품의 신상품화 등이 필요하다(이하 이유재, 2009: 99-102 참조).

1) 고객이 추구하는 편익을 제공하라

의료관광 신상품을 개발하거나 기존 서비스를 개선하고자 할 때 고객에게 어떤 편익을 제공할 수 있는가를 고려해야 한다. 즉, 고객의 입장에서 서서 고객이 필요로 하는 것을 생각해 보는 것이다. 고객의 욕구를 충족시켜 줄 수 있는 상품을 개발하는 것이 새로운 상품 개발의 첫 단계라 할 수 있다(이하 이유재, 2009: 99-102 참고).

고객욕구에 대한 체계적인 이해를 위해서는 고객에 대한 조사를 하는 것이 필요하다. 과거에는 고객조사가 단순히 자료를 수집 · 분석 · 기록하는 것이었으나 오늘날에는 변화하는 환경에 적절히 대응하기 위하여 마케팅의 여러 문제를 예측 · 진단 · 분석하여 이 결과를 신상품 개발을 위한 의사

결정에 반영하려는 목적으로 사용되고 있다.

많은 새로운 상품들이 고객 또는 현장으로부터의 요구에 의해 개발된다는 점을 충분히 인식해야 한다. 이런 경우 고객은 상품계획과정의 일익을 담당하는 것이 되며 마케팅 관리자는 이들로부터의 정보를 탐지할 수 있는 정보시스템을 구축·운용하여야 한다.

단순히 고객욕구에 부응하는 상품을 발견하는 것 이외에도 서비스상품계획에 있어서 중요한 고려사항으로 고객 당 서비스 제공비용의 절감과 보다 큰 효율성을 실현하는 방안을 찾아야 한다. 이는 예약정보시스템 등을 제공하거나 특정 의료관광상품 영역에 특화하는 등의 방법으로 이룰 수 있다.

2) 서비스 프로세스를 리엔지니어링하라

서비스 프로세스를 설계하는 것은 고객뿐만 아니라 비용, 서비스 처리시간 그리고 서비스 생산성에까지 영향을 미치기 때문에 매우 중요하다. 리엔지니어링은 보다 향상된 서비스 결과를 얻기 위한 프로세스 분석과 재설계를 의미한다.

이 과정에서 서비스 청사진 등을 이용하여 프로세스의 각 단계에서의 의료관광 전문병원과 에이전시의 구성원들의 역할과 서비스 내용을 확인하고 프로세스의 속도를 향상시킬 수 있는 기회와 낭비되는 시간을 줄일 방법을 연구함으로써 서비스를 전달하는 새로운 방법을 찾아내거나 완전히 새로운 서비스 콘셉트를 발견할 수 있다.

3) 제품을 서비스로 전환하라

새로운 서비스를 만드는 다양한 아이디어는 시장에 존재하는 제품을 서비스로 바꾸려는 노력에서 얻을 수 있다. 제품을 직접 소유하고 이용하는 것을 대체하는 서비스로 ① 제품을 빌려주는 서비스, ② 제품을 조작

할 사람을 고용하는 서비스, ③ 앞의 두 가지를 결합하는 것과 같은 세 가지 종류의 서비스가 개발될 수 있다. 한편 다른 파생적 서비스는 시설 설치, 교육 훈련, 보험, 유지와 보수, 폐기와 처분 등의 서비스이다.

이런 서비스는 종종 핵심 제품의 가치를 높이기 위한 보조적 활동으로 시작한다. 예를 들어 의료서비스 제공업체는 고객이 새로운 서비스를 이용할 때 보험 및 금융서비스를 연결시켜 줄 수 있다. 새로운 수술 상품 뒤에는 보험이라는 형태로 보다 확장된 보장 내용을 팔 수도 있다. 그리고 관광상품을 제공할 수도 있다. 하지만 어느 정도 시간이 지나면 이런 서비스들을 전문적으로 취급하는 자회사 또는 독립적인 기업들이 설립될 수 있다.

예를 들어 고장 난 의료기기의 수리를 위해 의료기기 수리를 전문으로 하는 서비스업체가 설립될 수 있다. 의료기기는 시간의 흐름에 따라 위험하게 되고 또 노후하여, 결국에는 폐기된다. 이에 따라 의료기기의 폐기와 재활용 등의 처분을 위한 서비스업체도 생겨났다. 신제품이나 기존 제품에 가지와 기능을 더하거나, 제품의 수명이 다했을 때 폐기하는 것과 같은 경우가 서비스의 기회가 되는 것이다.

4) 시장조사를 활용하라

서비스 기업이 새로운 서비스를 만든다고 할 때, 목표고객에게 최상의 가치를 제공하기 위해서 어떤 특성과 가격의 서비스가 가장 적절할지를 어떻게 알 수 있을까? 고객에게 묻지 않고서 고객에게 최상의 가치를 제공하는 서비스를 찾기란 쉽지 않다. 그래서 시장조사가 필요하다.

○○병원은 시장조사 전문가의 도움을 받아 실제 상황에서 세 가지 형태의 의료관광서비스를 테스트한 후 공항영접 및 환송, 초고속 인터넷 및 24시간 비즈니스 서비스를 제공하는 새로운 병원 서비스를 만들어 냈다. 이 새로운 서비스 콘셉트는 고객들이 지불할 의사가 있는 가격과 그들이 원하는 물리적 환경 및 서비스 간의 균형을 가장 적절하게 맞춰 시장의

틈새를 정확하게 공략하였다. ○○병원이 이처럼 틈새를 잘 찾아 적절한 서비스를 제공할 수 있었던 것은 시장조사를 통해 찾아낸 고객의 소리를 바탕으로 새로운 서비스를 개발했기 때문이다.

5) 보조 서비스로 새로운 상품을 만들어라

서비스상품의 믹스를 결정할 때는 핵심 서비스에 부가되는 보조 서비스를 어느 정도 제공해야 하는지를 미리 고려해야 한다. 고객들은 서비스상품을 평가할 때 핵심 서비스 외에 그것에 덧붙여지는 브랜드나 분위기, 보증 등을 함께 생각하기 마련이다. 그러나 경제적인 이유나 시간상의 이유로 인해 모든 고객들이 기업이 제공하는 서비스 전체를 필요로 하지는 않는다.

복잡한 서비스를 원하지 않는 고객들에게는 핵심 서비스와 함께 제공되던 보조 서비스를 개별적으로 상품화하는 것이 보다 효과적인 경우도 있다. 또한 일부 서비스 속성을 변화시켜 서비스 신상품으로 개발함으로써 좋은 결과를 얻을 수도 있다.

물론 이와 같은 보조 서비스를 이용한 신상품의 개발 및 상품 변경의 의사결정은 서비스 신상품의 수요와 수익성에 대한 평가가 기초되어야 함은 물론이다. 예컨대 한 종합병원에서는 충수절제술, 자궁절개술 및 담석증수술 등의 수술에 전문화하고, 장기에 걸쳐 값비싼 치료를 요하는 백혈병, 암 등의 난치병의 치료는 하지 않음으로써 보다 신속하게 자금을 회수할 수 있고 안정적인 이윤을 창출할 수 있었다.

은행 등의 금융기관도 많은 돈을 예치해 두고 있거나 신용이 좋은 우량고객에게 신용카드, 안전금고 대여, 여행자수표 발행 등의 서비스를 제공하여 고객으로 하여금 더 많은 예금을 은행에 예치하게 하고 은행 스스로도 이익을 얻는 효과를 거둘 수 있었다.

〈표 VIII-5〉 신상품 개발의 성공요인

성공요인	고려사항
상품 요인	• 경쟁상품보다 고객의 욕구를 더 잘 충족시켜야 한다. • 경쟁상품보다 독특한 특성이나 속성을 지니고 있어야 한다. • 경쟁상품보다 질이 높은 상품이어야 한다. • 구매하는 고객에게 독창적인 면을 부여할 수 있어야 한다. • 양방과 한방의 협진을 통한 상품 개발이 필요하다. • 의료 중심의 상품에서 관광, 쇼핑, 음식 등을 포함시켜 부가가치를 높여야 한다.
시장 및 마케팅 요인	• 세분화된 시장연구 마케팅조사를 수행해야 한다(20, 30대는 미용·성형, 고령자는 요양상품 등). • 표적화된 강력한 판매력과 상품분배력이 있어야 한다. • 초기 상품기획과정에서 주요 시장층의 분석이 이루어져야 한다. • 시장출시 전에 시험시장이나 시험판매과정을 거쳐야 한다. • 고객의 구매결정요인(언제, 어디서, 무엇을, 누가, 어떻게)에 대한 정보를 정확히 알고 있어야 한다. • 잠재시장의 규모를 알고 있어야 한다. • 경쟁사의 상품, 가격, 전략, 강점과 같은 경쟁적 상황을 파악해야 한다. • 고객의 잠재 지불의사가격(가격민감도)을 조사해야 한다. • 잠재 고객의 욕구 및 요구를 잘 파악해야 한다.
기술 및 생산요인	• 자사의 주요 기술을 잘 파악해야 한다. • 상품 개발활동을 활발히 수행해야 한다. • 자사 내에서 Prototype 테스트를 거쳐야 한다. • 예비생산과정을 거친 후 생산과정에 들어가야 한다. • 직원들의 기술이 어느 정도인지 파악해야 한다. • 자사의 생산기술과 생산설계, 생산자원에 관한 정보를 알아야 한다. • 생산시설을 지속적으로 보완 및 향상시켜야 한다.
민관 협력을 통한 홍보	• 대한민국 의료관광 웹사이트를 구축하여 의료관광상품의 정보검색에서 예약까지 원스톱 지원 • 한국관광공사, KOTRA 등의 국내 공공기관의 지사를 통한 의료관광 상품의 홍보 • 의료관광객 유치를 위한 단체 및 고객 데이터베이스 구축 및 공유 • 의료관광 전문 에이전시를 대상으로 팸투어를 실시하여 체험 기회

자료: 유영준 외(2007: 45)를 참조하여 재작성

IX. 의료관광서비스 프로세스 관리

1. 의료관광서비스 프로세스에 대한 이해

이 장에서는 서비스 프로세스의 개념과 서비스 프로세스의 중요성, 서비스 청사진에 대해 논의한다(이하 최호, 2008: 247-248 참조).

1) 서비스 프로세스의 개념

서비스 프로세스란 서비스가 전달되는 절차나 메커니즘 또는 활동들의 흐름을 의미하는 것으로 서비스 운영체계와 서비스경로가 어떻게 서로 연계되어서 고객들이 가치를 두게 되는 서비스 경험 및 결과물을 창출하는가를 말한다. 특히, 서비스 제공자와 고객 간 서비스 접촉빈도가 높은 고접촉서비스에서의 서비스과정은 고객들 자체가 서비스 운영체계의 한 부분으로 통합되어 운영됨으로써 더욱 중요하게 작용하게 된다.

서비스 분야에서 특징적인 것 중의 하나는 서비스 창출과 전달과정에 고객들이 포함되게 되는 것이다. 그러나 많은 서비스과정 설계 및 운영체계의 실행에 있어 통합되고 지속적인 서비스과정이 이루어진다기보다는 고객의 관점을 무시함으로써 서비스과정이 각 단계에서 단절되는 경우가 많이 발생한다. 따라서 서비스 마케터의 입장에서 서비스과정이 어떻게 이루어지고 서비스 운영체계의 어떤 부분에서 서비스와 고객이 어우러지는지에 대해 살펴보는 것이 매우 중요하다.

2) 서비스 프로세스의 중요성

서비스는 환자의 이송이나 의료장비의 수리 등과 같이 일정한 결과물을 갖는 경우도 있지만 대부분의 서비스는 일련의 과정이며 흐름의 형태로 전달된다. 따라서 서비스과정은 서비스상품 그 자체이기도 하면서 동시에 서비스 전달과정인 유통의 성격을 가지게 된다. 서비스과정에서의 고객은 과정 자체에 참여하게 되는 일정한 역할을 수행하기 때문에 단지 서비스 결과물만을 평가하는 것이 아니라 서비스를 제공받는 전 과정과 거기서 얻어지는 경험을 훨씬 더 중요하게 받아들인다. 이러한 서비스과정과 직원들의 업무처리 능력은 고객의 눈에 가시적으로 보이게 되므로 이러한 요소들은 서비스의 품질을 결정하는 매우 중요한 역할을 하고 구매 후 고객만족과 재구매의사에 결정적인 영향을 끼칠 수 있다. 그렇기 때문에 서비스과정을 설계할 때에는 고객이 느끼는 점들에 대해 특별히 주의해야 하고 반드시 고객의 관점에서 접근하여야 한다.

3) 서비스 청사진

(1) 서비스 청사진의 개념

서비스 청사진은 역할이나 관점이 상반된 사람들이 서비스에 대해 이해하고 그것을 객관적으로 다룰 수 있도록 하기 위해 서비스시스템을 명확하게 나타내고 있는 도표 또는 지도라고 할 수 있으며, 서비스 개발의 설계 단계에서 특히 유용하게 활용된다. 이러한 서비스 청사진은 서비스를 제공하는 과정, 고객과 직원의 역할, 고객과의 접점 그리고 서비스의 요소들을 동시에 묘사함으로써 서비스를 시각적으로 볼 수 있게 한다. 또한 서비스 청사진은 고객이 체험하게 되는 서비스환경이고, 업무 수행의 지침이며, 서비스 제공과정의 단계를 나누는 방법이기도 하다.

(2) 서비스 청사진의 개발

서비스 청사진의 개발을 위해서는 서비스 창출 및 전달과정에 포함되는 모든 주요 활동들을 인식하고, 이러한 서비스활동들이 어떻게 연관되어 있는지를 알아야 한다. 이를 위해서는 우선 서비스활동들 간의 상호연관되어 있는 측면을 생각하면서 개략적인 큰 그림을 그린 후 구체적이고 세부적인 내용으로 기술한다.

서비스 청사진은 고객과 직원 간의 상호활동과 이러한 상호활동이 어떻게 서비스과정 상의 부가적인 활동과 후방구역 지원시스템에 의해 지원되는가를 명확히 할 수 있다. 또한 서비스 청사진은 관리자에게 운영과정상 서비스가 잘못 이루어질 위험이 크거나 서비스품질을 떨어지게 하는 잠재적인 서비스 실패점을 인식시킬 수 있다. 또한 서비스과정 상 각각의 활동에 대해서는 임무 소요시간, 최장 대기시간, 고객과 직원 간의 상호활동에 대한 행동지침들을 제시할 수 있다. 다음의 그림은 의료관광서비스를 제공하는 병원의 서비스 흐름을 보여 주는 예이다(우리들병원, 2009: 1).

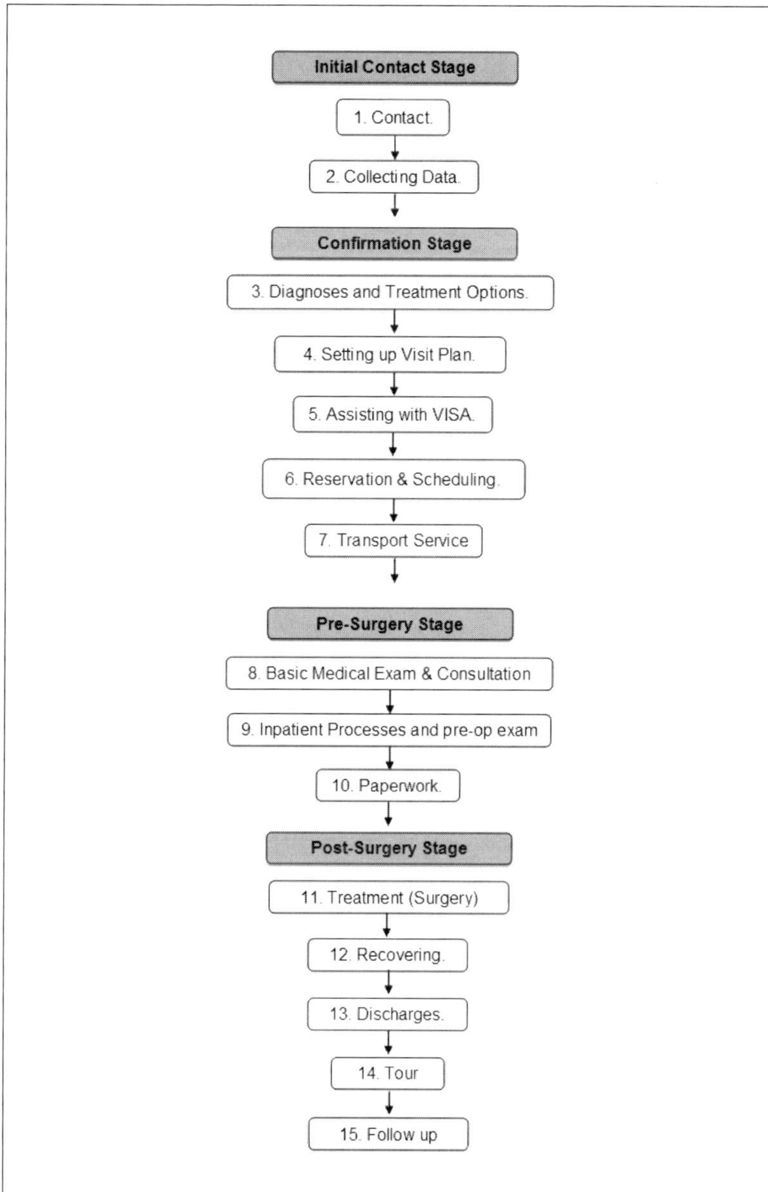

자료: 우리들병원(2009: 1)

[그림 IX-1] 의료관광서비스 흐름도

2. 의료관광서비스 프로세스의 단계별 설명

아래는 의료관광을 진행하는 데 필요한 단계별 업무 정의와 준비사항 그리고 예상 문제점 및 해결방안에 대한 소개이다(이하 우리들병원, 2009).

1) 최초 연락(Contact)

(1) 정의

고객(문의자)과 유선상의 첫 대면하는 시기이며, 동시에 고객이 본원에 대한 첫 인상을 받는 시기이다. 고객(문의자)은 환자, 환자 보호자, 의사, 보험사, 의료관광에이전시, 컨설팅업체, 일반 여행사일 경우 등 다양하다. 그리고 유선상의 문의방법으로는 주로 전화, 팩스, 이메일이 주로 사용한다.

(2) 준비사항

■ 언어별 코디네이터 준비

문의가 빈번한 각 언어별 숙련된 코디네이터를 배치 준비시키고, 만약 언어별 숙련된 코디네이터의 배치가 어려울 경우, 다른 방법을 구축하여야 한다(예: 제3자간 통화가 가능한 외부시스템 구축).

■ 대표 연락 창구 구축

외국인 고객을 위한 대표번호, 이메일, 팩스를 구축하여 병원 내/외 안내문(홈페이지, 브로슈어, 책자 등)에 동일하게 기재한다.

■ 언어별 Website 구축

주 대상국으로 하는 언어로 된 Website를 구축하되, 고객의 입장에서 유용한 정보가 제공되어야 한다.

Website 구축 시 고려사항

- 의료·관광 전문가가 웹 사이트 제작 전 단계에 참여해야 한다.
- 어디서든지 'Quick Menu' 바(연락처, 소개, 의료상담 등)가 잘 보여야 한다. 각 홈페이지의 언어는 완벽해야 하고 의학용어가 아닌 일반 용어이어야 한다.
- 새 뉴스는 30일 이상 되어서는 안 된다.
- 모든 뉴스는 최소 12개월 이상 보관하여야 한다.
- 환자의 체험수기를 포함한다.
- 의료진에 대한 상세한 프로필을 기재한다.
- 새로운 본원 소식을 강조한다.
- 새 사진과 이미지를 항상 사용한다.
- 모든 콘텐츠는 일반 홍보물과 동일하여야 한다.
- 병원의 사회활동 내용을 포함하여야 한다.
- 기사와 보도 자료가 모두 있어야 한다.

■ 계약사항 확인

고객(문의자)이 고객과 병원을 연결해 주는 개인 혹은 이익단체일 경우 본원과의 계약 여부를 확인하고, 미계약기관일 경우 상호간 계약을 우선적으로 체결한다. 계약 시에는 서로 간의 합의된 계약서에 각 대표자의 서명과 직인을 찍어, 한 부씩 보관한다.

(3) 주요 사항

■ 고객 문의에 대한 신속한 회신

① 고객의 문의사항을 수신하였음을 고객에게 바로 회신 전달한다. 그리고 가능한 한 요구사항에 따른 처리 예상시간을 동시에 전달한다.

② 고객의 문의사항 중 담당 코디네이터가 답변이 가능한 사항에 대해서는 바로 납변을 선달 처리하는 것을 원칙으로 한다.

③ 의료상담인 경우, 최초 진단에 필요한 고객 데이터가 모두 구비된 경우, 최대 12시간 내에 1차 의료상담 결과를 전달하는 것을 원칙으로 한다.

■ 고객에 문의에 대한 정확하고 성실한 답변

① 모든 고객 문의에 대한 답변은 최대한 정확하고 성실해야 하며, 이 답변에 대한 고객의 수신 여부를 정확히 파악해야 한다.

② 그리고 필요한 경우는 직접 고객과 유선 상으로 수신 여부를 확인한다(최대한 고객 입장에서 병원이 많은 신경을 쓰고 있다는 느낌이 전달되도록 해야 한다).

■ 고객의 다양한 연락처 파악

고객과의 신속하고 정확한 커뮤니케이션을 위해, 다양한 경로로 고객과 연락을 취할 수 있어야 한다(예: 이메일을 자주 확인할 수 없을 경우를 대비해서 유선 상 연락처도 함께 파악해야 한다).

■ 고객(문의자)과 고객(환자)과의 관계 파악

① 고객(문의자)과 환자와의 관계를 파악하고 최대한 고객(환자)과 직접 커뮤니케이션을 시도해야 차후에 오류를 최소화할 수 있다.

② 그러나 고객(문의자)이 본인과 커뮤니케이션을 원한다면 이메일 상담 시 고객(환자)을 참조인으로 넣도록 한다.

(4) 예상 문제점 및 해결방안

■ 최초 의사소통 불가로 인해 고객과의 재연결 지연 및 두절되는 경우

① 설명: 고객이 사용하는 언어로 소통이 원만하지 않은 이유로, 문의해 온 고객과 상담 불가로 재연결이 지연 및 두절되어 고객의 만족도 하락 및 기관의 이미지가 실추되는 경우이다.

② 해결방안

– 해당 국적/언어별로 통역사의 배치 및 내/외부 지원체계 구축 여부를 확인한다.

– 담당자에게 재연락을 취하기 위해 고객의 연락처 확보 여부를 확인한다.

-장기적으로 본원의 Call Center 및 담당 직원들의 외국어교육 실시 여부를 확인한다.

■ 중간 소개자의 여러 오류로 인한 문제점 발생하는 경우

① 환자를 제외한 보호자, 의사, 보험사, 에이전시, 컨설팅업체의 담당자와의 여러 오류로 인해 연락이 지연되거나 두절되는 경우이다.

② 해결방안

-중간 소개자와 병원 간의 계약 여부 및 계약 내용을 확인한다.

-중간 소개자와 고객(환자)과의 관계를 파악한다.

-중간 소개자가 고객(환자)의 상태를 정확히 파악하고 있는지 확인한다.

-중간 소개자의 요구사항을 정확히 파악하도록 한다.

-고객(환자)의 연락처를 파악하도록 한다.

-고객(환자)과 직접 대화를 시도하도록 한다.

-비용 문의 시, 비용 지불 주체를 파악한다.

2) 고객 자료수집 단계(Collecting Data)

(1) 정의

고객(환자)의 정확한 진단을 담당 의료진에게 의뢰하기 위해 의료 관련 데이터를 수집하는 단계이며, 이를 '원격의료상담(Online Medical Consulting)'이라고 한다. 기본적으로 고객에게 요청하는 데이터는 ① 초진설문지(Symptom Surgery Form: SSF), 동작분석(Oswesty Disability Index: ODI), ② 방사선과 자료(X-ray, CT and MRI), ③ 진단서(Medical Record/Certificate)이다. 대표적인 고객(환자)으로부터의 의료 관련 데이터 전달방법으로는 Online(병원 website, e-mail 등)과 Offline(빠른우편, 일반 우편 등)이 있다.

(2) 준비사항

■ 데이터 전달시스템 구축

① 고객에게 원격의료상담을 위한 아래의 두 데이터 전달방법에 따른 이용 절차의 이해를 위한 설명서가 준비되어 있어야 한다.

② Online을 이용한 데이터 전달방법은 가장 신속하다는 장점을 가지고 있다. 각 언어별 website에 원격의료상담(Online Medical Consulting) 페이지를 구축한다. 그리고 환자 전용 website를 준비해야 하며, 고객에게 정확한 주소 및 사용방법을 전달하는 것이 중요하다.

③ Offline을 이용한 데이터 전달방법은 가장 빈번하게 사용되는 일반적인 방법이며, 이와 관련된 여러 이유 중 각 국가별 온라인 네트워크환경 차이, hard 데이터에서 soft 데이터로의 변환 불가, 고령층의 인터넷 사용의 낮은 이해도 등이다. 고객에게 우편으로 데이터를 받을 수 있는 대표 주소의 정확한 전달이 중요하다.

■ 고객에 맞는 담당 코디네이터의 배정

고객의 언어, 업무 등 여러 상황을 고려하여, 가장 적합한 담당 코디네이터 배정을 결정하는 시기이다.

(3) 주요 사항

① 고객에게 원격의료상담을 위해 위 데이터의 전달이 필수임을 강조하여 설명하고, 정확한 데이터 목록을 전달한다.

② 고객에게 데이터의 전달방법에 대한 설명을 정확하게 전달한다.

③ 고객이 보내준 데이터에 대한 개인정보유출과 불법사용에 대한 문제가 없음을 확인시켜야 한다.

④ 고객이 보내준 데이터에 대한 반송 여부를 확인한다.

(4) 예상 문제점 및 해결방안

■ 고객(환자)의 데이터 준비 미비로 인해 원격의료상담이 제약되거나 지체되는 경우

① 설명: 고객이 보유하고 있는 데이터가 불충분하거나 부적합하여 의료진의 원격의료상담이 지체되거나 불가능한 경우이다.

② 해결방안

-고객에게 최초 진단을 내리기 위해서는 필요한 데이터의 목록 전달 여부를 확인한다.

-고객(환자)에게 데이터 준비 미비로 인한 원격의료상담 지연 가능성에 대한 사전 공지 여부를 확인한다.

-고객이 보유한 데이터가 부족할 경우, 고객(환자)이 추가로 현지에서 검사를 독려하는 여부를 확인한다.

-고객(환자)의 신상정보가 데이터와 일치하는지 확인한다.

■ 고객(환자)의 데이터의 전달 상에 문제로 인한, 원격의료상담 지연으로 고객의 만족도가 하락하는 경우

① 문제: 고객이 보유하고 있는 데이터가 전달되는 과정에서 분실 및 지연으로 인해 원격의료상담이 지연되어 고객의 만족도가 하락하는 경우이다.

② 해결방안

-고객(환자)에게 데이터의 다양한 전달방법(Online/Offline)에 대한 설명이 충분히 이루어졌는지의 여부를 확인한다.

-고객에게 데이터의 우편물 배송 주소의 정확한 전달 여부를 확인한다.

-고객의 데이터 발송날짜와 방법의 파악 여부를 확인한다.

-고객이 데이터 발송에 사용한 배송 회사명과 고유번호(Tracking Number)의 파악 여부를 확인한다.

3) 진단 및 치료법 상담 단계

(1) 정의

고객으로부터 전달받은 데이터를 토대로 의료진이 진단 및 치료(수술) 방법을 결정하는 단계이다. 고객(환자)의 병변, 문의해 온 치료(수술법)별 등을 고려하여 경험이 많은 최고의 의료진에게 의료상담을 요구한다. 우선 고객(환자)이 보내온 데이터를 병원 내의 가상 ID를 생성한 후, Main Data Server에 저장한다. 생성된 ID번호와 내용은 담당 의료진에게 전화 또는 문자로 통보한 후, 12시간 내에 1차 원격의료상담 결과를 통보받아 고객에게 전달해 준다.

(2) 준비사항

■ 가상 ID 생성 절차 구축 및 데이터 입력

고객의 인적 사항을 원내 전산시스템에 입력하여 가상 ID 생성 후, 보내온 데이터를 공유 폴더에 이동 후, 영상의학과에 의뢰하여 이 데이터를 'Main Data Server'에 저장하여 담당 의료진이 검토할 수 있도록 준비하는 단계이다.

■ 담당 의료진 선정 및 문의

고객(환자)의 주요 증상을 토대로 임상경험이 가장 풍부한 의료진에게 1차 문의를 하고, 만약 문의에 대한 소견이 있을 시 즉시 다른 의료진에게 문의하여 신속히 진행해야 한다.

■ 최초 원격의료상담 결과 전달

최초 진단 결과를 의료진으로부터 전달받은 후, 담당 코디네이터는 고객(환자)이 이해할 수 있는 일반 언어로 전환하여 각종 보충설명 자료(치료법, 임상데이터 등), 예상 비용(패키지)을 추가하여 동시에 전달한다.

■ 원격의료상담 절차도

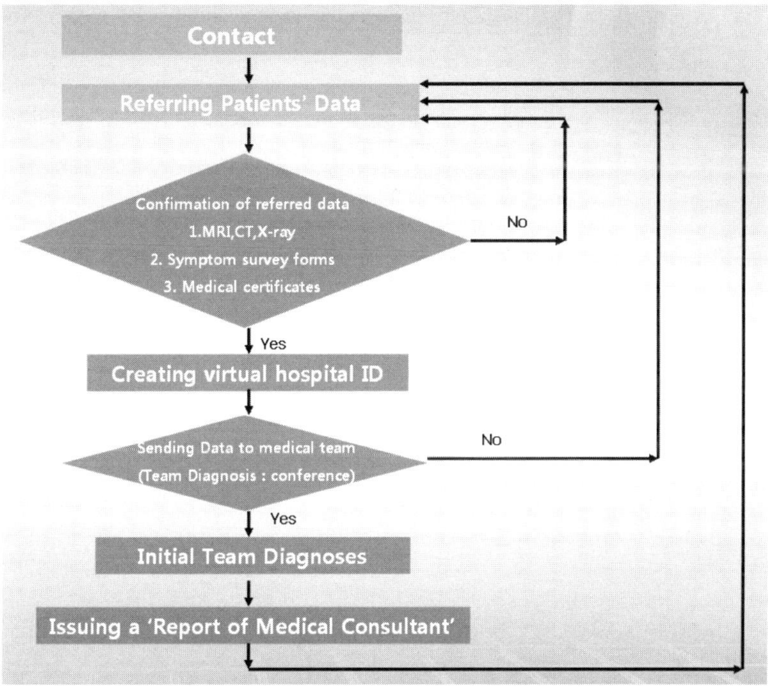

자료: 우리들병원(2009: 9)

[그림 IX-2] 원격의료상담 절차도

(3) 주요 사항

① VIP 고객인 경우, 개인이 아닌 팀 진단을 위한 절차를 꼭 거치도록 한다.

② 고객과 최초 약속하였던 결과 및 상담 통보시간을 최대한 준수하고, 만약 불가피한 이유로 지연될 경우, 설명과 함께 새로운 시간을 통보해 주도록 한다.

③ 고객에게 상담 결과 통보 시, 각종 자료 및 담당 의사에 대한 상세한 이력서를 동봉하여 보내 준다.

(4) 예상 문제점 및 해결방안

■ 고객의 데이터가 내부 전달과정에서의 오류로 인해 진단 오류가 발생하는 경우

① 문제: 고객이 전달해 온 데이터가 Main Server에 저장되는 과정에서 오류가 발생하여, 최초 진단에 지연 및 진단에 오류가 발생되는 경우

② 해결방안

- 우선적으로 고객이 전달해 온 각종 데이터가 고객(환자)의 데이터인지를 확인한다.
- 담당 코디네이터는 담당 고객의 데이터가 Main Data Server에 제대로 저장되었는지 확인한다.
- 담당 코디네이터가 의료진에게 가상 ID번호와 상담 요청하기 전에 미리 프로그램에 접속하여 확인한다.
- 고객의 정확한 ID번호가 담당 의료진에게 전달되었는지 확인한다.

■ 예상 비용 산출 시, 정확한 신상 파악의 미흡으로 인한 비용 상담의 오류가 발생한 경우

① 문제: 고객의 최초 진단에 따른 치료(수술)법들에 대한 비용 상담 시, 고객(환자)이 정확한 파악(특히 국적, 국민건강보험 소지 여부 등)이 되질 않아, 국제수가 적용자에게 국민건강보험 수가로 상담이 이루어진 경우이다.

② 해결방안

- 고객(환자)의 정확한 국적을 파악하였는지를 확인한다.
- 고객(환자)이 대한민국 국민건강보험을 소지하였는지 또한 이번에 이 보험을 사용할 계획인지를 파악한다.
- 고객(환자)의 외국계 보험 적용 여부를 확인한다.
- 고객(환자)의 현 거주지 파악 여부를 확인한다.

4) 내원일정 수립 지원 단계

(1) 정의

최초의 원격의료상담 결과에 따라 고객(환자)이 병원을 내원하여 치료를 받기로 결정한 시기이다. 이때 고객(환자)의 입장에서 우선 고려하고 의료진 및 해당 부서는 고객(환자)의 입장에서 고객(환자)이 내원 시, 모든 일정이 신속하고 원활히 진행될 수 있도록 지원한다. 동시에 외국계 보험 소지자일 경우 해당 보험사와 연결하여 고객의 회원 등록 여부, 상품 종류 등을 확인하여 지불보증서를 받는 시기이다.

(2) 준비사항

■ 의료부서 간 외국인 환자에 대한 협조 네트워크 구축

외국인 환자란 특수군에 대한 타 문화를 이해하고, 원활한 고객의 내원일정 수립 및 소화를 위해 의료진(의사, 전문 간호사, 외래, 방사선과 등) 및 접점부서에 긴밀한 협조 요청을 할 수 있도록 네트워크를 구축한다.

■ 원무시스템 구축

내원 예정인 고객에 대한 'One stop service' 제공을 극대화하기 위해서, 접점부서인 국제환자센터에서 예약의 수립, 변경, 취소, 수납, 각종 문서 발급 등의 업무 처리가 가능하도록 자체 원무시스템을 구축한다(각종 예약은 방사선과, 외래진료, 수술 전 검사, 입원실, 수술날짜 등이다).

① 수납: 선 수납을 원칙으로 하나, 고객(환자)의 편의를 위해 선 진료와 검사 후, 한 번에 수납할 수 있도록 시스템을 구축한다.

② MRI: 내원 전 방사선 자료 특히 MRI를 촬영했는지 확인 후, 촬영한 적이 없거나, 촬영한 지 3개월이 경과한 경우, 미리 예약하여, 고객(환자)이 대기하지 않고 바로 MRI검사를 진행할 수 있도록 준비한다.

■ 다국적 보험회사들과 네트워크 구축 및 청구업무의 이해

고객에게 보다 나은 의료서비스를 제공하기 위해 다국적 보험회사들과 청구 대행 서비스업무와 관련한 계약을 맺어 네트워크를 구축해 놓는다.

① 고객(환자)을 위한 청구 대행서비스를 위해 사전에 많은 다국적 보험회사들과의 지불보증(Guarantee of Payment) 계약을 체결한다.

② 다국적 보험사의 회원 고객에 대한 지불보증서 취득을 위한 절차 수립을 한다. 단 외래/입원고객은 아래와 같이 구분한다.

■ 외래고객인 경우

① 고객의 보험사 회원증(신분증: 이름, 생년월일, 회원번호)을 확인한다.

② 보험사 콜센터에 연결한다.

③ 회원 여부를 확인한다.

④ 지불보증서(Guarantee of payment)를 요청한다.

⑤ 지불보증서를 수신받는다.

⑥ 보험사의 보증 조건 및 보증금 한도를 확인한다.

⑦ 외래진료 및 검사를 진행한다.

⑧ 양식에 맞추어 작성한 청구 서류, 입금계좌를 발송한다.

■ 입원(수술) 고객인 경우

① 고객의 보험사 회원증(신분증: 이름, 생년월일, 회원번호)을 확인한다.

② 보험사 콜센터에 연결한다.

③ 회원 여부를 확인한다.

④ 진단서, 수술견적서 동봉하여 지불보증서를 요청한다.

⑤ 지불보증서를 수신받는다.

⑥ 입원 후, 치료(수술)를 진행한다.

⑦ 퇴원 후, 청구서, 진단서, 입금계좌를 보험사에 보낸다.

■ 비고

각 보험회사별로 약간의 다른 업무 진행이 다르므로 진행 시 확인하여야 한다(예: 회원 확인 절차, 청구 절차 등).

(3) 주요 사항

■ 외래진료 절차 수립

국내 고객과 달리 진료 전, 모든 방사선과 검사(X-ray, CT, MRI)를 마친 후, 외래진료를 진행한다. 진행 순서는 방사선과 검사(X-ray, CT, MRI) ▶ 외래진료(확진) ▶ 입원수속 ▶ 각종 수술 전 검사 순이다.

■ 방사선과 검사 예약

고객의 일정을 우선적으로 고려한 후, 외래진료 전에 각종 방사선과 검사(MRI, CT, X-ray)의 예약을 실시한다(이때 외국인 고객의 경우 전달된 자료는 최초 진단용이고, 최종 확진을 위해 본원에서 검사를 실시할 예정임을 명확하게 설명해 준다).

■ 외래진료/수술 예약

고객의 일정을 우선적으로 고려한 후, 외래진료/수술의 예약을 실시한다. 또한 동시에 담당 주치의의 일정도 고려한다.

■ 입원실의 예약

고객의 일정과 선호하는 방 종류를 충분히 고려하여 입원실 예약 절차를 진행한다.

■ 예상 치료(수술)비 상담

이미 전달된 예상 치료 패키지 가격에 대한 상세한 설명과 조율을 하는 시기이다.

① 치료(수술)비의 청구 대상자 및 지불 주체자를 재확인한다.

② 지불 주체자가 확인되면 예상 결제방법도 확인한다.

③ 예상 비용의 변동 가능성에 대해 충분히 공지한다.

④ 서비스비용에 대해 차등을 두어, 치료(수술)별 패키지 금액을 탄력있게 운영한다.

〈표 IX-1〉 의료비용과 서비스비용의 예

No.	의료비용					서비스비용										
						식사비		병실료			기타 서비스					
	진찰료	검사료	처치/수술료	약품비	치료/재료비	고급식	일반식	특실(1인실)	일반(2~4인실)	다인실(5인실 이상)	통역비	간병인	공항교통비	수수료	기타 비용
A	○	○	○	○	○	○		○			○	○	○	○	○
B	○	○	○	○	○	○			○		○		○		○
C	○	○	○	○	○		○			○					○

자료: 우리들병원(2009)

(4) 예상 문제점 및 해결방안

■ 외래진료 및 검사 스케줄 예약 오류로 인한 일정 변경 및 지연으로 고객의 만족도 하락

① 문제: 의료진의 외래진료 및 각종 검사 스케줄 예약 중 오류가 발생하여 고객의 일정의 변경이 불가피할 경우가 발생한 경우이다.

② 해결방안

–최초 상호간 방문 스케줄 조율 시, 의료진의 외래진료시간 및 해당 검사 스케줄 확인하여 예약을 진행시켜야 한다.

–수시로 관련 일정을 재확인하도록 한다.

–변경사항 발생 시, 즉시 고객에게 통보해 방문일정을 재조정해야 한다.

■ 고객(환자)의 치료(수술) 적응에 대한 확인 절차과정에서 오류로 인하여 일정이 지연 및 취소되는 경우

① 문제: 고객이 수술을 결정하는 데, 고객(환자)의 해당 수술에 적응 여

부를 정확히 파악하지 못해 일정이 지연 또는 취소되는 경우이다.

② 해결방안

-고객의 과거 병력을 점검해야 한다.

-고객과의 상담을 토대로 초진설문지와 의사의 진단서를 비교한다.

-고객이 현재 복용중인 약물의 확인한다.

-고객의 내원하여 수술 전 검사에 대한 준비할 수 있도록 전해 준다.

5) 사증발급 지원 단계(Assisting with VISA)

(1) 정의

대한민국 정부가 정한 외국인의 출입 시, 사증(VISA) 발급 대상 국가의 여권을 소지한 고객(환자)이 각 대한민국대사관 및 영사관에서 사증발급을 원활하게 받을 수 있도록 지원하는 단계이다. 동시에 고객(환자)의 모든 '진료설계'가 완성되는 단계이다.

(2) 준비사항

■ 고객이 사용할 여권 확인

고객(환자)의 여권 사본을 전달받아, 우선적으로 대한민국 사증이 필요한 국가인지의 여부를 확인해야 한다.

■ 대한민국 사증 소유자

대한민국 사증을 이미 발급받았다면, 사본을 전달받아 우선적으로 사증의 유효기간을 확인해야 한다.

■ 대한민국 사증발급 대상국

사증면제협정체결국가(2009. 8. 24 현재 90개국)를 방문할 경우 사증없이 해당 국가에 입국이 가능하다.

〈표 IX-2〉 국가별 의료관광 관련 여권발급 상황

국가 명	적용 대상 여권	기간	선원 수첩
알제리(ALGERIA)	외교, 관용	90일	×
안티구아바부다 (ANTIGUA-BARBUDA)	일반, 외교, 관용	90일	○
오스트리아(AUSTRIA)	일반, 외교, 관용	일반: 90일, 외교 · 관용: 180일, 주재공관원: 재임기간	
아르헨티나(ARGENTINA)	외교, 관용	90일	×
아제르바이잔 (AZERBAIJAN)	외교, 관용	30일	×
바하마(BAHAMAS)	일반, 외교, 관용	90일	○
방글라데시 (BANGLADESH)	외교, 관용	90일	○
바베이도스(BARBADOS)	일반, 외교, 관용	90일	○
벨라루스(BELARUS)	외교, 관용	90일	×
벨기에(BELGIUM)	일반, 외교, 관용	3개월	×
벨리즈(BELIZE)	외교, 관용	90일	×
베넹(BENIN)	외교, 관용	90일	×
브라질(BRAZIL)	일반, 외교, 관용	90일, 주재공관원: 재임기간	×
불가리아(BULGARIA)	일반, 외교, 관용	90일, 주재공관원: 재임기간	×
캄보디아(CAMBODIA)	외교, 관용	60일, 주재공관원: 재임기간	
칠레(CHILE)	일반, 외교, 관용	90일	×
콜롬비아(COLOMBIA)	일반, 외교, 관용	90일	×
코스타리카(COSTARICA)	일반, 외교, 관용	90일	○
크로아티아(CROATIA)	외교, 관용	90일, 일반(B-2, 30일)	×
사이프러스(CYPRUS)	외교, 관용	90일	×
체코(CZECH)	일반, 외교, 관용	90일, 주재공관원: 재임기간	×
덴마크(DENMARK)	일반, 외교, 관용	90일	×
도미니카연방 (COMMONWEALTH OF DOMINICA)	일반, 외교, 관용	90일	○
도미니카공화국 (DOMINICA REP)	일반, 외교, 관용	90일	×
에콰도르(ECUADOR)	외교, 관용	관용: 3개월, 외교: 무제한	×
이집트(EGYPT)	외교, 관용	90일, 주재공관원: 재임기간	×
엘살바도르 (EL SALVADOR)	일반, 외교, 관용	90일, 주재공관원: 재임기간	○
에스토니아(ESTONIA)	일반, 외교, 관용	90일	×

프랑스(FRANCE)	일반, 외교, 관용	90일	×
핀란드(FINLAND)	일반, 외교, 관용	90일	×
독일(GERMANY)	일반, 외교, 관용	일반: 90일, 외교 · 관용: 무제한, 주재공관원: 재임기간	×
그리스(GREECE)	일반, 외교, 관용	일반: 90일, 외교, 관용: 무제한	×
그레나다(GRENADA)	일반, 외교, 관용	90일	○
과테말라(GUATEMALA)	일반, 외교, 관용	90일, 주재공관원: 재임기간	×
아이티(HAITI)	일반, 외교, 관용	90일	○
헝가리(HUNGARY)	일반, 외교, 관용	90일	×
아이슬랜드(ICELAND)	일반, 외교, 관용	90일	×
인도(INDIA)	외교, 관용	90일	×
이란(IRAN)	외교, 관용	3개월	×
아일랜드(IRELAND)	일반, 외교, 관용	90일	×
이스라엘(ISRAEL)	일반, 외교, 관용	90일, 주재공관원: 재임기간	×
이탈리아(ITALY)	일반, 외교, 관용	90일	×
자메이카(JAMAICA)	일반, 외교, 관용	90일	○
일본(JAPAN)	일반, 외교, 관용	일반: B-2 90일, 외교 · 관용: 90일, 주재공관원: 재임기간	×
카자흐스탄 (KAZAKHSTAN)	외교, 관용	90일	×
라오스(LAOS)	외교, 관용	90일	×
라트비아(LATVIA)	일반, 외교, 관용	90일, 주재공관원: 재임기간	×
레소토(LESOTHO)	일반, 외교, 관용	60일	×
라이베리아(LIBERIA)	일반, 외교, 관용	90일	○
리히텐슈타인 (LIECHTENSTEIN)	일반, 외교, 관용	90일	×
리투아니아(LITHUANIA)	일반, 외교, 관용	90일, 주재공관원: 재임기간	×
룩셈부르크 (LUXEMBOURG)	일반, 외교, 관용	3개월	×
말레이시아(MALAYSIA)	일반, 외교, 관용	3개월	×
몰타(MALTA)	일반, 외교, 관용	90일	×
멕시코(MEXICO)	일반, 외교, 관용	90일	×
몽골(MONGOLIA)	외교, 관용	30일	×
모로코(MOROCCO)	일반, 외교, 관용	90일, 주재공관원: 재임기간	○
네덜란드(NETHERLAND)	일반, 외교, 관용	3개월	×
뉴질랜드 (NEW ZEALAND)	일반, 외교, 관용	3개월, 주재공관원: 재임기간	×
니카라과 (NICARAGUA)	일반, 외교, 관용	90일, 주재공관원: 재임기간	○

노르웨이(NORWAY)	일반, 외교, 관용	90일	×
파키스탄(PAKISTAN)	외교, 관용	3개월	×
파나마(PANAMA)	일반, 외교, 관용	90일	×
파라과이(PARAGUAY)	외교, 관용	90일	×
페루(PERU)	일반, 외교, 관용	90일	○
필리핀(PHILIPPINES)	외교, 관용	무제한	×
폴란드(POLAND)	일반, 외교, 관용	90일, 주재공관원: 재임기간	×
포르투갈(PORTUGAL)	일반, 외교, 관용	60일	○
루마니아 (RUMANIA, D. O. S.)	일반, 외교, 관용	90일, 주재공관원: 재임기간	×
러시아(RUSSIA)	외교, 관용	90일	×
싱가포르(SINGAPORE)	일반, 외교, 관용	90일	×
슬로바키아(SLOVAK)	일반, 외교, 관용	90일, 주재공관원: 재임기간	×
스페인(SPAIN)	일반, 외교, 관용	90일	○
세인트킷츠네비스 (ST. KITIS NEVIS)	일반, 외교, 관용	90일	○
세인트루치아 (ST. LUCIA)	일반, 외교, 관용	90일	○
세인트빈센트 (ST. VINCENT)	일반, 외교, 관용	90일	○
수리남(SURINAM)	일반, 외교, 관용	90일	×
스웨덴(SWEDEN)	일반, 외교, 관용	3개월	×
스위스(SWITZERLAND)	일반, 외교, 관용	3개월	×
태국(THAILAND)	일반, 외교, 관용	일반: 90일, 외교 · 관용: 무제한	○
트리니다드토바고 (TRINIDOD-TOBAGO)	일반, 외교, 관용	90일	○
튀니지(TUNISIA)	일반, 외교, 관용	30일, 주재공관원: 재임기간	×
터키(TURKEY)	일반, 외교, 관용	3개월	×
투르크메니스탄 (TURKMENISTAN)	외교	30일	×
우크라이나(UKRAINE)	외교	90일	×
우즈베키스탄 (UZBEKISTAN)	외교	60일	×
영국 (UNITED KINGDOM)	일반, 외교, 관용	90일	×
우루과이(URUGUAY)	외교, 관용	90일, 주재공관원: 재임기간	×
베네주엘라 (VENEZUELA)	일반, 외교, 관용	일반: 90일, 외교 · 관용: 30일, 주재공관원: 재임기간	×
베트남(VIETNAM)	외교, 관용	90일, 주재공관원: 재임기간	×

자료: 우리들병원(2009: 19)

■ 병원에서 초청장(Invitation Letter) 발급 절차 구축

① 원격의료상담을 통해 진단한다.

② 치료(수술)법을 상담한다.

③ 총 치료(수술)비용을 상담한다.

④ 총 예상 비용의 약 70%를 선 입금할 것을 요구한다.

⑤ 입금을 확인한다.

⑥ 초청장을 발급한다.

■ 병원에서 사증발급 지원 절차 구축

① 초청장을 발급한다.

② 초청장을 공증(외부 공증 사무실 이용)한다.

③ 공증된 초청장을 등기 발송한다.

④ 필요 시 담당 대사관 및 영사관과 직접 통화하여 지원한다.

■ 비고

치료(수술)목적으로 방문하는 고객(환자)의 동행자 동반 유무 파악 및 그들의 대한민국 사증 소유 여부를 확인하고, 필요 시 동일한 방법으로 발급을 지원해 준다.

(3) 주요 사항

■ 사증발급 절차

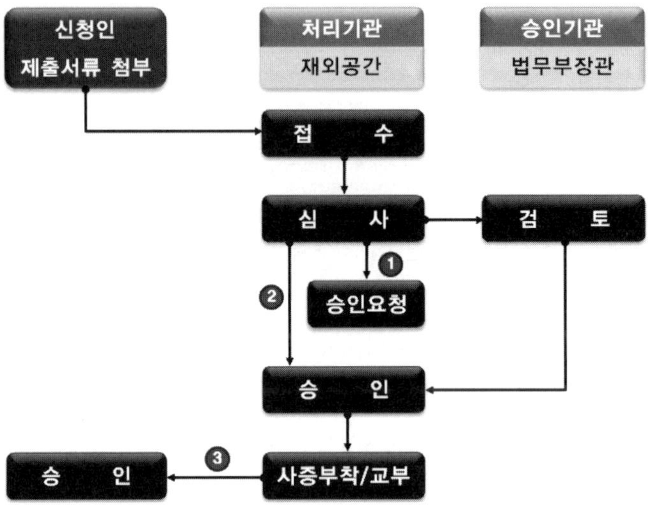

자료: 우리들병원(2009: 20)

[그림 IX-3] 사증발급 절차

■ 의료 사증

① 목적: 질병의 치료 등 의료관광을 목적으로 한국을 방문하는 외국인들에게 2009년 5월 11일부터 기본 비자보다 발급 절차를 보다 간편하게 하기 위해 '의료 사증' 제도를 신설한다고 '보건복지가족부'와 '법무부'에서 밝혔다.

② 종류

– C3(M) 비자: 90일 기한

– G1(M) 비자: 1년 기한

– 준비 서류(비자 종류와 상관없이 준비 서류 동일)

– 기존 진료기록(예: 중국 환자 경우 중국 병원에서의 진료기록)

- 치료비 지급 보증을 위한 재산증명서(정확한 금액은 명시되어 있지 않음)
- 국내 병원 예약확인증 등을 제출
- 발급 대행기관: 한국보건산업진흥원에 등록한 외국인 환자유치사업 기관 가운데 법무부로부터 비자 업무 대행 허가를 받은 기관. 출입국사무소에 신청. 개인적으로는 신청 불가능.

③ 관련 정보 사이트: http://www.hikorea.go.kr

(4) 예상 문제점 및 해결방안

■ 고객의 국내 체류 자격 및 사증기간 체크 오류로 인해 진료일정이 지연 또는 취소되는 경우

① 문제: 고객이 사용하고 있는 여권의 발행 국가가 대한민국 정부가 정한 사증발급 대상 국가임을 미확인한 경우이다.

② 해결방안

- 고객의 여권 및 비자 사본을 전달받아 확인 절차를 거친다.
- 고객이 예정된 일정대로 입국이 가능하도록 현지 영사관/대사관 통해 해결방안을 모색하도록 한다.
- 의료관광과 관련된 해당 기관들을 통해 자문을 구하도록 한다.

■ 대한민국 사증발급 불가 및 지연으로 진료일정이 지연 또는 취소되는 경우

① 문제점: 대한민국대사관/영사관에서 사증발급 절차 단계에서 보완점이 지적되어 발급 불가 판정 및 지연으로 최초 진료설계일정의 취소 및 변경이 불가피한 경우이다.

② 해결방안

- 고객의 사증발급을 위한 초청장 공증을 위한 원내 서류를 확인한다(대표자 인감/위임장/신분증).

- 고객의 사증발급 신청 시, 절차 및 필요한 구비 서류 목록이 정확하게 고객에게 전달되었는지 확인한다.
- 고객의 동반자의 사증발급 신청 시, 절차 및 구비 서류 목록이 정확히 전달되었는지 확인한다.
- 고객에게 원내 진료예약증 발급 여부를 확인한다.
- 사증발급 진행 시, 충분한 시간을 가지고 사전에 진행하도록 한다.

6) 최종 일정 및 예약 점검 단계

(1) 정의

고객에게 원내에서 One Stop Service 제공을 통해 만족도를 높이기 위해, 최종 방문스케줄과 원내에서의 동선, 각 방문부서들의 예약일정을 최종 점검하는 단계이다. 특히 내원시간, 외래 예약, 검사 예약, 호텔 예약, 관광 예약 등의 확인이 포함된다.

(2) 준비사항

① 고객의 예상되는 본원에서의 동선 상에 위치한 접점부서의 담당자에게 예약사항을 점검한다.

② 고객의 전체 일정과 본원에서 일정을 구분하되, 본원에서의 일정을 세심하게 점검한 후, 일정표를 준비하여 방문 전에 전달한다.

③ 고객(환자)이 내원 시, 병원의 위치 및 대중교통 이용방법 등을 준비하여 사전에 전달한다.

④ 외국어 서비스가 가능한 간병인 및 통역자의 충분한 지원 네트워크가 구축되었는지 확인한다.

(3) 주요 사항

① 고객의 진료설계에 해당되는 접점부서별로 예약 스케줄을 재확인하여야 한다.

② 병원의 불가피한 사정으로 진료설계일정의 변경 시, 즉시 고객에게 전달하여 일정을 조율하도록 한다(최대한 최초 진료설계계획에 따라 진행하는 것을 원칙으로 한다).

③ 외부 협력업체 이용 시, 예약 상황을 재점검하도록 한다(공항 픽업 대행사, 언어별 간병인, 야간 당직자의 지원 등).

(4) 예상 문제점 및 해결방안

■ 예약 오류로 인한 방문일정의 변경으로 인한 환자의 만족도 하락

① 문제: 고객에게 통보된 진료설계상의 방문시간, 외래일정, 검사일정, 호텔 예약, 관광 예약에서 불가피한 변경사항이 발생되어 환자의 일정이 변경되는 경우이다.

② 해결방안

- 고객이 내원 시 병원의 위치 정보 및 예약안내서 전달 여부를 확인한다.
- 최종 진료설계(진료 범위, 절차, 기간, 비용 산정 등) 완료 후, 관련 예약확인서(외래용, 입원용)의 발급 여부를 확인한다.
- 고객에게 방문 전에 관련 정보 전달 여부를 확인한다(호텔, 쇼핑, 극장 등).

■ 언어별 간병인 및 야간 통역자의 지원이 어려워 고객(환자)의 불편함을 초래하는 경우

① 문제: 현 본원의 인력 이외에 외부 인력 지원 시, 언어별 간병인 및 야간 통역자의 인력 지원을 못해, 고객의 만족도가 하락하는 경우이다.

② 해결방안

- 고객에게 미리 관련 서비스의 이용 여부를 알렸는지, 또한 사전 신청을 받았는지 확인한다.

- 고객(환자)이 본원에서 제공하는 간병인 및 야간 통역자 지원서비스 대상자인지 확인한다.
- 고객(환자)이 본원에서 제공하는 간병인 및 야간 통역자 지원서비스 대상자가 아닐 경우, 관련 사항에 따른 추가 비용 발생에 대해 설명이 이루어졌는지 확인한다.

7) 각종 교통편 제공 단계(Transport Service)

(1) 정의

주로 해외에서 내원하는 고객들(환자 및 보호자)들에게 호텔 수준의 Concierge Service를 제공하기 위해, 고객(환자) 상태 및 동반 인원수를 고려하여 맞춤 교통편을 제공하는 서비스 단계이다. 또한 고객이 요청 시 언제라도 지원이 가능한 외부 대행업체와의 협력을 통한 교통편 서비스이다(※ 병원 직원의 원외 교통편 서비스 지원은 되도록 자제하도록 한다).

(2) 준비사항

① 고객(환자)의 상태 파악: 고객의 정확한 현 상태를 파악한다.
② 동반 인원수 파악: 고객(환자)과 동반하는 정확한 인원수를 파악한다.
③ 행선지 파악: 최초 입국 시, 고객의 정확한 최초 행선지를 파악한다(병원 혹은 호텔 등).
④ 다양한 차량 보유: 고객(환자)의 상태 및 인원에 고려하여 적당한 차량(앰뷸런스, 9인승 벤, 자동차 등)을 배차할 수 있도록 다양한 업체들과 네트워크를 구축한다.
⑤ 대행업체들과의 네트워크 구축: 주 대행사와 협조가 어려울 경우를 대비하여 다른 업체들과의 사전 네트워크를 구축하여 어떤 경우에라도 서비스가 원활하게 지원되도록 한다.
⑥ 인력 지원체계 구축:
- 앰뷸런스 배차 시 의료인이 동승한다.

- 교통편 제공 시, 고객과의 원활한 소통을 위해 통역사가 동승한다.

⑦ 관련 기관 협조: 고객의 상태 및 요청에 따라 항공기 앞까지 앰뷸런스의 접근 필요 시, 관련 기관(법무부, 공항공사, 항공사)들과 긴밀하게 협조하여 관련 허가를 신속히 얻도록 네트워크를 구축한다. 그리고 담당자들은 관련 진행과정을 숙지한다.

(3) 주요 사항

① 고객이 교통편 서비스의 제공 대상인지를 확인한다.

② 고객에게 교통편 서비스 제공 시, 관련 비용 지불 주체가 병원인지 고객인지를 확인한다.

③ 고객에게 교통편 서비스 제공 시, 적정한 차량이 배차되었는지를 확인한다.

④ 고객의 최소한의 신상 정보들(항공 스케줄, 성별, 성명, 연락처, 사용 언어)을 대행업체에게 전달했는지를 확인한다. 또한 고객에게도 관련 업체의 담당자 연락처를 전달했는지를 확인한다.

⑤ 고객의 행선지가 사전에 조율되었는지, 또한 진료 스케줄에 차질이 없는지를 확인한다.

⑥ 고객에게 교통편 제공에 대한 서비스 만족도를 항상 체크한다.

(4) 예상 문제점 및 해결 방안

■ 고객에게 교통편 서비스 제공 시, 안전사고가 발생한 경우

① 문제: 고객이 공항에서 본원까지 이동 중에 발생한 안전사고로 인하여, 고객의 만족도가 하락되는 경우이다.

② 해결방인

- 본원과 대행업체와의 계약 체결 여부를 확인한다.
- 계약한 대행업체가 안전사고를 대비한 탑승자에 대한 대인 상해 보험 가입 여부를 확인한다. 또한 보험사에게 보상 약관이 외국인도

동일하게 적용되는지를 확인한다.

- 대행업체의 공항 픽업 담당자에게 안전사고 예방을 위한 주의사항 및 교육이 이루어졌는지 확인한다.
- 부득이하게 발생한 안전사고 시, 담당자에게 보고체계 및 대응 조치에 대한 교육이 이루어졌는지를 확인한다.

■ **교통편 서비스 제공자의 선별이 잘못된 경우**

① 문제: 병원에서 제공하는 교통편 서비스 제공자가 아닌 다른 대상자에게 제공된 경우이다.

② 해결방안

- 고객이 교통편 서비스 제공 대상자인지를 재확인한다.
- 고객에게 미리 교통편 서비스를 공지하여 확인하였는지 확인한다.
- 고객이 교통편 제공 대상자가 아닌 경우, 관련 사항에 따른 추가 비용에 대한 설명이 이루어졌는지 확인한다.

■ **고객이 공항에서 교통편 서비스 대행사 담당자를 못 만난 경우**

① 문제: 공항에서 고객과 교통편 서비스 대행사 담당 직원 사이에 연락이 되지 않아 만나지 못한 경우이다.

② 해결방안

- 고객과 담당자에게 상호간 연락처가 각각 통보되었는지 확인한다.
- 한국관광공사 의료관광 홍보 부스를 미팅 포인트로 통보했는지 확인한다.
- 고객 및 대행사 담당자에게 담당 코디네이터의 연락처가 전달되었는지 확인한다.

8) 기본검사 및 외래상담 단계

(1) 정의

고객이 내원하여 온라인으로 상담한 '진료설계'의 첫 단계를 실시하는 단계이다. 진료설계에 따라 기본 검사와 외래진료를 통해 최종 진단과 최종 치료(수술)법에 대한 설명을 듣는 단계이다(기본적인 절차는 '기본검사→외래진료→입원→수술 전 정밀 검사→치료(수술)' 순서이다).

(2) 준비사항

■ 언어상의 문제 해결

고객이 기본검사 및 외래진료 진행 시, 각각의 접점부서에 외국어 사용이 가능한 직원을 배치시켜 고객의 불편함을 최소화시키도록 준비한다.

■ 외국어 교육 실시

중·장기적으로 외국인 고객과의 접점부서원들에게 외국어 교육을 실시하여 원내에 입원기간 동안 고객의 불편함을 최소화시키도록 준비한다.

■ 문화교육 실시

외국인 고객과의 접점부서원들을 중심으로 타 문화를 보다 폭넓게 이해할 수 있는 교육의 기회를 제공하고, 또한 금기사항들을 숙지하도록 한다.

■ 비고

이슬람 문화권 고객인 경우 코란을 비치하고, 메카방향표시판(Macca Sign)을 부착하며(하루에 5회 기도하는 문화의 이해) 할라 음식 메뉴 등을 준비한다.

(3) 주요 사항

① 고객에게 내원 후 받은 검사 결과가 온라인 의료상담 시, 제공되었던 검사 결과와 다를 가능성이 있음을 미리 통보한다.

② 담당 코디네이터가 고객이 원내 병동 생활에 적응할 수 있도록 지속적으로 1 : 1 전담 서비스를 제공하여 고객의 불안감을 최대한 최소화시켜야 한다.

③ 고객과 약속한 진료설계에 따라 순차대로 착오 없이 진행될 수 있도록 최대한의 노력을 다해야 할 것이다.

④ 고객에게 본원에서의 기본검사(MRI, CT, X-ray) 진행에 대한 이유와 필요성을 아래와 같이 정확히 설명한다.

- 고객의 정확한 진단을 위함이다(전문척추병원의 전문 방사선과 기사에 의한 촬영).
- 고객의 최근 병변의 변화 관찰목적을 위함이다.
- 고객의 타 병변의 원인 발견을 위함이다.
- 수술 시 법적 요건 때문이다.
- 원내에서 고객의 최신 데이터 보관목적을 위함이다(의료분쟁 발생 시를 위한 자료).

(4) 예상 문제점 및 해결 방안

■ 고객과 의료진과의 원활한 의사소통의 오류로 인해 진단 및 치료방법 설명에 오류 발생

① 문제: 고객이 검사 및 외래진료 중에 의료진과의 의사소통이 원활하지 않아, 고객의 증상 및 각종 신체의 변화에 대한 설명 전달의 오류가 발생하여, 진단 및 치료(수술)방법에 오류가 발생하는 경우이다.

② 해결방안

- 검사 및 외래진료 시, 접점부서원이 해당 언어 구사 능력 및 타 문화

에 대한 이해도 정도가 높은지 혹은 충분한지 확인한다.

- 검사 및 외래진료 중 의료진의 설명이 대한 고객이 충분히 이해하고 있는지를 정확하게 파악한다.
- 고객에게 관련 사항의 전달과정에서 미흡한 점이 발견 시, 즉시 해당 의료진에게 일반 용어로 풀어서 다시 설명해 줄 것을 요청한다.

■ 적절치 못한 외래진료시간 배분으로 고객의 만족도가 하락하는 경우

① 문제: 외래진료 시 의료진의 시간 제약으로 인하여, 즉 외국에서 찾아온 고객에게 충분치 못한 시간 배분으로, 미흡한 설명으로 고객의 만족도가 하락하는 경우이다.

② 해결방안

- 고객의 최초 '진료설계' 시, 충분한 진료시간이 배정될 수 있도록 미리 의료진과 사전 협의한다.
- 고객의 주요 궁금 사항들을 미리 파악하여, 외래진료 시 의료진이 이와 관련한 사항을 충분히 설명할 수 있도록 조치한다.

9) 입원 및 수술 전 검사 단계

(1) 정의

고객이 외래진료를 통해서 최종 치료(수술)를 결정하는 시기이며, 이를 위해 병동에 입원수속을 밟고, 각종 수술 전 검사를 진행하는 단계이다 [고객을 외래진료와 입원(치료 또는 수술)환자로 구분하는 시기이다].

(2) 준비사항

① 원내 적용 투어 프로그램 준비

고객이 원내에서 입원하는 동안 불편함을 최소화하기 위해서 원내의 내부/편의시설을 소개하는 투어 프로그램을 준비한다.

② 국제환자센터의 소개서 준비

고객에게 국제환자센터의 위치 소개 및 지원 업무에 대한 범위를 설명하고 이와 관련된 문서를 준비한다.

■ 병원 Welcome Package 준비

고객의 사용 언어에 따라 병원에 대한 정보 및 관련 자료를 준비한다(병원안내지도, 연보, 수술법 리플릿, 병원안내도, 서울 지도, 관광 관련 자료, 호텔 예약증 등).

■ 외국인 VIP를 위한 입원 병동 준비

① 기본 사항 이외에 다국어 케이블 TV, 다국어 매거진, 다국어 신문, PC, 인터넷라인, 금고, 전동침대, 공기청정기, 동반자를 위한 침대, 각종 응접세트 등.

② 다양한 문화의 음식 준비: 한식, 중식, 일식, 양식, 채식, 무슬림식 등.

③ 다양한 린넨 세트 준비: 다양한 사이즈의 환자복, 침구 세트, 고급 개인 소모품 세트 준비 등.

■ 수술 전 검사 진행표 준비

고객에게 전달할 수술 전 검사 목록 및 일정표를 제작하여 전달할 준비를 한다.

(3) 주요 사항

① 고객이 야간 비행스케줄로 인하여, 병원 업무시간 이후에 도착하는 경우에는 외래진료 전에 입원수속이 먼저 이루어질 수 있도록 미리 준비한다.

② 진행 시, 고객에게 '진료설계'에 의하여, 순조롭게 진행되고 있는 사항들을 설명하여 고객의 불안함을 최소화한다(고객이 외래진료 시, 검사 시, 국제환자센터에서 대기 후 각 부서에서 연락을 받고 이동

하여 최대한 고객에게 편의를 제공한다).

③ 고객에게 병동 입원 시 각종 병원 규칙을 전달해 주고, 이에 따른 관련 서류에 서명을 받았는지를 확인한다.

④ 고객이 병동 입원 시 별도로 요청하는 사항에 대해서는 신속히 처리한다.

⑤ 고객에게 외국어 인력 지원서비스가 가능함을 전달한다(주로 영어, 일본어, 중국어, 러시아어).

(4) 예상 문제점 및 해결 방안

▪ 고객이 입원 절차 진행 시, 여러 상황들로 인하여 입원 시간이 지연되어 고객의 만족도 하락

① 문제: 진료설계에 따라 외래진료 후, 입원 절차 진행 시 여러 상황들의 발생으로 진행이 지연되어 환자의 만족도가 하락하는 경우이다.

② 해결방안

- 고객(환자)이 사전에요청한 병동이 맞게 지정되었는지 확인한다.
- 고객(환자)이 사용하는 언어의 담당 코디네이터/간병인/통역사가 배정되었는가를 확인한다.
- 보고 절차에 따라 신속히 보고한 후 변경 사항에 대한 대처 방안을 바로 수립하고, 관련 사항에 대해 고객에게 충분히 설명한 후, 이해를 구한다.

10) 서류 작성 단계

(1) 정의

고객이 의료진과 최종적으로 치료(수술) 진행 결정에 합의하고, 상세한 치료(수술)법 및 주의사항, 가능성 있는 부작용에 대한 설명을 듣고, 각종 동의서에 서명을 하는 단계이다.

(2) 준비사항

■ 다국어 치료(수술) 동의서 준비

치료(수술)에 필요한 각종 계약서/동의서에 언어별로 번역본을 준비해 둔다(주로 영어, 일본어, 중국어, 러시아어 등).

■ 다국어 설명서 준비

고객(환자)이 수술(치료) 전/후의 주의해야 할 사항들을 언어별로 번역본을 준비해 둔다(주로 영어, 일본어, 중국어, 러시아어 등).

■ Communication Hotline 구축

고객과의 원활한 소통을 위해 24시간 Communication Hotline을 구축해 놓는다.

■ 설명 내용 준비

미리 의료진(주치의 혹은 전문 간호사)들은 고객 상태를 파악하고, 설명을 하거나 이해를 얻어야 할 사항들에 대해 사전에 준비해 놓는다(예: 입원동의서, 수술동의서, 수술 전 주의사항, 마취동의서 등).

(3) 주요 사항

① 의료진(주치의 혹은 전담 간호사)의 설명 시, 담당 코디네이터들은 항상 동석하여 통역 지원 및 보충설명을 한다.

② 고객이 의료진 설명에 대해 충분히 이해하고 있는지를 파악한다.

③ 의료진(주치의 혹은 전담 간호사)은 고객이 설명을 듣고 완전하게 이해할 때까지 몇 번이든 반복 노력하여야 한다(원만한 진행을 위해 의료 전문 통역 요원 배치).

④ 의료진(주치의 혹은 전담 간호사)은 타 문화에 대한 이해와 존중하는 마음을 가지고 있어야 한다.

⑤ 치료(수술)에서 나타날 수 있는 여러 가지 부작용에 대해 충분히 설명해야 한다.

(4) 예상 문제점 및 해결 방안

■ 의료진의 각종 설명 부족으로 인해 고객의 만족도가 하락하는 경우

① 문제: 의료진(주치의 혹은 전담 간호사)이 고객에게 치료(수술)와 관련한 설명이 충분치 못하여 고객의 만족도가 하락하는 경우이다.

② 해결방안

- 고객에게 수술에 대한 정확한 설명과 통역이 이루어졌는지를 확인한다.
- 고객이 의료진의 설명에 대해 정확히 이해하고 있는지를 확인한다.
- 고객에게 수술법, 수술 전/후 주의사항을 설명하는 책자/브로슈어 등 관련 자료를 배포하였는지 확인한다.

11) 치료(수술) 단계

(1) 정의

고객(환자)이 치료(수술)받는 단계이다.

(2) 준비사항

① 수술실과 원만한 의사소통 연락망을 구축하여, 예정되었던 수술 시 고객에게 수술실에서의 진행과정을 미리 설명하여 불안감을 최소화하도록 한다.

② 고객에게 수술에서의 주의사항에 내한 교육을 실시하고, 문시로 준비한다.

③ 담당 코디네이터가 수술실에 동행할 경우에, 담당 코디네이터/통역사도 사전에 수술실에서의 주의사항을 숙지하여야 한다.

(3) 주요 사항

① 고객이 부분마취로 치료(수술)가 이루어질 경우, 치료(수술) 진행 시에 고객과 의료진과의 원활한 의사소통을 위해 담당 코디네이터 혹은 통역사가 수술실에서 지원하여야 한다.

② 담당 코디네이터는 수술 후 고객(환자)의 상태를 예의 주시한다.

③ 고객이 수술 후 주의사항에 대해 본인이 숙지하고 있는지 확인한다.

④ 고객의 수술 후 주의사항에 대한 담당 간병인/보호자가 숙지하고 있는지를 확인한다.

(4) 예상 문제점 및 해결방안

■ 수술일정의 지연에 따른 고객의 만족도 하락

① 문제점: 고객의 최초 예정된 치료(수술)일정이, 사정으로 불가피하게 연기되거나, 취소되어 고객의 만족도가 하락하는 경우

② 해결방안

- 담당 코디네이터가 정확한 이유를 파악하여 대처 방안을 모색한다.
- 파악된 이유를 고객(환자)이 납득할 만하게 설명하고, 수술시간을 다시 확인하여 고객(환자/보호자)에게 바로 통보한다.

12) 회복 단계

(1) 정의

고객이 치료(수술)를 받고 안정을 취하는 시기이다. 대부분의 고객이 매우 예민한 시기이므로 보다 특별한 관심과 예의 주시가 필요한 시기이다.

(2) 준비사항

■ 야간 당직 근무자 지원

고객(환자)의 야간 각종 긴급사항 발생에 대비하고, 고객의 편의를 위해 간호병동에서 각종 문제에 원활한 소통이 가능한 당직 근무자(통역사, 간병인 등)를 지정 배치할 수 있도록 준비한다.

■ 주말 당직 근무자 지원

고객(환자)의 야간 각종 긴급사항 발생에 대비하고, 고객의 편의를 위해 간호 병동에서 각종 문제에 원활한 소통이 가능하도록 당직 근무자(통역사, 간병인 등)를 지정 배치할 수 있도록 준비한다.

■ 요양시설 네트워크 구축

퇴원 후 자국으로 돌아가기 전 요양을 목적으로 휴양시설의 연계를 요구하는 고객들을 대비하여 따라 장기 요양시설, 리조트, 재활원, 호텔 등의 연계가 바로 가능하도록 네트워크를 구성 준비해 놓는다.

■ 커뮤니케이션 채널 확보

고객(환자)의 상태에 따른 주치의의 각종 소견이 각 접점부서 및 고객(환자)에게 통일감 있게 전달될 수 있도록 채널을 구축해 놓는다.

(3) 주요 사항

① 고객의 빠른 쾌유를 위해 안정된 병동생활을 할 수 있도록 모든 지원에 최선을 다한다.

② 고객에게 선날된 수술 후 주의사항을 고객이 충실히 따라하고 있는지 확인한다.

③ 담당 코디네이터는 담당 주치의로부터 환자에 대한 수술결과를 통보받아, 현 고객의 상태에 대해 정확하게 파악하고 있어야 한다.

(4) 예상 문제점 및 해결 방안

■ 고객의 수술 후 주의사항이 일관되지 않을 경우, 고객의 만족도가 하락하는 경우

① 문제: 고객(환자)의 수술 후, 주의사항에 대해 일관되지 않은 설명으로 고객이 혼동하여 문제를 야기하는 경우이다.

② 해결방안

- 고객에게 주치의의 의견을 중심으로 설명한다.
- 고객에게 개인적 상태에 따라, 사후관리에 변동 가능성이 있음을 미리 설명해 준다.
- 담당 주치의의 설명을 접점부서원들이 공유하도록 한다.

13) 퇴원

(1) 정의

고객이 모든 치료(수술)를 마치고, 충분한 안정을 취한 후 퇴원을 준비하는 단계이다.

(2) 준비사항

■ 의료진의 준비사항

① 입원진단서(Medical Certificate)를 발급한다.

② 의무 기록(Copy of medical record)을 발급한다.

③ 방사선과 검사 및 각종 검사 자료(수술 전/후)를 복사해 준다.

④ 1달치 약(Medicine)을 준비한다.

⑤ 예약확인서(Follow-up appointment)를 발급한다.

⑥ 퇴원 교육을 실시한다(Follow-up 일정에 따른 자료 지원).

⑦ 현지 의사의 연락처를 제공한다.

■ 환자센터의 준비사항

① 고객에 대한 만족도 조사를 위한 설문을 실시한다.

② 고객의 병원에서의 체험수기를 받는다(글, 비디오 등).

③ 모국어로 영수증을 발급한다(영어, 일본어, 러시아어 등).

④ 고객의 보험청구서 작성을 지원한다.

⑤ 고객의 보험청구에 필요한 각종 서류 작성을 지원한다.

⑥ 고객이 항공편을 이용하여 본국으로 돌아갈 경우에

- 의사진단서를 준비한다.
- 항공사와 연결하여 미리 환자 상태를 알리고 협조를 요청한다.
- 공항에서 사용할 휠체어를 신청해 놓는다.

⑦ 인공물이 삽입된 수술을 받은 경우, 고객(환자)이 공항에서 아무 문제없이 검사대를 통과할 수 있도록 사진이 포함된 수술확인증을 만들어 고객의 목에 걸어 드린다.

⑧ 고객(환자)에게 맞는 차량을 준비한다.

(3) 주요 사항

① 의료진은 고객이 장시간 여정에 적합한지를 파악하여 신중하게 퇴원 시기를 결정하여야 한다.

② 의료진과 담당 코디네이터는 고객의 퇴원 시 정확한 몸 상태를 파악하고 있어야 한다.

③ 고객인 원하는 지점까지 교통편 서비스를 제공한다.

(4) 예상 문제점 및 해결 방안

■ 예제 1: 고객에게 퇴원과 관련된 서류 발급 시, 절차상 지연으로 인한 환자의 만족도 하락

① 문제: 관련 서류의 발급 지연으로 인하여 환자의 퇴원수속이 지체되어 퇴원이 지연된 경우이다.

② 해결방안

- 고객에게 필요한 서류의 목록과 작성 언어를 미리 정확히 파악해 둔다.
- 고객의 결재방법을 미리 파악해 둔다.
- 고객이 현금결제 시, 화폐 종류와 환율을 파악해 둔다.
- 고객에게 퇴원 후 필요한 모든 자료가 전달되었는지를 확인한다.

■ 예제 2: 퇴원 교육 미미로 인한 환자의 만족도 하락

① 문제: 퇴원 후 주의사항에 대한 교육 및 자료 전달 미흡으로 인해 환자의 만족도가 하락하는 경우이다.

② 해결방안

- 사후관리에 대한 교육 및 각종 자료가 전달되었는가를 확인한다.
- 특히 퇴원 후 복용 약에 대한 사용 설명 및 주의사항 전달 여부를 확인한다.

14) 관광

(1) 정의

고객 및 고객의 동반자에게 각종 여행 및 관광 정보를 제공하여, 예약 요청 시 관련 업체와 연결해 주는 단계이다.

(2) 준비사항

■ 여행사 네트워크 구축

고객이 관광과 관련한 문의에 대비하여 관련 업체들과 네트워크를 구축해 놓는다(여행사를 통한 관광계획 수립 지원은 소규모 수술, 간단한 성형수술, 미용 환자, 치과 환자 등 간단한 치료 환자 위주로 요구된다).

■ 관광상품 구비

각종 여행상품들을 소개하는 자료들을 접점부서에 구비해 놓는다.

(3) 주요 사항

① 여행사 연결 시, 언어소통상에 문제가 없는지를 확인한다.

② 고객(환자)이 관광 참여 시, 여행사 담당자에게 주의사항을 전달한다.

③ 고객(환자)이 관광 참여 시, 발생하는 모든 안전사고에 대해서는 병원에게 책임 소재가 없음을 각인시킨다.

④ 혹시 안전사고 발생 시, 여행사 담당자의 연락처를 확보한다.

15) 사후관리

(1) 정의

고객이 퇴원 후 지속적으로 연결하여, 고객에게 문제가 없는지 예의 주시하는 단계이다.

(2) 준비사항

■ 고객과 Communication Line 구축

고객과의 다양한 communication line을 구축해 놓는다.

■ Follow up protocol 준비

Follow up protocol을 기준으로 일정 기간 동안 고객에게 현 상태 및 관련 데이터를 요구한다.

X. 의료관광서비스 품질평가

1. 서비스품질의 정의

많은 연구자들이 양질의 서비스를 구성하는 것에 대해 정의를 내리고자 했다. 고품질서비스를 주장하는 일부 연구자들은, 품질은 고객에 의해서만 규정될 수 있으며 어떤 업체가 고객의 필요를 충족시키는 규격의 상품이나 서비스를 제공할 때 발생한다고 언급한다. 다른 이들은 단순히 고객기대치의 만족 정도에 의해서 품질을 규정한다. Rust, Zahorik & Keiningham(1994)은 고객만족도 및 기쁨 모두 고객의 기대치에 크게 영향을 받으며 행동연구학자들이 사용한 기대치(expectations)라는 용어는 수학자들이 사용하는 만큼 정확한 것이 아닌, '평균적으로 발생할 가능성이 있는 것'이라고 주장했다.

그들은 예상기대치(will expectation)를 수학적 정의에 가장 근접한 것으로 정의한다. 이는 '모든 주어진 정보를 기반으로 하여 예상할 수 있는 품질의 평균수준'이다. 이것은 종종 고객에 의해 의미가 부여되고 연구원들에 의해 사용되는 기대치 수준을 보여 준다. "서비스가 내 기대 이상이었다"라고 누군가가 말할 경우, 일반적으로 그가 의미하는 것은 서비스가 발생해야 할 기대치(should expectation)는 고객이 느끼기에 거래에서 응당 받아야 할 무엇인가이다. 이상적 기대치(ideal expectation)는 최선의 상황에서 발생할 무엇인가이며, 훌륭한 서비스의 지표로 유용하다. 최저 기대치(minimally acceptable, 조금이라도 만족이 발생할 수 있는 경계선)는 가장 최악의 상황(worst possible, 상상할 수 있는 최악의 성과)과 함께 이 척도의 끝 부분에 있다. 하지만, 대부분의 품질 정의는 다양한 관여자의 모든 다양한 관점을 반영하기에 부족하다.

김수욱 외(이하 2008: 225-226 참조)의 연구에 따르면 다섯 가지 관점에서 서비스품질을 설명할 수 있다.

1) 선험적(Transcendent) 관점

선험적 관점에 따르면 품질은 본질적인 탁월성이며, 경험에 의해서만 인지 가능하다. 즉, "품질을 인지할 때 품질을 알 수 있지만, 이를 규정할 수는 없다." 하지만 이것은 품질에 관심을 갖는 경영자에게 실질적 지침이 되진 못한다.

2) 제품기준(Product-based)

제품을 기준으로 한 정의는 품질을 규정하는 측정 가능한 양에 달려 있다. 상품의 경우, 이런 측정기준에는 유효수명, 적절한 성분의 양(예: 100% 면), 적절한 결과치(예: 1갤런 당 45마일) 등이 포함될 수 있다. 서비스의 경우, 서비스가 제공될 때까지 걸린 시간의 길이를 예로 들 수 있다. 이는 측정 가능한 양을 기준으로 한 것이기 때문에, 이 정의에 따라 품질의 객관적 평가가 가능하다. 제품기준 정의의 불리한 점은 모든 고객이 동일한 속성을 원한다고 가정하며, 따라서 고객 개개인의 성향이나 선호도에 관한 차별성을 인식하지 못하는 점이다.

3) 사용자기준(user-based)

품질 정의의 이러한 접근법은 제품기준의 정의가 끝나는 곳에서 시작된다. 즉, 고객 개개인의 관점에서 품질을 정의한다. 품질의 '사용 적합성 정의'는 이러한 접근법과 일관성을 가진다. 즉, 이는 "품질은 보는 사람의 눈에 따라 다르다"는 전제에 기반을 둔다. 예를 들어 고객의 테이블을 준비하는 데 30분이나 걸리는 세련되고 고급스러운 식사는 점심식사이거나 고객이 배가 고픈 경우에는 낮은 품질로 보일 수 있다. 이 접근법의 주관성은 다음과 같은 두 가지 문제를 유발시킨다. (1) 제품이나 서비스에 포함시켜 다수 고객들의 호감을 살 수 있는 속성을 어떻게 결정하는가, (2) 만족도를 제공하는 속성과 고품질을 내포하는 속성을 어떻게 구별할 것인가.

4) 생산기준(Manufacturing-based)

생산기준의 정의는 품질을 엔지니어 및 생산과정의 산물로 본다. 이러한 접근법에 따르면, 품질은 '규격에의 일치' 정도이다. 즉, 결과물이 설계규격과 얼마나 일치하는지를 보는 것이다. 예를 들어 항공서비스가 원래 일정의 15분 이내에 도착한다고 명시했다면, 이 규격에 따라 여기서의 품질수준은 실제 비행 도착시간을 원래 스케줄과 비교하여 쉽게 판단할 수 있다. 이 접근법의 불리한 점은 규격이 고객의 필요성과 선호도를 기준으로 하지 않을 경우, 품질은 단순히 생산관리에는 도움이 되지만 고객들이 원하는 것을 제공하지는 못하는 내부적인 문제가 된다는 점이다.

5) 가치기준(Value-based)

이 접근법은 가치 및 가격을 품질 정의에 통합시킨다. 여기서 품질은 고객에게 적합성 혹은 제품 성능과 적당한 가격 사이의 균형으로 정의된다.

한 회사 내의 다양한 부서들은 각자가 서로 다른 관점에서 품질을 정의하고 그에 따라 그들이 제공하는 품질의 측정방법도 달라진다. 예를 들어 마케팅 부서는 사용자기준의 정의에 좀 더 초점을 맞출 것이다.

2. 서비스품질 평가모델

서비스품질 평가모델은 서비스품질과 관련된 여러 개념의 상호 관계를 명확히 밝혀 줄 뿐만 아니라 품질평가에 대한 이어지는 행동을 분석해 준다는 점에 의의가 있다. 의료관광 분야에서도 서비스품질 평가모델은 연구자들 사이에서 주요 관심의 대상이 되어 왔다. 그러나 서비스품질은 서비스 특성으로 인하여 제조업 품질보다 평가에 어려움이 있다. 특히 서비스품질 평가는 서비스 사용 전의 기대와 사용 후의 지각에 대한 비교와 같은 결과만으로 평가되는 것이 아니라 서비스 전달과정도 평가되어야 하기 때문이다(이하 박의서, 2009: 313-319 참조).

1) 갭(Gap)모델

Parasuraman, Zeithaml & Berry(1985)는 서비스품질 평가 절차를 상세하게 파악할 목적으로 서비스를 제공받는 고객 측면과 서비스를 제공하는 종사원 측면의 서비스품질 모델을 제시하고 있다. 이 모델은 갭(Gap)모델이라고 하고, 서비스품질 평가는 고객의 기대서비스와 지각서비스의 차이에 의해 결정된다고 하였다. 특히 고객의 지각된 서비스품질은 네 가지의 차이(Gap I-IV)에 의하여 영향을 받으며, 이 갭이 서비스 제공자의 서비스 전달을 방해하고, 고객의 서비스품질 평가에 영향을 미칠 수 있다고 하였다. 네 가지 갭의 크기와 방향에 따라 기대서비스와 지각서비스의 차이(Gap V)가 결정되며, 이 차이에 의해서 서비스품질 평가가 가능하다고 주장하였다. 그러므로 고객에게 지각되는 서비스품질은 차이 I에서 차이 IV까지 가산적인 합으로 나타나는 차이 V의 크기와 방향에 의해 결정된다고 하였다. 갭모델을 의료관광에 적용하면 다음과 같다.

(1) Gap I

Gap I은 경영자가 의료관광자가 기대하는 서비스품질에 대하여 제대로 인식하지 못한 데서 비롯된다. 다시 말해 서비스품질 내용이나 특성·품질수준 등에 대한 각각의 고객(환자)의 기대를 정확하게 파악하지 못했기 때문이다.

(2) Gap II

Gap II는 의료관광자가 기대하는 의료관광 서비스품질에 대한 경영자 인식이 표준화된 실제 서비스 내용과 차이가 날 때이다. 의료관광 병원이나 에이전시는 수익 증대를 도모하기 위하여 관광자가 기대하는 수준까지 서비스품질을 제공할 수 없다. 그러나 기업 경영자의 인식 여부에 따라 차이는 좁혀질 수 있다.

(3) Gap III

Gap III은 의료관광 병원이나 에이전시가 실제 제공하는 서비스품질과 표준화된 관광서비스품질 내용과 차이가 발생할 때이다. 이는 서비스 성과라고 한다. 이는 기업 경영자가 기대하는 서비스품질 수준을 해당 기업 종사원들이 실행하지 못한 경우이다. 따라서 이를 해결하기 위해서는 종사원들 간의 갈등을 최소화하거나 서비스 제공 내용에 대하여 능력 발휘를 충분히 할 수 있도록 하는 경영자의 노력이 필요하다.

(4) Gap IV

커뮤니케이션은 의료관광 서비스품질을 인식하는 데 중요한 역할을 한다. Gap IV에서는 커뮤니케이션이 의료관광자에게 서비스품질에 대하여 과대 표현을 하는 경우가 있다. 의료관광 서비스품질 내용에 대한 표현이

지나치게 클 경우에는 의료관광자의 기대 또한 커지므로 이에 대한 차이에서 문제가 발생하게 된다.

(5) Gap V

의료관광자가 기대한 의료관광 서비스품질과 인식된 의료관광 서비스품질의 차이이다. Gap V는 크기와 방향에 따라 의료관광 서비스품질 차이가 다르다. 따라서 Gap V의 관광서비스품질 차이는 Gap I에서 Gap IV까지 인식한 의료관광 서비스품질 차이의 총합이다. 즉, Gap V = f (Gap I, II, III, IV)이다.

2) Brown & Swartz의 모델

Brown & Swartz(1989)도 PZB가 제시한 서비스품질 평가모형을 바탕으로 과거경험에 의해 평가가 이루어진다는 관점에서 불일치 패러다임을 활용하여 다음과 같은 모형을 제시하고 있다.

$$O_i = X_i - E_i$$
$$X_i = f(E_{<i})$$

여기서 O_i: Service Encounter 평가

X_i: Service Encounter 기대

E_i: Service Encounter 경험

$E_{<i}$: Service Encounter 과거의 경험

3. 의료관광상품의 평가

우리들병원 국제환자센터는(이하 우리들병원, 2009: 51-54 참조) 내원 전 지원사항 관련, 내원 후 지원사항 관련, 원무 관련, 기관 내 준비사항, 객관적인 자료수집 등의 의료관광상품의 서비스 평가 영역을 제시하였다.

1) 고객에게 내원 전 지원사항 관련(총 30점)

- 외국인 고객의 원격진료상담과 관련한 업무매뉴얼을 갖추고 있는가?
- 외국인 고객을 위한 전용 24시간 콜센터(off-line)를 운영하고 있는가?
- 외국인 고객과의 원활한 소통을 위해 외국어(영어, 일본어, 중국어) 통역서비스가 가능하도록 준비되어 있는가?
- 외국인 고객의 스케줄을 우선 고려하여 방문계획 수립을 지원하고 있는가?
- 외국인 고객에 대한 사증(Visa) 발급을 위한 지원업무를 하고 있는가?

2) 고객에게 내원 후 지원사항 관련(20점)

- 외국인 고객이 원내 방문 시, 담당 코디네이터가 1 : 1 에스코트서비스를 제공하고 있는가?
- 외국인 고객에게 픽업서비스를 제공하고 있는가?
- 외국인 고객을 위한 전담 의료진(의사, 간호사)이 편성되어 있는가?
- 외국인 고객을 위한 전용 병동을 운영하고 있는가?

3) 원무 관련(30점)

- 외국인 고객 담당 부서에서 자체적으로 원무서비스를 별도로 제공하고 있는가?(예약, 수납, 각종 증명서 발급 등)
- 외국인 고객의 보험 유무, 거주지, 국적, 연락처 등을 구분하는 별도의 전산시스템이 구축되어 있는가?
- 외국인 고객을 위한 각종 서류가 다국어로 번역되어 있는가? (Informed Patient Form, 설명서, 주의사항 등)
- 외국인 고객에 대한 국제 수가가 정해져 있는가?
- 외국인 고객을 위한 치료(수술)별 패키지 요금이 정해져 있는가?
- 외국인 고객을 위해 담당 부서에서 외국계 보험사로 청구비용에 대한 청구서비스를 대행 지원하고 있는가?

4) 기관 내 준비사항(75점)

- 병원에 외국인 고객의 One Stop Service를 위한 전담 직원이 상주하고 있는가?
- 외국인 고객을 위해 병원 내 전용 공간이 확보되어 있는가?
- 외국인 고객을 위해 원내에 안내 글이 다국어화로 표시되어 있는가?
- 외국인 고객을 위한 VIP병실에 기존 병실과 차별화된 시설이 추가 설치되어 있는가?
- 외국인 고객을 위한 One Stop Service를 위해 전용 이동경로가 구축되어 있는가?
- 외국인 고객과의 원만한 의사소통을 위해 접점부서원에게 관련 교육을 실시하고 있는가?(원내 교육, 외부 코디네이터교육, 언어교육)
- 외국인 고객과의 접점부서에 외국어 사용이 가능한 직원이 이동 배치되어 있는가?

- 외국인 고객을 위해 다국어 홈페이지를 운영하고 정기적으로 관리를 하고 있는가?
- 외국인 고객이 제공되지 않은 의료서비스 요청 시, 원만한 서비스 제공을 위해 타 의료기관과 네트워크를 구축하고 있는가?
- 외국인 고객을 위한 업무매뉴얼이 담당 부서별로 작성되어 있는가?
- 외국인 고객이 관광 레저 요청 시, 제공 가능한 여행 정보 구비와 관련 여행업체들과 네트워크 구축되어 있는가?
- 외국인 고객을 위해 원내 연계(referral)시스템을 구축해 놓았는가?

5) 객관적인 자료수집(10점)

- 마케팅을 위한 병원의 연혁, 규모, 수상 경력, 의사 이력, 인증, 수술 건수, 논문 발행 수, 수술 성공 등의 자료가 준비되어 있는가?
- 외국인 환자를 위해 각 언어별로 소개 동영상 및 홍보물이 준비되어 있는가?

6) 평가서

〈표 X-1〉 의료관광상품의 서비스 평가 영역

구분	평가 영역	만점
1	내원 전 지원사항 관련	30점
2	내원 후 지원사항 관련	20점
3	원무 관련	30점
4	기관 내 준비사항	75점
5	객관적인 자료수집	10점
총점		165점

자료: 우리들병원(2009: 55)

- 150～165점(상위 90%): 외국인 환자를 위한 많은 준비가 되어 있다.
- 125～150점(상위 76%): 훌륭함, 잘 준비하고 있다.
- 99～125점(상위 60%): 분명히 개선할 점들이 있다.
- 66～99점(상위 40%): 아직 많은 일들을 해야 한다.
- 66점 이하: 시작 단계이거나, 외국인 환자를 위한 프로그램이 전혀 없다.

4. 인증을 통한 병원 서비스품질 평가

1) 병원인증 개요

(1) 병원인증의 정의

병원인증이란 자주 독립성을 가진 별도의 기관(주로 비정부기관)이 해당 의료기관(들)이 의료서비스 제공의 안전과 질을 향상시키기 위해 일련의 조건(기준)을 만족하는지를 평가하는 절차이다. 병원인증은 주로 자발적이고, 병원인증기준은 최선이며 실현 가능하다. 병원인증은 환자 관리의 안전과 질의 향상, 안전한 의료환경 제공 보장 및 환자와 의료진이 노출될 수 있는 위험의 지속적인 감소 등 가시적인 참여활동환경을 의료기관에 제공한다. 병원인증은 세계적으로 효율적인 품질평가 및 경영도구로서 인정받고 있다(서병로 외, 2009; 신재기 외, 2009; 원융희, 2007).

(2) 병원인증의 혜택

병원인증 절차는 해당 의료기관에 안전과 품질에 대한 의식을 심어 주고, 환자관리 절차와 결과에 지속적인 향상을 도모하도록 디자인 되어 있습니다. 그렇게 하기 위하여 의료기관은 병원인증을 통해 다음과 같은 결과를 기대할 수 있다.

- 환자의 안전과 의료서비스 품질향상에 항상 관여하고 있다는 공신력을 심어 줌.
- 임직원의 직업 만족에 기여하는 안전하고 효율적인 업무환경을 제공.
- 의료서비스품질에 대한 측정을 통해 가격 협상력 유지.
- 환자와 그들의 가족의 요구에 부응하고, 그들의 권리를 존중하며, 동반자로서 그들을 의료서비스 절차에 참여시킴.
- 적대적인 상황 및 안전 관련 사항에 대한 적시적이고 정기적인 보고를 통해 지속적으로 배워가는 조직문화 창출.
- 우선순위를 결정하는 데 필요한 협력적인 리더십 및 의료서비스품질과 환자 안전의 모든 것을 지속적으로 책임지는 리더십 개발.

2) Joint Commission International(JCI) 인증

JCI 인증의 개요, 구성, 취지와 목적, 특징은 다음과 같다(이하 유지윤 외, 2008: 홍승욱, 2009; Timmons, 2009 참조).

(1) 개요

의료관광상품 제공자(Provider)의 주체인 의료기관들이 현재 가장 많이 채택하고 있는 인증 제도는 JCI에서 실시는 평가기준이라 할 수 있다. JCI의 평가표준은 크게 환자 진료와 병원 관리로 나뉜다. 환자의 진료는 ▲진료의 접근성과 연속성, ▲환자와 가족의 권리, ▲환자 평가, ▲환자 진료, ▲환자와 가족의 교육 등 5개 영역에서 평가가 이뤄진다. 병원 관리의 경우, ▲질 향상 및 환자 안전, ▲감염예방 및 관리, ▲관리, 리더십, 지시, ▲시설 및 안전, ▲직원의 자격 및 교육, ▲정보의 관리 등 6가지 영역이다. 이러한 큰 평가 영역 아래 1,200여 개의 세부 평가항목들이 자리하고 있다.

(2) 구성

이러한 평가항목들은 3단계의 과정을 거쳐 이뤄진다. 먼저 의사와 간호사, 행정가들로 구성된 JCI의 컨설턴트들이 병원을 방문해 교육과 평가계획, 계획 수립 등을 컨설팅한다. 이후 컨설팅했던 내용을 점검하고 조성한 뒤 최종적으로 평기단이 현장실사를 통해 평가기준에 따른 점수를 부여하고 인증 여부를 결정하게 된다.

〈표 X-2〉 JCI인증기준의 구성

평가부문	평가목표	평가기준	평가항목
환자진료 부문	1. 진료의 접근성과 연속성(ACC)	21	94
	2. 환자의 가족의 권리(PFR)	30	104
	3. 환자평가(AOP)	42	173
	4. 환자진료(COP)	23	74
	5. 마취와 수술진료(ASC)	14	49
	6. 투약관리와 약물사용(MMU)	21	85
	7. 환자와 가족의 교육(PFE)	7	28
	소계	158	607
병원관리 부문	8. 질 향상과 환자안전(QPS)	38	131
	9. 감염예방과 관리(PCI)	23	82
	10. 조직운영, 리더십 및 관리(GLD)	26	91
	11. 시설관리와 안전(FMS)	27	85
	12. 직원의 능력 향상과 교육(SQE)	23	92
	13. 의사소통과 정보관리(MCI)	28	104
	소계	165	585
합계		323	1,192

자료: http://www.jointcommissioninternational.org

16명의 경험이 풍부한 의사, 간호사, 행정가 및 공공정책 전문가들로 구성된 국제적인 전문가 집단이 JCI 국제인증기준을 개발하고 개정하고 있다. 이 위원회는 아래의 6대 대륙에서 모인 멤버들로 구성되어 있다.

남아메리카 및 캐리비언 연안 국가, 아시아 및 태평양 연안국, 중동, 중앙 및 동유럽, 서유럽, 아프리카. 동 위원회의 업무는 세계적으로 진행되는 JCI기준의 현장 리뷰 검토와 고유한 지식을 가지고 있는 다른 전문가 집단들의 정보 검토 및 반영이다.

국제기준위원회는 동 전문가 집단의 업무를 지속화하고 새로운 현안에 대한 조언과 현실에 입각하여 지속적으로 반영될 수 있도록 기준을 발전시키는 데 주력하고 있다. 기준은 모두 의료기관에 공통적인 주요한 기능을 중심으로 구성되어 있다. 동 기준의 기능적 구성은 현재 세계적으로 매우 광범위하게 통용되고 있으며, 과학적인 연구와 실험 및 적용을 통해 이미 입증된 바 있다. 기준은 환자 관리에 필요한 기능과 안전하고, 효율적이며, 잘 관리된 조직환경을 만드는 데 필요한 기능으로 묶어져 있다. 이러한 기능들은 그 조직의 각 부서, 팀 단위 및 서비스 단위뿐만 아니라 전 조직에 적용될 수 있다. 실사 절차는 전 조직원이 기준에 부합하는지에 대한 정보를 모으며, 인증 결정은 전 조직에 걸쳐 찾아낸 평균적인 기준 부합 여부에 근거한다.

(3) JCI인증의 취지와 목적

JCI인증은 의료기관의 기준적인 평가에 대해 일고 있는 세계적인 요구에 부응하기 위해 다양한 선제에서 유래되었다. JCI인증의 취지는 국제사회에 의료기관 평가에 있어 기준적이고, 객관적인 절차를 제공하기 위함이다. JCI 프로그램의 목표는 국제적으로 합의된 기준과 국제적 환자 안전 목표 및 지표 측정 지원을 통해 해당 의료기관의 지속적이고, 일관된 품질향상을 촉진하는 것이다. 금번 JCI 제3판에는 급성환자치료에 대한 기준과 더불어 아래와 같은 항목에 대한 인증 프로그램도 포함되어 있다.

- 임상연구실
- 지속적인 환자 보호(홈케어, 보조생활, 장기치료, 호스피스)
- 의료수송단체
- 응급(ambulatory) 케어

JCI는 질병 또는 발작 및 심부전 등과 같은 환자의 특정 상태에 따른 케어와 관련된 인증 프로그램을 제공하고 있다.

(4) 특징

JCI인증 프로그램은 각국 현지에 적용될 수 있는 국제적 기준체제를 기본을 하고 있다. JCI 프로그램의 특징은 다음과 같다.

- JCI인증은 다양한 국적의 전문가 집단에서 개발되고 개정된 후, 국제위원회에서 승인을 받은 국제적으로 합의된 기준을 기반으로 한다.
- JCI기준의 근원적 철학은 품질관리 및 지속적인 품질향상에 있다.
- 인증 절차는 현지 국가의 법률적, 종교적 그리고 문화적 요소들을 감안하여 디자인되었다. 비록 JCI인증기준이 규격화된 환자의 안전과 품질에 대한 높은 기대수준을 요구하나, 기준과의 부합 어부는 현지 국가의 현실을 반영하여 인증 절차를 진행한다.
- 현장 실사 팀과 실사 의제는 인증을 받고자 하는 해당 의료기관의 규모와 제공 의료서비스에 따라 다를 수 있다. 예를 들어 대학병원은 의사, 간호사 그리고 행정인 등 3인으로 구성된 팀으로부터 4일 동안 실사를 받는 반면, 더 작은 규모의 지역 또는 공공 병원은 2일 또는 3일 정도 소요된다. 이와 마찬가지로 임상연구실은 제공되고 실행되는 테스트의 종류에 따라 1명의 JCI 실사 인력이 불과 2일 안으로 실사를 마칠 수도 있다.
- JCI인증은 근거가 확실하고, 믿을 수 있으며 객관적으로 설계되어 있다. 실사에서 이루어지는 분석을 기준으로 하여 최종 인증 결정은 국제인증위원회에서 결정된다.

3) 국제환자안전기준(International Patient Safety Goals)

JCI(2009)는 국제환자안전기준의 개요와 목표와 기준에 대해서 다음과 같이 설명하고 있다(이하 Joint Commission International Accreditation Standards For Hospitals, 2007 참조).

(1) 개요

국제환자안전기준(International Standards for Hospitals)의 목표는 특별히 환자의 안전향상을 증진하기 위하여 작성되었다. 동 목표는 의료 관리에서 문제시될 수 있는 영역을 지적하고 증거 및 전문적 의견에 근거한 문제에 대한 해결방법을 제공한다. 안전하고, 고품질의 의료환경을 제공하기 위해서 견고한 시스템이 반드시 필요하다는 점을 감안할 때, 본 기준의 목표는 전체 시스템 솔루션에 주로 초점을 맞추고 있다.

기본적인 목표는 다른 기준과 동일하게 설계되어 있다. 기준(Standard, 목표문), 취지문(Intent Statement) 그리고 측정 가능한 요소(Measurable Element)이다. 목적은 기타 기준과 동일하게 채점 기록되며, '만족', '부분적 만족' 그리고 '불만족'으로 표시된다. 본 국제환자안전기준은 JCI의 인증 결정규정과는 별도로 고려된다.

(2) 목표

■ 목표 1: 환자의 올바른 식별

① 목표 1을 위한 요구조건

해당 의료기관의 환자 식별의 정확성을 지향

② 목표 1의 취지

- 모든 진료 및 치료는 부정확한 환자 식별과 관련된 에러를 수반한다. 환자는 상황에 따라 마취 상태이거나, 혼란 또는 충분히 주의를

기울이지 않은 상태일 수 있고, 병원 내 환자의 병상, 병동, 장소가 변경될 수 있으며, 감각 장애를 가지고 있을 수도 있다. 이러한 모든 상황 및 기타 상황은 올바른 환자 식별에 에러를 유도할 수 있다. 본 목표의 목적은 두 가지이다. 첫째, 환자가 의료서비스 또는 치료를 받는 사람이 맞는지 명확하게 식별하는 것, 둘째, 위 환자에게 올바른 의료서비스 및 치료를 연결하는 것이다.

- 식별 절차를 향상시키기 위해서 정책과 절차가 동시에 개발되어야 한다. 특히 환자에게 약품, 수혈 또는 혈액 관련 제품을 제공하거나, 임상연구를 목적으로 혈액 채취 또는 기타 샘플링 채취 또는 기타 치료 또는 처치를 할 경우에 이는 매우 중요하다. 정책 및 절차는 한 환자를 식별하는 데 최소한 두 가지의 방법을 요구한다. 예를 들어 환자의 이름표, 식별번호, 생년월일, 바코드 암 밴드 또는 기타의 방법이다. 환자의 병실번호 또는 장소는 식별에 사용될 수 없다. 정책 및 절차는 두 가지 다른 식별방법을 서로 다른 장소에서 진행토록 한다. 예를 들어 응급처치 시 또는 외래진료 시 또는 응급실이나 수술실 등이다. 식별수단이 없는 혼수상태의 환자에 대한 식별 또한 포함되어야 한다. 모든 식별 관련 상황에 대응할 수 있는 정책과 절차가 개발될 수 있도록 포괄적인 절차가 사용되어야 한다.

③ 목표 1의 측정 가능항목

- 환자의 정확한 식별을 담고 있는 정책과 절차의 개발 및 사용이 이루어지고 있는가?
- 정책과 절차가 한 환자에 대해서 두 가지 이상의 식별방법을 통해서 이루어지고 있는가?(환자의 병실 번호 및 장소는 제외)
- 환자는 의약품, 혈액 및 혈액 관련 제품의 처방전에 올바르게 식별되고 있는가?
- 환자는 임상실험을 위해 혈액 채취 또는 기타 조직 채취 시 올바르게 식별되고 있는가?(AOP.5.7, ME 2 참조)

- 환자는 치료 및 처치가 제공되기 전에 올바르게 식별되고 있는가?

■ 목표 2: 효과적인 커뮤니케이션 향상

① 목표 2의 요구조건

해당 의료기관의 의료진 간의 효과적인 커뮤니케이션 향상을 위한 방법 개발

② 목표 2의 취지

- 효과적인 커뮤니케이션은 적시적이고, 정확하고, 완전하고, 명확하며, 상대방이 이해할 수 있고, 에러를 줄이며, 환자의 안전 향상에 도움을 준다. 커뮤니케이션은 전자적, 구전적 또는 서면일 수 있다. 가장 실수가 많이 나타나는 커뮤니케이션은 의료진이 구두로 지시를 내리거나 전화상으로 지시를 내릴 경우이다(이는 지역 및 국가의 규정에 따라 다를 수도 있다). 실수가 많이 일어나는 또 다른 커뮤니케이션은 STAT 테스트처럼 임상병리과에서 환자 관리실에 주요 실험 결과를 전화로 전달하는 것과 같은 경우에 발생한다.
- 해당 의료기관은 다음과 같은 구두 또는 전화상의 지시와 관련된 정책 및 절차를 포괄적으로 개발해야 한다. 처방 또는 실험 결과에 대해 정보를 전달받는 자가 이를 수기하거나 또는 컴퓨터로 입력하는 방법, 정보를 전달받는 자가 처방 또는 실험 결과를 전달하는 자에게 되묻는 방법 그리고 수기한 내용과 되물은 내용이 맞는지를 다시 한 번 확인하는 방법 등이다. 단, 수술실 또는 응급실 또는 ICU에서 벌어지는 응급 상황에서 위와 같은 방법이 가능하지 않을 경우 위에서 제시된 가이드라인에 따라 다른 대안을 마련할 수 있다.

③ 목표 2의 측정 가능항목

- 구두의 또는 전화상의 커뮤니케이션의 정확성1을 확보하기 위한 정책 및 절차를 개발 및 사용하고 있는가?(AOP.5.4, AOP.6.4, MMU.4,

ME 1, MMU.4.3, ME 1 참조)

- 구두의 또는 전화상으로 전달받은 처방 또는 실험 결과가 모두 전달받는 자에 의해 수기되고 있는가?(MCI.19.2, ME 2 참조)
- 구두의 또는 전화상으로 전달받은 처방 또는 실험 결과가 모두 전달받는 자에 의해 전달하는 자에게 되물어지고 있는가?
- 처방 또는 실험 결과를 전달한 사람에 의해 동 처방 및 실험 결과가 확인되는가?

■ 목표 3: 고도로 주의를 요하는 약품의 안전 향상

① 목표 3의 요구조건

고도로 주의를 요하는 약품의 안전을 향상하는 정책 마련

② 목표 3의 취지

- 환자치료계획에 있어서 약품의 처방이 필요할 경우, 환자의 안전을 위해 적절한 약품의 관리는 매우 중요하다.
- 가장 빈번한 약품 안전문제는 부지불식간에 처방되는 농축된 전해질과 관련 있다[예를 들어, 염화칼륨(2mEq/ml 또는 그 이상), 칼륨인산염, 염화나트륨(0.9% 또는 그 이상), 황산마그네슘(50% 또는 그 이상)].
- 이러한 실수는 의료진이 환자 관리팀으로부터 적절하고 충분한 설명을 받지 못하였을 경우 또는 응급 상황에서 발생한다.
- 이러한 실수를 감소시키거나 없애는 가장 효과적인 방법은 위와 같은 고농축 전해질을 환자 관리실로부터 약국(약품과)으로 이전시키는 것이다.

③ 해당 의료기관

위와 같은 고농축 전해질 약품이 실수로 처방되지 않게 하기 위해, 환자가 관리되는 장소로부터 격리되도록 정책 및 절차를 개발해야

한다. 이러한 정책 및 절차는 위와 같은 약품이 임상적으로 반드시 필요한 곳에 위치하는지 정의할 수 있어야 하고, 약품명이 어떻게 레이블되어 있는지 또 어떻게 보관되고 적절하게 접근 관리가 되고 있는지 정의할 수 있어야 한다.

④ 목표 3의 측정 가능항목

- 고농축 전해질의 장소, 레이블링, 보관을 설명하는 정책 및 절차를 갖추고 있는가?
- 고농축 전해질이 환자를 돌보는 장소와 격리되어 있는가? 만약 임상적으로 필요하고 정책상 허가된 경우 위의 고농축 전해질이 부적절하게 사용되는 것을 예방하는 데 필요한 방법이 마련되어 있는가?

■ 목표 4: 올바른 장소(부위), 올바른 절차, 올바른 환자수술

① 목표 4의 요구조건

올바른 장소(부위), 올바른 절차, 올바른 환자수술이 이루어질 수 있는 절차 마련

② 목표 4의 취지

- 잘못된 장소(부위), 잘못된 절차, 잘못된 환자에 대한 수술은 유감스럽게도 많은 의료기관에서 공통적으로 빈번히 일어나고 있다. 이러한 실수는 수술 팀 멤버들 간의 비효과적 또는 불충분한 커뮤니케이션, 수술 부위 확인에 대한 환자의 참여 부족 그리고 수술 부위 확인에 대한 적절한 절차를 거치지 않았기 때문이다. 이에 더하여, 불충분한 환자 평가, 불충분한 의료 기록 검토, 수술 팀원들 간의 활발한 오픈 커뮤니케이션을 저해하는 문화, 읽을 수 없을 정도로 부정확한 필기와 관련된 문제 및 약어 사용 등이 가장 빈번한 사유들이다.
- 해당 의료기관들은 이러한 문제들을 효과적으로 제거할 수 있는 정책 및 절차를 개발할 수 있도록 하여야 한다. 증거 및 결과를 중시하는

관습, 특히 잘못된 장소(부위), 잘못된 절차, 잘못된 환자에 대한 수술과 관련된 미국 JCI의 보편적 프로토콜이 가장 널리 인용된다.

- 위의 보편적인 프로토콜에서 사용되는 핵심 절차는 다음과 같다:
  - 수술 부위 마킹
  - 수술 전 확인 절차
  - 수술 시작 직전 타임아웃 제도(타임아웃: 수술 또는 치료 바로 직전, 환자 또는 절차 또는 수술 부위에 대해 모르는 부분 또는 오류가 발견된 경우, 전체 수술 또는 치료 팀이 모든 행위를 중지함. 한 명으로 이루어진 의료진이 치료를 진행할 경우에도, 올바른 환자, 치료방법 및 장소를 확인하기 위해서 수술 전 잠시 확인 절차를 가진다).
- 수술 부위의 마킹에 환자를 참여시키고, 확실한 마킹을 하도록 한다. 마킹은 해당 의료기관 내에서 공통적으로 사용되어야 하며, 수술을 진행하는 사람이 해야 하며, 환자가 깨어 있고 인지하고 있는 상태에서 진행되어야 하며, 가능하면 마킹은 환자를 수술 준비하고 천으로 덮은 후에도 확연히 보여야 한다. 수술 부위 마킹은 편측성, 다양한 조직(손가락, 발가락, 상처) 또는 다수의 레벨(척추) 등을 포함한 모든 경우에 적용되어야 한다.
- 수술 전 확인 절차의 목적은 다음과 같다.
  - 수술 부위, 절차 그리고 환자 확인
  - 모든 관련 문서, 이미지 그리고 연구 결과가 제공되고, 올바르게 레이블이 되고 연출되어 있는지를 확인
  - 필요한 특수 장비 또는 임플란트가 준비되어 있는지를 확인
- 타임아웃 제도는 수술 전 답변되지 않았던 질문들 또는 오해를 해결할 수 있다. 타임아웃은 치료가 진행될 장소에서 진 수술 팀이 모인 가운데 진행되며, 수술이 시작되기 바로 전에 진행된다. 해당 의료기관은 이 절차가 체크리스트와 같은 형태로 어떻게 문서화될지 결정할 수 있다.

③ 목표 4의 측정 가능항목

- 올바른 수술 부위(장소), 올바른 절차, 올바른 환자 및 수술실 이외의 장소에서 행해질 절차를 확인하는 표준적인 절차가 수립되고 있는가?
- 해당 의료기관은 수술 부위 식별의 마킹에 대해 완벽히 이해하고 있고, 환자를 그러한 마킹 절차에 참여하도록 하는가?
- 해당 의료기관은 모든 자료 및 기구를 작동 가능하도록 올바르게 갖추어 놓는 것을 검증하는 절차가 있는가?
- 해당 의료기관은 수술 직전 체크리스트를 이용한 타임아웃 절차를 사용하고 있는가?

■ 목표 5: 건강관리 관련 감염의 위험 감소

① 목표 5의 요구 조건

건강관리 관련 감염의 위험 감소를 위한 방안 마련

② 목표 5의 취지

- 감염예방과 관리는 다수의 의료기관 및 환경이 직면하고 있는 문제이며, 날로 증가하고 있는 병원 내 감염은 환자뿐만 아니라 의료 전문인에게도 큰 걱정거리로 대두되고 있다. 감염은 모든 건강관리환경에서 공통적으로 나타나며, 여기에는 카테터 관련 비뇨기계 감염, 혈관 감염 및 폐렴 (주로 기계적 통풍과 관련됨) 등이 포함된다.
- 이러한 감염 및 기타 감염 제거의 핵심은 손의 위생이다. 손의 위생과 관련하여 국제적으로 통용되는 가이드라인은 국제보건기구(WHO), 미국 질병통제예방국(US Centers for Disease Control and Prevention: CDC) 그리고 다수의 국가 또는 국제적 기관에서 제공하고 있다.
- 해당 의료기관은 손의 위생과 관련하여 현재 출판되거나 보편적으로 인정되고 있는 가이드라인을 적용 및 도입하고 전 조직 내에 이러한 가이드라인이 실행될 수 있도록 정책 및 절차를 개발한다.

③ 목표 5의 측정 가능항목

- 건강관리 관련 감염(병원 내 감염 포함)과 관련한 위험을 감소하는 정책 및 절차를 마련해 놓고 있는가?
- 해당 의료기관은 현재 출판되어 있거나 보편적으로 인정되는 손 위생 관련 가이드라인을 적용 또는 도입하고 있는가?
- 해당 의료기관은 손 위생 프로그램을 실행하고 있는가?

■ 목표 6: 추락(또는 넘어짐)으로 인한 환자의 피해 감소

① 목표 6의 요구조건

추락(또는 넘어짐)으로 인한 환자의 피해를 감소할 수 있는 장치 수립

② 목표 6의 취지

추락(또는 넘어짐)은 병원 내 입원환자의 추가적인 피해에 상당한 부분을 차지하고 있다. 따라서 해당 의료기관은 원내 입원한 환자의 구성, 의료기관이 제공하고 있는 의료서비스, 시설환경 등을 고려하여 환자의 추락(또는 넘어짐) 가능성에 대해 평가해야 하며, 추락의 위험을 줄이고, 추락이 발생하더라도 피해가 최소화될 수 있도록 적절한 방안을 마련해야 한다. 이러한 평가에는 과거 추락(또는 넘어짐) 관련 통계, 약품 및 알코올 섭취 리뷰, 걸음걸이와 균형 심사 그리고 환자들에게 걷는 데 필요한 보조원 제공 등을 포함할 수 있다. 해당 의료기관은 적절하게 추락 위험감소 프로그램을 수립한다. 그리고 그 프로그램을 충실히 이행하도록 한다.

③ 목표 6의 측정 가능항목

- 해당 의료기관은 환자가 의료기관 내에서 경험할 수 있는 추락(또는 넘어짐)의 위험을 줄일 수 있는 조치를 마련하고 있는가?
- 해당 의료기관은 환자들이 추락의 위험에 노출되어 있는지에 대한 평가를 시행하고 있는가? 또 환자들의 건강 상태 및 처방되는 약품에 따라 환자들의 추락 위험에의 노출 정도를 평가하고 있는가?

- 위의 항목들을 통해 추락 위험에 노출된 환자들의 위험을 줄이기 위한 조치가 적용되고 있는가?

5. 서비스 단계별 업무(의료관광에이전시)

다음의 〈표 X-3〉은 에이전시가 각종 홍보/마케팅을 통해 외국인 환자를 유치, 알선하는 단계부터 실질적으로 고객이 의료관광상품을 구매한 이후까지의 서비스 단계별 진행 세부 업무를 나열한 것이다.

현재 일부의 병의원(2, 3차 기관)들은 자체적으로 갖추고 있으며 상당한 노하우를 축적한 사항들이지만, 상대적으로 1차 기관과 같이 자체에 외국인 환자와 관련된 인력을 갖추지 못한 경우에는 위 에이전시 목록의 지원이 필요할 것이다.

의료관광서비스 흐름도를 기준으로 비교 분석한 결과, 에이전시서비스 목록에는 병의원 의료기관이 담당하는 고유 업무인 Inpatient Process and Pre-op exam, Paper work, Treatment(surgery), Recovering, Discharges는 분리되어 있음을 알 수 있다.

〈표 X-3〉 서비스 단계별 진행 세부 업무

No	의료관광서비스 흐름도에서의 목록 구분	목록
1	Contact	현지의견서/일정/견적 문의 접수
2		예상 일정/견적 문의
3		예상 일정/견적 확인
4	Collecting Data	환자 진료기록부 작성
5		현지 의견서 진료기록부에 첨부
6		여권 사본 진료기록부에 첨부
7	Diagnoses & Treatment Options	예상 의료비 안내문 작성 및 번역
8		예상 의료비

9	Setting up visit plan	입국 예정일자 접수
10		초청장 송부 요청 접수
11		여권 사본 요청
12		여권 사본 접수
13	Assisting with VISA	병원에 초청장 요청/여권 사본 송부
14		초청장 수령
15		초청장 발송
16		초청장 사본 진료기록부에 첨부
17		진료예약 요청 접수
18		진료요청서 작성
19		진료요청서 송부/예약 요청
20		진료 예약 확인
21		진료 예약 상황 통지
22	Reservation &	진료예약서 진료기록부에 첨부
23	Scheduling	호텔 예약 요청
24		호텔 예약 확인
25		호텔예약서 진료기록부에 첨부
26		모든 예약 결과 통지
27		예약결과통지서 진료기록부 첨부
28		확정 입국일자 통지 접수
29		통역 섭외
30		차량 예약
31		통역 공항 영접 통지
32		입국 영접
33		입국 영접 확인
34		호텔 도착
35	Transport Service	호텔 체크인 안내
36		호텔 체크아웃 안내
37		호텔 체크아웃 영수증
38		호텔 영수증 사본 진료기록부에 첨부
39		호텔 출발/병원 도착
40		입원수속
41		공항 이동
42		환송

43	Basic Medical Exam & Consultation	진료 통역
44		고객 방문
45	Treatment(Surgery)	고객 상태 체크
46	Discharges	퇴원수속
47		진료영수증 발급 요청
48		진료영수증 수령
49		진료영수증 사본 진료기록부에 첨부
50		인보이스 작성
51		인보이스 전달
52		인보이스 본 진료기록부에 첨부
53		의무기록 제공동의서 요청/접수
54		의무기록 제공동의서 발송/진료기록 사본 요청/접수
55		의무기록사본 송부
56		의무기록 제공동의서 사본 진료기록부에 첨부
57		의무기록 사본 진료기록부에 첨부
58		진료기록부 정리 및 기록 요약 작성
59	Follow up	사후관리(해피콜, 관련 정보 제공)

자료: 닥스투어(2009에서 재정리)

6. 서비스품질 개선을 위한 고려사항

김수욱 외(이하 2008: 242-247 참조)는 서비스품질을 개선하기 위해서 다음 6가지 사항을 고려해야 한다고 주장한다.

1) 서비스품질문화 개발

품질 좋은 서비스를 지속적으로 제공하는 기업들은 회사 전반에 걸쳐 품질을 제공하고 독려하는 기업문화를 가지고 있다. 이러한 기업에서는 최고 경영자층에서 신입사원에 이르기까지 '말'뿐 아니라 열정적인 '행동'

으로 품질을 강조한다. 그것은 기업의 일상적인 활동의 일부분이다. 즉, 이런 기업의 이름은 품질이라는 명사와 동의어로 사용되고 있다. 이러한 기업으로 Boeing Aerospace Support(BAS), 리츠칼튼호텔, 사우스웨스트항공사, 월트디즈니 등을 들 수 있다(이하 김수욱 외, 2008: 242-243 참조).

BAS는 2003년 서비스품질 부문의 볼드리지상을 수상하였다. BAS는 세계 최대 항공기 제작사인 보잉의 부서 중 하나이다. 보잉 Airlift and Tanker 프로그램은 1998년에 제조업 카테고리에서 볼드리지상을 수상하였다. 보잉 그룹 내에 각기 다른 사업부가 볼드리지상을 수상한 것으로 볼 때 보잉의 문화가 결과적으로 품질에 대해 영향을 미친 것이다.

리츠칼튼호텔은 1992년 볼드리지상을 수상하였는데, 숙박산업 내에서의 최초 수상이었다. Baldrige 평가원의 피드백을 받아들여 더욱 개선한 결과 그들은 1999년에 prestige Award를 다시 수상하게 되었는데, 전체 미국 기업 중 이 상을 두 번 받은 두 번째 기업이 되었다.

사우스웨스트는 정시 출발 · 도착 및 수화물 처리 등에 우수한 서비스를 제공하고, 매우 적은 고객 불만율로 항공산업 내에서 유명하며, 우수 항공사에 수여하는 Triple Crown award를 1992년부터 5년 연속 수상하였다.

이렇게 지속적으로 매우 탁월한 서비스를 제공하는 기업의 문화에는 어떤 특별한 점이 있는가? 이런 탁월한 기업들을 좀 더 깊게 관찰한 결과 그들이 공통적으로 소유한 속성에서 H.E.A.R.T.를 발견할 수 있었다. 따라서 아래의 지침(H.E.A.R.T)은 의료관광 서비스품질문화 개선을 위해서 적용할 가치가 충분하다고 볼 수 있다.

H.E.A.R.T.

- **H**ire the right people: 적합한 인재를 고용하라.
- **E**ducate and train them well: 훌륭한 교육과 훈련을 제공하라.
- **A**llow them to fix anything: 어떤 것이든 개선할 수 있다는 분위기를 제공하라.
- **R**ecognize and reward them regularly: 정기적으로 인정하고 보상하라.
- **T**ell them everything, every day: 매순간 모든 대상에 대해 정보를 공유하라.

2) 적합한 인재를 고용하라

적합한 인재를 고용하고 그들을 존중해야 한다. 성공적인 서비스 기업을 분석한 결과 직원에 대해 높은 가치를 인정하는 문화를 발견할 수 있었다. 이러한 존중의 문화는 지원자 미팅에서부터 발견할 수 있다. 디즈니의 지원자들은 그들만을 위해 지어진 특별한 빌딩에 도착해 회사의 기발한 문화와 첫 번째 조우를 한다. 디즈니는 이러한 채용 프로세스를 일종의 엔터테인먼트로 생각하여 매우 즐거운 경험을 제공하고자 한다.

"신사 숙녀에게 서비스하는 신사 숙녀입니다"라는 리츠칼튼호텔의 모토는 직원과 손님 모두에게 적용된다. 지원자들은 손님과 똑같이 존중되고 있다(이하 김수욱 외, 2008: 242-243 참조).

품질 문화를 배양하기 위해 최고의 인재를 찾아야 한다. 이러한 인재는 이미 회사의 가치를 알고 있으며 회사가 필요로 하는 능력을 습득하기 위해 노력한다. 바른 정신을 가진 인재를 찾아야 하며, 사람 중심적인 사고방식과 외향적이고 열심히 일하는 인재를 찾아야 한다.

3) 훌륭한 교육과 훈련을 제공하라

품질문화를 가진 기업들에서 발견되는 속성 중 탁월한 훈련 프로그램을 들 수 있다. 신입직원들은 기업문화에 재빨리 적응하며, 기업 가치를 학습하여 가치 있는 팀 구성원이 된다. 월트디즈니는 디즈니의 신입직원들에게 필요한 독특한 교육훈련을 위해 체계적인 교육환경의 필요성을 느끼고 디즈니대학을 설립하였다. 첫 번째 세워진 기업대학이었으며 아직도 세계에서 가장 큰 기업교육시설로 남아 있다(Paton, 1997). 모든 신입직원들은 '디즈니 전통'이라는 수업을 꼭 들어야 한다(이하 김수욱 외, 2008: 244-245 참조).

디즈니 교육기관(Disney Institute)은 경영학 교수들에게 'Disney Approach'를 사업과 경영 이슈에 적용하고 벤치 마크할 수 있는 독창적인 기회를 제공한다. 프로그램은 인력 경영, 품질서비스, 로열티, 조직 창의성 등으로 구성되어 있다. 이러한 기관에서의 교육에 덧붙여, 미국의 톱 비즈니스 스쿨에서부터 디즈니의 일선, 중간, 상위 관리자에게까지 위성을 통한 원거리교육도 제공된다.

신입사원교육을 위한 리츠칼튼의 7day Countdown 프로그램은 이틀 동안 기업문화와 가치에 대한 오리엔테이션과 더불어 5일간의 세부 기술교육훈련 및 서비스교육으로 구성되어 있다. 전 세계의 모든 리츠칼튼 직원들은 매일 근무 교대시간의 미팅 시작과 함께 20개의 핵심 원칙 중 한 가지에 대한 토론을 한다. 20일 후 이 주제에 대한 토론은 또 반복된다.

2000년에 설립된 리츠칼튼 리더십센터는 건강산업, 자동차, 금융, 은행, 숙박, 요식 및 소매산업 등 다양한 산업에서 온 수천 명의 리더들과 기업문화에 대한 비밀들을 서로 공유한다. 센터는 리츠칼튼의 전설적인 서비스나 역동적인 직원 지향성 창조, 효과적인 인재 발굴 및 유지전략 등에 대한 벤치마킹 워크샵과 세미나를 제공한다.

과연 그렇다면 이러한 기업들의 공통적인 화두는 무엇일까? 새롭게 고용된 CEO부터 신입사원까지의 모든 신규직원들은 이런 '문화와 가치' 수업에 함께 참여한다. 여기 제시된 가치들이 이상적으로 보일 수 있으나, 그것들은 오래전부터 칭송되어 왔으며, 성공적인 기업들이 근거로 하고 있는 것이다. 회사는 사람들이 자신보다 더 큰 무언가에 속해있다는 느낌을 주어야 한다. 그들은 "무언가 있는" 직장에서 개인적 성공을 구체화해야 한다. 로열티는 로열티를 낳는다. 문제가 발생했을 때 직원들이 누군가에 대해 비난하려고 할 수 있다. 그러나 이때 이러한 로열티가 있다면, 조직원에 대한 비난이 아닌 프로세스에 대한 비판 및 수정을 통해 문제를 해결할 수 있다.

4) 어떤 것이든 개선할 수 있다는 분위기를 제공하라

고객에게 만족스런 서비스 경험을 창조하기 위해 필요한 모든 것에 활동을 가능케 할 수 있게 직원에 대해 권한 이임을 해야 품질문화가 살아난다. 사우스웨스트는 모든 직원들에게 일반적인 책임과 역할에 대한 가이드라인을 제공한 후 이러한 가이드라인 외의 일까지 시도해 보는 일을 독려한다(이하 김수욱 외, 2008: 245 참조).

리츠칼튼호텔의 직원들은 회사에서 배정한 2천 달러의 돈으로 고객의 불편한 점을 해결해 줄 수 있다. 이러한 문제해결의 범위에는 방비용에서 식사비용까지 적용될 수 있다. 그러나 더욱 중요한 것은 이런 각각의 행동들은 QIA(Quality Incident Action)에 기록됨으로써 미래에 발생할 수 있는 유사한 문제의 재발을 방지하기 위해 보고된다는 점이다.

거대 소매기업인 Lands' End는 웹사이트를 통해 사업 수행의 여덟 가지 원칙을 명확히 공개하고 있다. 이러한 원칙들은 Lands' End의 철학이 다음과 같은 이유를 설명하고 있다. "고객을 위해 가장 좋은 것이 우리를 위해 가장 좋은 것이다. 모든 사람들은 이 사실을 알고 있다. 판매와 서비스 직원들은 회사의 제품에 대해 알기 위해 교육받고 있으며 따라서 고객에게 더욱 친절하고 효과적으로 도움을 줄 수 있다. 그들은 모든 시간을 고객을 돌보기 위해 할애해야만 한다."

Lands' End는 개런티가 제품의 품질뿐 아니라 직원서비스의 품질까지 반영한다고 믿는다. 개런티는 직원들이 보다 열심히 일하게 하고 한 번에 바르게 일하게 하므로 무언가 잘못될 때 문제를 알 수 있게 해 준다고 생각한다.

5) 정기적으로 인정하고 보상하라

상은 개인적 그리고 팀 양쪽으로 품질문화를 발전시켜 주는 핵심 요소이다. 사람과 팀들을 인정해 주는 프로그램을 만들어라. 이러한 인정의 대부분은 물질적이기보다는 상징적이어야 한다. 그것은 "우리는 같이 한 배에 타고 있다"는 문화적 가치나 열린 커뮤니케이션이나 프로세스 혁신 등을 지지하는 습관이나 행동을 보상해야 한다. 리츠칼튼의 일일 줄서기(Daily Line-Up)는 종업원들이 회사의 서비스기준을 반복해서 말하는 동안 매니지먼트가 그들을 "키우는" 기회를 준다. 최고의 성과를 낸 사람들에게는 또한 정기적으로 저녁식사, 상품권, 선물 쿠폰 또는 호텔에서의 주말 숙박 등의 상이 주어진다(이하 김수욱 외, 2008: 245-246).

모든 것을 함께 축하하라. 축하는 창조성을 장려하고 작은 휴가를 만들어 내며 반복적인 일을 능가하고, 판에 박히지 않은 생각을 이끌어 내고, 자부심을 올려 주고, 자극을 주며 추억을 만들고 관계를 이어준다. 그 자리에서 주는 상들(저녁식사, 상품권 등)은 특별한 일이 있을 때 종업원에게 주어진다.

디즈니의 cast 멤버들은 고객서비스, 성과, 습관, 연공(longevity)에 따라 매일 상이 주어진다. 게다가 cast 멤버들은 cast들만 사용할 수 있는 Mickey's Retreat 리조트에서 일탈을 할 수도 있다.

문화를 소개하거나 강화하는 다른 방법으로 전설이나 심벌이 있다. 모든 회사에서 찾아볼 수 있는 전설은 회사의 문화적 가치에 대한 헌신을 보여 주는 특정한 사람들의 문화나 행동에 대한 이야기이다. 이것은 회사에서 전해 내려오는 공식적이나 비공식적인 이야기이다. 이 중 어떤 것이건 간에 이런 이야기들은 사람들이 이 회사가 어떤 곳이고 그들이 무엇을 해야 하는지 이해하는 것을 도와준다. 심벌은 브랜드네임과 같다. 이런저런 방법으로 이것들은 그 회사가 어떤 곳인지 말해 준다. 전 세계의 사람들은 미키 마우스와 그가 상징하는 고객서비스의 품질을 알아본다.

리츠칼튼 뒤에 숨겨진 전설은 '호텔 경영자의 왕이고 왕을 위한 호텔 경영자'인 유명한 호텔 경영자(hotelier) 시저 리츠(Cesar Ritz)에서부터 시작된다. 시저는 그의 이름으로 1898년에 파리에 호텔을 열기 전까지 4번이나 자기 일에서 해고를 당했던 스위스 목동의 아들이다. 그는 어떻게 보면 "고객은 절대 틀리지 않는다"는 말을 만들어 냈다고도 볼 수 있는데 유럽에서 고급 호텔 경험이란 것을 재정립한 서비스에 대한 철학과 혁신을 만들었다.

문화에 대한 심벌은 동물, 문장 또는 사람들이 문화를 표현하기 위해 사용하는 아무것이나 괜찮다. 한 여행사는 그들의 회사 심벌로 연어를 사용하였는데 그 이유는 강을 거슬러 올라갈 수 있다는 습성 때문이었다. 그들은 연어상을 주고 그들의 가치를 강화시키기 위한 여러 가지 다른 상황에 이 심벌을 사용한다. 당신은 당신 회사의 여러 사람들과 함께 당신의 문화를 특별하게 만드는 예를 찾기 위해 함께 일해도 좋다(Woods, 1996).

6) 매순간 모든 대상에 대해 정보를 공유하라

크고 넓게 퍼진 조직에서 커뮤니케이션은 필수적이다. 불만이나 피드백을 권유하고 상을 주는 프로세스를 만들어라. 응징의 두려움이 없는 환경을 만든다면 종업원들은 고객서비스에 영향을 미치기 전에 시스템 실패나 문제가 생길 수 있는 여지를 이야기할 것이다. 이것은 시스템을 개선하거나 문제나 결점을 보완할 수 있는 기회를 줄 것이다. 또한 이것은 고객에게 가장 가까운 사람들로부터 개선을 위한 제안을 받을 수 있는 매개체 역할도 할 것이다(이하 김수욱 외, 2008: 247 참조).

모든 사람이 그들이 필요한 모든 정보에 접근할 수 있다는 것을 확인시켜 주면서 솔직하고 일관성 있게 대화하라. 리츠칼튼은 그들의 반복된 고객들에 대한 정보를 추적하는 데이터베이스를 구축하는 데 선구자였다. 고객이 머무는 동안 고객의 취향을 비롯한 모든 리츠칼튼 종업원들이 완전한 고객 파일을 볼 수 있었다. 만약 고객들이 특별한 주문을 하거나 특정 음식 또는 음료수에 대한 선호를 보인다면 스태프 멤버들은 이러한 새로운 정보들을 파일에 업데이트하도록 장려된다. 예를 들어 고객이 머무는 동안 방의 가구들을 움직였다면 모든 미래의 방문에 가구들이 그 방식으로 배치되었다.

자신들의 회사 안에서 비즈니스 리더들은 어떠한 문화든지 발전시킬 수 있는 강한 영향력을 가지고 있다. 회사의 문화에 대해서 잘 모르고 있거나 그것을 단지 '여기에서 일을 하는 방식' 정도로 생각하고 있을지도 모른다. 하지만 모든 회사들은 각각의 문화를 가지고 있고, 아마도 리더가 가지고 있는 좋고 나쁨의 가치를 반영하고 있을 것이다. 사람들은 일할 때 그들의 리더가 가지고 있는 습성이나 태도를 받아들인다.

사례분석

미국의료관광협회(Medical Tourism Association: MTA)에서 의료관광을 처음 경험한 소비자를 대상으로 실시한 설문

- 의료기관의 서비스 만족도 조사: 의료기관(Provider)에서 받은 의료서비스에 만족도 조사에서 전체 응답자의 70%가 '매우 우수', 27%가 '우수', 3%가 '보통'이라고 응답하였고, '보통'과 '부족'에는 0%의 응답하였다. 대부분의 환자가 병원의 의료서비스에 대한 만족하는 것으로 나왔다.

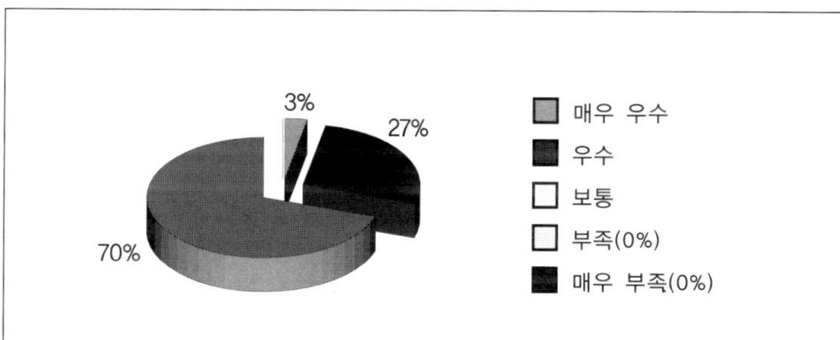

[그림 X-1] 의료기관의 서비스 만족도 조사

- 의료관광상품의 재구입 조사: 전체 응답자의 88%가 의료서비스를 위해 해외 출국을 하겠다고 응답하였고, 10%가 '그럴 수도 있음' 이라고 응답하였다.

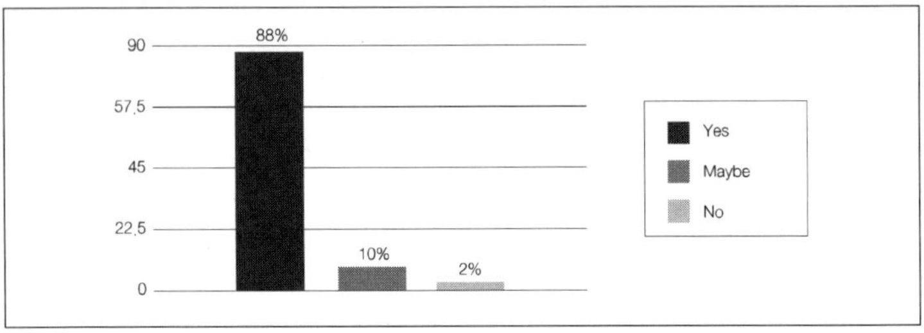

[그림 X-2] 의료관광상품의 재구입 조사

• 의료관광상품의 추천: 의료관광을 경험한 응답자의 93%가 다른 사람에게 추천하겠다고 하였다.

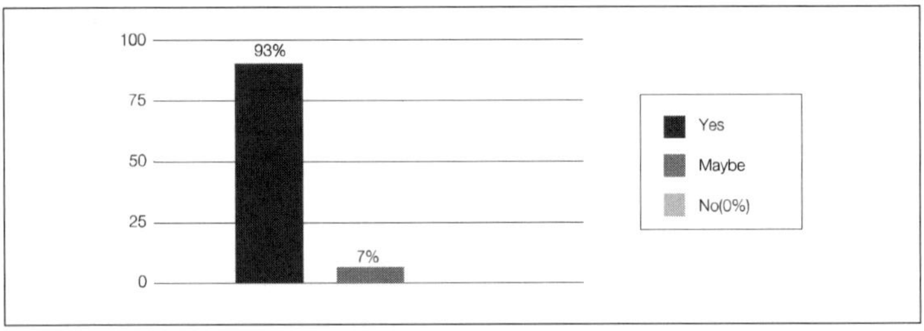

[그림 X-3] 의료관광상품의 추천 의도

• 의료기관의 인증: 해외로 치료를 목적으로 출국 시 의료기관의 인증 취득 여부가 얼마나 중요하냐는 질문에 전체 응답자의 88%가 중요하다고 답변하였다. 이는 의료기관의 인증이 매우 중요하다는 단편적인 증거이다.

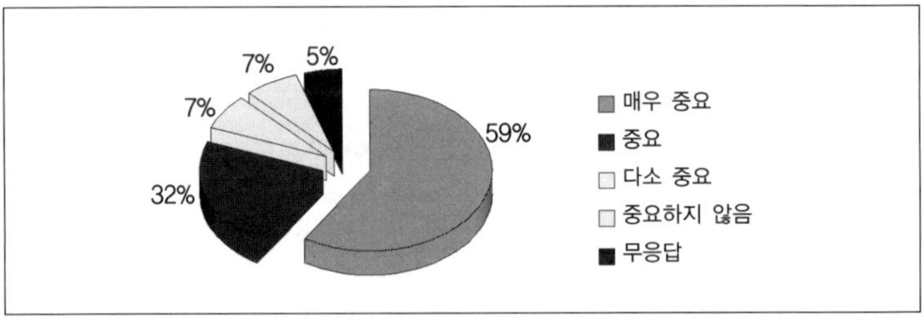

[그림 X-4] 의료기관의 인증에 대한 중요도 인식 조사

자료: Medical Tourism Association(2009: 35-36)

XI. 의료관광마케팅 사례연구

1. 마케팅의 정의

마케팅이란 일반적으로 생산자가 상품 또는 서비스를 소비자에게 유통시키는 데 관련된 모든 체계적 경영활동이며, 매매 자체만을 가리키는 판매보다 훨씬 넓은 의미를 지니고 있다.

미국마케팅협회(American Marketing Association: AMA)에서는 "마케팅이란 개인이나 조직의 목적을 만족시키기 위하여 아이디어, 상품 그리고 서비스의 개념, 가격, 판촉 및 유통을 계획하고 수행하는 프로세스다"라고 하였고 또한 미국 노스웨스턴대학의 코틀러 박사는 "마케팅이란 개인 또는 집단이 필요로 하는 가치 있는 상품을 개발, 제공, 교환함으로써 그들이 요구하고 원하는 것을 획득할 수 있도록 하는 사회적이며 관리적인 프로세스이다"라고 하고 있다(Kolter, 2008: 4, 10).

일반적으로 마케팅의 진행과정으로 순서는 시장조사→시장의 세분화 Segmentation→표적시장 선정(Targeting)→포지셔닝(Positioning)→마케팅믹스(목적 달성)이다.

2. 마케팅 진행과정

기본 마케팅의 진행과정을 이해하고 더불어 현장에서 경험한 의료관광과 마케팅 진행과정을 알아보고자 한다(이하 이훈영, 2008: 101-146 참조).

1) 시장조사(Marketing Research)

사업의 타당성을 시장세분화를 통해 확인하는 시기이다. 시장조사의 순서는 문제인식→조사실행 주체 선정→조사계획 수립→자료수집방법 선정→표본 선정→자료수집→자료분석→결과해석이다.

2) 시장세분화(Segmentation)

시장을 고객의 니즈와 그들이 상품을 구입함으로써 얻고자 하는 편익 그리고 여러 가지 요건(전반적인 의료서비스 상황, 인구 대비 전문의 수, 서비스수준, 인구통계적 요인 등)을 기초로 하여 시장을 분류하는 것을 말한다. 서로 다른 특성의 다수의 집단을 적절한 기준으로 분류하는 것이며, 세분화 기준 설정은 지리적 변수, 인구통계적 변수, 심리적 변수, 구매행동 변수이다. 또한 의료시장 상황을 정확하게 파악하고, 표적시장을 명확하게 설정함으로써 마케팅자원을 효과적으로 펼치는 것이다.

3) 표적시장 선정(Targeting)

각각의 세분시장의 매력 정도를 분석하여, 기업의 한정된 자원을 가장 효과적으로 활용할 수 있는 세분시장을 선택하는 것이다.

병원의 표적시장 선정 시 고려사항(표적시장을 선정하는 기준)

- 이익을 창출할 수 있는 정도로 충분한 현재와 미래의 시장 규모
- 미래의 수요를 고려한 잠재적 경쟁 정도
- 병원 목표와의 일치 여부
- 병원의 능력과 자원

4) 포지셔닝(Positioning)

포지셔닝은 상품에서 시작한다. 물론 상품, 서비스, 기업, 심지어 사람에게서도 시작할 수 있다. 그러나 어떤 상품 자체에 무엇을 행하는 것이 아니라 잠재 고객의 마음속에 자신의 이미지와 상품을 인식시키는 것이다.

의료관광에서는 의료관광상품의 이미지나 상품을 진료상품이나 서비스 등 고객을 대상으로 하는 모든 활동에서 가능한 것으로 고객의 마음속에 각인시키는 것을 의미한다고 볼 수 있다.

5) 마케팅믹스(목적 달성)

전통적으로 마케팅믹스란 '시장에 대한 STP 분석에서 나타난 결과에 따라, 판매 목표를 세운 후 이를 달성하기 위해 해당 기업에서 이용할 수 있는 모든 수단의 결합'을 의미하는 것으로, 일반적으로 마케팅믹스는 상품(Product), 가격(Price), 유통(Place) 및 촉진(Promotion)의 4Ps를 의미한다. 이 중에 상품은 상품의 품질, 특질, 특징, 옵션, 상표명, 포장, 보증 서비스 등을 모두 포함한다. 가격은 가격할인, 정찰제, 신용조건 등을 포함하고, 유통은 유통경로, 범위, 점포 위치, 재고 수송 등에 관한 내용을 포함한다.

의료관광에서의 서비스는 생산과 서비스가 동시에 발생하기 때문에 고객은 직원이나 다른 고객들과 접촉 또는 상호 작용하며 서비스 생산과정

에서 일정 역할을 담당한다. 서비스는 무형적이므로 의료관광서비스 제공자들은 고객들이 서비스를 경험하기 전에 가시적으로 보여 주는 것이 중요하다. 그러므로 의료관광서비스 마케팅 담당자들은 고객과 의사소통하고 그들을 만족시키기 위해 추가적 요인들이 필요하다. 서비스 마케팅에서 이러한 요인들이 중요하게 부각되면서 전통적 마케팅믹스에 프로세스(Process), 사람(People), 물리적 증거(Physical Environment)를 포함한 확장된 마케팅믹스가 탄생하게 되었다.

자료: 이유재(2009: 45)를 참고하여 저자 재작성

[그림 XI-1] 확장된 서비스 마케팅믹스

(1) 상품전략

상품기획부터 시작하여 생산, 판매, 구매, 사용, 욕구충족 등에 이르는 모든 과정을 포함하고 있다. 소비자의 상품구매로부터 상품 사용 및 욕구충족에 해당하는 정보와 판매까지를 포함하는 광의의 상품 개념이 일반화되고 있다. 또한 상품은 지속적인 개념이다. 고객이 만족하게 되면 재구매가 이루어지고 욕구충족의 정도는 새로운 상품기획에 반영됨으로써, 상품은 소비자의 피드백을 받아 지속적으로 개선되며 발전한다.

상품전략 사례

우리들병원에서는 외국인 환자들을 대상으로 퇴원 시 서비스 만족도 설문지 조사를 통해 꾸준히 불편사항들을 파악하여 개선사항을 찾아 의료서비스의 생산과 소비가 일어나는 의료기관의 서비스품질을 개선하고 있다.

(2) 가격전략

가격은 기업의 노력으로 생산된 상품과 소비자의 욕구를 연결하여 교환을 실현시키는 매개체 역할을 한다. 기업의 가격정책수준을 고가정책, 중용가정책, 할인가정책의 3단계로 나누어 보면 다음과 같다.

고가정책: 기업이 이미지나 이익률을 제고하고자 하거나, 차별화된 마케팅 능력으로 인한 풀(Full) 마케팅이 가능한 경우에는 고가정책을 쓴다.

할인가정책: 시장점유율을 확대하고자 할 경우나 경쟁 기업의 경영악화를 조장하기 위한 특별한 목적을 가지고 있다면 할인가정책이 유용하다.

대중시장을 표적으로 할 경우에는 중용가정책이 적합하다.

가격전략 사례

미국 LA에 한국 교민들을 대상으로 의료관광 시장점유율을 확대하고자, 할인가정책 및 중용가정책을 동시에 사용.

자료: www.ezmedicom.com

[그림 XI-2] Ezmeditour사 경희대학교 경희의료원 신문 광고

(3) 유통전략

일반적인 의미의 유통경로는 상품이 생산되어 소비되는 과정에 관련된 생산자, 도매상, 소매상 및 소비자까지 포함한 조직이나 이들의 활동을 의미한다. 의료서비스의 유통경로라 함은 의료기관으로부터 의료이용자에게 서비스가 효과적으로 전달될 수 있도록 흐름을 원활하게 하는 활동을 의미한다. 즉, 의료기관이 어떤 과정을 통해 이용자에게 의료서비스를 효과적으로 전달하는 역할을 할 것인가를 말한다. 세계의 수많은 병·의원 중에서 어떤 국가의 어떤 병원을 이용할지 결정해서 선택한다. 대체로 타 국가의 병원을 방문하기 전에 원격상담으로 최초 진단을 받는다. 이렇게 환자에게 의료서비스를 제공하는 방식이나 유형을 통틀어서 의료서비

스의 유통경로(Channel)라고 한다.

의료관광에서의 유통경로는 생산자(병원)와 소비자(고객) 사이의 양방향 커뮤니케이션을 원활하게 할 수 있도록 전문가 집단이 중간에서 서로 간의 효용을 극대화시키는 통로 역할이 필요하다. 의료관광에서는 소비자의 국가 간 이동이 필수이므로 예상 가능한 모든 불안감과 불편함을 해소시키고 지원해 줄 채널이 필요하다.

'우리들병원 국제환자센터' 주요 원내업무 사례

- 원격상담업무: 고객 문의에 대한 상담업무
- 원격진료상담 지원업무: 고객의 의료데이터 수집(초진설문지, 진단서, 방사선과) 통한 지원업무
- 내원계획 수립 지원 및 관련 정보 제공
- 비자발급 지원업무(초청장 발송, 각국의 대사관 상담 지원)
- 통역/번역서비스(영어, 일본어, 중국어, 러시아어 가능)
- 1 : 1 에스코트서비스(회진 시, 검사 시, 수술 시 등)
- 원무 관련 서비스 제공(예약, 수납, 각종 증명서 발급 등)
- 외국계 보험사 청구 대행업무 등

(4) 촉진전략

촉진전략에 대해서는 의료관광상품 마케팅 사례에서 자세히 소개된다.

3. 국가별 의료관광시장 분석

미국, 중국, 러시아, 일본, 중동은 잠재적으로 의료관광에서 가장 큰 소비시장을 보유하고 있다. 그래서 각각의 의료시장환경 및 현실을 이해하는 것이 의료관광의 마케팅전략을 수립하고 전개하는 데 도움이 될 것으로 사료된다(이하 Deloitte Center for Health Solution, 2009 참조).

1) 미국 의료관광시장

(1) 미국 의료관광 상황

2006년 50만 명, 2008년 75만 명의 미국인이 의료관광을 목적으로 해외로 이동하였으며, 2010년에는 6백만 명에 달할 것으로 예상된다. 2005년에는 미국인의 15.3%가 의료보험을 미소지하였고, 2006년에는 15.8%로 높아졌다. 또한 미국의료관광협회(Medical Tourism Association: MTA)가 실시한 설문조사에서 '어떠한 의료서비스를 받기 위해 이동하는가?'라는 질문에 비만치료(32%), 정형외과(22%), 성형 · 미용(12%), 척추(2%), 기타(32%)의 답변이 나왔다(Medical Tourism, Association, 2009: 34).

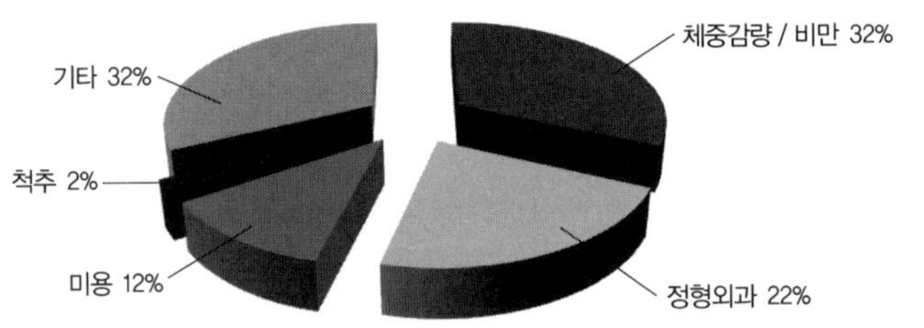

자료: Medical Tourism Association(2009: 34)

[그림 XI-3] 의료관광 치료과목 설문 결과

〈표 XI-1〉 미국의 해외 의료관광객 동향 및 전망

연도		2007	2008	2009	2010	2011	2012	2013	2014	2015	2016	2017
Base Care	환자 수 (백만 명)	0.75	1.50	3.00	6.00	7.50	9.38	10.78	12.39	13.64	15.00	15.75
	성장률(%)	100	100	100	25	25	15	15	10	10	5	
Lower Bound	환자 수 (백만 명)	0.75	1.5	3.00	5.25	6.56	7.55	8.68	9.55	10.02	10.32	10.43
	성장률(%)	100	100	75	25	15	15	10	5	3	1	

Upper Bound	환자 수 (백만 명)	0.75	1.69	3.38	6.75	10.13	12.66	15.19	17.47	20.09	22.09	23.20
	성장률(%)	125	100	100	50	25	20	15	15	10	5	

자료: Deloitte Center for Health Solutions(2009: 4)

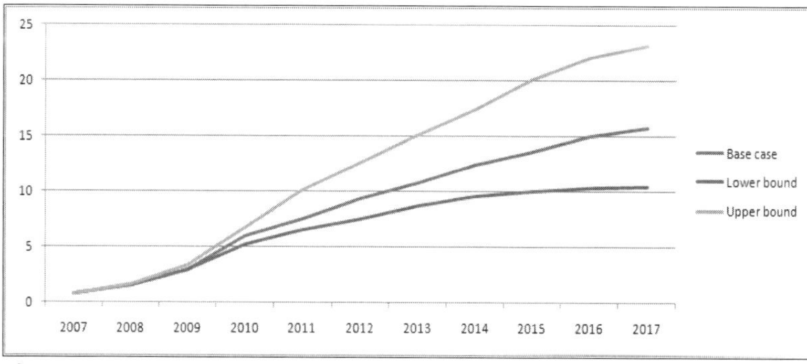

자료: Deloitte Center for Health Solutions(2009: 3)

[그림 XI-4] 미국의 해외 의료관광 동향 및 전망

그러나 2010년 이후부터는 외국에서의 공급 능력 제한(constraints), 보건 정책상 해외 의료서비스를 보험 대상에서 제외할 가능성, 미국 의료기관들의 공격적인 경쟁 가능성, 기타 정부 정책 변화에 따른 수요 감소 가능성으로 인하여 증가율이 완화될 가능성도 상존한다.

(2) 미국 의료관광 증가 원인

① 의료비용의 급증

최근 들어 미국 내 의료비용이 급격하게 증가하고 있는 반면, 인도, 태국, 싱가포르 등지에서의 의료비용은 동등한 수준의 의료서비스에도 불구, 미국의 최소 10% 수준에 불과하고, 해외 의료관광이 비용 증가 상황 속에서 시의적절한(timely) 선택 대안이다(Deloitte Center for Health Solutions, 2009).

② 의료 분야에서의 '컨슈머리즘(consumerism)' 강화

소비자 주권의식이 강화되어 의료 분야에서 보다 소비자답게 행동하려는 경향이 높아졌다.

③ 해외 의료관광 프로그램의 성공적인 포지셔닝

경제개발로 인해 개도국에서 해외 환자들을 수용할 수 있는 수준의 대규모 의료센터 설립이 가능해졌다. 현재 해외 의료관광의 허브(hub) 지역이 10여 개에 달한다.

④ 의료서비스품질의 객관적 비교 가능

1999년 JCI(Joint Commission International)가 설립되어, 해외 의료서비스품질과 안전에 대한 객관적 평가가 가능해졌다.

⑤ 의료관광 퍼실리테이터(facilitator)의 등장

해외 의료관광에 수반되는 복잡한 절차들이 의료 퍼실리테이터의 역할로 인해 원활하게 진행 가능하다. 의료관광 퍼실리테이터는 호텔 그룹, 여행사, 의료관광플래너, 의료서비스 공급업체(Provider Group)로 구분된다.

(3) 미국의 의료관광 대상지 SWOT분석(라틴아메리카 vs 아시아)

미국이 가지고 있는 독특한 의료시장환경으로 인하여 의료관광 대상국으로 많은 관심을 받고 있다. 라틴아메리카 국가(멕시코, 코스타리카, 브라질 등)들은 지리적, 언어적, 비용적 장점을 내세워 이미 많은 북미의 고객들을 유치하고 있다. 또한 아시아 여러 국가들도 다른 장점들을 내세워 미국 환자유치 경쟁에 뛰어들고 있다. 그래서 미국 시장을 중심으로 라틴아메리카와 아시아의 대상지로서의 장, 단점을 SWOT분석을 통해 알아보고자 한다(이하 Vequist, Valdez and Morrison, 2009: 38-40 참조)

■ Latin America Region SWOT Analysis(남미 지역의 SWOT 분석 결과)

① 강점(Strengths)

- 거리상의 장점: 대부분 의료관광목적지들이 북미로부터 적당한 비행 거리 내에 위치하고 있다.
- 환율로 인한 더 저렴한 가격: 대부분 중남미 국가들은 낮은 비용의 의료관광상품과 서비스 제공이 가능한 유리한 환율을 가지고 있다.
- 언어소통: 많은 중남미 국가들에서 영어와 스페인어를 유창하게 구사할 수 있다.
- 자연환경 및 의료관광상품: 중남미 국가들은 다양한 형태의 경치가 좋은 지역, 지형(바다와 산들)과 함께 인기 있는 의료관광상품을 가지고 있다.
- 가족적인 국민성: 중남미인은 전체적으로 친절하고 가족적인 국민성을 보유하고 있다(세계적으로 다양한 유명한 문화축제 및 행사).
- 치료에 도움이 되는 기후조건: 중남미 목적지들이 치료와 회복에 도움이 되는 기후를 가지고 있다.
- 주요 의료 관련 서비스들: 재활, 치과, 암치료, 낮은 의약비, 생식 의학, 당뇨병치료가 있다.

② 약점(Weaknesses)

- 많은 의료관광객들은 폭력, 타락과 빈곤, 질병 때문에 잘못된 정보로 중남미 여행의 두려움이 있다.
- 표준화된 품질 비교기준 및 순위시스템과 같은 질이 부족하다.
- 의료분쟁 발생 시, 법적 구제책을 찾기가 어렵다.
- 주요 보험사들은 아직까지 중남미에서의 치료들을 전반적으로 폭넓게 지원하지 않는다.
- 중남미 몇몇의 국가들만이 의료관광사업을 유치하기 위해 계속해서 무리한 지원을 시도한다.

③ 기회(Opportunities)

- 북미에 거주하고 있는 많은 인구의 히스패닉계는 중남미로 이동하여 의료관광을 하는 것에 대한 거부감이 전혀 없다.
- 의료를 받은 미국인들과 캐나다인들에 비교해 중남미에는 낮은 비용의 서비스들이 있다.
- 미국 혹은 캐나다 정부로부터 가능한 자금 지원 프로그램이 있다.
- 많은 미국인들은 각종 자유무역협정(NAFTA, DR-CAFTA 등)에 의해 무비자로 국가 간 왕래가 자유롭다.
- 일부 정부가 의료관광을 지원하고 주도한다.
- 미국의 의료비용을 줄이고자 하는 미국 회사들의 강한 의지가 있다.

④ 우려(Threats)

- 가난, 혼잡, 범죄 집단, 불안한 정부와 문화적 습관에서 기인되는 병(특히 전염병), 범죄, 쿠데타 또는 다른 이해하기 어려운 행사들이다.
- 일정 국가에서의 의료관광사업을 제한할 수도 있는 사회주의적인 정책들의 증가이다.
- 북미와 유럽의 여행객을 대상으로 한 아시아 국가들과의 경쟁이다.
- 북미의 주요 주식 보유자들은 의료의 세계화에 일부 반대이다(노조, 정책가, 건강 관련 협회들).
- 세계적인 경제 상황으로 인하여, 많은 고객들이 의료관광서비스에 지불할 여유가 부족한 현상이다.
- 제한된 숫자의 보험회사들과 중남미 의료기관과의 관계 설정이다.

■ 아시아 지역의 SWOT분석 결과(Asian Region SWOT Analysis)

① 강점(Strengths)

- 많은 성숙된 의료관광시장과 에이전시, 제공자들이 있다.
- 해외 환자유치를 위한 공공-개인 간의 파트너십들과 국가·지역 간 협력 체결이다.

- 정부는 세금감면을 후원하고 의료 기반 부문에 외국계 개인의 투자 환경을 조성하고 개방적이다.
- 국가별 많은 인구와 높은 교육수준을 기반으로 한 비교적 탄탄하고 두터운 인력 공급원이다.
- '서양'의술과 함께 보완하고 대체하는 전통적인 의술들(CAM)의 역사가 있다.
- 중동의 의료관광객과 지역적으로 근접해 있다.
- 아시아는 많은 경치가 좋은 지역들과 다양한 형태 지형(해변과 산)으로 여행시장을 주도해 가고 있다.
- 아시아인들은 접대와 서비스의 문화로 잘 알려져 있다.
- 서비스들과 절차들: 건강 · 대체의학, 안과, 근골격계, 심장치료, 이식, 혈액투석과 일반/성형수술 등이 주요 상품이다.

② 약점(Weaknesses)

- 유럽과 북미 여행객들에게는 긴 여행시간이 소요된다.
- 사회적으로 불안하다는 인식과 평판, 폭력 · 테러, 붕괴 그리고 가난 · 질병 때문에 아시아에 여행하는 것을 두려워한다.
- 북미와 유럽인(영어, 독일어, 프랑스어 등)과의 언어소통 능력이 부족하다.
- 분명히 차별화되는 아시아 문화와 서양의 문화이다.
- 의료분쟁 발생 시, 법적 구제책을 찾기가 어렵다.
- 가난한 그룹과 부유층의 의료관광객들을 위한 의료시스템에 큰 불균형이 존재한다.
- 아시아의 몇몇 국가들만이 의료관광사업을 유지하기 위해 계속해서 지나치게 폭넓게 지원하려고 노력한다

③ 기회(Opportunities)

- 지역의 거대한 인구는 많은 이점(예를 들어 다양한 지역적인 의료관

광, 낮은 비용의 노동력, 다양한 의료 전문가들 등)을 가지고 있다.

– 아시아인의 경제력과 빠르게 성장하는 지역을 바탕으로 한 다양성과 경제력의 증가이다.

– 많은 정부의 강한 의료관광에 대한 주도적인 지원이다.

– 연료 가격의 하락은 항공료 운임을 낮게 만들어서 의료관광을 가속화한다.

– 중동 국가의 부자들을 위주로 한 더 많은 관광객들이 아시아 지역으로 유입된다.

– 다양한 산업 분야에서 아시아의 전문 지식은 이 시장을 활성화하려는 기회들을 추가한다.

– 아시아의 많은 나라들이 교육과 건강을 중요시한다. 두터운 개인적인 투자들이 이 지역에 기반을 세울 것이다.

④ 우려(Threats)

– 특정 아시아 지역의 질병(특히 전염병), 사회적인 불안, 테러리즘, 혼잡, 더러운 환경들이 부정적인 요소로 작용할 것이고, 마케팅 노력에 흠을 낸다.

– 중미, 북미, 유럽, 동유럽 그리고 중동 의료관광객들을 위한 경쟁이 치열해진다.

– 세계적인 경제 상황으로 인하여, 많은 고객들이 의료관광서비스에 대한 지불 여유가 부족한 현상이다.

– 제한된 숫자의 보험회사들과 아시아 의료기관과의 관계 설정이다.

– 아시아 이외의 다른 국가 지역들에서의 빠른 의료관광의 성장이다.

의료관광을 국가 산업으로 선언한 국가의 의료기관들은 이미 의료 제도의 문제점으로 인하여 많은 의료관광객이 이동을 하고 있고, 또한 향후 시장의 성장 가능성을 내포하고 있는 북미(미국, 캐나다)에 많은 관심을 가지고 있을 것이다. 특히 위에서 언급한 아시아, 중남미 두 지역은 앞으로 북미의 의료관광 수요시장이 커지는 것을 가정하여 경쟁이 치열해 질 것으로 예상된다. 하지만 한국은 후발주자로서 아시아의 강점들을 충분히 부각시키고, 약점을 보강한다면 아시아 국가들 중에서도 중증환자치료가 높을 것으로 예상되는 북미와의 경쟁에서 우위를 차지할 것이며, 또한 한국형 의료관광상품을 지속적으로 발굴 개발한다면 좋은 성과를 가져올 것으로 전망한다(Deloitte Center for Health Solutions, 2009).

2) 중국 의료관광시장

의료관광 주요 대상국 중 하나인 중국의 의료 상황 및 의료관광 동향을 알아보고자 한다(이하 한국보건산업진흥원, 2009b: 10-11 참조).

(1) 중국 의료 상황

중국은 지속적인 경제 성장 및 국민의 생활수준 향상으로 수준 높은 의료서비스 수요가 증가하고 있다. 고가의 wellness 시장은 급속히 성장하고 있으며, 북경의 비보험 진료 및 wellness 분야는 평균 20~30% 증가세를 보이고 있다.

중국의 의료시장 규모는 약 6,500억 위안(약 76조 원)에 달하고, 2025년까지 중국 의료서비스 시장은 약 7.7조 위안(약 900조 원)에 이를 것으로 예상한다. 의료비 지출이 GDP에서 차지하는 비중은 1979년 2.9%에서 2003년 9.1%로 증가하였으며, 중국의 고급 의료서비스시장은 매년 25% 초고속 성장을 하고 있다. WTO 이행계획으로 2005년 의료시장이 전면적으로 개방되었으며, 중국 정부는 중국 내 의료서비스 선진화를 위해 적극적으로 해외투자 유치 정책을 펴고 있다.

(2) 중국 의료문제점

의료서비스에 대한 태도 및 전반적으로 낮은 의료기술수준에 대한 지적이 가장 높게 나타났으며, 높은 의료수가, 대기시간이 긴 점 등이 주된 문제점으로 응답되었다.

① 의료진의 의료기술

– 전문가(과장급 이상)를 만나기 어렵다.

– 유명 의사에게 환자가 너무 몰린다.

– 의사들이 병의 원인을 찾으려 하지 않고 아픈 부위만 물어본다.

– 많은 의사들이 영양제 종류의 약을 남용 처방한다.

– 이해가 잘 안 되는 부분을 설명해 주지 않는다.

② 의료 설비

– 의료설비가 외국에 비해 뒤떨어진다.

③ 의료수가

– 의료수가가 높다.

– 의료수가가 불투명하다.

– 의료보험 혜택이 적다.

– 의료보험 보상 범위가 좁다.

– 의료보험 보급률이 낮아 사람들의 의료보험 이용률이 낮다.

④ 부대 행정서비스

– 접수 후 대기시간이 길다.

– 병원에 사람이 너무 많다.

– 진료받기 어렵다.

⑤ 병원 접근성

– 접수시스템이 불편하다. 의료기관 이용 시 순서가 복잡하다.

– 줄을 잘 서지 않는다. 질서가 없다.

– 어떤 과에서 진료를 받아야 할지 도움이 없다.

– 예약시스템이 없어 매우 불편하다.

– 전산화되지 않은 약 처방으로 처방약을 알아보기 힘들다.

(3) 중국 의료관광 동향

의료관광의 특성상 패키지상품으로 구성이 힘들기 때문에 아웃바운드 여행사의 역할이 제한적이며, 전체적인 인·아웃바운드 통계도 집계하기가 힘들다. 중국 내 몇 개 대도시에 의료관광에이전시(온·오프라인)가 산재되어 있으며 특정 고객에 대한 개별 마케팅을 실시하고 있어 아직까지 그 규모가 제한적이다. 현재 중국 의료관광객 유치에 적극적인 국가는 대만과 한국이고 현재 의료관광의 주목적이 성형수술로 거의 대부분의 소비자는 한국을 선택하고 있다(한국보건산업진흥원, 2009b).

중국 내 최대 인터넷 의료관광에이전시인 iface.com의 경우 매월 8~10명이 방한하여 협력 성형외과에서 수술을 시행하고 있다. 중국 의료관광 아웃바운드는 연간 수백 명~천여 명 수준일 것으로 판단한다.

(4) 중국 의료관광의 실태

〈표 XI-2〉 중국 의료관광시장의 주요 조사 내용 및 시사점

구분	주요 조사 내용	시사점
의료보험제도	• 중국 의료보험 혜택을 받는다는 응답이 53% 수준 • 중국 의료제도에 대한 불만 사항이 많은 것으로 조사	• 중국의 현재 의료보험제도에 대한 높은 불만지수를 감안, 이들 계층을 한국 의료관광 잠재수요계층으로 설정, 유치전략 수립이 필요할 것으로 보임
정보수집경로	• 한국 의료관광 주된 정보수집경로는 지인 소개 • 인터넷을 통한 정보수집 후 검색 포털을 통한 검색 • 한국 일반 여행 중 질환검사 및 치료 사례도 발견	• 현재 중국 내 한국 의료관광 광고·홍보가 금지되어 있어 주로 한국 의료관광 경험자들을 중심으로 정보 공유 및 추천이 이루어지는 것으로 보임
의료관광 체험	• 척추 및 외과 질환이 가장 많이 이용된 분야이며, 피부관리, 내과, 안과 순의 분포를 보임 • 경험자들의 한국 의료 지출 비용은 중국 대비 2~3배 정도 높은 수준으로 조사	• 남자의 경우 척추 및 외과 질환에 대한 경험자가 많았으며, 여자의 경우 피부관리, 안과, 성형 등 헬스케어에 대한 경험자가 많은 것으로 나타남 • 성별에 따른 환자유치 세부계획 수립이 필요

의료기관 선택요인	• 한국 의료기관 선택 시 의료기술, 시설 및 장비의 순 • 한국 의료기관의 인지도도 큰 고려요인으로 나타남	• 상대적으로 중국 현지 의료기술에 비해 한국 의료기술이 높은 점을 감안한다면, 이는 향후 중국인 환자유치에 큰 강점으로 작용할 것으로 보임
한국 의료관광 만족도	• 전반적인 만족도는 3.8로 높은 편임 • 의료진의 의료기술과 의료서비스에 대한 만족도가 높게 나타남	• 한국 의료관광 경험자의 만족도가 높고 중국인의 의료기관 선택 시 가장 큰 고려요인으로 나타난 의료기술에 대한 만족도가 높게 나옴으로써 향후 한국 의료관광 이용객이 빠르게 증가할 것으로 보임
한국 의료관광 개선점	• 높은 의료수가 및 언어소통 불편 해소에 대한 요구가 많이 나타남 • 비자발급과 출입국 절차의 간소화에 대한 요구도 높게 나타남	• 일반 관광객 유치에 있어 문제점으로 대두되는 언어소통 불편, 비자발급 및 출입국 절차의 복잡 등의 불편함이 많이 제기되는 점을 감안하여 출입국 간소화 및 전문 인력 양성이 의료관광에 있어서도 중요한 개선점으로 나타남

자료: 보건산업진흥원(2009b에서 재정리)

(5) 중국 의료관광 규제 현황

① 중국 의료법에는 해외 의료관광 제한 문구가 없다(정부 차원에서 의료관광 개념이 아직 정립되지 않은 것으로 파악됨).

② 다만 중국 위생부는 과거 일본인의 불법 장기이식수술로 인해 불법 · 무자격 의료행위에 대해 민감하다.

③ 중국 위생부는 의료광고관리법을 제정(2006. 11. 10 제정, 2007. 1. 1부로 시행)하여 의료 관련 광고를 엄격히 제한함으로써 의료관광 홍보에 제약이 되고 있다(한국관광공사, 2010).

3) 러시아 의료관광시장

이미 의료관광시장이 형성되어 있는 러시아를 보다 자세히 이해하기 위해 의료 및 의료관광 상황을 모스크바와 상트 페테르부르크 지역, 극동 지역, 시베리아 지역으로 구분하여 알아보고자 한다(한국보건산업진흥원, 2009a: 7-52 참조).

(1) 러시아 의료 및 의료관광 상황

① 모스크바(Moscow)와 상트 페테르부르크(St. Petersburg) 지역

모스크바와 상트 페테르부르크 지역은 인구(러시아 총 인구 약 1억 5천만 명, 모스크바 약 1,200만 명, 상트 페테르부르크 약 500만 명)와 재화가 집중되어 있는 곳으로 러시아 지역에서 비교적 의료 인프라가 잘 갖추어져 있는 지역이다. 또한 유럽 국가들과 비교해 의료장비나 의료기술의 비교 열위가 심하지 않은 것으로 알려져 있음에도 불구하고 러시아인들의 의식 속에는 자국의 의료서비스에 대한 깊은 불신이 있다. 두 도시 거주자들 가운데 소득수준이 높은 경우 독일, 스위스 등 지리적으로 근접한 유럽 국가에 위치한 병원으로 의료서비스를 받기 위해 여행을 하고 있는데, 의료관광 전문 에이전시들이 두 도시에서 환자를 유럽 국가들로 송출하고 있고 이들 중 한 에이전시의 경우 연 4만 명의 러시아인들을 스위스, 독일로 보내고 있다. 독일, 스위스의 진료비 수가가 한국에 비해서도 상당히 높게 책정되어 있으나 비용에는 크게 개의치 않고 의료수준에 만족하는 것으로 알려지고 있다.

② 극동 지역

모스크바, 상트 페테르부르크 지역을 제외한 러시아의 대부분 지역에 인구 대비 병원 수가 현저히 부족하고, 원거리에 위치하고 있으며, 의료설비가 매우 낙후되어 있는 상황이다.

극동 지역의 경우(블라디보스토크, 하바로프스크, 사할린)에 약 250만 명이 있는데 인구 대비 병원 수가 현저히 적은 것으로 파악된다. 전문병원의 경우 안과전문병원은 하바로프스크, 심장전문병원의 경우 블라디보스토크에 소재하고 있는데, 병원장비와 내부환경이 매우 열악한 상황이다.

③ 시베리아 지역

인구 약 7백 5십만 명의 시베리아 지역 대표 도시로는 노보시비르스크, 옴스크, 크라노야스크, 바나울, 이르쿠츠크, 노보크즈네스크 등이 있다. 현지 병원 사정을 살펴보면, 노보시비르스크에 극동 지역보다 의료수준이 높은 전문병원들이 있고, 의료장비들도 수준이 높은 것으로 알려져 있다. 그러나 현지 의사들의 의료수준을 잘 믿지 않는 실정이고, 소득수준이 높은 계층의 경우 모스크바를 통해 유럽으로 진료(수술)를 목적으로 가고 있다. 위와 같이 살펴본 모스크바 지역(상트 페테르부르크 포함)과 극동 지역(시베리아)을 비교해 보면 다음과 같다.

〈표 XI-3〉 러시아 모스크바 지역과 극동 지역의 의료시장 상황 비교분석

내용	지역	
	모스크바 상트 페테르부르크	극동 지역 (하바로프스크, 블라디보스토크, 사할린)
인구	약 1,700만 명	약 950만 명
소득수준	• 평균 소득수준의 경우 많은 차이가 있음. 단, 두 지역 모두 상위 5~10% 소득수준에 있는 집단의 경우 • 소득수준을 정확히는 예상할 수 없으나, 한국의 소득수준 상위 계층에 비해서도 상당히 높은 것으로 알려짐	
대학병원 및 전문병원	• 러시아 전역에서 치료를 받기 위해 두 도시로 와야 하는 상황 • 다수의 대학병원 및 전문병원이 두 도시에 위치함 • 의료장비의 경우 극동 지역에 비해 월등함	• 병원 수 부족 • 의료장비 낙후 • 병원 시설 낙후 • 사할린의 경우 더 열악한 실정임
한국까지 비행시간	약 9시간	약 2~3시간
한국에 대한 인지도	• 매우 미약 • 거의 알지 못하고 관심이 없음 • 장기적 마케팅전략이 요구됨	• 한국에 대해 잘 알고 있고, 호감을 가지고 있음 • 한국의 의료서비스 인프라가 점점 많이 알려지고 있음

4) 일본 의료관광시장

동남아시아 의료관광시장의 주요 고객으로 자리 잡은 일본의 의료관광에 대해 알아보고자 한다(이하 한국관광공사, 2009: 1-4 참조).

(1) 일본 의료 상황

일본은 장기입원환자에 대한 병상 당 인력 수급이 낮고, 의료기관들 간의 차별화가 부족하며, 치료의 정형화 또한 부족하다. 예를 들어 2004년도 1,000명 당 일본 총 병상 수는 20.2병상이었으나(미국 5.7, 영국 6.8, 한국 10.6), 병상 당 급성환자치료의 인력은 1명에 불과하다(미국 5.21, 영국 6.5).

(2) 일본 의료관광 규제

일본 후생노동성은 2007년 4월 개정된 의료법상 '광고 규제 재검토에 의한 광고 가능 사항에 확대' 조치를 통해 기존 법 상 광고 가능 개별 사항을 열거하는 개별 규제방식에서 일정 성질을 가진 항목을 포괄적으로 규정, 광고활동을 규제하는 포괄규정방식으로 전환, 의료 광고 범위가 대폭 완화되었다. 예를 들어 기존 법상에서는 광고 가능한 사항으로 병실 수, 병상 수 등 개별 사항을 열거하였으나, 개정의료법 상에서는 '시설, 설비 또는 종업원에 대한 사항'으로 포괄한다.

이와 함께 의료법 개정을 통해 '의업, 치과 의업 혹은 조산사의 업무 또는 병원, 진료소, 조산소에 있는 광고 가능한 사항'(일명 '의료 광고 가이드라인')을 별도 제정하였다. 이 가이드라인은 광고 가능한 사항과 광고 불가능한 사항을 동시에 규정하는 '포지티브 규제방식'을 적용하고 있으며, 광고 규제의 대상으로 '내국인을 대상으로 하는 외국인 사입자'도 포함되어 있어 의료관광 유치 및 해외 진출을 도모하는 국내 의료기관의 면밀한 사전 검토가 필요하다.

5) 중동 의료관광시장

중동 국가, 즉 페르시아만안협력회의(Gulf Cooperation Council: GCC) 국가들이 가지고 있는 의료환경에 대한 문제점을 파악하고 이를 의료관광을 통해 어떻게 극복하고 있는지를 살펴보았다(이하 Jagyasi, 2009: 96-98; 한국관광공사, 2009c: 55-56 참조).

(1) 중동 의료 상황

아랍 국가들의 의료서비스 수요 특히 GCC 국가들은 총 GDP의 약 2~3%만을 헬스케어에 사용하고 있으며, GCC 국가들 위주로 헬스케어에 대한 요구가 가파르게 상승하고 있는 추세이다. 현재 GCC 인구는 35백만 명이며 2015년까지 연평균 성장률이 약 3%라고 전망하는데 이는 세계에서 가장 높은 성장률로, 2025년에는 현재 인구의 2배가 될 것으로 전망하고 있다.

McKinsey 보고에 의하면 GCC의 의료서비스 수요는 현재 12억 달러에서 60억 달러로 약 5배가 증가할 것으로 예상하고 있다(Jagyasi, 2009: 96-98; 한국관광공사, 2009c: 55-56). 2008년도 ExHealth 보고에 의하면 정착생활로 인하여 아랍에미리트 인구의 50% 이상이 비만 문제를 가지고 있는데, 향후 5년 후에는 전체 인구의 20%가 예방 의료에 대한 낮은 인식과 이해 부족으로 건강상에 문제를 가질 것이라고 예상했다. 또한 3차 기관 이상의 전문 의료진 부족현상이 심하며, 각 병원의 응급서비스에 대한 문제는 매우 심각하다.

(2) 중동 의료관광 동향

중동은 의료관광사업과 관련하여 독특한 이중적인 입장을 가지고 있다. 하나는 세계 시장을 겨냥해서 특정한 치료들이 가능한 선진 병원들의 유치가 있고, 반면 국제의료협회들에서는 GCC 부유한 국가들은 복잡하고 고난도의 선진 의료서비스가 불가능한 나라라고 간주하고 있다. 중동 현지의 낮은 의료시설 및 서비스로 인해 대부분의 중동인들은 태국, 싱가포르, 인도 및 유럽으로 해외 원정진료를 가는 편이다. GCC를 중심으로 볼 때 성형, 피부미용, 당뇨 및 비만치료 등을 제외한 주요 질병의 해외 치료는 정부에서 비용을 지원하고 있으며, 따라서 정부에서 추천 · 권고하는 병원 및 국가에 대해서는 소비자의 신뢰도 및 이용도가 높은 편이다.

국가별로 보면 아랍에미리트, 오만, 쿠웨이트는 태국을, 사우디아라비아는 요르단과 영국을 의료관광목적지로 선호하고 있다. 특이한 규제사항은 없다 하지만 각국 보건복지부의 위원회에서 권고 리스트에 등재될 경우 공신력이 있다.

중동 시장은 의료관광에 대한 자국민들의 인식이 어느 정도 자리 잡혀 있는 시장이므로, 보다 적극적인 마케팅활동을 통하여 반대요소(장거리 비행시간, 문화 차이 등)를 얼마 극복할 수 있느냐가 차후 가장 큰 과제로 판단되며, 앞으로 각 기관의 관심과 정부적인 차원의 지원을 꾸준히 필요로 하는 시장이기도 하다.

6) 의료관광 주요 상품 선정

이상은 우리나라 의료관광의 주 타깃 시장으로, 각 국가별 의료환경 및 시장을 분석 및 진단한 결과 아래와 같은 의료관광상품은 개발이 필요할 것으로 보인다.

〈표 XI-4〉 국가별 추천 의료관광상품

대상 국가	의료관광상품명
일본	메디컬 스킨케어, 한방, 건강검진
중국	성형, 피부미용, 건강검진
극동 러시아	건강검진, 중증질환치료(암, 심혈관, 근골격계질환 등)
중동	건강검진, 중증질환치료, 한방 등
미주	건강검진, 선택적 치료질환(이식, 척추, 관절질환, 치과, 비만), 비교 우위 분야(줄기세포)

4. 의료관광상품 마케팅 사례

이 단계는 의료관광상품에 대한 시장조사, 시장세분화, 표적시장 선정, 포지셔닝, 마케팅믹스를 통해 세워진 전략을 실행하는 단계이다. 실행방법기준으로 구분하여 Online 마케팅과 Offline 마케팅으로 구분하여 각각의 사례를 중심으로 알아보고자 한다.

1) Offline 마케팅과 Online 마케팅의 비교

오프라인과 온라인상에서의 마케팅 환경과 성공요인 그리고 고객에 대한 관점을 비교해 보면 다음과 같다.

〈표 XI-5〉 Offline 마케팅과 Online 마케팅 비교

구분	Offline 마케팅	Online 마케팅
마케팅환경	• 시장이 공간상으로 지역과 국가에 한정 • 기업이 주도적 역할 • 기업 내부 사용으로 한정된 정보시스템	• 시장의 경계가 없어짐 • 고객이 주도적 역할 • 외부와 연결되어 통합적으로 사용되는 정보시스템
마케팅 성공요인	• 선도 기업으로서의 주도적 역할이 중요함 • 기업 간의 협력은 중요치 않음 • 고객과의 커뮤니케이션은 필요하나 많은 비용이 발생하므로 제한적으로 유지됨	• 고객의 반응이 주요 성공 요인 • 기업 간의 전략적 제휴가 중요 • 고객과의 커뮤니케이션이 중요
고객에 대한 관점	• 고객들은 상품에 대한 지식과 정보가 적음 • 고객의 형태와 기대가 어느 정도도 예상 가능함	• 고객들의 학습 증가로 상품에 대한 많은 지식과 정보 보유 • 고객을 집단이 아닌 개인 단위로 생각하여 기업활동에 이용

자료: 이훈영(2008: 474)

2) 의료관광상품의 Offline 마케팅 사례

(1) 의료관광 학술 학회 및 각종 로드쇼

의료관광 관련 학술대회 및 각종 Workshop에서의 발표를 통해 의료기관 및 업체 소개가 가능하다. 또한 학술대회 및 각종 Workshop 참석을 통해 최신 의료관광 정보 취득이 가능하며, 개별 홍보 부스 운영을 통해 비즈니스 파트너들과 실질적인 1 : 1 상담을 통해 네트워크 구축이 가능하다. 또한 타 의료기관 방문을 통해 의료관광시스템 구축 실태 파악 및 벤치마킹이 가능한 것이 장점이다.

[그림 XI-5] 2009년 중동 지역 한국 의료관광 설명회 및 Dubai Women's Health Care 박람회

2009년도 의료관광 해외전시회 및 컨퍼런스(2010년도 개최 계획 일부 포함) 내역은 다음과 같다.

〈표 XI-6〉 2009~2010 의료관광 해외전시회 및 컨퍼런스

행사명	개최 지역
상하이국제건강헬스컨퍼런스 겸 건강산업박람회	중국 상하이
Health Expo 2009	홍콩 HKCEC
10th HK Beauty & Makeup Fiesta 2009	홍콩 HKCEC
MEDIPHAR TAIPEI Taipei Int'l Show on Medical Equipment, Pharmaceuticals & Bio-Technology	대만 타이베이
BIO TAIWAN 2009 Conferences & Exhibition	대만 타이베이
Global Healthcare Congress	싱가포르
BioMedical Asia	싱가포르
FDI Annual World Dental Congress 2009	싱가포르
World Health Tourism Congress	필리핀 마닐라
2010 The World Medical Health Tourism Conference	말레이시아 콸라룸푸르
The World Medical Health Tourism Congress	태국 푸켓
World Medical Tourism and Global Health Congress	미국 LA
The Medical Tourism Road Show (NBCHealth & FitnessExpo)	미국 LA
World Medical Tourism & Global Health Congress	멕시코
The Health Care Globalization Summit	미국 마이애미
Spa & Resort/Medical Aesthetics Expo & Conference	미국 뉴욕
FIME International Medical Exposition Inc.	미국 플로리다
Health + Fitness Business Expo	미국 콜로라도
The 18th Annual National Health Benefit Conference & Expo	미국 플로리다
The Medical Tourism Road Show(NBC Health & Fitness Expo)	미국 시카고
Salon Zen(젠박람회)	프랑스
Forme et Sante(피트니스와 건강박람회)	프랑스
European Spa Exhibition(뷰티박람회)	프랑스
Medecine Douce et Thalassa(스파 및 의학요법박람회)	프랑스
Salon Mondial Body Fitness(세계피트니스박람회)	프랑스

Health Tourism Show	영국 런던
INTERSHARM-2009/INTERCHARM-2009	러시아 모스크바
HOSPITAL EXHIBITION	러시아 상트 페테르부르크
MEDICINE AND BEAUTY-2009	러시아 모스크바
FARMTEH-2009	러시아 모스크바
PUBLIC HEALTH SERVICES-2009	러시아 모스크바
HEALTH PROTECTION OF MOTHERAND THE CHILD-2009	러시아 모스크바
International Kazakhstan Exhibition Healthcare	카자흐스탄 아스타나
SPA EXPO-2009	러시아 모스크바
Healthcare Travel Exhibition & Congress	UAE 두바이
Conference 09' The Art of Medicine	NewZealand Christchurch
2009 Australian Society of Cardiac Thoracic Surgery	Sunshine Coast, QLD
Healthcare World Australia 2009	Swissotel,Sydney,
General Practitioner Conference & Exhibition	Sydney Olympic Park

자료: 한국관광공사(2009b: 58-61)

(2) 의료관광 팸투어(Familiarization Tour) 사례

의료관광 팸투어란 주로 보험사, 에이전시, 기자, 방송사와 같은 Medical Facilitators사를 중심으로 핵심 역량을 가진 담당자를 Medical Provider 사이트에 직접 초청하여 관련된 의료서비스를 체험하도록 하는 행사이다. 의료기관 사이트 방문을 통해 해당 기관에 대한 정확한 정보 취득이 용이하고 의료기관 사이트 체험 방문을 통해 해당 기관의 의료수준을 타 국가의 의료기관과 비교할 수 있다. 또한 각 의료기관이 상품을 소개받고 실질적인 비즈니스 협력이 용이하며 의료기관의 대외 인지도 상승효과를 기대할 수 있다. 보험사, 의료관광에이전시(여행사 포함) 담당자의 신뢰를 구축할 수 있는 것 또한 팸투어가 가진 장점이라고 볼 수 있다.

팸투어 진행 순서는 각 기관의 특성에 따라 약간의 차이가 있겠지만 의료기관은 일반적으로 아래와 같이 환영(대표자 인사말) → 의료기관 소개(프레젠테이션, 시청각 자료 시청 등) → 의료기관 투어 → 질의응답 → 의료서비스 체험 → (협약서 교환) → 기념촬영 순으로 진행된다.

① 환영(대표자 인사말) ② 의료기관 소개 ③ 의료기관 투어

④ 의료서비스 체험 ⑤ 질의응답 ⑥ 기념촬영

자료: 우리들병원 사진 자료

[그림 XI-6] 2009년 서울 우리들병원 팸투어

(3) 미디어(Media) 사례

■ 사례 1: 아리랑 TV

아리랑TV는 1997년 2월 3일 국제방송교류재단이 개국한 한국 문화 종합 편성 채널로 외국어로 방송한다. 1997년 국내 거주 외국인을 대상으로 유선방송국으로 개국한 이래, 1999년 한국 최초로 아시아-태평양 지역을 대상으로 해외 위성방송을 시작하였다. 이를 바탕으로 2000년 9월에는 유럽 · 아프리카 · 아메리카까지 방송 권역을 확대하는 등 전 세계를 대상으로 해외 위성TV와 국내 케이블TV, Radio, DMB 등으로 방송하고 있다. 방송 및 국제 교류사업을 통해 한국에 대한 국제 사회의 올바른 이

해를 높이면서 세계 여러 나라들에 한국을 알리고 있다. 현재 전 세계 188여 개국 약 6,260만 시청자를 보유하고 있다.

아리랑TV에서 방송된 프로그램을 시청한 중동의 카타르 의사가 본인 부인의 수술 대상국을 바로 한국, 우리들병원으로 결정하고 방문하여 2008년도 10월에 서울 우리들병원에서 수술을 받았고, 당시 환자와 보호자는 *The New York Times*의 취재에 많은 협조를 하였다. 그 후 보호자가 카타르 정부와 한국 정부를 연결하는 가교 역할을 해 주어 2009년 초 보건복지가족부 담당자가 카타르 정부로부터 초청받아 방문한 계기가 되었다.

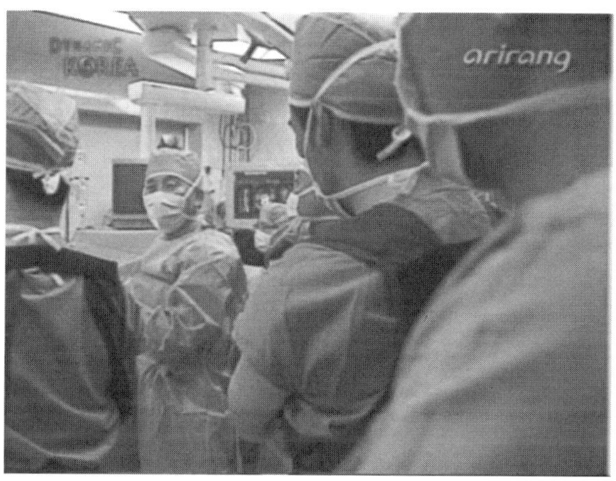

자료: 아리랑TV

[그림 XI-7] 아리랑TV Wave Marker

■ 사례 2: 카자흐스탄 TV 홈쇼핑

2009년에 'Hanatour International사' 주관으로 총 6개 병원들이 의료관광상품을 제작하여 공동으로 중앙아시아 카자흐스탄 내 코리아TV 홈쇼핑을 통하여 판매에 참여하였다.

자료: 카자흐스탄 코리아TV

[그림 XI-8] 카자흐스탄 코리아TV 방영 장면

■ 사례 3: 신문(Newspaper) 및 주간지(Weekly Magazine)

2008년에 *The New York Times*에서는 "한국, 의료관광으로 국부를 창출하다(South Korea Joins Lucrative Practice of Inviting Medical Tourists to Its Hospitals)"라는 제호의 기사를 통해 한국 의료관광의 우수성에 대해 소개하였다.

South Korea Joins Lucrative Practice of Inviting Medical Tourists to Its Hospitals

By CHOE SANG-HUN

Gregory Kellstrom, an American, recently visited the Wooridul Spine Hospital in South Korea.

자료: *The New York Times*(Sunday, November 16. 2008)

[그림 XI-9] *The New York Times* 기사 사진

『주간 아사히』는 "최첨단으로 외국에서 치료받는 일본인"이라는 제호로 한국 내 의료기관을 소개하였다.

자료: 『주간 아사히』(2010)

[그림 XI-10] "최첨단으로 외국에서 치료받는 일본인"

■ 사례 4: 의료관광 전문 서적 출간(Medical Tourism Book)

Patients Beyond Borders(Korean Edition)에서는 총 23개의 한국의 병원과 의원들을 소개하고 있고, 한국은 'land of the Morning clam'이라고 하며, 세계의 의료관광에서 하나의 중심 대상 국가가 되었다고 소개하고 있다. 또한 220페이지에 걸쳐 한국의 앞선 병원 및 의원 소개와 치료법, 인증, 접근방법 등을 소개하고 있다.

자료: *Patients Beyond Borders*(2009)

[그림 XI-11] Patients Beyond Borders 책 표지

■ 사례 5: 의료 전문 매거진(Medical Magazine)

① 일본의 경제주간지 『닛케이비즈니스』

일본의 의료 위기를 지적하면서 한국 병원의 의술과 해외 환자유치 분위기를 상세히 소개했다. 일본 경제계의 유력지 중 하나인 『닛케이비즈니스』는 2009년 4월 16일자로 발간된 40주년 특집판을 통해 3면을 할애하면서 이 같은 내용을 다뤘다.

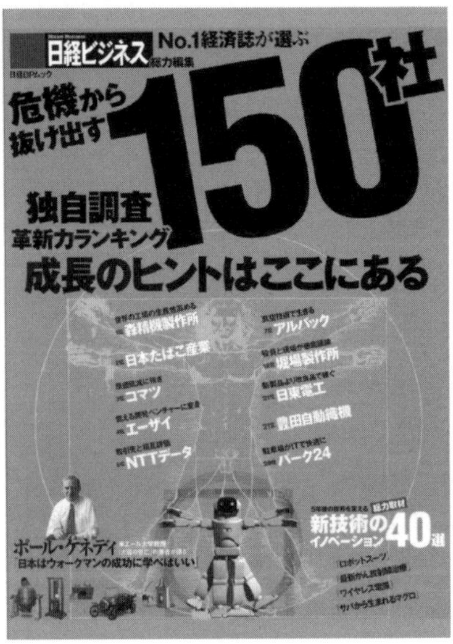

자료: 일본 「닛케이비즈니스」 2009년 4월 16일: 26-29

[그림 XI-12] 일본 「닛케이비즈니스」도 "한국 병원을 배워야"

② 미국의료관광협회

미국의료관광협회에서 발간하는 *Medical Tourism Magazine*에 한국의 병원 및 의원들 소개.

[그림 XI-13] Medical Tourism Magazine,
한국 특별판 표지의 우리들병원에 대한 소개 기사 및 광고

3) Online 마케팅

2009년 기준 전 세계의 인구 중 1,733,993,741명(약 25.6%)이 인터넷을 사용한다고 하는데 상위 20개국은 아래와 같다.

〈표 XI-7〉 상위 20개국의 인터넷 사용자 수

순위	국가	인터넷 사용자 수	인구 대비 비율	기준 연도
-	전 세계	1,733,993,741	25.6%	2009
1	중국	384,000,000	29%	2009
-	유럽연합	312,151,571	63.8%	2009
2	미국	227,719,000	74.1%	2009
3	일본	95,979,000	75.5%	2009
4	인도	81,000,000	7.0%	2009
5	브라질	67,510,400	34.0%	2008
6	독일	54,229,325	65.9%	2009
7	영국	46,683,900	76.4%	2009
8	러시아	45,250,000	32.3%	2009
9	프랑스	43,100,134	69.3%	2009
10	한국	37,475,800	77.3%	2009
11	이란	32,200,000	48.5%	2009
12	이탈리아	30,026,400	51.7%	2009
13	인도네시아	30,000,000	12.5%	2009
14	스페인	29,093,984	71.8%	2009
15	멕시코	27,600,000	24.8%	2009
16	터키	26,500,000	34.5%	2009
17	캐나다	25,086,000	74.9%	2009
18	필리핀	24,000,000	27.0%	2009
19	베트남	21,963,117	24.8%	2009
20	폴란드	20,020,362	52.0%	2008

자료: 위키피디아(http://en.wikipedia.org)

인터넷 사용자 중 10명 중 8명이 온라인에서 의료와 관련된 정보를 구한다. 미국인 인터넷 사용자의 80% 혹은 113백만 명의 성인이 최소한 아래 17개의 건강 제목으로 온라인에서 의료와 관련된 정보를 취한다. 이 중 2006년도 64%의 인터넷 사용자는 '특정 질병명' 또는 '의료문제'와 관련된 제목으로 정보를 찾았다.

〈표 XI-8〉 건강 관련 제목의 인터넷상 검색표

검색 주제	정보 취득을 위해 인터넷을 이용한 사람들의 비율		
	2002	2004	2006
특정 질병 또는 의료문제	63	66	64
특별한 의학 처치 또는 치료법	47	51	51
식이요법, 영양, 비타민 또는 영양적 보조요소	44	51	49
운동 또는 피트니스	36	42	44
처방전	34	40	37
의사 또는 병원	21	28	29
건강보험	25	31	28
대체요법 또는 약품	28	30	27
우울증, 분노, 스트레스 또는 정신건강 이슈	21	23	22
환경적 건강 위험성	17	18	22
시험처방 및 약	18	23	18
면역 또는 백신	13	16	16
치과 정보	*	*	15
저소득층 의료보험	9	11	13
성건강 정보	10	11	11
금연 정보	6	7	9
의약 및 알코올문제	8	8	8

자료: Fox(2006)

건강과 관련하여 인터넷 사용자층은 여자(87%)가 남자(77%)보다 높았고, 나이로는 30~49세 사이의 층이 84%로 가장 높았다. 또한 고학력자, 인터넷 장기 사용자, 집에서 Broadband 연결 사용자가 상대적으로 높았다.

〈표 XI-9〉 건강 관련 인터넷 사용자층 조사표

인구통계적 분류		비율(%)
성별	여자	82
	남자	77
나이	인터넷 이용자 18~29세	79
	30~49	84
	50~64	78
	65세 이상	68
학력	고등학교 졸업 이상의 학력	71
	전문대 졸업 이상	80
	대학 졸업 이상	89
이용경력	2~3년	62
	6년 이상	86
이용 환경	전화선	75
	브로드밴드	86

자료: Fox(2006)

또한 '고객들은 의료와 관련된 정보를 어디서 찾았습니까?'라는 질문에 응답자의 65%가 '온라인 사이트'에서 의료와 관련된 정보를 찾았다고 답하였다.

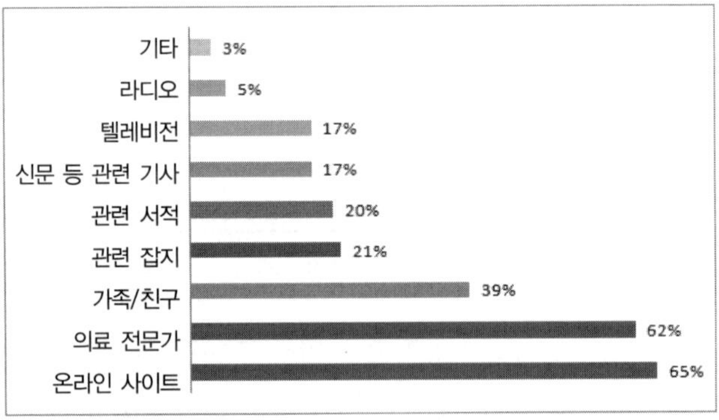

자료: 김수민(2009: 5)

[그림 XI-14] 의료 관련 정보 취득처에 관한 설문

의료관광 경험 대상자에게 의료기관에 대한 정보를 어떻게 구하냐는 질문에, 총 응답자의 73%가 인터넷을 이용한다고 답하였다.

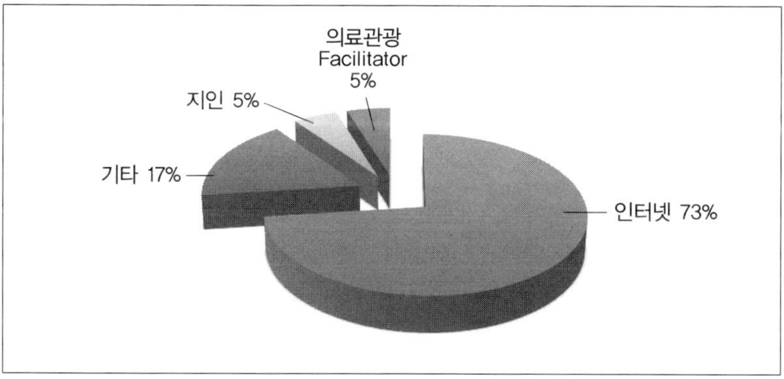

자료: Medical Tourism Association(2009: 34)

[그림 XI-15] 의료기관 정보 취득처에 대한 설문

의료와 관련된 정보를 취하는 순서는, 의료 정보 검색 시 우선적으로 온라인 채널을 방문한 이후 의료 전문가나 가족, 책·잡지 등을 통해 의료 정보를 습득하게 된다. 따라서 온라인 채널은 의료서비스 결정에 큰 영향을 미치는 것으로 판단된다.

또한 온라인은 의료와 관련된 정보를 검색하는 첫 번째 정보 소스이며, 의료 전문가에게조차 유용한 의료 정보 검색 수단이다. 온라인 사용자는 일반적으로 검색 엔진 및 의료 관련 사이트를 사용하며, 이 외에 1~2개의 웹사이트를 추가적으로 검색한다. 또한 온라인은 신뢰받는 의료 정보 채널로 사용자의 의료서비스 선택에 큰 영향을 미친다.

(1) 온라인(Online) 마케팅의 장점

이훈영(2008)에 의하면, 온라인 마케팅의 정점은 다음과 같다.

① 온라인 마케팅은 기존의 매체에 비해서 공간상의 제약을 받지 않는다.
사무실 안의 컴퓨터 한 대로 국내와 전 세계를 상대로 마케팅활동을 할 수 있다.

② 온라인 마케팅은 시간상의 제약이 없다.
- 24시간 동안 계속해서 광고하며, 다양한 마케팅활동을 전개할 수 있다.
- 시간대가 다른 국가에서도 이용자는 언제든지 원하는 시간에 접속이 가능하므로 24시간 계속해서 광고할 수 있다.

③ 온라인 마케팅은 표적집단으로의 접근을 용이하게 만든다.
인터넷상의 뉴스그룹이나 전자우편을 통하면 가장 구체적인 필요성을 느끼는 아주 좁은 범위의 표적집단으로 접근이 가능하다.

④ 온라인 마케팅은 의견 선도자를 통한 구전마케팅을 보다 효과적으로 수행할 수 있도록 해 준다.
인터넷 이용자들은 대부분 20~40대의 중산층, 고학력의 구매력이 있는 정보 탐색형의 의견 선도자들이 많으므로 이들을 효과적으로 활용하면 구전효과가 크다.

⑤ 온라인 마케팅은 광고비가 저렴하다.
기존의 4개 매체에 비해 평균 광고비가 매우 낮다.

(2) 온라인 마케팅의 준비과정

고객을 중심으로 한 국제 규격에 맞는 웹사이트가 필요하다. 의료관광과 관련된 웹사이트 구축 시 아래 사항을 고려한다.

- 의료관광 전문가가 웹 사이트 제작에 적극적으로 참여해야 한다.
- 모든 페이지에서 'Quick Menu' 바(연락처, 소개, 의료상담 등)가 잘 보여야 한다.

- 각 웹사이트의 외국어 사용이 완벽하여야 한다. 의학용어가 아닌 대중이 사용하는 일반 용어이어야 한다.
- 새 뉴스는 30일 이상 되어서는 안 된다.
- 모든 뉴스는 최소 12개월 이상 보관하여 한다.
- 환자의 체험수기를 포함한다.
- 의료진에 대한 상세한 프로필을 기재한다.
- 새로운 소식을 강조한다.
- 새 사진과 이미지를 항상 사용한다.
- 모든 콘텐츠는 일반 홍보물과 동일하여야 한다.
- 사회활동 내용을 포함하여야 한다.
- 기사와 보도 자료가 모두 있어야 한다.

(3) 국가별 특성에 맞는 웹사이트 제작

〈표 XI-10〉 국가별 웹사이트 사용환경의 특징

항목	미국	일본	중국
해상도	1024*768	1280*1024	1024*768
Font	문서: Times New Roman, Arial	기본: MS Gothic 문서: MS UI Gothic	중국어: 안본체, Simsun, 영문: Times New Roman
웹브라우저 환경	Internet Explore 주로 사용	Internet Explore/ FireFox 사용	Internet Explore 주로 사용
인터넷 속도	평균 4.8Mbps	평균 6.1Mbps	평균 512Kbps~2Mbps

자료: 최용석(2009)

(4) 온라인 마케팅 사례

■ 키워드 검색 광고(Internet Keyword Promotion)

① 각종 키워드 및 광고 문안을 등록하면 예산에 맞추어 광고가 게재되며, 콘텐츠 광고와 동시에 집행될 때 효율이 극대화된다.

② 사례: 검색어 'spine surgery'

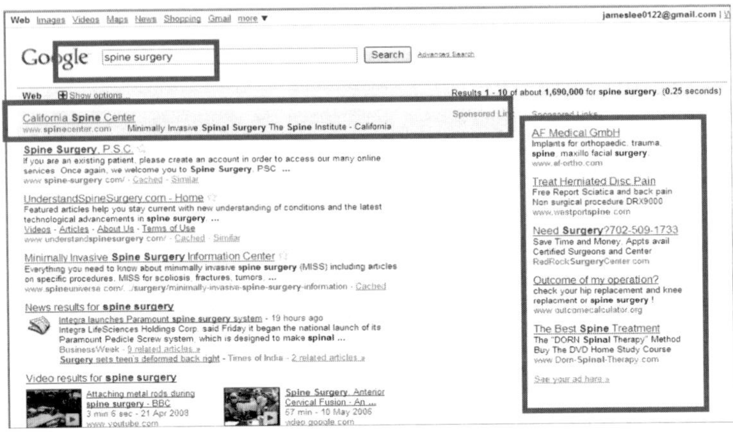

자료: Google

[그림 XI-16] 'spine surgery' 검색화면 예시

③ 진행 순서

ⓐ **1단계: Keyword Research**

URL 관련도 분석, 링크 분석, 인기 키워드 분석, 웹사이트 에러를 분석한다.

ⓑ **2단계: Search Engine Optimization(SEO)**

국가별 등록 검색엔진을 선정한다.

〈표 XI-11〉 전 세계 상위 5위 사이트(2010년 3월 현재)

순위	사이트
1	google.com
2	facebook.com
3	yahoo.com
4	youtube.com
5	live.com

자료: http://www.alexa.com/topsites/global

〈표 XI-12〉 미국 상위 5위 사이트(2010년 3월 현재)

순위	사이트
1	google.com
2	facebook.com
3	yahoo.com
4	youtube.com
5	wikipedia.org

자료: http://www.alexa.com/topsites/countries/US

〈표 XI-13〉 중국 상위 5위 사이트(2010년 3월 현재)

순위	사이트
1	baidu.com
2	qq.com
3	sina.com
4	google.cn
5	taobao.com

자료: http://www.alexa.com/topsites/countries/CN

〈표 XI-14〉 일본 상위 5위 사이트(2010년 3월 현재)

순위	사이트
1	yahoo.co.jp
2	google.co.jp
3	fc2.com
4	youtube.com
5	rakuten.co.jp

자료: http://www.alexa.com/topsites/countries/JP

언어별 홍보 문구를 자성한다.

- 웹사이트 에러를 수정한다.
- 로그 분석 및 ROI 분석을 위한 F24코드를 추가한다.
- 비고: 검색엔진은 풍부한 정보, 유용한 콘텐츠를 좋아한다. 정보가

풍부한 페이지란, 정보 text의 100%의 품질과 연구, 연관성 및 고찰과 배려가 모두 담겨 있는 페이지를 말한다. 여기에는 결코 어떠한 속임수도 있어는 안 된다.

- 디렉토리 이름 선정부터 중요하다.
- 전략 키워드를 선정한다.
- 이미지보다는 text가 중요하다.
- 이미지 사용 시에는 이미지 사용 'alt' 태그에 정보를 입력한다.
- 상위 10위권 사이트들과 배너를 교환한다.
- 전략 키워드 사이트의 제목에 포함시키고 첫 단락 문장에 사용한다.
- URL에서 기호를 삼간다.
- 메타태그를 충분히 활용한다.

ⓒ **3단계: Search Engine Submission**
- 검색엔진 등록을 제출한다.
- 검색엔진 Link Popularity를 향상한다.
- Link Popularity 추이를 분석한다.

ⓓ **4단계: 광고 노출(디스플레이 광고)**
- 등록 Keyword 상위 노출 확인 및 등록 내용을 검수한다.
- 콘텐츠 네트워크 광고 게재를 확인한다.
- 디스플레이 광고는 최근 가장 부각되고 있는 의료관광마케팅 수단이다.

※ 광고 진행 전 준비 및 확인할 사항들
- Step 1: 타깃 국가 선정
- Step 2: 타깃 국가별 홈페이지 제작
- Step 3: 광고 목표 설정
- Step 4: 검색 + 콘텐츠 광고물 제작 및 광고 집행

■ 콘텐츠 마케팅

콘텐츠 마케팅은 웹사이트가 가지고 있는 디지털화된 정보(텍스트, 비디오, 오디어, 그래픽 등)를 이용하여 전 세계 의료 정보 사이트, 전문 사이트에 해당 병의원을 마케팅하는 것이다.

① ePR(인터넷 홍보 사이트)

- 주요 홍보 대상 국가인 미국, 중국, 일본 등에 홍보 실시
- 진행 순서: PR 작성→Internet PR Editor→영어, 번역된 언어로 보도 자료 배포→Online Newspaper, Trade Publication, Reports, Broadcast Media: TVs and Radios, Online Medical and Service
- 사례: '우리들병원 스페인에 병원 설립 관련'(Wooridul Spine Mark International Enters Global Arena with Agreement to Open Spine Center of Excellence in Barcelona)

자료: 각 웹사이트

[그림 XI-17] 각종 해외 언론 매체의 '우리들병원 스페인 설립' 관련 기사 화면

② 의료관광 전문회사(Medical Tourism Agency) 웹사이트

- 의료관광 전문회사에서 운영하고 있는 사이트는 의료관광과 관련된 정보, 치료법, 의료기관 등을 소개하고 있고, 웹사이트의 성격 및 목

적에 따라 의료기관을 대상으로 관련 콘텐트 제공 시 비용을 청구하는 경우도 있다.

– 대표적인 영어권 의료관광 전문회사는 아래와 같다.

〈표 XI-15〉 대표적 영어권 의료관광 전문회사

번호	업체명	Offline 활동	주요 환자유치 병원 및 국가
1	AllMedicalTourism.com	×	모든 국가
2	DiscoverMedicalTourism.com	×	아르헨티나, 인도, 멕시코, 남아프리카, 브라질, 말레이시아, 싱가포르
3	BridgeHealth Medical	○	독일, 인도, 멕시코, 대한민국, 터키
4	Croatian Medical Tourism	○	아랍에미리트, 영국, 라트비아, 루마니아, 인도, 온두라스
5	European Medical Tourism	○	유럽
6	Formosa Medical Travel	○	
7	Global Medical Travel	○	
8	Healism.com	○	
9	Healthbase	○	
10	Health Direct	○	태국, 싱가포르, 한국
11	Health-tourism	×	태국, 멕시코, 인도, 싱가포르, 코스타리카, 터키, 독일, 말레이시아
12	Health & tourism	○	
13	hospitalscout.com	×	모든 국가
14	Indiahealthvisit.com	○	코스타리카, 쿠바, 이스라엘, 말레이시아, 태국
15	Estetica Brasil	○	
16	International Medical Options	○	
17	Oasis medical retreat	○	태국, 인도, 코스타리카
18	Online medical tourism	○	
19	Planhospital	○	
20	SaveMyEye Medical Tourism Agency	○	미국, 영국, 독일, 한국, 인도, 노르웨이
21	The Medical Tourist Company	○	인도, 폴란드, 싱가포르, 스페인, 프랑스, 사이프러스, 대한민국

22	Treatment Abroad	○	영국
23	Treatment in Spain	○	스페인
24	Makewell Medical	○	
25	Medeguide	×	인도, 멕시코, 터키, 벨기에, 코스타리카, 중국, 브라질, 필리핀
26	Medellin	○	영국, 스페인, 캐나다, 이스라엘, 이탈리아
27	MedRetreat	○	미국
28	Medico Global	×	
29	Medical Nomad	○	
30	Medical Tours Company	○	인도, 태국, 터키, 코스타리카, 필리핀
31	Medical Tourism Corporation	○	미국, 영국, 인도, 아시아
32	Medical Tour Experts, Inc.	○	필리핀
33	MedicalTourism123.com	○	홍콩, 필리핀, 싱가포르, 태국, 두바이
34	Medical Tourism.com	○	아르헨티나, 오스트리아, 브라질, 칠레, 중국
35	MediNet India	○	스페인, 이탈리아, 독일, 아랍, 프랑스
36	Medical Tourism International (MTI)	○	인도, 태국, 말레이시아
37	Meditourism Review	×	브라질, 인도, 코스타리카, 싱가포르, 태국, 남아프리카
38	Medtral	○	
39	MedTrava	○	태국, 멕시코, 코스타리카, 인도
40	VisitandCare.com	×	인도, 스페인, 터키
41	WorldMedAssis	○	인도, 멕시코, 벨기에, 터키, 코스타리카, 한국

사례: Placidway사는 순수하게 온라인에서만 활동하는 의료관광 유인, 알선 에이전시로 상세한 의료기관의 정보 취득이 용이하며, 고객들은 이 웹사이트를 통하여 바로 의료기관과 직접 연결 및 소통 가능하게 구축해 놓았다.

자료: http://www.placidway.com

[그림 XI-18] Placidway사 홈페이지 화면

■ Online Medical Tourism Journal(온라인 의료관광 전문 저널)

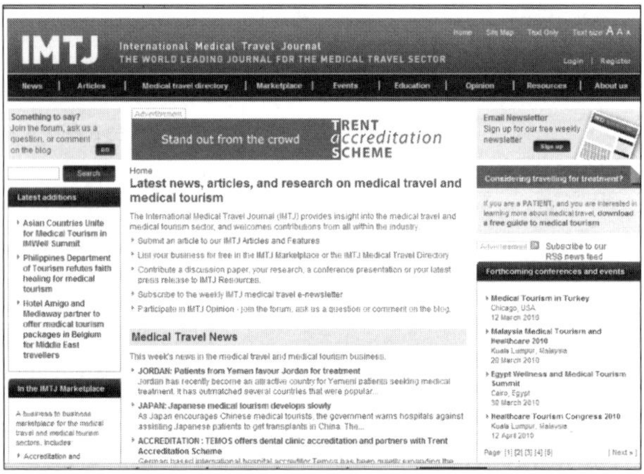

자료: http://www.imtjonline.com

[그림 XI-19] Online Medical Tourism Journal 홈페이지 화면

- 의료관광 관련된 협회의 홈페이지

의료관광과 관련한 협회에 가입하여 자연스럽게 의료기관의 정보를 기재하여 타 회원들에게 노출시키는 방법이다.

■ Web 2.0

① 정의

데이터의 소유자나 독점자 없이 누구나 손쉽게 데이터를 생산하고 인터넷에서 공유할 수 있도록 한 사용자 참여 중심의 인터넷 환경. 인터넷 상에서 정보를 모아 보여 주기만 하는 웹 1.0에 비해 웹 2.0은 사용자가 직접 데이터를 다룰 수 있도록 데이터를 제공하는 플랫폼이 정보를 더 쉽게 공유하고 서비스 받을 수 있도록 만들어져 있다. 블로그(Blog), 위키피디아(Wikipedia), 딜리셔스(del.icio.us) 등이 이에 속한다.

② 블로그

웹 2.0의 대표적인 예로 지칭되고, Blog 혹은 Weblog로 웹(Web)과 기록(log)의 합성이다. 블로그는 자신의 느낌, 생각, 견해 또는 주장 등을 웹 공간에 기록하고 다른 사람과 공감하는 열린 글 모음이다.

비즈니스 블로그 운영의 단계

Step1 : 비즈니스 블로그에 대한 기본 이해
Step2 : 비즈니스 블로그 종류 이해하기
Step3 : 비즈니스 블로그 운영 목표 설정하기
Step4 : 타깃 오디언스 설정 및 그들의 관심 구명하기
Step5 : 비즈니스 블로그 필진 및 운영팀 정하기
Step6 : 비즈니스 블로그 운영 정책 마련하기(외부용)
Step7 : 블로그 정책 마련하기(내부용)
Step8 : 초기 블로그 컨테츠 준비하기
Step9 : 코멘트 대응 가이드라인을 마련하기
Step10 : 위기관리계획 개발하기

자료: 홍순성(2009: 64-65)

■ 주요 국가별 상위 블로그 사이트

① 미국 블로그 상위 5위

순위	사이트
1	Google Blogger
2	WordPress
3	Six Apart Typepad
4	Lycos Tripod
5	Spuarespace

자료: Ettenson(2007)

② 일본 블로그 상위 5위

순위	사이트
1	아메바
2	FC2
3	라이브도어
4	야후
5	야플

자료: 홍순성(2009: 64)

③ 중국 블로그 상위 5위

순위	사이트
1	보키
2	블로그버스
3	마이스페이스
4	블러그윈
5	보키넷

자료: 홍순성(2009: 65)

의료관광 블로그 운영의 사례

우리들병원에서 수술받은 일본인 환자가 치료과정을 중심으로 제작한 개인 블로그를 보고, 온라인으로 문의해 오는 일본인 환자의 건수가 지속적으로 늘고 있다. 2009년 64개국 중 매출 1위를 차지하는 데 많은 기여를 하였다.

자료: http://blogs.yahoo.co.jp/ut1515/folder/433530.html

- UCC-Youtube

각 기관의 소개 동영상, 환자의 체험수기 동영상 등을 검색할 수 있다.

자료: http://www.youtube.com/watch?v=Q96liRkJINs

[그림 XI-20] 우리들병원 유튜브 화면

http://www.youtube.com/watch?v=Zh7vZBkf0H8&feature=related

[그림 XI-21] 우리들병원 유튜브 화면

XII. 의료관광상품과 소비자보호

1. 소비자보호 문제의 의의

박의서(2009)는 소비자문제의 특성들을 아래와 같이 정리하였는데 이러한 특성들은 의료관광 소비자문제에도 공통적으로 적용될 수 있다(이하 박의서, 2009: 411-414 참조).

1) 소비자문제의 특성

소비자문제는 소비자와 기업 간의 상품과 서비스 거래과정에서 발생한다. 소비자 피해란 사업자와의 거래에 있어서 상품과 서비스의 거래 조건이나 거래방법에 관하여 소비자가 가지는 합리적인 기대와 현실과의 불일치가 있는 상태로서 결국 소비자문제는 소비자가 상품을 구입함에 있어서 생명 · 신체 · 재산에 대한 손해 또는 불이익이라고 할 수 있다.

구체적으로 소비자 피해란 소비자가 상품이나 서비스를 사용 또는 이용하는 과정에서 상품의 잘못된 가격, 품질, 성능, 안전성 등으로 인하여 입은 신체적 위해와 경제적 손실이라고 할 수 있다. 여기서 소비자가 입은 피해를 원상으로 회복시켜 주는 것을 '피해구제'라고 하며, 이는 이미 발생한 피해를 사후에 수리, 교환, 환불, 배상, 해약 등의 조치를 취하는 사후적 구제라고 할 수 있다.

소비자문제가 직접적으로 대두된 것은 18세기 산업혁명 이후 생산 증가로 인한 소비와 생산의 불균형으로 경제 대공황을 겪으면서부터이다. 생산은 남아돌고 소비는 한정되어 상품의 판매부진과 상품 생산자 간에 치열한 경쟁이 유발되었다. 이로 인해서 생산 단축과 노동자 실업, 상품의 질적 저하, 기만적인 상행위가 발생함으로 인해서 상품에 대한 비난이 생기고, 이로 인해 소비자문제가 하나의 사회문제로 나타나게 되었다.

오늘날 소비자문제는 기술혁신, 대량생산과 판매가 이루어짐에 따라 정보 격차의 확대, 소비자 불이익의 확대와 일반화, 시장의 독과점화에 의한 비경쟁적 시장조건의 확대, 과도한 마케팅에 따른 소비자 욕구의 타율적 창출 등 현대경제 · 사회의 구조적 특징에 의하여 발생한다. 다음은 소비자문제의 공통적인 특성들을 정리한 것이다.

(1) 소비자문제의 보편화

의료기술혁신, 대량생산, 대량판매, 생산과정의 분화, 유통구조의 복잡화 등의 경제구조로 인하여 보편적으로 결함상품이 발생할 원인이 잠재하고 있으며 의료관광서비스에서도 동일한 현상들이 나타난다. 오늘날의 소비자문제는 양적으로는 방대하고, 질적으로는 다양화되면서 소비생활 속에서 보편화되고 있다.

(2) 소비자문제의 광범위한 파급

교통수단과 유통경로의 발달로 넓은 지역에 상품이나 서비스가 일시에 소비자에게 대량으로 공급되고 있다. 이에 따라 소비자문제 역시 공간적으로 광범위하게 발생한다. 첨단 기술에 의한 상품의 경우 피해 원인의 발견과 피해 예측이 어려워 피해 발생 후 방지 조치가 지연되기 쉽기 때문에 피해 범위는 한층 확산된다. 또한 정보통신기술의 발달은 판매 계층·장소·시간에 구애됨이 없이 의료서비스활동을 가능하게 하여 허위나 과대광고 또는 부당 표시 등의 피해 역시 전 국민에게 파급되고 있다.

(3) 소비자문제 원인 규명의 어려움

의료서비스 생산과 공급은 많은 프로세스로 구성되어 있다. 따라서 분화된 생산 공정과 복잡한 유통과정을 거쳐 소비자에게 제공되는 의료서비스에 결함이 있는 경우 그 결함의 원인이 서비스 제공 단계에 있는지, 유통 단계에서 잘못되었는지를 판단하기가 어렵다.

(4) 기업과 소비자의 불평등

기술혁신으로 인한 생산의 능률화, 전문기술화, 소비의 대량화, 다양화가 진행되고, 복잡한 유통경로로 인하여 기업과 소비자 간에 거래상 갭(gap)이 발생하고 있다. 소비자들은 구매할 재화와 서비스에 대한 가격·내용·거래조건과 같은 정보를 독점하고 있는 의료서비스 제공 병원에 비해 약자의 위치에 있다. 따라서 이러한 상황 하에서 의료사고 등 소비자문제가 발생하였을 경우 기업에 비해서 소비자는 무력할 수밖에 없다.

(5) 소비자 피해 결과의 심각성

소비자 피해가 단순한 재산적 피해에 그치는 것이 아니라 소비자의 생명이나 신체에 치명적인 피해를 야기하는 경우이다. 의료사고, 교통사고 등과 시설을 이용하는 서비스 중 백화점, 호텔과 같은 곳에서의 화재사건 등의 피해가 전형적인 예이다.

2) 소비자문제의 유형

소비자 문제는 상품안전, 부정확한 정보전달, 사후서비스, 환경보호 측면에서 발생할 수 있다(이하 박의서, 2009: 414-418 참조).

(1) 상품 안전

상품의 안전과 소비자 건강에 관련된 문제는 소비자문제에 있어 가장 큰 관심이 되어 왔다. 안전문제는 식료품이나 의약품에 한정된 것이 아니라 다른 여러 가지 상품과 서비스에서도 관계가 된다. 이런 안전성에 문제가 있는 상품을 위해 상품 또는 불량상품이라고 한다. 위해 상품이란 유해·유독성을 포함한 위험하고 해로운 상품으로 먹어서 위해한 것도 있지만, 사용하거나 착용함에 있어 물리적 위험을 초래하는 상품도 포함된다.

(2) 부정확한 정보전달

소비자는 기업으로부터 상품에 대한 정보를 얻는다. 이때 주로 기업에서 소비자를 설득하는 의사전달방식을 갖는 것이 보통이므로 소비자는 일방적인 정보만을 가지게 되기 쉽다. 이러한 이유로 기만, 왜곡 또는 불완전하거나 부정확한 정보가 소비자에게 전달될 위험이 늘 도사리고 있다.

(3) 소비자 불만해결

소비자 불만은 상품을 구입했을 때에 그 상품이 기대에 못 미쳤을 때 발생한다. 불만의 보상방법은 첫째, 예방으로 소비자문제가 발생하기 전에 기업에 알리는 방법, 둘째, 손해배상을 통한 방법, 셋째, 벌금·투옥·소송 등 법적 처리에 의해 벌을 주는 방법 등이다.

(4) 환경보호

소비자 삶의 질 또는 복지는 높은 물질적 수준과 정신적·문화적·사회적 행복과 만족뿐만 아니라 생활환경의 쾌적성 정도에 의해서 결정된다. 환경문제를 해결하기 위해서는 환경을 파괴할 수 있는 상품의 개발·생산을 규제할 필요가 있다.

3) 소비자보호 정책

소비자보호정책의 기본개념과 필요성 그리고 정책방향은 박의서(2009:

418-419)의 연구에 의하면 다음과 같다.

(1) 소비자보호 정책의 기본

많은 기업들이 여러 가지 정부 규제를 받고 있으며 이러한 규제들은 경영 의사결정에 영향을 미친다. 규제란 기업의 경제적 자유를 저해하는 것으로 볼 수 있지만, 적절한 정부 규제를 통해 소비자와 경쟁사들은 기만적이고 불공정한 상거래 관행으로부터 보호받을 수 있다.

소비자의 의사결정이 기업의 허위적 또는 제한된 정보 제공에 의하여 이루어질 때 정보의 규제가 가장 필요하게 된다. 그러므로 소비자 정보 제공에 관한 규제는 소비자보호 정책 분야들 중 가장 핵심이 되는 분야이다. 소비자보호 정책 입안자들은 소비자들이 충분한 정보를 토대로 의사결정을 내릴 수 있도록 규제를 체계적으로 할 필요가 있다.

(2) 소비자보호 정책의 방향

■ 소비자보호와 관련된 환경 변화

① 소비자 주권의식의 일반화

1980년대 이래 소비자보호의 정책의 강화로 소비자 의식수준이 계속 향상되는 추세에 있다. 민주화의 정착으로 소비자 주권의식이 높아지고 있으며, 소비자 피해에 대한 구제 요구도 계속 증가하고 있다. 지방자치제 실시, 소득 증대, 높아진 교육수준 등으로 소비자 권리의식도 도시에서 농촌으로 점차 보편화되고 있다.

② 환경과 안전에 관한 관심

종래의 소비자운동은 대부분 소비자 불만 처리와 소비자와 기업 간의 불평등 관계를 해소하는 데 중점을 두어 왔으나 앞으로는 환경문제와 안전에 관한 소비자의 욕구가 증가할 것이다. 또한 각종 상품의 안전성·건전성에 대한 욕구가 증대하여 무공해 식품·건강식품 등의 수요 증가가 예상된다.

③ 정보 욕구 증대

소비자들이 보다 나은 소비생활을 유지하기 위해 각종 상품 정보에 대한 수요가 크게 증가할 것이다. 또한 각종 매체에 의하여 제공되는 수없이 많은 상품 정보에 대하여 소비자들이 적절한 선택과 판단을 하기 어려워짐에 따라 정확한 정보 제공을 위한 제도 마련이 요구되고 있다.

④ 서비스 분야의 소비자문제 증가

소비자들의 여가활동이 영화 · 연극 관람이나 감상, 독서 등의 정적인 여가활동에서 스포츠, 관광활동 등의 동적인 형태로 변화됨에 따라 새로운 유형의 소비자 불만과 피해가 증가할 것이다. 또한 은행 · 보험 · 증권 등 금융 분야에서도 서비스 개선 요구나 피해 구제 요구의 증가가 예상된다.

■ 소비자보호 정책의 방향

① 소비자보호 제도

시장 개방에 따른 외국 상품의 수입과 해외여행의 증가 등으로 인하여 상품의 품질이나 서비스, 정부의 소비자보호 역할 등 소비자보호와 관련하여 소비자들의 요구수준이 전반적으로 향상하게 될 것이다. 이에 따라 소비자보호에 대한 정부의 역할이 커지고 있어 관계법령과 정부의 소비자 행정체계 정비가 요구된다.

② 소비자 안전

소비자운동 초기 단계에서는 소비자의 경제적 지위 향상이 주요 관심사였으며, 소비자의 안전문제는 다소 경시되었다. 그러나 소비자의 생활수준이 향상되면서 환경문제나 소비자 안전에 관한 관심이 고조되고 있다. 최근 식수문제와 환경문제가 사회적 이슈가 된 것은 이러한 추세를 반영하고 있다.

③ 공정거래 확립

기업과 소비자의 부당한 거래와 관련한 문제는 소비자운동 발생 초기

부터 주요 관심사로 논의되어 왔는데, 이는 소비자보호운동이 사업자와 소비자 간의 힘의 불균형 상태로부터 파생되는 부당한 대우를 시정하기 위한 노력에서 시작되었기 때문이다. 그러나 아직까지 부당거래에 관한 개념이나 기준이 명확하게 정립되어 있지 않아 공정거래 차원이 아닌 소비자보호 차원의 부당거래행위 규제는 잘 이루어지지 않고 있는 실정이다.

④ 소비자교육

정부의 소비자 정책이나 소비자 단체들의 소비자보호운동의 목적은 소비자 주권을 실현시키는 데 있다. 그러나 이와 같은 소비자 주권의 효율적 실현 여부는 무엇보다도 소비자 자신의 태도에 달려 있다. 모든 소비자의 의식수준이 높아질 때 소비자문제는 보다 쉽게 해결될 수 있다. 그러므로 소비자를 교육시키고 각종 소비자 관련 정보를 제공함으로써 소비자가 자신을 보호할 수 있는 능력을 배양시키는 것이 무엇보다도 중요하다. 이와 같은 맥락에서 소비자교육이 더욱 강화되어야 할 것이다.

2. 의료분쟁의 의의 및 해결제도

1) 의료분쟁(Medical Dispute)의 개념

홍승욱(이하 2009: 22-33 참조)은 의료분쟁의 개념을 논의하면서, 의료사고와 의료과실 및 의료분쟁에 대해서 다음과 같이 언급하고 있다.

(1) 의료사고(Medical Accident)

먼저 의료사고의 개념에 대해 살펴보기로 한다. 협의의 의료사고란 의료행위 중에 의료진의 과실이나 환자 측의 소인(예: 특이 체질)으로 인해 환자에게 예상하지 못한 나쁜 결과가 발생한 경우를 말하며, 넓은 의미로는 의료기관에서 의료행위가 개시되어 종료될 때까지의 전체 과정 중에 의료 소비자와 관련하여 발생하는 모든 불미스러운 일의 총칭한다(이하 홍승욱, 2009: 22-33 참조).

이는 누구의 잘못이라는 규범적 평가를 내리기 이전의 가치중립적인 현상으로, 예를 들어 병실 바닥이 미끄러워 환자가 넘어져 부상을 입은 경우, 의료 기기의 결함으로 환자가 부상을 입은 경우 등 의료진에게 당해 결과에 대하여 비난할 수 없는 불가항력적인 사고도 포함한다.

(2) 의료과오와 의료과실

의료과오(Medical Malpractice)란 의료행위가 당시의 의학 지식 또는 의료기술의 원칙에 따라 의료인에게 요구되는 주의 의무를 게을리 함으로써 환자에게 적합한 결과가 발생하지 못하게 된 경우로서 의료행위 상의 모든 잘못을 총칭한다.

또한 의료과실(Medical Negligence)은 의료과오의 원인인 의료진의 주의 의무위반에 대한 법적인 비난 가능성을 의미하며, 따라서 의료사고가 모두 의료과오가 되는 것은 아니나, 반대로 모든 의료과오는 의료사고라고 할 수 있다.

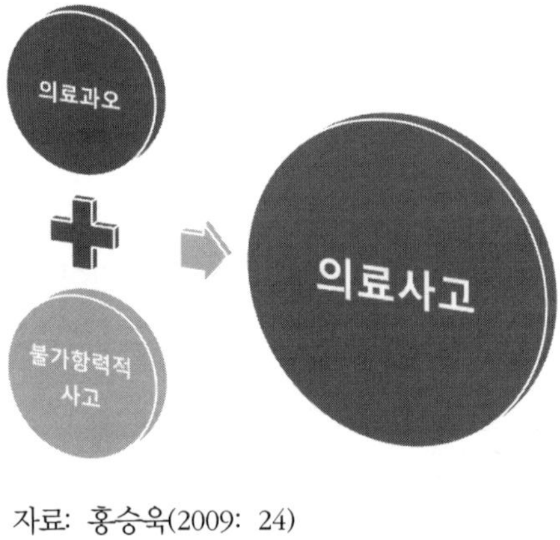

자료: 홍승욱(2009: 24)

[그림 XII-1] 의료과오와 의료사고

(3) **의료분쟁**(Medical Dispute)

의료행위와 관련하여 의료진의 과실에 의한 의료과오가 발생한 경우뿐만 아니라 의료진의 과실 때문인지, 환자 측의 소인 때문인지 그 원인이 명확히 규명되지 않아 다툼이 있는 경우에 양 당사자 간의 견해 차이로 합의가 이루어지지 않고 다툼이 발생한 상황을 의료분쟁이라고 한다. 결국 의료분쟁은 협의의 의료사고만을 대상으로 하며, 광의의 의료사고는 그 다툼의 성격이 다르기에 의료분쟁이라고 할 수 없다.

예를 들어 바닥이 미끄러운 의료기관에서 환자가 넘어져 부상을 입은 경우 손해배상에 대한 다툼은 의료분쟁이 아니라 민법상 '계약책임(채무불이행-계약상 부수의무 · 보호의무 위반)'의 문제인 것이다.

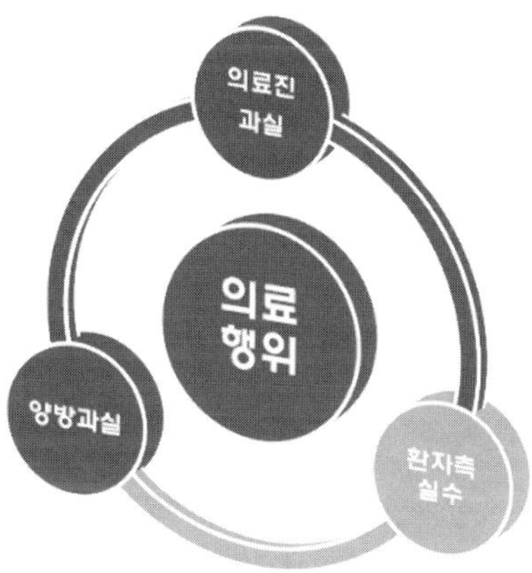

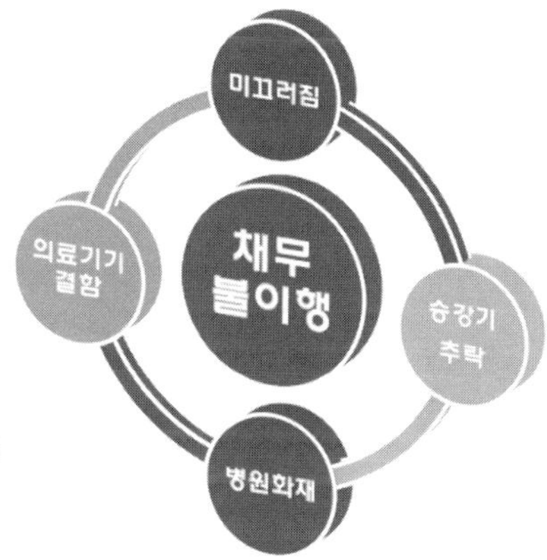

자료: 홍승욱(2009: 25)

[그림 XII-2] 협의 의료사고-의료분쟁 [그림 XII-3] 광의 의료사고-계약책임

2) 의료분쟁의 해결 제도

외국인 환자의 경우 재판 준거법과 재판 관할 법원에 관하여 사전에 합의가 되어 있지 않을 경우 갈등이 발생할 가능성이 높아 의료 계약서

에 이에 관하여 명문화하는 것이 현명한 방법이라고 할 수 있다. 학자 간의 의견 차이는 있으나 대부분의 '국제 사법'상 불법행위지의 법이 재판의 준거법이 된다. 따라서 우리나라에서 의료분쟁이 발생하면 우리나라의 법이 재판의 준거법으로 이용된다. 이러한 의료분쟁의 해결방법에는 소송의 방법 또는 소송 외적인 방법이 있다(이하 홍승욱, 2009: 28-31 참조).

(1) 소송

■ 민사소송

① 채무불이행 책임

> 민법
> 제390조(채무불이행과 손해배상)
> 채무자가 채무의 내용에 좇은 이행을 하지 아니한 때에는 채권자는 손해배상을 청구할 수 있다. 그러나 채무자의 고의나 과실 없이 이행할 수 없게 된 때에는 그러하지 아니하다.

② 불법행위 책임

■ 형사소송

형사소송은 업무상 과실 치사상법에 의해 진행된다.

(2) 소송 외 방법

민·형사를 포함하여 소송으로 가는 것은 전체 의료분쟁 건수의 6%에 불과하다. 대다수의 분쟁이 조정·합의·화해 등 소송 외적인 방법으로 해결되고 있다.

> 민법
> 제750조(불법행위의 내용)
> 고의 또는 과실로 인한 위법행위로 타인에게 손해를 가한 자는 그 손해를 배상할 책임이 있다.

제751조(재산이외의 손해의 배상)
① 타인의 신체, 자유 또는 명예를 해하거나 기타 정신상 고통을 가한 자는 재산이외의 손해에 대하여도 배상할 책임이 있다.

제752조(생명침해로 인한 위자료)
타인의 생명을 해한 자는 피해자의 직계존속, 직계비속 및 배우자에 대하여는 재산상의 손해없는 경우에도 손해배상의 책임이 있다.

제756조(사용자의 배상책임)
① 타인을 이용하여 어느 사무에 종사하게 한 자는 피용자가 그 사무집행에 관하여 제3자에게 가한 손해를 배상할 책임이 있다. 그러나 사용자가 피용자의 선임 및 그 사무감독에 상당한 주의를 한 때 또는 상당한 주의를 하여도 손해가 있을 경우에는 그러하지 아니하다.
② 사용자에 갈음하여 그 사무를 감독하는 자도 전항의 책임이 있다.
③ 전 2항의 경우에 사용자 또는 감독자는 피용자에 대하여 구상권을 행사할 수 있다.

■ 화해

① 재판상 화해

법원의 관여 하에 성립되기 때문에 확정 판결과 같은 효력이 발생한다.

② 재판외 화해(합의)

민법상의 '화해 계약'을 뜻하는 것으로 당사자가 상호 양보하여 분쟁을 끝낼 것을 약정하는 것을 의미한다. 계약 자유의 원칙상 내용과 방식에 어떠한 제한도 없으며 국가기관이 전혀 관여하지 않는 분쟁해결방식으로 가장 바람직하다.

민법
제731조(화해의 의의) 화해는 당사자가 상호양보하여 당사자간의 분쟁을 종지할 것을 약정함으로써 그 효력이 생긴다.

■ 조정(제3자의 개입에 의한 합의 도출)

법관이나 조정위원회가 분쟁 관계인 사이에 개입하여 화해로 이끄는 절차로서, 조정이 성립되어 조정 조서가 작성되면 재판상 화해와 동일한 효력을 갖는다. 이는 제3자의 중개가 필수적이라는 점에서 반드시 중개를 요하지 않는 화해와 차이가 있다.

예) 가사소송법: 가사조정위원회, 소비자보호법: 소비자분쟁조정위원회
의료법: 의료심사조정위원회에 의한 조정

이 방법은 소송에 비하여 비용이 적게 들고 간이·신속하게 처리될 수 있는 장점이 있는 반면에 합의에 이르지 못하면 다시 소송으로 갈 수 있기 때문에 절차가 지연이 되고(시간적·경제적 낭비), 조정에 대한 신뢰감이 부족하게 되는 단점이 있을 수 있다.

민사조정법
제28조(조정의 성립) 조정은 당사자사이에 합의된 사항을 조서에 기재함으로써 성립한다.
제29조(조정의 효력) 조정은 재판상의 화해와 동일한 효력이 있다.

의료법
제70조(의료심사조정위원회) ①의료행위로 인하여 생기는 분쟁(이하 "의료분쟁"이라 한다)을 조정하기 위하여 보건복지가족부장관 소속으로 중앙의료심사조정위원회를, 시·도지사 소속으로 지방의료심사조정위원회를 둔다.
③중앙의료심사조정위원회는 의료분쟁을 조정하고, 그 밖에 보건복지가족부장관이 회의에 부치는 다음 사항을 심의한다.
제71조(분쟁조정신청) 의료분쟁이 생긴 경우 관계 당사자는 시·도지사에게 분쟁의 조정을 신청할 수 있다.

최근에는 '의료분쟁조정법(가칭)'의 제정 움직임이 일고 있으며, 의료법상 '의료심사조정위원회' 권한 및 역할이 강화되고 있다. 이러한 의료심사

조정위원회는 상설 사무국 운영 및 중재의 역할도 담당하게 된다. 2009년 4월 28일 보건복지가족부에서 '중앙의료심사조정위원회 운영규칙'을 확정하였다(제7조 ① 위원회의 사무국은 한국보건산업진흥원에 둔다).

■ 중재

당사자의 합의에 의하여 선출된 중재인의 중재 판정에 의하여 당사자 간의 분쟁을 해결하는 절차로 법원의 확정 판결과 동일한 효력을 갖는다. 당사자의 양보에 의한 자주적 해결인 재판상 화해 및 조정과는 다르며, 중재 합의에 관한 규정과 준거법에 관한 내용이 병원과 환자 간의 진료 계약서 및 유치업자와 외국인 환자 간의 계약서에 명문화되어야 한다.

중재법
제3조(정의) 이 법에서 사용하는 용어의 정의는 다음과 같다.

1. "중재"라 함은 당사자간의 합의로 사법상의 분쟁을 법원의 재판에 의하지 아니하고 중재인의 판정에 의하여 해결하는 절차를 말한다.

2. "중재합의"라 함은 계약상의 분쟁인지의 여부에 관계없이 일정한 법률관계에 관하여 당사자간에 이미 발생하였거나 장래 발생할 수 있는 분쟁의 전부 또는 일부를 중재에 의하여 해결하도록 하는 당사자간의 합의를 말한다.

3. "중재판정부"라 함은 중재 절차를 진행하고 중재판정을 내리는 단독중재인 또는 다수의 중재인으로 구성되는 중재인단을 말한다.
제35조(중재판정의 효력) 중재판정은 당사자간에 있어서 법원의 확정판 결과 동일한 효력을 가진다.

이 방법은 단심제이기 때문에 법원의 재판에 비하여 신속한 해결과 비용이 저렴하다는 장점이 있으며, 관계 분야의 전문가를 중재인으로 선정하여 실정에 맞는 분쟁해결이 가능하다. 또한 비공개 심리로 업무상 비밀 유지에 적합하며 "외국 중재 판정의 승인 및 집행에 관한 UN 협약"으로 체약국 간에 외국 중재 판정의 승인 및 집행이 보장된다. 해외 의료관광

법학 전문가들은 '중재' 제도가 효과적이라고 공감하는 추세이다.

그러나 단심제이므로 삼심제인 소송에 비하여 상대적으로 판정의 적정성이 문제될 가능성이 있으며 '형평과 선'에 의한 해결도 가능하므로 법에 의한 분쟁해결을 선호하는 입장에서는 단점이 될 수도 있으며, 강제집행을 해야 할 때에는 법원에 의뢰를 해야 하는 번거로움이 발생하기도 한다.

■ 외국인 환자 의료중재 절차도

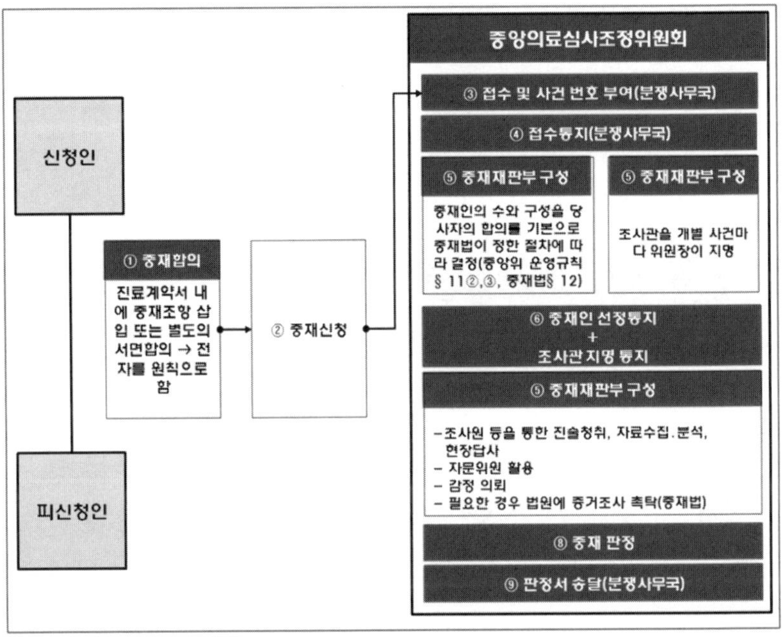

자료: 홍승욱(2009: 32)

[그림 XII-4] 외국인 환자 의료중재 절차도

■ 의료분쟁 해결 순서도

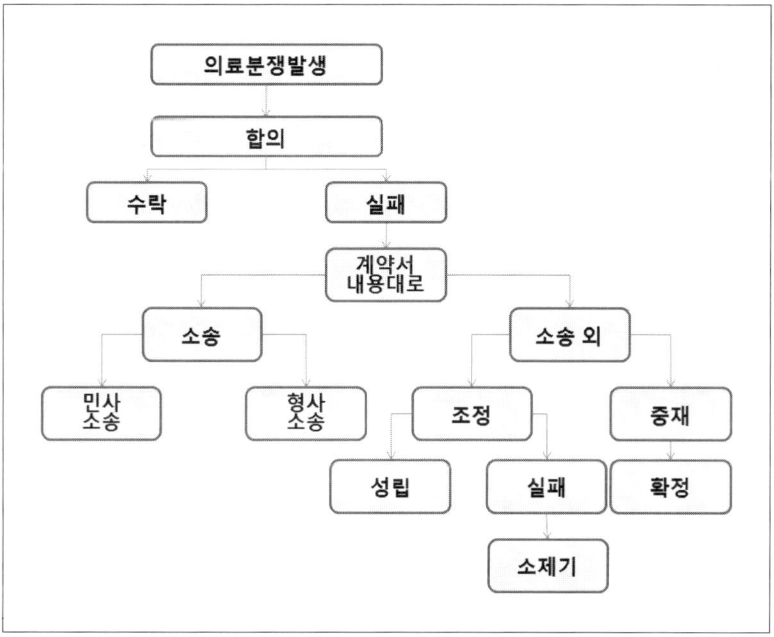

자료: 홍승욱(2009: 33)

[그림 XII-5] 의료분쟁 해결 순서도

중 '한국행 성형 관광 열풍 주의보' 주의보

수술 여행객 늘자 정부가 위험 요소 및 분쟁예방 조언

중국에서 '메이드 인 코리아' 성형수술 붐이 확산되자 중국 당국이 '주의보'를 발령했다.
"한국 성형외과의 수준이 천차만별이므로 광고만 맹목적으로 믿지 말고, 믿을 만한 통로를 통해 정식 성형외과를 선택하고, 수술 전에 반드시 병원 쪽과 계약을 맺어 수술항목과 비용, 발생할 수 있는 위험 등을 자세히 확인해 분쟁이 발생하지 않게 하라." 주한 중국대사관은 최근 누리집 등을 통해 중국인들이 주의해야 할 사항을 알리고 있다고 반관영 '중국신문사'가 9일 보도했다.

이처럼 외교 당국이 나서서 챙겨야 할 정도로 중국에선 한국행 성형수술 열풍이 불고 있다. 지난 2월 춘절(춘제 · 설) 연휴의 대표적 송년 특집 프로그램 춘제완후이에서도 '한국행 성형수술'을 소재로 한 토막극이 등장했다. 한국에 성형수술을 받으러 갔다 너무 예뻐져 돌아온 부인을 알아보지 못하는 남편의 이야기다.

지난해 말에는 여가수 왕룽이 서울에서 성형수술을 받고 돌아오다, 여권 사진과 성형수술 뒤 얼굴이 너무 달라져 공항에서 공안 당국의 조사를 받았다는 보도가 나왔다. 논란이 일자 왕룽은 블로그에 글을 올려 "더 예쁘고 매력적으로 보이고 싶어 한국에서 성형수술을 했다"고 고백했다.

특히, 한류 팬을 중심으로 한류 스타를 닮은 외모로 변신하기 위해 한국에서 성형수술을 하는 사례가 늘고 있다. 한국에서 성형수술을 받은 저우리리(38)는 최근 싱가포르 〈연합조보〉에 "인터넷에서 한국 연예인의 성형 전후 사진을 본 뒤 한국에서 성형수술을 하기로 결심했다. 수술비가 20만 위안으로 중국 수술비보다 2배 비싸지만 내가 원했기 때문에 기꺼이 했다"고 말했다.

자료: 박민희(2010: 2)

3. 외국인 환자 의료분쟁 가상사례분석

아래의 외국인 환자 의료분쟁 가상사례분석의 내용은 보건복지가족부와 한국보건산업진흥원에서 2009년 9월에 개최한 외국인 환자유치를 위한 마케팅전략 및 의료분쟁 해결방안에 대한 세미나 자료를 참고하여 정리하였다(이하 홍승욱, 2009: 39-69 참조).

1) 체류 연장기간 도과 사례

> 환자는 일본 국적을 가진 자로 대한민국에 여행자 신분으로 입국하여 체류 중, 체류 만료기간인 2009년 4월 10일까지 대한민국 출입국관리사무소에 체류 연장 신청을 하는 등의 절차를 취하여야 함에도 이를 연장하지 아니하고 2009년 4월 5일 15:00경 대한민국에서 만난 한국인 친구 소유의 자동차를 운전하여 가다가 교통사고를 당하여 큰 부상을 입음. 이에 치료를 받기 위하여 응급실에 내원하여 수술 및 입원 진료를 받고 의식이 회복되어 가고 있었음. 위 교통사고와 관련하여 의식을 회복한 사실을 안 경찰관이 사고 경위에 대하여 조사를 하던 중 불법체류 사실이 확인되어 대한민국 '출입국관리법' 상 강제 퇴거 대상이 되었다.

자료: 홍승욱(2009: 41)

(1) 쟁점

> ① VISA 연장의 책임 소재
> ② 불법체류자의 건강권

(2) 사안의 해결

- 여행자가 VISA 연장 신청을 미루고 있던 중 (아직 기간이 만료되지 않았음) 불의의 사고를 당하여 연장 신청기간이 도과함으로써 불법체류자 신분이 된 사안이다.
- VISA 연장의 책임은 원칙적으로 본인에게 있으므로, 처음부터 의료관광의 목적으로 내원하지 않은 여행자에 대한 VISA 연장 신청에 대한 책임을 의료기관에게 묻는 것은 불합리하나, 치료목적(의료관광)으로 입국한 환자에 대한 VISA 연장 신청 책임은 환자 본인 · 유치업사 · 의료기관 모두에게 있다고 보여진다.
- 본 사안에서 환자는 체류 만료기간 전 불의의 사고를 당하였으므로 정상적으로 VISA 연장 신청을 할 수 있을 것이라는 기대 가능성이 없다. 따라서 비록 VISA 연장 신청을 미루었다는 도덕적인 비난을

받을 수는 있을지언정 치료가 다 끝날 때까지는 직접적인 강제퇴거는 사실상 힘들어 보인다.

(3) 관련 문제의 대책

- 불법 체류로 인하여 '출입국관리법' 제62조 ①에 의해 강제퇴거명령을 받은 경우라 하더라도 그 집행이 불가능할 때(사안에서처럼 환자의 경우)에는 '출입국관리법 시행령' 제77조 ③에 의해 그 사유서를 사무소장·출장소장·보호소장 등에 제출하여야 한다.
- 위의 경우 불법체류자인 환자는 '출입국관리법' 제63조 ①에 의거하여 송환이 가능할 때까지 외국인 보호실·외국인 보호소 또는 기타 법무부장관이 지정하는 장소에서 보호될 수 있다.

출입국관리법
제62조 ① 강제퇴거명령서는 출입국관리공무원이 이를 집행한다.
제63조 ① 사무소장·출장소장 또는 외국인보호소장은 강제퇴거명령을 받은 자를 즉시 대한민국밖으로 송환할 수 없는 때에는 송환이 가능할 때까지 그를 외국인보호실·외국인보호소 기타 법무부장관이 지정하는 장소에 보호할 수 있다.

출입국관리법 시행령
제77조 ③ 출입국관리공무원 또는 사법경찰관리는 법 제62조의 규정에 의하여 강제퇴거명령서에 의한 송환을 마치거나 그 집행이 불가능하여 집행하지 못한 때에는 강제퇴거명령서에 그 사유를 기재하여 지체없이 사무소장·출장소장 또는 보호소장에게 제출하여야 한다.

- 치료목적으로 들어온 환자의 소재 불명에 대한 책임은 경우에 따라 달리 판단될 수 있지만 대개 의료기관보다는 유치업자에게 더 많이 있다고 보인다. 왜냐하면 의료기관보다는 유치업자가 환자에 대하여 보다 더 많이 알고 있고 또 의료기관에게 소개를 해 준 책임이 있기 때문이다.

2) 진료설계 오류: 환자의 자의적인 치료 중단

> 환자가 수술을 위해 입원하여 첫 날 몇 가지 검사를 시행하고 입원실에 돌아와서는 시설 등 본인이 유치업자로부터 들었던 설명과 차이가 많이 난다며 치료와 검사를 중단 후 귀가하겠다고 함. 이에 의료기관에서는 일부 시행한 검사와 입원비 수납을 요청하였으나, 환자는 이미 유치업자에게 초기 비용으로 상당한 금액을 지불했다면서 유치업자의 계약 위반을 언급하며 지불 거절 후 탈원, 유치업자는 에이전시 비용은 환불 불가능하며 치료에 대한 비용은 의료기관 몫이라고 책임 회피하고 있다.

자료: 홍승욱(2009: 43)

(1) 쟁점

① 환자의 자의적인 치료 중단과 진료비 지불
② 진료비 지불보증문제

(2) 사안의 해결

- 유치업자의 계약 위반을 이유로 검사비와 입원비 지급을 거절한 환자의 자의적인 치료 중단과 이를 둘러싼 진료비 지불의 책임 소재 사안이다.
- 유치업자와 환자 사이의 계약 내용을 자세히 살펴보아야 보다 정확한 책임 소재를 정할 수 있으나, 본 사안에서는 명확하게 드러나지 않는다.
- 원칙적으로 의료관광과 관련하여 진료비 지급은 의료기관과 환자 사이의 계약에 따라 이루어져야 한다. 즉, 환자가 유치업자에게 수수료를 포함한 진료비 전액을 선불 지급하는 등의 계약은 환자에게 매우 불리하다.
- 결국 진료비 지급에 대한 책임은 환자에게 있고, 유치업자의 계약 위반에 대한 채무불이행 책임은 환자가 직접적으로 유치업자에게 따로 청구해야 한다.

민법(채무불이행 책임)

제390조(채무불이행과 손해배상) 채무자가 채무의 내용에 좇은 이행을 하지 아니한 때에는 채권자는 손해배상을 청구할 수 있다. 그러나 채무자의 고의나 과실 없이 이행할 수 없게 된 때에는 그러하지 아니하다.

※ 본 사안의 경우 환자가 탈원한 상태이므로, 의료기관은 환자의 진료비에 대하여 유치업자에게 책임을 추궁할 수 있을 것으로 보임

(3) 관련 문제의 대책

예상했던 진료비보다 많이 청구될 경우에 환자와의 다툼이 예상된다. 따라서 처음 진료상담을 할 때부터 예상되는 진료비의 최저 금액과 최대 금액을 제시하고 검사 결과에 따라 추가시술 및 비용이 청구될 수 있음을 확실하게 인지시켜야 한다.

3) 안전사고 발생 자동문 센서 고장

환자는 운동 중 넘어지는 사고를 당하여 좌측 상완골 골절상을 입게 되었고, 앰뷸런스를 이용하여 응급실에 내원하여 치료받은 후 퇴원함. 환자는 3주 뒤 본원 정형외과 외래진료를 위해 병원 건물 입구에 들어오던 중 자동출입문의 센서 고장으로 문이 열렸다가 바로 닫히는 바람에 골절상을 입은 팔에 충격이 가해진 사례이다.

자료: 홍승욱(2009: 44)

(1) 쟁점

의료기관 내 시설의 오작동으로 환자가 상해를 입은 경우 책임 소재

(2) 사안의 해결

- 의료기관 내 시설의 안전 상태는 모두 의료기관 책임이다.

• 따라서 본 사안의 경우 자동출입문 고장의 책임은 의료기관에 있으므로 환자의 상해에 대하여 병원이 전적으로 책임을 져야 한다.

4) 병동에서 미끄러져 다친 경우

환자 보호자가 병동 바닥에서 미끄러져 골절상을 당했다.

(1) 쟁점

의료기관 내 안전사고에 대한 책임 소재

(2) 사안의 해결

• 의료기관에서 일어난 안전사고에 대하여 누구에게 과실이 있는지 불명확한 사안이다.

• 본 사안에서 사실 관계가 명확하지 않으므로 골절상의 원인이 누구 쪽의 과실인지 알 수 없지만 일반적으로 이러한 경우에 환자 측의 과실이 어느 정도 있다 하더라도 '고객만족(CS)'의 차원에서 병원 측이 손해배상을 해 준다.

• 그러나 상해의 정도가 매우 큰 경우이거나 피해자가 사망에 이른 경우 또는 인과관계가 복잡해지는 경우에는 각 당사자의 과실 정도와 책임의 범위를 보다 정확히 파악하기 위하여 법적인 절차를 밟는 수도 있다.

(3) 관련 문제의 대책

• 입원환자의 경우, 의료기관 내에서의 절도 사건을 예방하기 위해서는 반드시 병실 출입문에 잠금장치를 설치하도록 하고 '개인 금고' 등을 비치하여 둔다. 외래환자의 경우에 검사 등이 많아 귀중품을 분실할

염려가 있을 때에는 경리부서 등에 맡겨두도록 고지하여야 한다.

- 일반적으로 유치업자나 의료기관은 미리 환자에게 본국에서 출국하기 전에 귀중품 등을 한국에 가져오지 않도록 주의를 주도록 한다.

5) 도착 및 접수 진행 오류에 따른 만족도 하락

환자가 내원하여 진료 접수를 하면서 어지러움으로 인한 진료를 받기 위하여 내원하였다는 설명을 수납 창구 직원에게 구체적으로 설명하였으나, 수납 창구 직원이 통역 상의 실수로 환자의 증상을 잘못 해석하여 '어지러움증 등'은 신경과적 진료를 받아야 하는 것을 '머리 아픔'으로 알고 이비인후과로 접수하였다가 재차 신경과로 전과하였다.

자료: 홍승욱(2009: 46)

(1) 쟁점

① 환자의 진료과목에 대한 사전합의 중요성
② 사전 합의가 없을 경우 진료과목 결정의 주체

(2) 사안의 해결

- 진료과목에 대하여 환자와 의료기관 사이에 사전합의가 없었고, 따라서 그 결정을 비의료인인 수납 직원이 한 사안이다.
- 진료과목의 결정은 의료인과 환자가 충분히 상담한 이후에 하는 것이 보다 안전하고 현명한 방법이다. 더군다나 질환의 증상은 어느 한쪽 진료과목의 사유만으로 발생하는 것이라고 단정 지을 수 없으므로 보다 세심한 문진이 필요하다.
- 진료과목의 결정을 수납 직원에게 맡긴 의료기관에게 환자가 겪은 불편함의 책임이 있다고 보인다.

(3) 관련 문제의 대책

- 진료과목에 대한 결정은 외국인 환자(또는 그 대리인-유치업자)가 우리나라 의료기관에 진료상담을 하는 처음부터 신중하게 하도록 한다.
- 이때에 비의료인보다는 반드시 의료진의 상담을 받게 하는 것이 안전하고 현명하다.
- 진료과목에 대한 결정 없이 내원한 경우에 일반의가 먼저 문진 등을 하고 전문의에게 전의하도록 한다.

6) 진료·입원·검사에서의 의사소통 오류

> 영어 이름으로 접수된 미국 국적의 한국인이 검사실 앞에서 기다리고 있었다. 검사자는 영문 이름만 보고 서양인의 얼굴을 가진 환자를 찾았지만 보이지 않았고, 그 다음에 영문 이름으로 호명하였으나 환자 이름을 원래 발음해야 될 이름과 다르게 발음하여 환자가 오랜 시간을 기다린 사례이다.

자료: 홍승욱(2009: 47)

(1) 쟁점

> 이름을 잘못 호명한 경우에 책임 소재

(2) 사안의 해결

- 외모가 동양인이라 하더라도 이름은 서양식 이름을 가질 수도 있다는 생각을 해야 한다는 사안이다.
- 아직까지 우리 사회가 동양인은 동양식 이름, 서양인은 서양식 이름을 사용할 것이라는 고정된 생각을 많이 가지고 있다. 따라서 외국인 환자유치사업을 수행하는 담당자들은 보다 개방적인 사고방식으로 임해야 할 것이다.
- 이 사안은 단지 서비스의 문제이기 때문에 담당자가 정중하게 예의

를 갖추어 환자에게 사과하면 될 것으로 보인다.

(3) 관련 문제의 대책

- 이와 관련하여 더욱 주의해야 할 점은 환자의 이름이 비슷하여 약이나 주사약 등이 서로 바뀌는 경우가 발생할 수도 있다는 사실이다.
- 이를 방지하기 위하여 본인을 확인할 수 있는 인식표를 환자의 손목 등에 착용시킨다든가 관련 서류에 사진을 부착하는 방안 등을 강구해야 한다.

7) 약 이름 오역

입원 전에 복용중인 약에 대하여 환자가 이야기하였으나, 의료진의 약 이름 오역으로 수술하기 며칠 전에 끊어야 하는 '혈액순환제'를 수술 직전까지 복용하도록 방치하였음. 입원 후 '혈액순환제' 복용 사실을 확인하고 즉각 복용 중단시켰으나 그로 인해 수술날짜가 연기됨, 환자는 안내 미흡으로 입원기간이 길어져 비용 발생하는 것에 대하여 컴플레인한 사례이다.

자료: 홍승욱(2009: 47)

(1) 쟁점

① 수술 전 주의사항에 대한 안내 고지의무
② 복용 중인 약에 대한 확인의무

(2) 사안의 해결

- 의료진의 약 이름 오역으로 인하여 불가피하게 수술이 지연되고 입원기간이 길어지게 된 사안이다.
- 약 이름을 잘못 이해한 의료진의 과실이 명백하므로 입원이 연장됨으로 인하여 발생한 추가비용은 의료기관에서 부담하여야 할 것으로 보인다.

(3) 관련 문제의 대책

- 의료인은 수술하기 전 주의사항에 대하여 환자에게 설명하고 고지하여야 한다. 주의사항을 체크리스트로 만들어 환자와 함께 하나씩 체크해 나가는 것도 한 방법이다.
- 이 사안에서처럼 약 이름을 환자로부터 직접 듣고 받아 적는 과정에서 오류가 날 수 있으므로(통역 또는 사투리 등에 의한 실수) 반드시 '진료의뢰서'와 함께 문서화된 '처방전(또는 복용중인 약물 리스트)'을 받아놓아야 한다.

8) 환자의 건강 상태 파악 오류

〈사례 ①〉 사각턱 교정술 케이스

중국인 환자가 사각턱 교정술을 받기 위하여 시술 전 검사를 받았고 검사 결과 이상이 없자 의료진은 전신마취를 하고 수술을 하였음. 그러나 환자는 사전 문진에서 질환이 있다는 사실을 의사에게 고지하지 않았으며 시술 중에 출혈이 심하여 shock 상태가 발생한 상태에서 과다출혈로 사망한 사례이다.

〈사례 ②〉 설소대 단축증 케이스

음성질환 환자의 음성 상태를 정밀하게 검사하기 위해 검사실에 의뢰된 환자를 대상으로 후두기능검사를 시행함(후두기능검사는 모두 4가지의 검사 절차로 진행되는데 그중 환자의 성대를 직접적으로 관찰할 수 있는 스트로보스코피와 초고속 성대촬영검사가 있다). 이 두 가지의 검사는 모두 환자가 혀를 내민 상태에서 검사자가 거즈를 사용하여 환자의 혀를 잡고 있고, 내시경이 구강(목젖)까지 들어가 성대를 촬영하는 검사임. 검사 전 환자의 이전 수술 경력에 대한 정보가 없어서 환자가 이전에 설소대 단축증으로 설소대 확장술(frenotomy) 수술한 경력을 놓쳐, 검사 시 환자의 혀에서 출혈, 환자가 이것에 대하여 컴플레인을 제기한 사례이다.

자료: 홍승욱(2009: 48)

(1) 쟁점

① 환자가 고지하지 않은 사실 때문에 악 결과가 발생한 경우 책임 소재
② 환자의 고지 여부와 상관없이 의료인에게 주어지는 진료상의 주의의무

(2) 사안의 해결

- 환자는 진료 전 자신의 과거 병력과 특이한 체질 등에 대하여 의료인에게 사실대로 고지할 의무가 있다.
- 그러나 환자가 고지하지 않았다 하더라도 (또는 사실과 다르게 고지하였더라도) 의료인은 문진표 등을 통하여 꼼꼼하게 의학적으로 환자의 상태에 대하여 체크하여야 한다.
- 또 시술 전 검사를 하고 "이상이 없다 하더라도 부작용이 일어날 수 있다"라는 사실에 대하여 환자에게 정확하게 설명하고 고지한 이후에 동의서를 받고 시술을 하여야 한다.
- 위의 사례 ①은 과거 병력을 고지하지 않은 환자가 시술 중 과다출혈로 사망한 사안이다.
- 본 사안에서 시술 중 의료인의 과실이 있었는지 등의 여부가 명확하게 드러나지는 않지만, 만약 이러한 과정이 생략되었다면 비록 환자가 자신의 과거 병력을 고지하지 않았다 하더라도 의료인의 설명의무 위반으로 의료사고에 대한 책임을 회피하기는 힘들 것으로 보인다.
- 환자가 고지하지 않은 사실에 대하여는 환자 측의 과실 또한 명확하므로 손해배상금을 산정할 때에 과실 상계를 하여 손해배상액이 감액될 것으로 판단된다.
- 사례 ②는 과거 병력을 고지하지 않았고 검사 중 출혈한 사안이다.
- 환자가 이전 수술 경력을 고지하지 않았다 하더라도 문진표 등을 통하여 충분히 사실을 파악할 수 있었음에도 불구하고 인지하지 못하였으므로 그에 대한 책임이 있다.
- 사안이 상대적으로 중하지 않으므로 의료인이 환자에게 정중히 사과

하고 검사비를 청구하지 않는 수준에서 해결될 것으로 판단된다.

(3) 관련 문제의 대책

- 환자의 과거 병력이나 특이 체질 등에 관하여 환자 본인의 이야기만으로는 정확하게 판단할 수는 없으므로 시술을 하기 전에, 간단한 테스트는 반드시 하도록 하고 예상되는 부작용에 대하여 환자에게 충분히 설명하고 검사할 수 있도록 한다.
- 문진표를 작성할 때에 환자의 과거 병력이나 수술 이력, 특이 체질 등을 정확하게 파악할 수 있는 설문 조항을 반드시 삽입하도록 한다.

9) 중복검사에 대한 설명의무 위반

〈사례 ①〉 갑상선수술 환자

환자가 갑상선수술을 받기 위하여 2차 병원에서 발급받은 진료의뢰서를 가지고 내원한 후 수술을 위해 수반되는 각종 검사를 실시하였음, 후에 환자는 2차 병원에서 전부 검사하였음에도 불구하고 중복하여 검사를 실시하였다며 불만 제기

〈사례 ②〉 내과 방문한 미국인

환자는 한 달 전 다른 병원에서 시행 된 혈액검사 결과지를 내과 의사에게 보여 주며 상담을 받고 혈액검사를 하였음. 수납 시 예상외의 높은 금액이 나오자 검사 하나하나의 진료비 세부 내역서를 요청하였고, 본인이 다른 병원에서 시행한 검사와 중복되는 것은 하지 않겠다고 의사에게 이야기했는데 왜 검사를 하였냐며 환불을 요청함. 담당 의사는 본원에 처음 등록된 환자의 정확한 상태를 파악하고 기록을 남기기 위하여 검사는 불가피하였으며, 한 달 동안 환자의 상태가 변할 수 있는 가능성이 있으므로 재검사가 반드시 필요했다는 입장이며, 이러한 상황을 분명히 환자에게 설명하였고 환자도 이에 동의하였기에 처방하였다고 함. 그러나 환자는 그런 적이 없다고 말하며, 미국 사고방식으로 도저히 이해할 수 없다며 검사비 환불 요구(이미 검사가 진행되어 환불이 불가능한데도 자신은 합당한 이유를 가지고 있으므로 반드시 환불받아야 한다고 강력히 주장)

자료: 홍승욱(2009: 50)

(1) 쟁점

중복검사의 정당성 및 효용성

(2) 사안의 해결

- 사례 ①은 전원이나 전의의 경우에 중복되는 검사가 있음에도 불구하고 환자에게 그 사실을 고지하지 아니하고 검사한 사안이다. 의료기술이나 장비, 담당 의사의 소견 차이 등으로 인하여 중복 검사가 발생할 수도 있다. 따라서 이 사실에 대하여 환자에게 충분히 설명한 후 동의를 받아 검사를 시행하는 것이 나중에 진료비문제로 인한 분쟁 발생할 소지가 줄어들게 된다. 그러나 비록 MRI, CT 등의 검사를 하지 않는다 하더라도 판독비 정도는 청구할 수 있다고 보인다.
- 사례 ②는 중복 검사 설명 여부에 대한 의사와 환자의 견해 차이에 관한 사안이다. 설명이 있었는지의 여부에 대하여 양 당사자의 견해가 극명하게 대립하고 있으므로 보다 더 정확한 사실 관계 조사가 필요하다. 의료인이 환자에게 검사할 내용에 대하여 설명에만 그칠 것이 아니라, 문서로 작성하여 직접 환자의 서명을 받아 놓을 필요가 있으며, 때로는 상담 및 진료할 때에 환자의 동의를 받고 음성 녹음하는 방법도 생각해 볼 수 있다.

10) 환자의 오해

직장내시경검사를 위하여 내원한 환자가 직장내시경 직전 시행된 의사의 직장수지검사에 대하여 본인이 성추행을 당했으며 검사 시 발생한 통증에 적절한 케어를 받지 못했음을 적극적으로 컴플레인하였다. 당시 검사 진행 중 의사가 영어로 안내를 했으나 알아듣지 못하였으며 직원 간 대화를 본인을 모욕하는 대화로 오해함. 이를 위한 해명을 수차례 하였고 결국 책임자의 설명을 통해 검사 진행 내용을 이해함.

자료: 홍승욱(2009: 51)

(1) 쟁점

환자가 오해를 살 만한 검사 수행 시 사전 설명의 중요성

(2) 사안의 해결

- 의료진의 불충분한 설명 또는 환자의 오해로 인한 불만이 표출된 사안이다.
- 모든 검사나 시술 전에 의료진은 환자에게 검사 및 시술의 필요성과 그 과정, 부작용 등에 대하여 환자가 충분히 이해할 수 있도록 설명을 해야 하는 의무가 있다.
- 환자의 이해도 증진 및 시술에 대한 동의를 받기 위해서, 관련 사항을 문서화하고 설명과 함께 문서를 확인한 후 서명을 받는 것이 필요하다.
- 본 사안에서는 의료진의 설명을 환자가 완전히 이해하지 못하였다고 할 수 있으므로, 환자가 충분히 이해하였는지 확인하는 절차가 생략되었다고 볼 수 있다.
- 따라서 충분한 설명이 이루어지지 않은 사실에 대하여 환자에게 정중히 사과를 하고, 이러한 일이 재발되지 않도록 하기 위하여 의료기관은 시술(검사) 전 동의서를 자세히 작성하여 비치해 놓아야 할 것이다.

11) 불충분한 설명 후 채혈

아침에 채혈을 하고 혈액검사를 하였는데 검사가 부적절하게 되어 다시 채혈이 필요하게 되있음. 언이적 문제로 이러한 상황이 환자에게 제대로 설명이 되지 않은 상태에서 의료진이 다시 채혈을 시도하자, 환자는 왜 채혈을 다시 해야 하는지에 대하여 강하게 불만을 표출함

자료: 홍승욱(2009: 51)

(1) 쟁점

거듭되는 채혈에 대한 충분한 설명의무

(2) 사안의 해결

- 의료진의 불충분한 설명 또는 환자의 오해로 인한 불만이 표출된 사안이다.
- 본 사안에서는 처음 이루어진 혈액 검사의 부적절성에 대하여 사실관계가 빈약하므로 누구에게 그 원인이 있는지가 명확하게 드러나지 않는다.
- 그러나 의료기관 측의 과실로 추정될 수 있을 경우에는 재검사에 대한 비용을 환자에게 청구하지 못하며, 재검사 전에 반드시 환자가 온전히 이해할 수 있도록 상세히 설명을 해야 한다.
- 결국 언어적 문제로 의사소통이 원활하지 않았을 경우에는 검사 등의 시술행위를 곧바로 시행하지 말고 시간을 갖고 상호 이해할 수 있을 때까지 기다려야 할 것이다.

12) 부작용에 대한 대처

(1) 마취 부작용

〈사례 ①〉 사랑니 발치 케이스

환자가 마취가 덜 된 상태로 (커뮤니케이션도 잘 안 되기에) 통증 호소의 소리를 내자 의료진이 마취가 잘 안 된 것으로 판단하여 몇 번의 마취 시도 후에 결국 발치함. 마취가 오래 갈 거라 했던 의료진의 예상대로 오랜 시간 마취 상태가 지속됨. 환자는 종종 볼 안쪽이 얼얼하고 무감각과 함께 턱이 삐뚤어지는 느낌 및 뻐근한 현상이 있다고 불만을 제기한 사례이다.

〈사례 ②〉 전신마취 케이스

환자가 전신마취 후 병실로 돌아왔으나 기도의 근육 경련으로 갑자기 호흡 곤란 상태에 빠짐. 의료진은 계속해서 심호흡을 하도록 유도하였으나 환자의 상태는 좀처럼 안정되지 않았고 결국 기관 절개를 시행하기 위한 준비까지 하였으나 다행히도 안정제 투여 후 호흡이 안정을 되찾은 사례이다.

〈사례 ③〉 구강마취 케이스

스트로보스코피와 초고속 성대촬영검사 시도 중 환자의 감각이 예민한 경우에 구역 반사(gag reflex)가 나타날 수 있는데, 이러한 경우 보통 첫 번째 검사를 시도해 보고 환자가 참기 힘들어하거나 구역반사가 심할 때에는 구강 마취를 실시하게 됨. 이에 따라 이비인후과 전문의가 환자에게 구강마취제를 사용하여 구강마취를 실시하였는데, 환자가 갑자기 일시적인 호흡 곤란 증세를 보여 검사가 중단, 이후 환자가 호흡이 안정된 상태로 돌아왔으나 검사 전 마취 가능성과 마취 이후 생길 수 있는 증세에 대하여 충분한 설명이 이뤄지지 않았다며 컴플레인을 제기한 사례이다.

자료: 홍승욱(2009: 52)

(1) 쟁점

마취 전 충분한 설명의무 준수 여부

(2) 사안의 해결

- 의료진은 마취 전에 마취 후에 발생할 수 있는 신체 상태에 대하여 환자가 충분히 이해할 수 있도록 설명할 의무가 있다.
- 외국인 환자의 특성상 우리나라 사람과는 체질과 유전적 소인이 다르기에 마취제의 용량(dose)도 다를 수 있음을 인지하고 그에 따른 준비를 하여야 한다.
- 사례 ①은 환자가 처음부터 제대로 마취가 되지 않자 재차 마취술을 거듭하게 되어 결국 과다하게 마취가 된 사안으로, 마취제의 용량 조절에 실패한 의료진의 과실이 크므로 환자에게 정중히 사과하고

그 당시의 상황을 충분히 설명하여 의료분쟁으로 비화되지 않도록 노력하여야 한다. 단, 턱이 뻐근하고 비뚤어지는 원인은 많은 부분에서 복합적인 영향으로 일어날 수 있으므로 (예: 이갈이가 심한 경우, 턱 관절증, 부정교합, 스트레스, 이를 악무는 습관 등) 환자의 상태가 심각한 경우에 보다 근본적인 원인을 찾아야 할 것이다.

- 사례 ②는 전신 마취 후 근육 경련으로 호흡이 곤란해진 사안으로, 본 사안 역시 사실 관계가 명확하지 않으므로 환자의 호흡 곤란에 대한 원인이 누구한테 있는지 판명하기 힘들다. 마취 전과 마취 후에 나타날 수 있는 부작용 등에 대하여 환자가 충분히 이해할 수 있도록 설명하는 것이 제일 중요하다.
- 사례 ③은 의료진의 마취에 대한 사전 설명이 누락된 경우의 책임 소재에 관한 사안으로, 의료진이 환자에게 검사 중 마취 가능성과 마취 후의 증상에 대하여 사전 설명을 하지 않았으므로 의료진은 설명의무 위반에 따른 책임을 져야 한다.

13) 수술 후 부작용

〈사례 ①〉 수술 후 합병증 케이스

환자가 수술 전 수술에 대한 설명을 듣고 동의서에 사인을 하는 과정에서 담당 의사로부터 수술로 인한 모든 부작용에 대하여 설명을 듣지 못하고, 주요 부작용에 대해서만 설명을 듣고 동의서에 사인을 한 후 수술을 받음. 수술이 성공적이었기에 퇴원하여 환자는 본국으로 돌아갔으나 8개월 뒤 수술 부작용을 호소하며 국제클리닉으로 연락한 사례이다. 확인 결과, 환자에게 생긴 부작용은 흔치 않은 경우였으나 수술로 인해 생길 수 있는 부작용 중의 하나로, 환자는 이에 대해 보상을 요구하였으나 의사의 자세한 설명을 듣고서 합병증 발병에 대하여 적절한 치료 후 귀국하였다.

〈사례 ②〉 상안검 시술 케이스

미국에 거주하는 환자가 눈꺼풀 처짐 현상을 개선하기 위하여 상안검 성형술을 받고 본국으로 돌아감. 1개월 후에 에이전시를 통하여 시술을 받은 왼쪽 눈의 눈꺼풀이 제대로 감기지 않아 수면을 취하는 데 방해가 되고, 한쪽 눈이 올라가 거울을 볼 때마다 스트레스를 받는다며 배상을 요구한 사례이다.

〈사례 ③〉 성형 후 감염된 미국 환자

환자는 평소 성형수술에 관심이 많아 눈과 코수술을 계획하고 본원에 내원했다가 전문의 상담 후 추가로 턱의 뼈를 깎아 얼굴선을 다듬는 수술까지 시행 후 본국(미국)으로 귀국(귀국 당시까지 얼굴의 부기는 가라앉지 않았고 수술 후 care를 끝까지 못한 상태에서 예정된 일정이 있어 일찍 귀국할 수밖에 없었음). 본국에서 계속 치료를 하였으나 불행히도 턱수술 후 감염이 생겨 미국에서 입원 치료를 받았고 일체의 비용을 포함하여 손해배상 소송제기.

환자는 턱 교정술은 예정에 없었으나 본원의 전문의가 강력히 권고하였고 수술 합병증을 설명할 때에 그러한 부작용은 흔치 않으므로 대수롭지 않게 설명했나고 진술. 본원의 전문의는 수술 후 Tx를 본원에서 끝내고 싶었으나 예정된 일정이 있다며 환자가 귀국하기 강력히 원해 소견서를 첨부하여 항생제 처방하여 지속적인 치료 권유함. 수술동의서 설명 시 가능한 합병증에 감염(infection)이 있었다.

자료: 홍승욱(2009: 53)

(1) 쟁점

시술행위 전 부작용 등에 대한 의료진의 설명의무 준수 여부

(2) 사안의 해결

- 의료인은 환자에게 시술행위 전, 시술행위와 관련한 모든 부작용에 대하여 설명할 의무가 있으며, 그에 따른 주의점 등을 환자가 이해할 수 있도록 설명하여야 한다.
- 사례 ①은 흔치 않은 부작용에 대한 설명의무 위반 시 그에 대한 책임 소재에 대한 사안으로서, 의료인은 외국인 환자 진료 시 우리나라 사람과의 체질과 유전적 소인에 대한 차이를 분명히 인지하여야

한다. 수술 후 부작용에 대하여는 의료인의 설명의무 준수 여부에 따라 그 책임이 결정된다.

- 본 사안에서 흔치 않은 부작용에 대한 의료인의 설명이 결여된 것으로 보이나 사후 치료에 대한 확실한 보장 및 양해를 구하여 환자가 의료진의 입장을 수용한 것으로 보이며, 일반적으로 이러한 경우 의료기관에서 환자의 합병증에 대한 치료비 및 입원비 등 일체를 부담할 것으로 판단된다.
- 사례 ②는 상안검 성형술에 따른 수술 후유증에 대한 사안이다. 사실 관계에서 명확하게 드러나지는 않지만 의료진의 과실이 명백하다면 왕복 항공료를 포함한 재수술비용 및 위자료 등을 의료기관에서 부담하여야 할 것으로 판단된다.
- 사례 ③은 성형 후 감염과 관련한 책임 소재에 대한 사안이다. 의료인의 '수술 후 합병증'에 대한 설명이 온전하지는 않았으나 포괄적인 감염(infection)에 대한 고지가 있었고, 환자 측의 개인적인 이유로 조기 귀국을 하였으므로 수술 후 주치의에 의한 care는 기대할 수 없었다. 본 사안에서 양 당사자 모두에게 책임이 있다고 보이므로 환자는 교통비 등을 부담하고, 의료기관에서 치료비와 입원비 등을 부담하여야 할 것으로 판단된다.

(3) 관련 문제에 대한 대책

- 흔치 않은 부작용이라 하더라도 발생 가능성이 있다면 반드시 환자에게 설명하는 것이 현명하다. 이와 관련하여 후에 의료분쟁으로 발전될 가능성을 줄여 주기 때문이다.
- 진료비와 관련하여 '수술 후 불만족'에 대한 재수술 등 치료비 및 입원비는 고객만족 차원에서 의료기관이 부담하고, 교통비는 환자 측의 부담으로 하는 것이 일반적이다. 피부 · 성형시술과 관련하여 환자의 불만족은 대개 정신과적 문제를 수반하기도 하므로 정신과 치료도 함께 받도록 하는 것이 현명한 방법이다.

• '수술 후 합병증'에 대한 진료비 청구 등은 의료인의 설명의무 위반 여부에 따라 개별적으로 검토되어야 한다.

14) 한방 치료 부작용

〈사례 ①〉 침 치료 케이스
목 디스크 환자가 침을 맞은 후 갑자기 어지러워하며 쓰러지면서 벽에 머리를 부딪침

〈사례 ②〉 한방 약 찜질 케이스
허리 디스크 환자가 허리에 한방 약, 찜질을 받으면서 (따뜻하고 기분이 좋아지므로) 뜨거운 것을 참고 찜질을 받다가 피부에 수포가 발생함

〈사례 ③〉 봉침 치료 케이스
봉침을 맞은 환자가 전신 두드러기와 가려움증을 호소함

〈사례 ④〉 한약 복용 후 부작용
환자가 보약을 처방받아, 본국에 가서 약을 복용한 이후부터 설사 증세 보임

자료: 홍승욱(2009: 53)

(1) 쟁점

한방 치료 후 부작용에 대한 책임 소재

(2) 사안의 해결

• 한방 치료(침 · 찜질 · 한약 처방 등)를 하는 경우에 후유증이나 환자가 주의해야 할 사항에 대한 사전 설명의무 준수 여부에 관한 사안이다.

• 사례 ①은 침을 놓기 전에 침을 맞은 후의 증상에 대하여 환자가 충분히 이해할 수 있도록 설명하여야 하고, 침을 뺀 이후에 한 시간(환자의 상태에 따라 다름) 정도는 침상에 누워 휴식을 취할 수 있

도록 안내하여야 한다.

- '침훈' 또는 '훈침'이라는 현상으로 침의 빠른 효과를 몸이 그것을 받아들일 만큼 체력이 뒷받침이 안 된 경우에 발생한다. 보통 환자가 밥을 안 먹고 왔다거나, 전날 과로를 한 후(특히 시차 적응을 잘못하거나 긴 여행으로 피로가 누적된 분들)에 침을 맞은 경우, 또 선천적으로 체력이 약한 경우 나타나는데 잠시 안정을 취하면 상태는 호전된다. 머리를 부딪쳤으므로 의료기관의 부담으로 MRI · CT 등의 검사를 하고 적합한 치료를 하도록 한다.
- 사례 ②는 찜질을 받기 전에 환자에게 주의할 점 등을 자세히 설명하고, 이상증세가 나타나면 바로 의료진에게 알리도록 안내하여야 한다. 의료기관의 부담으로 화상치료가 완료될 때까지 적합한 치료를 하도록 한다.
- 사례 ③은 '봉침 과민 반응' 현상으로, 봉침을 이용하여 염증을 치료하는 과정에서 봉침에 대한 개인적 취약성으로 인하여 과민 반응을 보이는 경우에 발생하므로 미리 이 사실에 대하여 환자가 충분히 이해할 수 있도록 안내하여야 한다. 허리 봉침시술 부위에서 시작하여 전신에 봉침 과민성 두드러기와 홍반이 나타나는데, 일반적인 경우에는 봉침시술 부위의 가려움증만 주로 호소, 환자의 봉침 과민 반응을 즉각 줄일 수 있도록 협진을 하고 있는 ○○의원에 처치(페닐아민, 덱사 등의 주사제)를 요청하여 부작용을 최소화하였고 주사제 처치 후 즉각 호전 반응을 보였다.
- 사례 ④는 한약 처방전에 환자의 체질과 상태에 대한 정확한 진단이 필요함을 보여 준다. 또 복용 전에 주의사항 등에 대하여 환자가 충분히 이해할 수 있도록 안내하여야 한다. 환자 본인의 체질에 맞는 맞춤 처방을 했기 때문에 약에는 문제가 없을 거라고 판단되지만, 환자 본인이 약을 먹은 뒤부터라고 말하였기 때문에, 전액 환불 (외화 송금) 처리해 주고, 위장을 보호하는 치료약을 서비스로 발송해 주었다(원래 처방받아 간 약은 반송 처리).

(3) 관련 문제에 대한 대책

- 안과 치료의 경우에 안약을 넣고 1시간 후에 운전하도록 지시한다.
- 찜질 시 화상을 예방하기 위하여 반드시 수건을 덧대어 찜질기가 직접 피부에 닿지 않게 하여야 한다.
- 한약 처방의 경우에 맛이 어떻다는 것까지도 설명할 필요가 있다.

15) 비용 정산 오류(진료비 지불)

〈사례 ①〉 결제시스템에 대한 사전 안내 부족

환자가 진료비를 결제하려 하였으나 자국(일본)에서만 가능한 체크카드였기에 결제가 불가능하였음. 환자에게 타 카드는 없는 상태였으며, 현금 또한 충분하지 않았다. 타인을 통한 국제 송금도 개인 사정상 어려운 상태여서 고국으로 돌아가 진료비를 직접 송금해 주기로 합의를 보았다. 담당 직원은 환자의 여권과 연락처의 정보를 재확인하였고, 일본 도착 후 이틀 뒤 국제 송금 입금이 확인되었다.

〈사례 ②〉 보험회사의 지불 거절

환자가 한국 여행 중 혈압 저하, 배뇨 곤란 등으로 ER에서 검사 후 R/O Acute renal failure로 입원, 본원에서 Tx 중 환자가 해외 유명 사보험회사의 회원임을 밝혀 보험회사와 접촉 후 100% 치료비에 대한 보증서를 받고 치료 후 귀국함(환자의 입원 당시 급성신부전이 의심되어 진단을 목적으로 한 여러 가지 검사가 많이 이루어졌었고 결론적으로 환자의 상태가 좋아져 귀국한 것이었음). 그 후 claim document를 받은 보험회사에서는 당사의 치료 범위에 속하는 검사와 치료가 아니라며 지불을 거절(환자의 condition과 진단명에 대한 의사 소견서를 보험회사에 중간에 보내 guarantee paper를 받았으나 궁극적으로 검사의 대부분이 negative로 나왔고 환자 검사 수치와 증상이 좋아져 퇴원했지만 보험회사는 over treatment를 주장). 환자와 다시 접촉하려 했으나 환자와는 연락이 되지 않았으며 진료비 1,500만 원은 미불된 상태. 주치의는 진단을 내리기 위해 반드시 필요한 검사였다고 하였다.

〈사례 ③〉 예상 밖의 치료비

에이전시를 통해 환자에 대한 문의가 들어와 예상 소요비용과 대략의 입원기간에 대해 설명했고 접수 담당자가 문의하는 과정에서 환자가 당뇨가 있다는 사실이 누락되었음. 내원하여 치료받던 도중 당뇨병을 앓고 있는 사실이 밝혀졌으며 이로 인해 상처 회복이 매우 더디고 감염 위험이 높아져 더 많은 항생제 등이 사용되었고 결국 의료비용이 처음 예상치보다 높아졌음.

환자는 에이전시에 이미 본인에 대한 정보를 통보했고 그에 관련된 제반 비용이 포함된 것으로 알았다며 더 이상 지불할 용의가 없다고 하였다(지불 능력 또한 없었음). 그리고 에이전시도 환자 의료비용에 대해서는 본인들도 책임이 없다고 하였다.

자료: 홍승욱(2009: 57)

(1) 쟁점

진료비 지불보증

(2) 사안의 해결

- 사례 ①은 결제되지 않는 신용카드 사용 여부에 대한 사안이다. 의료기관에서는 외국인 환자와 처음 진료상담을 하고 예약을 할 때부터 진료비 지불방법에 대하여도 환자에게 충분히 설명을 하여야 한다(예: 현금 지급방법, 통장계좌 이체방법, 사용 가능한 신용카드의 종류 등).
- 본 사안에서는 다행히도 진료비를 받을 수 있었지만, 받지 못할 경우를 대비하여 진료비 추심방법에 관하여 연구가 필요하다.
- 사례 ②는 보험회사의 진료비 지불보증이 있었지만 보험금이 지급되지 않은 사안으로, 진료비의 지급자인 보험회사와 의료기관 사이에 치료의 범위에 대한 설정이 미리 명문화되어야 한다. 부득이하게 진료의 범위가 넓어지거나 새로운 내용이 추가될 경우에는 시술 전에 보험회사에 연락을 하여 추가적으로 승인을 받아야 하며, 중간에 지속적인 접촉(contact)을 통해 환자의 상태에 대한 보고와 진료비 지

급에 대한 확인을 받아 놓아야 한다.

• 사례 ③은 처음 진료상담 시 누락된 병력 때문에 증가하게 된 치료비의 책임문제에 관한 사안이다. 최초 진료상담 시 환자가 없는 상황에서 의료기관과 유치업자가 진료설계를 하게 되어 환자의 병력과 현재의 상태 확인이 정확하게 이루어지지 않았다. 이를 방지하기 위하여 최초 상담 및 진료설계를 할 때에 반드시 환자가 참여하도록 하여야 하며, 의료기관에서도 진료상담 등은 간호사 등 의료인만 할 수 있도록 하여야 한다.

(3) 관련 문제의 대책

• 진료비 지불보증과 관련하여 유치업자는 환자의 경제력(현재의 소득 및 통장잔고 확인 등)을 정확히 파악하여 진료비가 미납 및 체납되지 않도록 진료비 지급 확보를 위한 여러 대책 등을 수립해야 한다.

• 의료기관에서는 진료비 확보를 위해 유치업자나 보험사로부터 지불보증 각서를 받을 수도 있고 또는 미리 환자로부터 보증금을 받거나, 중간 정산 혹은 신용카드 체크를 통해 실비용에 대한 지급을 확보할 수도 있다.

※ 분할 납부의 예 계약 : 중간 : 퇴원 = 50% : 30% : 20%

• '의료급여법'에 의하면 진료비와 관련하여 보증금 등을 요구할 수 없도록 하고 있으나 이것은 어디까지나 그 대상이 의료급여환자에 한하는 것이므로, 외국인 환자에게 적용될 여지는 없다.

의료급여법
제11조의 4(의료급여기관의 비용 청구에 관한 금지행위) 의료급여기관은 진료 등의 의료급여를 행하기 전에 수급권자에게 본인부담금을 청구하거나 수급권자가 이 법에 따라 부담하여야 하는 비용과 비급여비용 외에 입원보증금 등 다른 명목의 비용을 청구하여서는 아니 된다.

제28조(의료급여기관의 업무정지 등)
① 보건복지가족부장관은 의료급여기관이 다음 각호의 1에 해당하는 때에는 1년의 범위 내에서 기간을 정하여 의료급여기관의 업무정지를 명할 수 있다.
② 제11조의4의 규정을 위반하여 본인부담금을 사전에 청구하거나 입원보증금 등 다른 명목의 비용을 청구한 때

- 간혹 '행위별 수가제'로 인한 불편이나 불만을 제기하는 환자들도 있는데 이럴 경우에는 병원의 재량으로 '포괄 수가제'를 적용할 수도 있다.

16) 약물 배송

(1) 쟁점

약물 배송사고에 대한 책임 소재

자료: 홍승욱(2009: 59)

(2) 사안의 해결

- 약물이 환자에게 제대로 전달되지 않았을 때의 의료기관 책임문제에 대한 사안이다.
- 일반적으로 해외로 약물을 배송할 때에는 '국제우편발송(EMS)'을 이용하고 세관 서류와 영문 처방전, 의사 소견서, 약제 성분증명서까지 동봉하여야 한다.
- 본 사안은 의료기관에 어떠한 잘못이 없다 하더라도 환자 고객만족

측면에서 다시 약을 보내 주는 것이 환자와의 지속적인 유대 관계를 위해 좋은 것으로 사료된다.

17) 대리처방

몽골 국적의 여자 환자가 복부 통증으로 내원하여 상담한 결과, 복부 단층촬영· 복부 초음파· 내시경 · 혈액검사 등을 권유받았으나 비용 부담으로 혈액검사와 내시경 검사만 하였음. 검사 결과 위염 증상이 있어 3개월치 약만 타서 귀국. 3개월 후 국내에 거주하던 환자의 친언니가 내원하여 약 효능이 좋아 동생(환자)의 건강이 회복되어 가고 있다며 환자의 사정상 국내에 들어오기 어려우니 대리 처방을 강력히 원하여 3개월치 약을 더 받아감.

그로부터 다시 3개월 후 몽고에서 E-mail로 "복부 통증이 다시 심해져 몽고 현지 병원에서 복부 초음파와 단층촬영을 시행한 결과 간암 진단을 받았으며, 당신들 병원(한국 의료기관)에서 검사 시 암을 발견하지 못해 치료시기를 놓쳤으니 손해배상 소송을 제기하겠다"며 통고함

자료: 홍승욱(2009: 60)

(1) 쟁점

① 대리처방의 허용 범위
② 환자의 사정에 의한 검사 축소와 진단 착오의 연관성

(2) 사안의 해결

- 환자의 사정으로 제대로 된 검사가 이루어지지 않았고 그로 인해 정확한 진단을 하지 못한 사안이다.
- 환지 본인의 사정으로 검사를 받지 않았고, 부족한 검사로 암이라는 정확한 병명을 진단하기는 현실적으로 어렵다. 따라서 진단 오류에 대한 과실이 의료진에게 있다고 볼 수 없다.
- 대리처방과 관련하여 원칙적으로는 허용되지 않으나(의료법 제18조),

약사법 제23조 제4항에 의거한 예외적 허용이 가능한지는 사안별로 보건복지가족부의 유권 해석이 필요하다.

- 본 사안에서는 대리처방이 원칙적 금지임에도 불구하고 환자의 사정과 편의를 봐주어 의사가 위법함을 감수하고 처방을 해 주었는데, 후에 오진(이것도 환자 측의 이유 없는 주장임)이라며 손해배상을 청구하는 것은 지나친 권리 남용이다.

(3) 관련 문제에 대한 대책

- 대리처방이 허용되지 않을 경우에는 한국에서 처방전만 보내고 현지에서 약을 탈 수 있게 한다.
- 만약 대리처방을 할 수 있다 하더라도 진통제 중 모르핀 같은 향정신성 의약품은 외부로의 유출을 방지하기 위해 환자가 직접 현지에서 탈 수 있도록 한다.

■ 대리처방 관련한 견해 대립

① 허용하는 입장

ⅰ) 보건복지가족부 의료 자원 팀 유권 해석(869호, 2007.2.5)

Q. 의료기관이 만성질환자 · 노약자 · 영아 · 거동불편자 · 도서산간벽지인 · 기타 사유로 인하여 환자가 직접 의료기관을 내원하지 않고 보호자가 내원하는 경우에 처방전 교부가 가능한지 여부?

A. 의료법 제17조(구 의료법 제18조)에서 의료업에 종사하고 자신이 진찰 또는 검안한 의사(치과 · 한의사 포함)가 아니면 진단서 · 검안서 · 증명서 · 처방전을 작성 교부하지 못하도록 규정하고 있고, 만약 이를 위반한 때에는 자격정지 2월의 행정처분을 실시하도록 되어 있음.
그러나 환자가 의료기관에서 의사로부터 최초 진찰을 받고서 만성질환 등으로 동일 상병 치료를 위해 반복적인 의약품 투약이 필요로 함에도 불구하고 만성질환자 · 노약자 · 영아 · 거동불편자 · 도서산간벽지인 · 기타 특수한 사유로 인하여 환자가 직접 의료기관을 내원하지 못해 보호자가 내원할 경우 처방전 교부가 가능할 것으로 판단됨 다만, 재진 환자라 할지라도 동일 상병이 아닌 다른 상병으로 처방할 경우에는 의사의 직접 진찰에 의한 처방전이 교부되어야 함.

의료법

제17조(진단서 등) ①의료업에 종사하고 직접 진찰하거나 검안(檢案)한 의사[이하 이 항에서는 검안서에 한하여 검시(檢屍)업무를 담당하는 국가기관에 종사하는 의사를 포함한다], 치과 의사, 한의사가 아니면 진단서 · 검안서 · 증명서 또는 처방전[의사나 치과 의사가 「전자서명법」에 따른 전자서명이 기재된 전자문서 형태로 작성한 처방전(이하 "전자처방전"이라 한다)을 포함한다]을 작성하여 환자(환자가 사망한 경우에는 배우자, 직계존비속 또는 배우자의 직계존속을 말한다) 또는 「형사소송법」 제222조 제1항에 따라 검시(檢屍)를 하는 지방검찰청검사(검안서에 한한다)에게 교부하거나 발송(전자처방전에 한한다)하지 못한다.(이하 생략)

제18조(처방전 작성과 교부) ①의사나 치과 의사는 환자에게 의약품을 투여할 필요가 있다고 인정하면 「약사법」에 따라 자신이 직접 의약품을 조제할 수 있는 경우가 아니면 보건복지가족부령으로 정하는 바에 따라 처방전을 작성하여 환자에게 내주거나 발송(전자처방전만 해당된다)하여야 한다. 〈개정 2008.2.29〉

ⅱ) 건강보험심사평가원이나 건강보험공단

대리처방의 경우 별도의 병명기호를 부여하여 대리 처방 수가를 50% 정도를 인정하고 있다.

② 반대하는 입장

ⅰ) 창원지법 판례

거동이 불편한 아버지가 전립선비대증을 앓고 있으니 처방해 달라는 말만 듣고 처방전을 작성해 준 뒤 공단에 의료비를 청구한 혐의로 기소된 의사를 비롯하여 대리 처방을 한 부산 · 경남 지역 33개 의원의 의사에게 의료법 위반죄를 적용해 벌금 50만~150만 원을 각각 선고

ii) 박행남 변호사(부산시의사회지 제45권, '대리 처방은 위법인가?', pp.32-33, 부산광역시의사회, 2009.7/8.)
복지부의 유권 해석이나 심평원의 대리처방 코드 부여는 대리처방 시 의료법 위반 여부를 판단함에 있어 참고 사항에 불과하고 의료법이 우선적으로 적용되며, 판례도 대리처방이 의료법 위반이라는 점을 인정하고 있으므로, 의사의 대리 처방은 현행 의료법에 위배된다.

의사가 공단이나 심평원에서 부여한 대리 처방코드에 따라 의료비를 청구하는 행위는 자신의 의료법 위반행위에 관한 증거를 그대로 남기는 행위이므로 신중을 요하며, 또한 의사가 대리 처방으로 인한 의료법 위반으로 처벌을 받는 경우 의사는 심평원이나 공단, 환자 측에서 의사 대신 책임을 지지 않는다는 점을 유념해야 한다. 따라서 의사는 의료법에 대리 처방규정이 삽입되기까지 대리처방을 하지 않는 것이 바람직하다.

18) 통역 코디네이터 실수

(1) 쟁점

통역 코디네이터의 과실을 의료기관의 책임으로 전가할 수 있는지 여부

자료: 홍승욱(2009: 62)

(2) 사례의 해결

- 통역 코디네이터의 과실로 환자에게 약화 사고가 발생한 사안이다.
- 통역 코디네이터의 고용주에 따라 그 책임 범위가 달라지는데, 통역 코디네이터가 외주 (유치업자 · 보험사 혹은 통역 전문 회사 등) 소속이고 환자가 있을 때마다 의료기관과의 위임 계약으로 일을 하는 경우에는 사용자 책임을 지지 않고, 통역 코디네이터가 의료기관에 직접 고용되어 일을 하는 경우에는 사용자 책임이다.

민법
제391조(이행보조자의 고의, 과실)
채무자의 법정대리인이 채무자를 위하여 이행하거나 채무자가 타인을 사용하여 이행하는 경우에는 법정대리인 또는 피용자의 고의나 과실은 채무자의 고의나 과실로 본다.

제756조(사용자의 배상책임)
① 타인을 사용하여 어느 사무에 종사하게 한 자는 피용자가 그 사무집행에 관하여 제삼자에게 가한 손해를 배상할 책임이 있다. 그러나 사용자가 피용자의 선임 및 그 사무 감독에 상당한 주의를 한 때 또는 상당한 주의를 하여도 손해가 있을 경우에는 그러하지 아니하다.
② 사용자에 가름하여 그 사무를 감독하는 자도 전항의 책임이 있다.
③ 전2항의 경우에 사용자 또는 감독자는 피용자에 대하여 구상권을 행사할 수 있다.

⇒ 현실적으로 의료기관에서 도의석 책임 등을 이유로 공동불법행위 책임을 질 가능성이 큼

민법
제760조(공동불법행위자의 책임)
① 수인이 공동의 불법행위로 타인에게 손해를 가한 때에는 연대하여 그 손해를 배상할 책임이 있다.
② 공동 아닌 수인의 행위중 어느 자의 행위가 그 손해를 가한 것인지를 알 수 없는 때에도 전항과 같다.
③ 교사자나 방조자는 공동행위자로 본다.

19) 지시에 따르지 않는 환자(익명의 병원 사례)

조절이 잘되지 않는 심한 당뇨(Uncontrolled DM)로 인슐린 주사 치료를 하고 있는 환자이며 퇴역 미군으로 지방에 거주 중, DM foot(혈당 조절이 잘 안되어 말초혈관순환에 문제가 생기거나 상처가 생긴 후 발가락 조직이 괴사하는 병)으로 진단받고 본원에 전원되었다.

본원 성형외과에 입원 후 내분비내과, 정형외과와 협진하여 조직이식 등 수

술을 받고 연고지 근처의 병원에서 당뇨 치료와 소독과 상처 관찰 등 수술 후 care를 하기로 하고 퇴원, 퇴원 당시 환자에게 혈당 조절의 중요성과 수술 후 감염 가능성에 대하여 주지시켰다(환자가 당뇨 조절에 있어서도 연고지 지방 병원을 불규칙하게 방문하는 등 의사의 권고에 잘 따르지 않은 적이 있어 치료의 필요성에 대하여 강력히 인식시킴).

그 후 본원 담당 의사와의 진료 예약이 있었으나 오지 않았고, 연락이 되지 않았는데, 3달 후 부인으로부터 환자가 하와이 소재 미군 병원에서 다리 절단수술을 받았으며 본원에서 수술 후 감염 가능성에 대하여 제대로 검사를 하지 않았다며 소를 제기하겠다고 화를 내며 전화가 왔으며, 미군 병원에서는 이미 감염이 있었을 것이라고 하였고, 본원 의료진들은 퇴원 당시 감염 징후가 전혀 없었으며 후속조치(follow up)를 할 수 있었다면 문제가 발생했을 때에 즉각 대응할 수 있었을 텐데 그러한 기회조차도 주지 않은 환자의 잘못이라고 주장하였다.

자료: 홍승욱(2009: 64)

(1) 쟁점

의료진의 지시를 따르지 않아 발생한 악 결과에 대한 책임 소재

(2) 사례의 해결

- 의사의 지시에 따르지 않아 다리까지 절단하게 된 당뇨병 환자 사안이다.
- 본 사안에서는 의료인이 충분히 설명의무를 다한 것으로 판단되며, 따라서 환자에게 발생한 악 결과에 대하여 의료진에게 책임을 추궁하기는 힘든 상황이다.
- 의료진의 지시에 따르지 않으면 구체적으로 어떠한 결과가 나타나는지에 대하여 환자에게 자세히 설명하고 설명한 부분에 대하여 문서화하여 서명을 받아 놓을 필요성이 있다.

20) 서비스 불만

〈사례 ①〉 진료 절차상의 불만

환자는 대한민국에서 만난 여자 친구의 차량을 이용하여 드라이브를 하던 중 중앙선을 침범한 차량과의 충돌로 인해 큰 부상을 입었고, 이에 본원 응급실로 내원하여 치료를 받음. 보험금 청구를 위해 가해 차량이 가입한 보험회사에 제출하고자 진단서 발급 신청을 하였으나, 진료 과에서 한 번에 발급해 주는 것이 아니라 여러 곳을 다니며 발급받아야 하는 절차상 불만을 제기함

〈사례 ②〉 의료진의 응대 표정 불만

외국인 환자 인터뷰 중 "진료를 받는 환자의 입장은 늘 걱정이 되게 마련인데 의료진의 표정이 진지하지 않고 환자의 질환에 대하여 가볍게 생각하는 것 같아요. 그렇다고 늘 심각하고 웃지 말라는 것은 아니지만 어떨 때는 나를 무시하는 듯한 느낌이 들 때도 있어요. 그리고 병원 직원들 중에는 본인이 대답하기 어려우면 다른 사람을 불러 주면 될 텐데 아무런 안내도 해 주지 않고 그냥 지나칩니다."

자료: 홍승욱(2009: 64)

(1) 쟁점

의료기관에서 겪게 되는 절차상의 불편함이나 직원들(의료인을 포함)의 태도가 맘에 들지 않아 제기한 불만에 대한 해결

(2) 사례의 해결

- 사례 ①의 경우 진단서 발급과정이나 절차가 복잡하여 환자가 불만을 제기한 사안으로, 본 사안은 비단 외국인에게만 적용되는 문제는 아니다. 따라서 진단서 등 각종 증명서를 발급하는 과정을 환자의 입장에서 불편함이 최소화될 수 있도록 동선(動線)을 충분히 고려하여 단순화하고 집중화시킬 필요가 있다. 특히 외국인 환자의 경우 보호자가 없을 수도 있으므로 의료기관에서 많은 부분 편의를 제공하여야 할 것이다.

• 사례 ②의 경우 의료진이나 직원들의 서비스에 대한 불만을 제기한 사안으로, 본 사안 역시 외국인에게만 적용되는 문제는 아니다. 의료인과 직원들의 서비스교육을 강화해야 하며, 언어교육도 정기적으로 편성하여 기초적인 의사소통이 가능하도록 교육해야 하고 가급적이면 의료기관 내에서 외국인 환자를 케어해 줄 전담요원을 배치하는 것이 좋다.

21) 시술 결과 불만족

〈사례 ①〉 얼굴 주름제거시술을 받은 일본인 환자

일본 환자가 본원에서 얼굴 주름 제거 시술을 받음. 시술 후 일주일 동안 머물면서 치료를 마치고 일본으로 돌아갔으나, 한 달 후 에이전시를 통해 연락이 오기를 자기가 원하는 만큼의 주름제거시술효과가 없다고 불만을 제기하며, 환불과 피해 보상을 요구한 사례이다.

〈사례 ②〉 목소리 치료 후 불만

환자가 목 주변 경련 및 목소리 이상으로 진료 후 재활의학과 외래에서 보톡스 치료를 받고, 이비인후과에서 후두경으로 목 상태를 점검하였음. 시술 및 검사 후 완치가 어렵다는 설명에 대하여 환자도 동의하였으나, 정작 본인의 기대치에 못 미치자 시술 및 진료 후 목소리 치료가 안 되었다고 주장하며 치료에 들인 시간과 진료비에 대하여 환불을 요청한 사례이다.

자료: 홍승욱(2009: 65)

(1) 쟁점

시술의 완성도에 대한 환자의 판단과 의료인의 판단 차이

(2) 사례의 해결

성형외과와 치과, 피부과 등 그 치료의 완성도에 대한 판단이 지극히

주관적인 경우에는 시술 전에 반드시 환자의 현재 상태를 사진 등으로 기록하여 놓는 것이 중요하다. 또한 시술 후에도 환자의 상태를 기록하여 놓아 시술 전과 비교할 수 있도록 자료를 정리해 놓아야 한다.

환자와 처음 진료상담을 할 때에도 무조건적인 치료의 보장 등 환자를 현혹할 만한 설명을 하기보다는 어느 정도까지 개선이 되는지 솔직하게 답변을 하고, 할 수 없는 부분은 할 수 없다고 설명해야 하며, 진료상담을 한 이후 실제 진료 계약을 할 경우에도 다시 한 번 자세히 설명한 후에 반드시 환자의 자필 서명을 받아놓아야 한다. 그리고 시술 후의 예상되는 부작용에 대해서도 충분히 설명을 해야 한다.

22) 환자가 사망한 경우

(1) 쟁점

환자가 의료기관에서 사망한 경우의 행정 처리 절차

자료: 홍승욱(2009: 66)

(2) 해결

■ 일본인 환자 처리방법

① 사망진단서를 진료 담당의가 작성

- 사망하신 분의 유족, 보호자가 한국에서 화장할 것인지 방부제 처리를 해서 일본에 모실 것인지 결정, 일본의 경우 화장 문화가 보편화되어 있어서 대부분 화장 절차가 더 쉽고 비용도 싸다.
- 일본 대사관에 유족을 모시고(1분) 화장 동의서 발급 신청서(서식-02)를 작성(사망진단서, 사망하신 분의 여권, 유족 본인 여권 지침)

② 화장 시 처리방법

- 일본대사관으로부터 화장 동의서를 받음

– 원무팀장 또는 담당자가 장례업자에게 연락
– 화장할 날짜를 정함. 화장의 경우에는 사후 최소한 24시간이 지나야 함.
– 유골함을 일본에 가져갈 때 공항에서 신청 안 해도 됨
– 화장터 이용 + 장리사 + 유골함 = 100만~150만 원

③ 방부제 처리 시 국제장의사에 연락(국제장의사가 필요한 서류, 검사, 공항 수송 처리)
– 일본대사관에 가서 방부 증명서 발급
– 24시간 지난 뒤에 서울적십자병원에 옮겨서 유체를 검사(1~2일)
– 공항까지 수송
– 비용: 400만 원

■ 러시아

① 주 러시아대사관에 환자 사망 신고
② 사망진단서 진료 과장이 작성, 번역 공증
③ 외무부 아포스티유(Apostille) 신청 발급, 러시아 대사관 제출
④ 사망하신 분의 유족, 보호자가 한국에서 화장할 것인지 방부제 처리를 해서 러시아에 모실 것인지 결정한다. 화장 절차가 더 쉽고 비용도 저렴하다.
⑤ 주 러시아 대사관에 유족 분을 모시고(1분) 화장 동의서 발급 신청서(서식-02)를 작성(사망진단서, 사망하신 분의 여권, 유족 본인의 여권 지참), 최종 러시아 영사의 심사 후 2가지 서류 발급(감염 여부 확인서/시신 확인서), 최종 이송
⑥ 다른 나라의 경우에도 병원과 대사관, 화장시설 또는 국제방부처리(국제 장의사) 업체를 통해 위 국가와 비슷한 절차를 밟아 처리

아포스티유 협약

■ **개요**

• 명칭: 외국 공문서에 대한 인증의 요구를 폐지하는 협약(Convention Abolishing the Requirement of Legalization for Foreign Public Document)

• 개요: 협약 가입국들 사이에서 공문서의 국제적 활용을 보다 용이하게 하기 위해, 외국 공관의 영사 확인 등 복잡한 인증 절차를 폐지하는 대신 공문서 발행 국가가 인증하는 내용을 골자로 하는 다자간 협약

• 발효 시기: 1961. 10. 5 헤이그에서 작성, 1965. 1. 24 발효

• 가입국 현황: 미 · 영 · 불 · 독 · 일 · 중(홍콩, 마카오만 적용) 등 92개국(2007년. 5월 현재)

• 우리나라에 대한 발효: 2007. 7. 14

■ **절차 비교**

기존 절차	Apostille 발효 이후 절차
공문서 발급→우리 정부 확인(필요시)→주한 공관 확인→해당 국가에서 공문서로서 인정	공문서 발급→외교통상부 확인→협약 가입국에서 공문서로서 인정

■ **아포스티유 발급 절차**

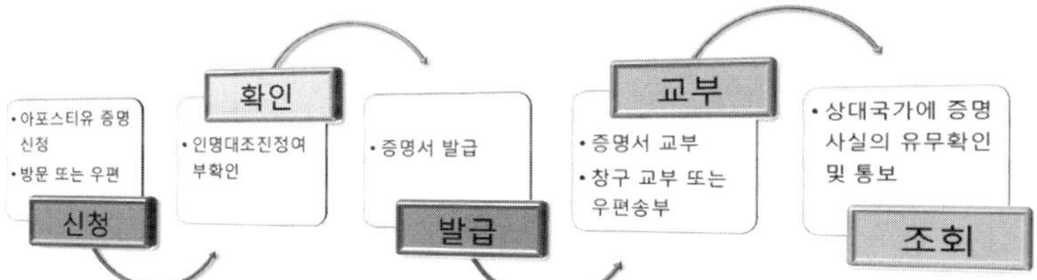

■ **아포스티유 신청 구비서류**

• 아포스티유 발급 신청서

• 아포스티유 확인을 받고자 하는 공문서 또는 공증된 문서

• 대리인에 의한 신청인 경우 대리인의 신분증 사본

• 외무부장관이 행하는 영사 관계 문서의 확인 사무 수수료 규칙에 의한 수수료

■ **아포스티유 발급을 위한 문서의 번역문 필요 여부**

• 원칙적으로 아포스티유 발급대상이 되는 문서는 우리 공문서임. 번역문에 대해서는 국가별로 요구조건이 다르기 때문에 신청인이 문서를 제출할 국가

에서 번역문을 필요로 하는지 필요하다면 어떤 절차를 거쳐야 하는지 정확하게 파악하여 대처하여야 함
• 번역 공증된 문서는 아포스티유 발급대상임

■ **아포스티유 발급을 위한 심사 내용**
• 협약에 따라, 외교통상부는 발행된 문서의 날인된 관인 또는 서명이 원본과 일치하는지 여부 등을 심사. 이를 위해 외교통상부는 정부 기관, 공증인 사무소의 협조를 얻어 대조에 사용할 관인과 서명을 등록받아 데이터베이스로 구축하고 있음.

■ **아포스티유 확인 제도에 관한 자세한 정보**
• www.0404.go.kr
• 전용 상담전화 (02) 2100-7500 , (02) 3210-0404

자료: 홍승욱(2009: 67-68)

협약에 의한 APOSTILLE 확인서 양식

APOSTILLE
(Convention de La Haye du 5 octobre 1961)

1. Country : 국가
   This public document
2. has been signed by (①)
3. acting in the capacity of (②)
4. bears the seal/stamp of (③)

Certified

5. at (④) 6. (⑤)
7. by (⑥)
8. No (⑦)
9. Seal/stamp (⑧) 10. Signature (⑨)

① 문서발급자의 성명, ② 문서 발급자의 직위, ③ 문서발급기관, ④ 발급장소, ⑤ 발급일자, ⑥ Apostille 발급 기관, ⑦ 발급번호, ⑧ Apostille 발급기관의 스탬프, ⑨ Apostille 발급 담당자의 서명

자료: 홍승욱(2009: 68)

4. 의료관광 분쟁예방을 위한 고려사항

의료관광 관련 분쟁을 예방하기 위해서는 아래의 내용과 같이 의료기관뿐만 아니라 의료관광 소비자들도 세심한 주의를 기울여야 한다(이하 홍승욱, 2009: 34-37 참조)

1) 의료관광 분쟁예방을 위한 의료기관의 고려사항

의료분쟁을 예방하기 위해서는 다음과 같은 방안이 필요하다.

■ 신뢰 관계 구축

의료기관과 환자 및 의료기관과 유치업자와의 신뢰를 구축하는 것은 당사자 간의 합의를 이끌어 내는 데 유용하다.

■ 설명의무 강화

의료인의 설명의무를 더욱 강화하여 외국인 환자들이 충분히 이해할 수 있도록 해야 한다. 여기에는 통역사나 의료 코디네이터의 역할이 중요하다.

■ 구체적인 양식 마련

동의서(Informed consent) 등은 외국인 환자와 의료진 간의 모든 진료행위가 의료진의 설명과 환자의 자율적인 동의에 의해 이루어졌음을 증명하는 역할을 한다.

■ 의료진 및 관련 업무자들 소양교육

의료진뿐만 아니라 간호조무사, 의료 기사, 통역사, 병원 직원 등도 외국인 환자 진료와 관련한 법규 및 의료분쟁예방에 관한 소양교육을 받도록 하는 것이 양질의 의료서비스를 제공하는 데 유리하다.

■ 각종 기록부 성실 기재

진료기록 · 간호 기록 · 검사 기록 · 원무기록 등에 외국인 환자와 관련된 특이점 및 자세한 경과 등을 기재하고 수정할 경우에는 반드시 엄격한 요건 하에서만 가능하도록 해야 한다.

■ 투약사고 대비

처방을 할 때에나 복용 지도 등을 할 때에 환자 측에서 충분히 이해할 수 있도록 자세한 설명을 하여야 하며, 주의사항을 문서로 만들어서 약과 함께 제공하도록 한다.

■ 의료기관 내 안전교육 프로그램

의료기관 내에서 혈액 관리, 폐기물 관리, 전염성질환 감염예방 등에 대한 안전교육 프로그램이 필요하다.

■ 의료기관 내 리스크 관리체계 확립

위험 발생에 대비한 병원 내 연락체제 정비 및 환자편의시스템 수립, 의료인 및 직원들 관리체제 강화 등의 방안이 필요하다.

■ 24시간 콜센터 운영

외래환자를 위한 통역사 등 의료관광 코디네이터가 의료기관에 항시 대기하고 있어야 한다.

■ 분쟁해결방법 계약서 명시

진료계약서에 분쟁해결의 절차와 방법 등에 대하여 자세히 명기하여야 한다.

2) 의료관광상품 구매 시 소비자가 고려해야 할 사항

Woodman(이하 2009: 40-70 참조)은 소비자(환자)들이 의료관광상품 구입 시 필히 고려하여야 사항들을 아래와 같이 총 12단계로 나누어 소개하였다.

■ 1단계: 치료 선택권 확인하기

"만약 환자가 주치의 혹은 담당 의사의 진단 및 치료에 대한 의심이 있다면, 다른 의사로부터 의견을 구하는 것에 대해 주저하지 말 것이다" 라고 조언하고 있다. 우선 환자의 상태, 진단, 치료방법을 파악하고 해외에 있는 의사에게 문의하여 진단 의견(second opinion)을 구한다. 또한 환자 본인이 가지고 있는 문제를 정확하게 파악하고 관련 지식을 가지고 있다면, 해외에서 보다 더 나은 치료를 받을 수 있는 기회가 주어진다.

■ 2단계: 대상지/기관 선정하기

두 번째로 환자가 받아야 할 치료가 명확해져 맞는 '의료관광상품'과 '국가'를 선정하는 시기이다. 기본적으로 대상지는 환자의 상황 및 개인적인 취향에 따라 결정될 것이며, 주요 결정요소들은 지리적 여건(거리), 비용, 소요시간, 기후, 언어 등이다. 중증환자일 경우에는 큰 병원, 관련 수술의 건수, 인증 건수(JCI), 공인된 성공률, 사망률 등을 우선 고려하게 될 것이다.

■ 3단계: 의료관광에이전시 선택하기

만약 환자가 스스로 이 모든 계획을 수립하는 어렵다고 판단되면, 인증된 의료에이전시와 같은 의료관광 지원자(Facilitators)를 통해 최고의 의료기관과 의사, 호텔 등을 소개받을 수 있다. 의료관광 지원자의 주요 업무들은 다음과 같다.

① 알맞은 의료기관이나 의사 선정 지원
② 선정된 의료기관이나 의사와 진료 예약 지원
③ 환자의 의료 정보를 해당 의료기관이나 의사에게 전달 지원
④ 항공 예약 지원
⑤ 비자발급 지원
⑥ 숙박시설 예약 지원(환자의 예상 비용과 개인 취향을 고려하여 알맞은 숙박시설 선정하여 예약 지원)
⑦ 방문 국가 내에서의 교통편 예약 지원
⑧ 치료 후 진행사항에 대한 지원(서류작업 등)
⑨ 치료 후 회복과정에 대한 지원(휴양리조트, 요양소, 장기치료호텔의 소개 및 예약 지원)
⑩ 치료 후 여가활동계획 지원, 본인이나 동반자에 관련 정보 제공(여행지, 렌터카, 호텔, 식당 등)

■ 4단계: 올바른 동반자 선택하기

의료관광에서 중요한 요소들 중의 하나이며, 성공적인 의료관광을 통한 치료를 위해, 현실적으로 유용하고, 믿음직하고, 도움이 될 만한 동반자를 선택해야 한다.

■ 5단계: 적절한 의사 선택하기

의료관광상품 구성요소 중에서 환자의 담당 의사 선택은 가장 중요하며 어려운 일 중의 하나일 것이다.

① 언어문제: 환자가 사용하는 있는 언어를 의료진이 사용하는지, 언어가 다른 경우 의료기관에서 통역사를 배치하고 있는지 확인한다.
② 의료진 관련: 의사의 객관적인 경험, 실적, 인증서 등을 고려하도록 한다.
③ 맞춤서비스: 소비자들은 고품격서비스를 기대하고 있다.

■ 6단계: 의료기관 알기

이 시기는 내원 예정 의료기관과 날짜가 확정될 시기이다. 또한 동시에 의료기관에 대해 여러 가지 자료를 취득하게 되는 시기이다. 주요 확인목록은 다음과 같다.

① 의료기관이 획득한 병원인증을 확인(JCI-accredited, Local accreditation, and etc)
② 의료기관의 협력기관 확인
③ 의료기관이 대학교 혹은 미국의 의료기관과의 협력기관 및 자매결연 여부를 확인(예를 들어 'Gleneagles Hospital in Singapore – Johns Hopkins Hospital in Baltimore, Pantai Medical Center – Duke University Medical Center and Cleveland Clinic')
④ 의료기관의 성공률 확인(예를 들어, '발간 관련 논문에서 성공률, 사망률, 수술 건수 등')
⑤ 의료기관의 연간 총 수술 건수를 확인(예를 들어 'Manipal Heart Hospital in Bangalore, India, more than 14,000 cardiac surgeries, 98.8% success rate')

■ 7단계: 담당 의사의 이력 확인하기

① 추천서, 주위의 추천, 소개 등을 참고한다.
② 학력
③ 자격증
④ 해당 분야의 경력
⑤ 가입단체
⑥ 지속적인 교육 여부
⑦ 환자의 추천이나 공식 추천시

■ 8단계: 의료 관련 서류 챙기기

① 환자는 본인의 주치의로부터 진단서를 챙겨야 한다.

② 환자는 방사선 검사자료와 판단자료를 챙겨야 한다.

③ 환자는 타 기관에서 검사한 각종 결과도 함께 챙겨야 한다(피검사, 소변검사 등).

■ 9단계: 장기요양계획 세우기

Recovery resorts, Surgical retreats and recuperation hotels 소개 및 연계 여부를 확인하는 시기이다. 주요 고려사항들은 아래와 같다.

① 해당 기관에서 목욕, 취침, 물리치료, 다른 대체의학 치료가 가능 여부

② 체육시설, 물리치료 등이 가능 여부

③ 룸서비스 가능 여부(음식, 세탁 등)

④ 인터넷 설치 여부

⑤ 의료기관과의 신속한 연락 가능

■ 10단계: 여가시간 활용하기

① 간단한 성형과 치과치료와 같은 경우는 여가시간 활용에 대비하여야 한다.

② 환자가 얼마나 많이 의사를 만나야 하는 확인한다.

③ 환자가 전체 체류기간 중에 얼마를 병원에 머물러야 하는지 확인한다.

④ 환자가 회복기간이 얼마나 되는지를 확인한다.

■ 11단계: 비행기 표 및 호텔 예약

방문일정이 확실히 세워진 후, 출발 30~90일 전에, 병원 근처의 좋은 호텔과 요양원을 예약한다.

■ 12단계: 세부 사항 및 자료 재점검하기

출발 전 앞 단계의 모든 점검 내용들을 재확인하여야 한다.

참고문헌

■ 국내문헌

김강립 (2009), "국제의료활성화 방안," 「제2회 삼성의료원 의료정책세미나 자료집」, 삼성서울병원, 2월 19일, pp.1-8.

김기원 · 신원섭 · 우종민 (2006), "국내 산림치유 어디까지 왔나?," 모리모토 가네히사, 미야자키 요사후미, 히라노 히데키 저, 『산림치유』, 산림치유포럼 역, 전나무숲, pp.18-30.

김미경 · 윤세목 · 윤세남 (2008), "한국의 의료관광상품개발을 위한 탐색적 연구," 『관광학연구』 32(6), pp.431-447.

김석중 (2010), "일본의 의료관광산업 현황과 강원도에 대한 함의," 「한림의료관광인재양성센터 제3회 정기포럼발표자료집—Forest Therapy」, 12월 11일, 한림대학교 고령사회교육센터 국제회의실, pp.48-51.

김수민 (2009), 「의료관광 온라인 마케팅전략」, 구글코리아.

김수욱 · 김승철 · 김희탁 · 성백서 (2008), 『서비스운영관리』, 한경사, 서울.

김천중 · 임화순 (1999), 『관광상품론』, 학문사, 서울.

닥스투어 (2009), (주)닥스투어업무매뉴얼, 서울.

모리모토 가네히사 (2006), "국내 산림치유 어디까지 왔나?," 모리모토 가네히사, 미야자키 요사후미, 히라노 히데키 저, 『산림치유』, 산림치유포럼 역, 전나무숲, pp.31-43.

박의서 (2009), 『관광상품과 자원관리』, 학현사, 경기, 파주.

서병로 · 강한승 · 김기홍 (2009), 『의료관광산업』, 대왕사, 서울.

송현수 (2002), 『텔레마케팅관리사 2(시장조사)』, 새로운제안, 서울.

신도길 · 박성규 · 노윤구 (2009), 『관광상품론』, 남두도서, 서울.

신재기 · 유명희 (2009), 『의료관광마케팅』, 한올출판사, 서울.

아키야마 도모히데 (2006), "삼림의 특성과 건강," 모리모토 가네히사, 미야자키 요사후미, 히라노 히데키 저, 『산림치유』, 산림치유포럼 역, 전나무숲, pp.399-421.

우리들병원 (2009), 「우리들병원 국제환자센터 업무매뉴얼」, 서울.

원융희 (2007), "의료관광산업을 바탕으로 한 의료관광 및 의료관광 네트워킹," 「서울시정개발연구원 경제포커스」, 서울시정개발연구원, pp.19-26.

유영준 · 송재일 · 임진홍 (2007), 『관광상품기획론』, 대왕사, 서울.

유지윤 · 강재정 (2008), "의료와 관광의 복 · 융합화 촉진을 위한 한 · 중 · 일 관광객의 의료관광 선호속성에 대한 연구–제주도 방문객을 중심으로–," 제64차 한국관광학회 학술심포지엄, 7월 3~5일, 「부산국제관광학술대회 발표자료집」, pp.335-355.

이용철 · 박행남 · 임정도 (2007), 『의료분쟁조정론』, 보문각, 서울.

이유재 (2009), 『서비스마케팅』, 학현사, 파주.

이윤태 (2006) 「의료기관 해외환자유치현황 및 과제」, 한국보건산업진흥원.

이은미 · 김원인 · 이계희 (2009), "대구시 의료관광 선택속성과 활성화 방안," 『관광연구』 24(2), pp.109-125.

이훈영 (2008), 『의료서비스마케팅』, 청람, 서울.

최용석 (2009), "사례를 통해 제안하는 해외의료마케팅," 「Google Medical Tourism Forum 발표자료집」, 3월 19일, 코엑스인터콘티넨탈호텔.

최호 · 김영훈 · 이해종 · 임배만 · 신민철 (2008), 『의료서비스 마케팅』, 도서출판 아카데미아, 서울.

하동현 (2009), "의료관광," 『관광학총론』, 한국관광학회, 서울, pp.953-966.

한국관광공사 (2008), 「의료관광마케팅조사」, 한국관광공사, 서울.

_____ (2009a), 「의료관광 경험자 만족도 조사」, 한국관광공사, 서울.

_____ (2009b), 「서비스사이언스포럼 발표자료」, 한국관광공사, 9월 17일.

_____ (2009c), 「2009 의료관광시장 동향」, 한국관광공사, 서울.

한국보건산업진흥원 (2002), 「보건관광자원 조사 및 상품화방안 연구」, 보건산업진흥원, 서울.

_____ (2009a), 「러시아 연해주 지역의 의료환경 조사보고서」, 서울.

_____ (2009b), 「중국 국민의 한국 의료관광에 대한 인식 및 실태 조사보고서: 해외환자유치를 위한 기초조사」, 서울.

홍순성 (2009), "온라인 홍보/마케팅 실행 방안 1," 「소셜미디어를 활용한 해외마케팅 과정 자료집」, 12월 17~18일, IKP(Invest Korea Plaza) 3층 대강의실, KOTRA아카데미.

홍승욱 (2009), "의료분쟁 예방 및 해결방안," 「외국인 환자유치를 위한 마케팅전략 및 의료분쟁 해결방안 세미나 자료집」, 보건복지부, 한국보건산업진흥원, 9월 11일, 서울삼성병원, pp.23-69.

■ 해외문헌

Baliga, H. (2006), "Medical tourism is the new wave of outsourcing from India," *India Daily*, Dec. 23.

Brown, S. W. and Swartz, T. A. (1989), "a gap Analysis of professional service quality," *Journal of Marketing*, 53, pp.92-98.

Connell, J. (2006), "Medical tourism: Sea, sun, sand and surgery," *Tourism Management* 27, pp.1093-1100.

Cormany, D. (2008), "Taking a pulse on potential medical tourism," *Medical Tourism*, Issue 7, pp.34-37.

Deloitte Center for Health Solutions (2009), "2009 Survey of Health Care Consumers: Key Findings, Strategic Implications," Deloitte.

_____ (2008), "Medical Tourism: Consumers in Search of Value," Deloitte.

Ettenson K (2007), PCWorld, from http://www.pcworld.com/article/128620/blogging－platforms.html.

Fox, S. (2006), *Online Health Search 2006*, Pew Internet.

Gahlinger, P. M. (2008), *The Medical Tourism Travel Guide: Your Complete Reference to Top-Quality, Low Cost Dental, Cosmetic, Medical Care & Surgery Overseas*, Sunrise River Press, North Branch, MN.

Gasparoni, L. (2007), "Planning your medical trip abroad," *Medical Tourism*, Issue 1, pp.56-57.

Goeldner, C. R. and Ritchie, J. B. R. (2008), *Tourism: Principles, Practices, Philosophies*, 11th ed., John Wiley & Sons, New York.

Gravin, D. (1988), *Managing Quality*, MacMillan, New York.

Green S. T. (2008), "Medical tourism－A potential growth factor in infection medicine and public health," *Journal of Infection*, 57(5), p.429.

Haksever, C., Render, B., Russell, R. S. and Murdizk, R. G. (2000), *Service Management and Operations*, 2nd ed., Prentice-Hall, New York.

Hall, C. M. (1992), "Adventure, sport, and health tourism," in Weiler, B. & Hall, C. M. (eds), *Special Interest Tourism*, London, Bellhaven Press, pp.141-158.

Horowitz, M. D. (2008), "The meaning of the weak dollar," *Medical Tourism*, Issue 2, pp.20-21.

Horowitz, M. D. and Rosensweig, J. A. (2007), "Medical tourism-health care in the global economy," *The Physician Executive*, 33(6), pp.24-30.

Horowitz, M. D., Rosensweig, J. A. and Jones, C. A. (2007), "Medical tourism: Globalization of the healthcare marketplace," *Medscape General Medicine*, 9(4), pp.33-42.

ISPA (2007), "2007 ISPA Global Consumer Report," *Medical Tourism*, Issue 1, pp.12-13.

Jagyasi, P. (2009), "The middle eastern patient," *Medical Tourism*, Issue 13, pp.96-98.

Kotler, P. and Keller, K. (2008), *Marketing Management*, 13th ed., Prentice-Hall, Englewood.

Kotler, P. (1991), *Marketing Management: Analysis, Planning, Implementation and Control*, 7th ed., Prentice-Hall, Englewood.

Lee, C. G. (2010), "Health care and tourism: Evidence from Singapore," *Tourism Management*, 31(4), pp.486-488.

Leiper, N. (1995), *Tourism Management*, TAFE Publications, Collingwood, VIC.

Lukban, F. P. (2008), "Fortifying western healthcare with traditional Chinese Medicine," *Medical Tourism*, Issue 5, pp.42-43.

Marsek, P. W. and Sharpe, F. (2009), *The Complete IDIOT'S GUIDE to Medical Tourism*, ALPHA, New York.

Medical Tourism Association (2009), "Releases first patient surveys on medical tourism," *Medical Tourism*, Issue 10, pp.34-36.

_____ (2010), "MTA Member Directory," *Medical Tourism*, Issue 14, pp.70-71.

Morrison, A. M. (2008), *Hospitality and Travel Marketing*, 4th ed., DELMAR, New York.

Parasuraman, A., Zeithaml, V. A. and Berry, L. L. (1985), "A conceptual model of service quality and its implications for future research," *Journal of Marketing*, 49, pp.41-50.

Paton, S. M. (1997), "Service Quality-Disney Style," *Quality Digest Magazine,* January, from http://WWW.qualitydigest.com/jan/disney97.html.

Piper, A. and Hason, J. (2009), "Are you providing a top notch patient experience?," *Medical Tourism*, Issue 9, pp.54-57.

Ries, A. and Trout, J. (2000), *Positioning The Battle for Your Mind*, 3rd ed., McGrow-Hill, New York.

Rust, R. T., Zahorik, A. J. and Keiningham, T. L. (1994), *Return on Quality: Measuring the Financial Impact of Your Company's Quest for Quality*, Probis Publishing, Chicago, IL.

Smith, M. and Puczko, L. (2009), *Health and Wellness Tourism*, Elsevier, Oxford.

Team, H. (2008), "The six senses of healthy medical tourism," *Medical Tourism*, Issue 3, pp.48-49.

Thomke, S. H. (2007), *Managing Product and Service Development: Text and Cases*, McGraw-Hill, New York.

Timmons, C. (2007), "The value of accreditation," *Medical Tourism*, Issue 1, pp.12-13.

UNWTO (2009), *Tourism Highlights 2009 Edition*, UNWTO, Madrid.

Vequist, D, Valdez, E. and Morrison, B. (2009), "Medical tourism economic report: Latin America vs Asia," *Medical Tourism*, Issue 10, pp.38-40.

Verma, A. and Bhalla, S. (2008), "Value added travel," *Medical Tourism*, pp.44-45.
Woodman, J. (2008), *Patients Beyond Borders: Everybody's Guide to Affordable World-class Medical Tourism*, Healthy Travel Media, Chapel Hill, NC.
Woodman, J. (2009), *Patients Beyond Borders: Malaysia Edition. Everybody's Guide to Affordable World-class Medical Tourism*, Healthy Travel Media, Chapel Hill, NC.
Woods, J. A. (1996), *The Six Values of a Quality Culture*, CWL Publishing Enterprises.

■ 미디어 및 인터넷 자료

곤지암 스파리조트 홈페이지, http://www.konjiamresort.co.kr.
구글 홈페이지, http://www.google.com.
김선명 (2010), "성형외과 북적-카지노도 덩실," 『한국경제매거진』 인터넷판 744호, 3월 8일.
닛케이비즈니스 (2009), "세계환자 모으는 한국," 2009년 5월 30일.
______ (2009), "한국 병원을 배워야," 2009년 4월 16일.
닥스메디컬코리아 홈페이지, http://www.docsmedicalkorea.com.
뮌헨공항클리닉 소개 사이트, http://europeforvisitors.com/munich/airport/muenchen-airport-center-medical-facilities.html.
박민희 (2010), "중 한국행 성형관광 열풍 주의보," 『한겨레신문』 인터넷판, 2010년 3월 11일.
범룽랏병원 홈페이지, http://www.bumrungrad.com.
아리랑TV (2007), "Wave Maker－Dr. Sang-ho Lee," 2007년 3월 14일 방송.
안동병원 홈페이지, http://www.agh.kr.
우리들병원 유튜브 화면, http://www.youtube.com/watch?v=Q96liRkJINs.
우리들병원 홈페이지, http://wooridul.co.kr
위키피디아, http://en.wikipedia.org.
의료관광블로그 운영사례, http://blogs.yahoo.co.jp/ut1515/folder/433530.html.
장정훈 (2009), "숲에 미래가 있다," 『중앙일보』, 11월 12일, 32면.
전세일 (2009), "의학, 새길을 찾다 아유르베다," 『한겨레신문』 인터넷판, 9월 1일.
정영훈 (2009), "'아토피' 치료 마을 각광 관광지로 적극 육성," SBS, 12월 30일.
주간아사히 (2010), "최첨단으로 외국에서 치료받는 일본인," 2월 5일.

치바솜 스파리조트 홈페이지, http://www.chivasom.com.
카자흐스탄 홈쇼핑 채널 (2009), "코리아 TV 특집 한국 의료관광," 2009년 9월~2010년 2월 방송.
크루즈의료관광모델 소개 사이트, http://ducknetweb.blogspot.com/2009/12/cruise-ship-for-medical-tourism.html.

Accor Thalassa 홈페이지, http://www.accorthalassa.com.
Alexa 홈페이지, http://www.alexa.com.
Asiatravel.com 홈페이지, http://www.asiatravel.com.
Bad Blumau 홈페이지, http://www.blumau.com.
ESPA(European Spa Association) 홈페이지, http://www.espa-ehv.com.
European Spa 홈페이지, http://www.europespa.eu.
Ezmeditour사 홈페이지, http://www.ezmedicom.com.
JCI(JOINT COMMISSION INTERNATIONAL ACCREDITATION STANDARDS FOR HOSPITALS) 소개 홈페이지, http://www.jointcommissioninternational.org/common/pdfs/jcia/Standards_Only-Hosp_3rd_ed.pdf.
Los Algodones시 홈페이지, http://www.dentistsofalgodones.com.
NHK World TV (2009), "뉴스라인-―우리들병원," 2009년 2월 27일.
Online Medical Tourism Journal 홈페이지, http://www.imtjonline.com.
Placidway사 홈페이지, http://www.placidway.com.
Skyros 홈페이지, http://www.skyros.co.uk.
Talaso Pontiente 홈페이지, http://www.talasoponiente.com.
The New York Times (2008), "South Korea joins lucrative practices of inviting Medical Tourists to Its Hopsitals," 11월 15일.
Yoga Holidays 홈페이지, http://www.yogaholidays.net.

의료관광상품론

초판발행 | 2010년 4월 30일

지은이 | 고태규 · 이황 · 김길래
발행인 | 고화숙
발행처 | 도서출판 소화
등 록 | 제13-412호
주 소 | 서울시 영등포구 영등포동 7가 94-97
전 화 | 2677-5890
팩 스 | 2636-6393
홈페이지 | www.sowha.com

ISBN 978-89-8410-375-7 93320

값 25,000원

잘못된 책은 언제나 바꾸어 드립니다.